WORKING WITH STUDENTS WITH DISABILITIES
Preparing School Counselors

전문상담교사를 위한
장애학생 이해와 상담 실천

Vicki A. McGinley & Barbara C. Trolley 저
심성용 역

박영story

역자 서문

오늘날 우리 교육 현장에서 다양성의 인식과 통합의 실천은 더 이상 선택이 아닌 필수가 되었다. 지난 10년간 여러 대학의 교육대학원에서 예비 및 현직 전문상담교사들에게 특수아상담을 가르쳐왔으며, 13년째 사범대학과 교육대학원에서 특수교육학개론을 강의하고 있다. 이러한 경험을 통해 장애학생 지원에 있어 전문상담교사의 역할이 얼마나 중요한지 깊이 체감해 왔다.

통합교육 현장에서 일반교사, 특수교사, 그리고 전문상담교사는 모두 통합교사로서의 책임을 지닌다. 그중에서도 전문상담교사는 중재자이자 협의자로서 특별히 중추적인 역할을 담당해야 한다. 이 책을 번역한 이유도 바로 여기에 있다. 교육 현장에서 전문상담교사들이 장애학생을 위해 체계적이고 전문적으로 개입할 수 있는 구체적인 이정표와 실무 지침이 절실히 필요했기 때문이다.

그러나 현실적으로 상담전공자들에게 장애와 장애인은 여전히 어렵고 부담스러운 대상으로 인식되고 있다. 이는 교육과정에서 관련 내용을 심도 있게 학습할 기회가 부족했기 때문이며, 장애학생 상담은 특수교사의 몫이라는 다소 편향적이면서도 시대적 요구에 부응하지 못하는 고정관념이 학교 현장과 우리 사회에 만연해 있기 때문이기도 하다. 하지만 전문상담교사는 장애학생을 포함한 모든 학생이 경험하는 어려움에 동등하고 공평하게, 그리고 전문적으로 개입해야 하는 책임을 지닌 전문가다.

상담과 특수교육이 만나는 지점에서 학생들을 가르치며, 상담전공자가 장애학생을 실질적으로 이해하고 지원하기 위해서는 상담학과 특수교육학 두 분야를 유기적으로 통합해야 한다는 확신을 갖게 되었다. 『전문상담교사를 위한 장애학생 이해와 상담 실천』은 예비 및 현직 전문상담교사를 비롯하여 특수교사와 통합교육 담당 교사 모두에게 장애학생 상담을 효과적으로 구현하기 위한 실질적인 지침을 제공한다. 특히 특수교육 분야에 어떻게 접근할 수 있고, 무엇을 해야 하며, 그리고 어떠한 사항들을 주의해야 하는지에 대한 구체적인 안내를 담고 있다. 또한 좁은 의미에서 장애학생 상담, 넓은 의미에서 특수아상담을 위한 특수교육 및 유관 분야의 언어를 판별하고 습득할 수 있도록 돕는다.

이 책은 단순히 장애학생의 특성과 교육제도를 소개하는 데 그치지 않는다. 법과 윤리, 다학제 협력, 가족 연계, 전환기 상담, 문화적 감응성, 심리사회적 위험요인 등 전문상담교사가 현장에서 실제로 마주하는 다양한 상황을 사례 중심과 문제 기반 학습을 통해 제시한다. 또한 미국의 상담 및 관련 교육 프로그램 인증위원회(CACREP)와 미국전문상담교사협회(ASCA) 표준에 부합하는 구조를 갖추고 있어, 국내 상담전공 교육과정과도 자연스럽게 연결된다. 특수교육 관련 용어와 법적 개념이 생소하게 느껴질 수 있지만, 이러한 지식을 습득하고 현장에 적용하는 과정을 거쳐야 비로소 장애학생을 위한 진정한 상담이 실현될 수 있다고 믿는다.

이 책의 가장 큰 강점은 이론과 실천의 균형이다. 지금까지 특수아상담을 가르치며 만난 예비 전문상담교사들은 늘 '실제로 어떻게 해야 하는가'에 대한 구체적인 지침을 원했다. 이 책은 바로 그러한 실천적 지혜를 제공하는 귀중한 자료다. 번역 과정에서는 미국의 교육체계와 우리나라의 교육 현실 및 현장 사이의 간극을 최소화하기 위해 노력했다. 용어 선택과 사례 해석에서 한국 교육 현장의 맥락을 충분히 고려했으며, 독자들이 실제 적용할 수 있는 방안을 염두에 두고 작업했다.

이 책은 국내 저자들에 의해 집필된 일반적인 특수아상담 교재와는 차별화되어 있다. 특수교육의 주요 장애영역들에 대한 정의 및 특성에 관한 상세한 설명보다는, 전문상담교사가 현장에서 수행해야 할 역할과 협력 방안에 초점을 맞추고 있다. 또한 전문성을 갖춘 전문상담교사가 되기 위해 필요한 신념, 마음가짐, 그리고 실질적 역량에 대한 구체적인 동기부여와 아이디어를 제공하는 것을 핵심으로 한다.

다만 이러한 특성상 우리나라의 특수교육 현실과 법적 기반에 대한 이해가 병행되어야 교재의 효과를 극대화할 수 있다. 따라서 이 책을 특수아상담 교재로 활용하고자 하시는 교수님들께서는 15주 강의계획을 구성하실 때 다음과 같은 내용을 2~3주에 걸쳐서 추가로 포함하시기를 제안한다.

먼저 우리나라 특수교육의 법적 기반인 「장애인 등에 대한 특수교육법」과 「장애인복지법」을 1~2주에 걸쳐서 심도 있게 다루어 주시기 바란다. 이어서 특수교육의 주요 장애영역별 특성과 지원 방안에 관한 내용도 1주 정도 할애하여 함께 학습할 수 있도록 구성해 주시길 권한다.

이러한 한국적 맥락의 내용들이 본 교재의 이론적 토대와 결합될 때, 학생들에게 더욱 실질적이고 깊이 있는 학습 경험을 제공할 수 있을 것이다.

끝으로, 이 책이 현직 및 예비 전문상담교사들에게 장애학생의 복합적 특성과 교육환경을 깊이 이해하고, 협력적이며 통합적인 실천 전략을 자신 있게 수행할 수 있도록 돕는 길잡이가 되기를 바란다. 학교 상담이 더욱 통합적이고 다층적인 방향으로 발전하는 이 시점에서, 이 책이 학문과 실천을 잇는 든든한 가교가 되기를 기대한다. 나아가 모든 학생이 자신의 잠재력을 최대한 발휘할 수 있는 통합적 교육환경을 만들어 가는 여정에 이 책이 든든한 동반자가 되기를 희망한다.

2025년 8월 15일

나의 연구실에서

총서 편집자 서문

1957년 스푸트니크(Sputnik)호 발사와 같은 역사적 사건들이 미국 공교육에 상당한 영향을 미친 것은 사실이지만, 1975년 미국 연방의회가 제정한 「장애아동교육법(Education for All Handicapped Children Act, 공법 94-142)」만큼 깊고 지속적인 영향을 준 사례는 없다. 이 획기적인 법률과 그 이후의 개정들은, 모든 아동이 겪는 교육적 어려움과 무관하게 무상적절공교육(Free Appropriate Public Education, FAPE)을 제공하려는 국가적 책무성에 대한 확고한 의지를 보여준다.

이 법은 시행 이래로 학교의 물리적 구조, 교육과정의 특성, 배치(placement) 정책과 절차, 교수 방법에 상당한 영향을 미쳤으며, 많은 교육자들의 직무기술서를 실질적으로 변화시켰다. 이러한 변화는 특히 전문상담교사들에게도 해당된다.

모든 아동의 교육적 성취를 지원하는 것이 사명인 전문상담교사들은 이제 사례 담당 학생 중 특수교육 요구를 가진 학생 수가 증가하고 있음을 발견한다. 많은 상담사들에게 특수교육 대상 학생과의 업무는 초기 훈련 과정에 포함되어 있지 않았으며, 따라서 전문용어의 혼란, 법적 측면, 그리고 이들의 교육을 지원하고 촉진하기 위한 최선의 실천 방안에 관한 질문들로 쉽게 압도될 수 있다. 이러한 아동들의 요구를 충족시키기 위해서는 전문상담교사들이 특수교육과 그 안에서의 상담사 역할에 대한 실용적 지식을 갖추어야 한다. 이에 우리는 '상담과 전문가 정체성' 총서의 일환으로 『전문상담교사를 위한 장애학생 이해와 상담 실천』을 소개하게 되어 자랑스럽다.

『전문상담교사를 위한 장애학생 이해와 상담 실천』은 상담학과 특수교육 분야의 진정한 전문가들이 저술한 교재이다. 이 책은 전문상담교사의 전문성 개발에 있어 중요한 공백을 메우는 내용을 다루고 있다. 최신 연구에 기반한 최선의 실천 방안, 법률에 대한 명확한 이해와 학교 구성원 모두에 대한 시사점을 담고 있으며, 이어지는 장들은 전문상담교사에게 학교 내 모든 학생의 교육을 촉진하기 위한 탄탄한 지식 기반을 제공한다.

이 책은 단순히 최신 연구와 이론을 제공하는 학술 교재 이상의 가치를 지닌다. 지식과 기술 발달을 촉진할 뿐만 아니라, 전문가의 정체성 형성에도 기여할 것이다.

그러나 한 권의 교재, 하나의 학습 경험만으로는 전문상담교사의 전문적 역량 개발에 충분하지 않다. 전문가 정체성과 실천의 형성은 평생에 걸친 과정이다. 우리는 이 교재와 '상담과 전문가 정체성' 총서를 통해 이 과정을 촉진하기를 희망한다.

'상담과 전문적 정체성'은 예비상담사를 대상으로 하는 새롭고 교육학적으로 견고한 교재 총서이다. 이 총서는 단순히 시중에 나와 있는 기존 도서들을 모아 놓은 것이 아니다. 오히려, 각 교재는 특정 지식과 기술을 다루지만, 이들은 모두 더 큰 상담학 체계의 한 부분으로서 제시된다. 각 교재의 초점과 내용은 전문상담교사가 내담자를 바라보고, 실천에 참여하며, 그리고 자신의 전문가 정체성을 표현할 수 있는 하나의 렌즈 역할을 한다.

'상담과 전문적 정체성' 총서는 단순히 전통적인 교재들을 '하나로 묶었다'는 점에서만 독특한 것이 아니라, 독자의 전문적 정체성 형성과 효율적이고 윤리적인 실무를 위한 통합적 교육과정을 제공한다는 점에서 독특하다. 총서의 각 도서는 독자의 지속적인 전문성 발달을 촉진하는 구조로 설계되었다. 각 교재 내의 자료들은 독자가 인지적(cognitive), 정의적(affective), 그리고 심동적(psychomotor)으로 기능하는 데 있어서 더 높은 수준으로 나아갈 수 있도록 구성되었으며, 이는 독자가 제시된 자료들을 자신의 전문적 정체성과 실무 접근 방식에 내면화할 수 있도록 한다.

우리는 이 총서의 공동 편집자로서 자부심을 느끼며, 『전문상담교사를 위한 장애학생 이해와 상담 실천(Working With Students With Disabilities: Preparing School Counselors)』과 같이 수록된 모든 교재가 귀하와 같은 전문 상담사로서의 발전에 중요한 자원이 될 것이라고 확신한다.

Richard Parsons, PhD

Naijian Zhang, PhD

편집자 서문

우리가 처음 이 책의 공동 편집 제안을 받았을 때, 전문상담교사의 관점에서 장애학생의 문제에 더욱 주목하고자 하는 움직임을 확인하게 되어 매우 고무되었다. 특수교육 및 학교상담 분야에서 각각의 훈련 프로그램은 매우 우수한 전문 교육을 제공하지만, 각 전공의 필수 이수 요건으로 인해 상호 분야의 교과를 접할 기회는 많지 않으며, 있다고 하더라도 대부분 선택과목으로 제한된 범위 내에서 다루어지는 경우가 많다. 따라서 모든 전문상담교사가 학문 과정 중에 특수교육에 관한 구체적인 정보를 접할 수 있는 것은 아니다. 그러나 통합교육 환경에서 장애학생의 수가 점점 증가함에 따라, 전문상담교사는 개별화교육계획(Individualized Education Plan, IEP)이 수립된 학생들에게 다양한 서비스를 제공할 것이 요구되고 있다. 이러한 서비스는 상담, 학부모·교사와의 협의, 또는 교실 내 심리교육적 수업 등 여러 형태로 이루어질 수 있으며, 이들을 효과적으로 지원하기 위해서는 특수교육 대상 학생들과 일할 때 필요한 용어, 법률, 쟁점에 대한 기본적인 이해가 필수적이다. 미국전문상담교사협회(American School Counselor Association, ASCA)와 상담 및 관련 교육프로그램 인증위원회(Council for Accreditation of Counseling and Related Educational Programs, CACREP)에서도 강조하듯, 전문상담교사는 모든 학생을 대상으로, 학생 개개인의 다양한 배경을 존중하면서, 학업, 진로, 그리고 개인-사회적 영역에서의 성장을 지원할 책임이 있다.

예비 및 현직 전문상담교사들을 위한 이 귀중한 자료를 개발할 기회를 갖게 된 것, 그리고 이 자료가 관련 분야의 학교 전문가들에게도 도움이 될 수 있다는 것은 영광이자 특권이었다. 또한 특수교육, 법적 옹호, 학교 및 재활상담 분야에서의 우리의 통합된 배경지식으로 이 자료를 만들 수 있어서 독자들에게 이 학생들과 함께 일하는 데 있어 포괄적이고 전체론적인 관점을 제공할 수 있게 되었다.

이 책의 첫 번째 절인 '기초'는 특수교육, 용어, 분류 및 원칙에 대한 기본 개념을 정립한다. 구체적으로, 1장은 독자에게 장애학생과 관련된 언어와 고정 관념에 대한 개요를 제공한다. 이는 초보 상담사에게 특수교육 분야의 기초를 제공하고, 이미 특수교육에 대한 지식이 있는 사람들에게는 복습의 기회가 된다. 2장에서는 장애학생과 관련하여 전문상담교사의 업무를 안내하는 교육 및 전문적 표준을 다루며, 3장에서는 윤리적, 그리고 법적 지침을 추가로 제시한다. 무상적절공교육(Free Appropriate Public Education, FAPE), 최소제한환경(Least Restrictive Environment, LRE), 개별화교육계획(Individualized Education Plan, IEP)과 같은 개념도 이 3장에서 소개된다.

'협력'은 이 책의 두 번째 절의 초점이다. "한 아이를 키우기 위해서는 마을 전체가 필요하다"라는 오래된 격언처럼, 장애아동의 고유한 요구에 적절하고 효과적으로 대응하기 위해서는 교육자, 상담사, 학부모, 그리고 관련 전문가들의 공동체가 필요하다. 4장에서는 효과적인 협력관계에 필요한 자질과 기술, 팀 구축 제안, 협력교수 접근법에 관한 풍부한 정보가 제공된다. 5장에서는 다학제팀 구성원과 과정, 조기중재(early intervention) 프로그램에서의 전환(transition)에 대한 더 자세한 정보를 제공하고, 중재반응모형(Response to Intervention, RTI) 개념을 논의한다. 또한 장애아동을 둔 부모의 '목소리'도 제시된다. 이 절의 마지막은 제6장으로, 가정과 학교 간 협력의 역동성, 부모 인식의 다양성, 그리고 전문상담교사가 이 과정을 어떻게 지원할 수 있는지에 대해 조명하고 있다.

이 책의 세 번째 절은 '적용'에 관한 것이다. 7장에서는 ASCA 전달체계의 핵심 원칙과 학업, 진로, 사회·정서 영역을 개괄하고, 전문상담교사가 제공하는 직접, 반응적, 그리고 간접 서비스 내의 과제들을 설명한다. 이어지는 제8장에서는 사정평가(assessment) 및 평가(evaluation) 과정과 도구에 대한 심층적 논의와 함께, 전문상담교사의 책무성(accountability)을 체계적으로 입증할 수 있는 MEASURE 체계의 개요의 일련의 절차를 다루고 있는데, 구체적인 내용은 다음과 같다: 학교 사명(Mission)에의 부합, 중점 문제요소(Element)의 판별, 자료 분석(Analyze)을 통한 방향 설정, 이해당사자(Stakeholders)의 협력적 참여, 전략적 실행(Use Strategies), 성과 확인(Results), 평가 및 개선(Evaluate). RTI와 IEP에 대한 추가 논의가 이루어지며, 기능적 행동 사정평가(Functional Behavior Assessment: FBA)도 다루어진다. 9장에서는 이 교육과정을 위한 모든 학생의 준비, 학부모와 교사의 기대, 의사소통의 필수 요소, 출석 고려 사항, 개입 등을 포함한 통합교육에 대한 포괄적인 개요를 제시한다. 이 절의 마지막 장인 10장에서는 전환 과정의 다양한 구성 요소를 다룬다. 전환 유형, 역할, 과제, 그리고 양식이 논의된다.

마지막 절인 ‘문화적 및 심리사회적 쟁점’은 11장부터 시작된다. 문화적으로 감응적인 학교 프로그램과 학생들의 다양한 학습 방식에 대한 대응이 제시되며, 장애학생과 함께 일하는 전문상담교사의 역할과 과제에 대한 검토가 공유된다. 이 책의 마지막 장인 제12장에서는 장애학생과 그들의 부모 및 형제자매가 겪는 심리사회적 문제—예를 들어 스트레스, 가족에 미치는 영향, 또래관계, 통합교육, 그리고 사회적 낙인감(stigma)—에 대해 다루고 있다. 이 집단이 사이버폭력, 약물 남용, 신체적·성적 학대, 비만, 우울, 자살 등과 같은 문제에 높은 위험에 노출되어 있음이 정의되고 있으며, 마지막으로는 전문상담교사 및 장애학생과 함께 일하는 모든 이들에게 유용한 전략과 자원에 대한 요약으로 장이 마무리된다.

이 책이 독자들에게 장애학생에 대한 지식과 민감성을 동시에 심화시킬 수 있도록 기술적으로 유익하고, 감동적으로 구성되었다고 느끼기를 바란다. 장애학생에 대해 논의할 때 종종 ‘정상(normalcy)’이라는 개념이 언급되며, 이는 의식적이든 무의식적이든 ‘다름’과 ‘덜함’의 인식으로 이어지곤 한다. 이 책의 마지막을 다음과 같은 마야 안젤루(Maya Angelou)의 말로 맺고자 한다: “당신이 항상 정상처럼 보이려고 애쓴다면, 당신이 얼마나 놀라운 존재인지 결코 알 수 없을 것이다.”

차례

제Ⅰ부 기초

제II부 협력

제I부

기초

1장

서론: 전문상담교사를 위한 특수교육 기초

Barbara C. Trolley

세인트보나벤처대학교 (St. Bonaventure University)

Heather Hass

마운틴뷰 중학교, 거프스턴 교육구 (Mountain View Middle School, Goffston School District)

Tamara Reynolds

카타라우거스-알레게니 교육서비스청 (Cattaraugus-Allegany BOCES)

> "진정한 친구는 당신의 약점을 알면서도 당신의 강점을 부각하고, 당신의 두려움을 느끼면서도 당신의 믿음을 북돋아 주며, 당신의 불안을 인지하면서도 당신의 정신을 자유롭게 해방시키고, 당신의 장애를 감지하면서도 당신의 가능성을 강조한다."
>
> —William Arthur Ward, 미국 작가, 목사, 교사

최근 몇 년간 전문상담교사들은 특히 통합교육이 확대됨에 따라 특수교육 대상자들이 담당 사례에서 증가하는 추세를 경험하고 있다. 전문상담교사들의 역할은 역사적으로 모든 학생을 지원하는 것이지만, 많은 상담자들이 특수교육에 대한 공식적 훈련을 받지 못했기에 이는 새로운 영역으로 볼 수 있다. 전문상담교사가 특수교육 대상 학생들과 일할 때 요구되는 정확한 역할에 대한 논의가 지속되고 있으며, 이는 그들이 얼마나 그리고 어떤 유형의 참여를 하게 될 것인지에 관한 것이다. 그러나 특수교육 대상 학생의 교육계획

에 상담이 자주 요구되는 요소로 포함되기 때문에, 이들은 전문상담교사들에게 의뢰되고 있다. 철학적 논쟁이 계속되고 교육구마다 구체적인 직무가 다르지만, 모든 전문상담교사는 특수교육에 대한 기본적인 실무 지식을 가지고 있어야 하며, 이 서비스 영역이 전문적 정체성의 일부가 되어야 한다.

전문상담교사가 장애학생들과 효과적으로 일하기 위해 가장 기본적으로 다루어야 할 과제 중 하나는 특수교육 분류 체계와 용어에 대한 명확한 이해를 확립하는 것이다. 특수교육 분야의 말이나 문서에서는 약어들이 난무해, 때로는 마치 줄임말의 홍수 속에 있는 듯한 혼란스러운 느낌을 줄 수 있다. 일부 용어는 전문가들조차 놓칠 수 있지만, 최소한 전문상담교사는 장애가 어떻게 분류되는지, 각 분류가 무엇을 포함하는지, 자주 사용되는 일반적인 약어는 무엇인지, 그리고 추가 정보를 찾을 수 있는 곳은 어디인지를 알아야 한다. 전문상담교사는 전문 용어 습득 외에도, 언어가 장애아동에게 미치는 장기적인 영향과 존재하는 고정관념에 대해 숙지하는 것이 필수적이다. 본 장을 읽고 나면 독자는 다음 사항을 달성할 수 있을 것이다:

1. 특수교육 범주의 분류에 대한 이해를 얻는다.
2. 특수교육 분야에서 일반적으로 사용되는 약어를 배운다.
3. 장애학생에 대한 일반적인 고정관념을 탐색한다.
4. 오늘날까지 지속되는 부정적 언어를 검토한다.

개요

장애인교육법(Individuals with Disabilities Education Act, IDEA), 즉 미국 특수교육법에 따르면, 장애학생은 가능한 한 최소제한환경(Least Restrictive Environment, LRE)에서 교육을 받아야 한다. (2004년부터 이 법은 장애인교육향상법(Individuals with Disabilities Education Improvement Act, IDEIA)으로 명칭이 변경되었다.) 이 연방법 내에는 장애분류가 존재하며, 이는 각 주(state)의 장애의 정의와 무상적절공교육(Free Appropriate Public Education, FAPE)을 받을 자격이 있는 사람을 결정하는 데 필요한 지침을 제공한다. 각 장애에 적용되는 구체적인 표준이 있지만, 이러한 장애가 나타나는 방식은 개별적으로 다를 수 있다는 점을 유념해야 한다. 즉, 자폐 아동에 대한 절대적인 프로필은 존재하지 않는다. 이러한 분류는 표 1.1에 제시되어 있다.

이러한 분류 외에도 특수교육 담론에서 일반적으로 사용되는 수많은 약어가 존재한다. 이는 끊임없이 진화하며 특수교육 시스템에 처음 입문하는 사람들에게는 압도적일 수 있다. 다음 표 1.2에 샘플 목록이 제시되어 있지만, 이 목록이 완전하거나 고정적인 것은 아니라는 점을 인지해야 한다.

표 1.1 IDEA에 따른 13가지 장애 범주; 제300조

(c) 장애 용어의 정의. 장애아동의 정의에 사용된 용어는 다음과 같이 정의된다.

(1) (i) 자폐증이란 일반적으로 3세 이전에 나타나 언어적, 비언어적 의사소통 및 사회적 상호작용에 상당한 영향을 미치는 발달장애로서, 아동의 교육적 성취에 부정적인 영향을 미친다. 자폐증과 흔히 연관되는 다른 특징으로는 반복적인 활동 및 상동 행동, 환경 변화 또는 일상적인 변화에 대한 저항, 그리고 감각 경험에 대한 특이한 반응 등이 있다.

(ii) 아동의 교육적 성취가 주로 본 조항 (c)(4)에 정의된 정서장애로 인해 부정적인 영향을 받는 경우에는 자폐증으로 간주하지 않는다.

(iii) 3세 이후에 자폐증의 특징을 보이는 아동이라 하더라도 본 조항 (c)(1)(i)의 표준을 충족하는 경우 자폐증을 가진 것으로 판별될 수 있다.

(2) 시청각중복장애란 청각장애와 시각장애가 동시에 나타나는 경우를 의미하며, 이 두 장애의 결합은 의사소통 및 기타 발달, 교육적 요구에 심각한 영향을 미쳐, 단순히 청각장애아동만을 위한 특수교육 프로그램이나 시각장애아동만을 위한 특수교육 프로그램으로는 아동의 요구를 충족시킬 수 없는 상태를 말한다.

(3) 농이란 청력 손실이 심각하여 보청기 사용 여부와 관계없이 청각을 통한 언어 정보 처리에 어려움을 겪어 아동의 교육적 성취에 부정적인 영향을 미치는 경우를 의미한다.

(4) (i) 정서장애란 다음 특징 중 하나 이상이 장기간에 걸쳐 뚜렷하게 나타나 아동의 교육적 성취에 부정적인 영향을 미치는 상태를 의미한다.

(A) 지적 능력, 감각 기능, 건강상의 요인으로 설명할 수 없는 학습 불능.

(B) 또래나 교사와 만족스러운 대인 관계를 형성하거나 유지하는 데 어려움.

(C) 정상적인 상황에서 부적절한 행동이나 감정 표출.

(D) 전반적으로 지속적인 불행감이나 우울감.

(E) 개인적인 문제나 학교 문제와 관련된 신체 증상이나 공포를 느끼는 경향.

(ii) 정서장애에는 조현병이 포함된다. 다만, 사회 부적응 아동의 경우, 본 조 (c)(4)(i)항에 따라 정서장애가 있다고 판단되지 않는 한, 정서장애에 해당하지 않는다.

(5) 청각장애란 영구적이거나 일시적인 청력 손실로 인해 아동의 교육적 성취에 부정적인 영향을 미치는 경우를 의미하며, 본 조에서 정의하는 농에는 해당하지 않는다.

(6) 지적장애란 발달 기간 동안 나타나는 현저하게 평균 이하의 일반적인 지적 기능과 적응 행동의 결함이 동시에 존재하여 아동의 교육적 성취에 부정적인 영향을 미치는 경우를 의미한다.

(7) 중복 장애는 지적장애-시각장애 또는 지적장애-지체장애와 같이 동시에 발생하는 장애를 의미하며, 이러한 장애의 조합으로 인해 발생하는 교육적 요구가 매우 심각하여 단일 장애만을 위한 특수교육 프로그램으로는 수용할 수 없는 경우를 지칭한다. 여기서 중복 장애는 시청각중복장애은 포함하지 않는다.

(8) 지체장애는 심각한 정형외과적 손상으로 인해 아동의 교육적 성취에 부정적인 영향을 미치는 경우를 의미한다. 이는 선천성 기형으로 인한 손상, 질병(예: 소아마비, 골 결핵)으로 인한 손상, 그리고 기타 원인(예: 뇌성 마비, 절단, 구축을 유발하는 골절 또는 화상)으로 인한 손상을 포함한다.

(9) 기타 건강 장애는 제한된 근력, 활력 또는 주의력을 갖거나, 교육 환경에 대한 제한된 주의력을 초래하는 환경적 자극에 대한 과민성을 포함하는 경우를 의미하며, 다음의 조건을 충족해야 한다.

(i) 천식, 주의력결핍장애 또는 주의력결핍 과잉행동장애, 당뇨병, 뇌전증, 심장 질환, 혈우병, 납 중독, 백혈병, 신장염, 류마티스열, 겸상 적혈구 빈혈, 투렛 증후군과 같은 만성 또는 급성 건강 문제로 인한 것이어야 한다.

(ii) 아동의 교육적 성취에 부정적인 영향을 미쳐야 한다.

(10) 특정학습장애.

(i) 일반 사항. 특정학습장애는 구어 또는 문어와 같은 언어의 이해 또는 사용과 관련된 하나 이상의 기본적인 심리 과정에서의 장애를 의미하며, 이는 듣기, 사고, 말하기, 읽기, 쓰기, 철자법, 또는 수학적 계산 능력의 불완전한 형태로 나타날 수 있다. 여기에는 지각 장애, 뇌 손상, 미소뇌기능장애, 난독증, 발달성 실어증과 같은 상태가 포함된다.

(ii) 제외되는 장애. 특정학습장애는 시각, 청각 또는 운동장애, 지적장애, 정서장애, 또는 환경적, 문화적, 경제적 불이익으로 인해 발생하는 학습 문제를 포함하지 않는다.

(11) 언어 또는 언어 장애는 말더듬, 부정확한 발음, 언어 장애 또는 음성 장애와 같은 의사소통 장애를 의미하며, 이는 아동의 교육적 성취에 부정적인 영향을 미친다.

(12) 외상성 뇌 손상은 외부의 물리적 힘에 의해 발생한 후천적인 뇌 손상을 의미하며, 이는 완전 또는 부분적인 기능 장애나 심리사회적 장애, 또는 이 둘 모두를 초래하여 아동의 교육적 성취에 부정적인 영향을 미친다. 외상성 뇌 손상은 인지, 언어, 기억, 주의력, 추론, 추상적 사고, 판단력, 문제해결 능력, 감각, 지각 및 운동 능력, 심리사회적 행동, 신체 기능, 정보 처리 및 언어와 같은 하나 이상의 영역에서 장애를 초래하는 개방성 또는 폐쇄성 두부 손상에 적용된다. 외상성 뇌 손상은 선천적이거나 퇴행성인 뇌 손상, 또는 출산 외상으로 인해 유발된 뇌 손상에는 적용되지 않는다.

(13) 시각장애(맹 포함)는 교정 후에도 아동의 교육적 성취에 부정적인 영향을 미치는 시력 손상을 의미한다. 이 용어는 부분 시력과 실명 모두를 포함한다.

자료 출처: 규정 300.8c: 장애 용어 정의. 유산 구축: 2004년 장애인 교육법. 미국 교육부.

표 1.2 자주 사용되는 특수교육 관련 약어 목록

약어	영문 의미	한국어 의미
AAC	Alternative Augmentative Communication	보완대체의사소통
ABA	Applied Behavioral Analysis	응용행동분석
ABC	Antecedent, Behavior, Consequence	선행사건, 행동, 결과
ADA	Americans with Disabilities Act	미국 장애인법
ADD/ADHD	Attention Deficit/ Attention-Deficit Hyperactivity Disorder	주의력결핍/ 주의력결핍 과잉행동장애
ADLs	Activities of Daily Living	일상생활활동
ASD	Autism Spectrum Disorders	자폐스펙트럼장애
AT	Assistive Technology	보조공학
AYP	Adequate Yearly Progress	적정연간진전도
BIP	Behavioral Intervention Plan	행동중재계획
BOE	Board of Education	교육위원회

약어	영문 의미	한국어 의미
CAPD	Central Auditory Processing Disorder	중추청각처리장애
CEC	Council for Exceptional Children	특수아동협회
CP	Cerebral Palsy	뇌성마비
CST	Child Study Team	아동연구팀
DB	Deaf-Blind	시청각중복장애
DD	Developmental Delay	발달지체
DIBELS	Dynamic Indicators of Basic Early Literacy	기초 초기 문해력 동적 지표
DSM	Diagnostic and Statistical Manual of Mental Disorders	정신질환 진단 및 통계 편람
ECSE	Early Childhood Special Education	조기 아동기 특수교육
ED	Emotional Disturbance	정서장애
EI	Early Intervention	조기중재
ELL	English Language Learner	영어 학습자
ESD	Extended School Day	연장 학교일
ESEA	Elementary and Secondary Education Act	초중등교육법
ESL	English as a Second Language	제2언어로서의 영어
ESY/EYS	Extended School Year or Extended Year Services	연장학년 또는 연장년도 서비스
FAPE	Free Appropriate Public Education	무상적절공교육
FAS	Fetal Alcohol Syndrome	태아알코올증후군
FBA	Functional Behavioral Assessment	기능적 행동 사정평가
FERPA	Family Educational Rights and Privacy Act	가족교육권 및 개인정보보호법
HI	Hearing Impaired	청각장애
HoH	Hard of Hearing	난청
HQT	Highly Qualified Teacher	고자격 교사
IAES	Interim Alternative Educational Setting	임시대안교육환경
ID	Intellectual Disabilities*	지적장애
IDEA	Individuals with Disabilities Education Act	장애인교육법
IEP	Individualized Education Program	개별화교육프로그램

약어	영문 의미	한국어 의미
IFSP	Individualized Family Service Plan	개별화가족서비스계획
LD	Learning Disability	학습장애
LEA	Local Education Agency	지역교육청
LEP	Limited English Proficiency	제한된 영어능력
LRE	Least Restrictive Environment	최소제한환경
MD	Muscular Dystrophy	근이영양증
MD/MH	Multiple Disabilities or Multiply Handicapped	중복장애
MDR	Manifestation Determination Review	징후결정검토
NASDSE	National Association of State Directors of Special Education	주 특수교육 디렉터 전국협회
NCLB	No Child Left Behind Act	낙오학생방지법
OCD	Obsessive-Compulsive Disorder	강박장애
OCR	Office of Civil Rights	시민권리국
ODD	Oppositional Defiant Disorder	적대적 반항장애
OHI	Other Health Impairment	기타 건강장애
OI	Orthopedic Impairment	지체장애
O & M	Orientation and Mobility	방향성 및 이동성
OSEP	Office of Special Education Programs	특수교육프로그램국
OT	Occupational Therapy	작업치료
PBS	Positive Behavioral Supports	긍정적 행동지원
PD	Physical Disability	신체장애
PDD	Pervasive Developmental Disorder	전반적 발달장애
PLEP/PLP	Present Level of Educational Performance	현재 교육수행 수준
PT	Physical Therapy	물리치료
RS	Related Services	관련서비스
RTI	Response to Intervention	중재반응모형
SEA	State Education Agency	주 교육기관
SEAC	Special Education Advisory Committee	특수교육자문위원회
Section 504	Section 504 of the Rehabilitation Act	재활법 504조
SED	Serious Emotional Disturbance	심각한 정서장애

약어	영문 의미	한국어 의미
SI	Sensory Integration	감각통합
SLD	Specific Learning Disability	특정학습장애
SLI	Speech/Language Impairment	언어/말 장애
SLP	Speech/Language Pathologist	언어재활사(언어치료사)
SST	Student Study Team	학생연구팀
TBI	Traumatic Brain Injury	외상성 뇌손상
TDD	Telecommunication Devices for the Deaf	청각장애인용 통신기기
VI	Visual Impairment	시각장애
Voc Ed	Vocational Education	직업교육
VR	Vocational Rehabilitation	직업재활

자료 출처: Parent Information and Resources 센터(2015년 3월 12일 검색). 장애 및 특수교육 약어, Newark, NJ.

* IDEA는 2010년 10월까지 '정신 지체(mental retardation)'라는 용어를 사용했다. 2010년 10월, 오바마 대통령이 로사 법(Rosa's Law)에 서명하면서, 향후에는 '지적장애(intellectual disability)'라는 용어를 사용하도록 변경되었다. 용어 자체의 정의는 변경되지 않았으며, 단지 '정신 지체' 대신 '지적장애'를 사용하게 된 것이다.

언어와 고정관념

하스(Haas)의 성찰

나는 '사람 우선 언어' 사용에 대해 강박관념을 가지고 있다. 아동은 아동이며, 아동으로 판별되어야 한다. 장애인교육법(IDEA) 자체도 300.8조에서 "장애아동(Child with a disability)"이라는 표현을 사용한다. 따라서 "학습장애 학생(the learning disabled student)"이라고 말하는 것보다 "학습장애를 가진 학생(student with a learning disability)"이라는 표현을 사용하는 것이 더 낫다. 진부하게 들릴 수도 있지만, 독자 여러분, "정신지체아(mentally retarded kid)"라는 표현을 생각해 보라. 어떤 이미지가 떠오르는가? 개인적으로 특수교육가이자 관련 옹호자로서 나는 1972년에 비인도적이고 학대적인 수용 시설로 밝혀진 뉴욕 주 운영 장애인 시설인 윌로우브룩(Willowbrook)을 떠올린다. 그곳에서 과밀하게 수용된 집단은 차마 입에 담을 수 없는 학대를 겪었다. 나는 사회가 과거에 가장 취약한 계층을 어떻게 대했는지 결코 잊어서는 안 되며, 현재에 안주하지 않고 얼마나 발전했는지 자부심을 가져야 한다고 굳게 믿는다. 이제 "정신지체아(that mentally retarded kid)"라는 표현과 "지적장애아동(the child with an intellectual disability)"을 비교해 보라. 어떤 사람들은 그것이 단지 의미론이나 정치적 올바름이라고 말할 수도 있다. 아동 우선 언어를 사용함으로써 마음은 먼저 아동을 고려하고 장애를 두 번째로 고려하게 된다. 지적장애는 한 개인을 이루는 많은 요소 중 하나일 뿐, 그 사람 전체를 정의하지 않는다. 지적장애 학생들과 함께 일하고 가르친 경험을 바탕으로 내 학생들은 유머 감각이 뛰어나고, 총명하며, 재능이 있고, 호기심이 많고, 고집이 세고, 감성적이며, 친절하고, 상냥하며, 사랑스럽다는 것을 직접 말할 수 있다. 학생들에게 제공되는 교육 프로그램을 고려할 때 나는 학생 우선 언어 사용을 강력하게 지지한다. "생활 기술반 아이들(The life skills kids)"은 학생들을 틀에 가두는 무언의 메시지를 전달할 수 있다. "생활 기술 프로그램에 참여하는 학생들(Students who access a life skills program)"이라고 말하는 것이 더 나은데, 학생들은 그들이 등록한 프로그램 그 이상이기 때문이다. 또 다른 흔한 표현은 "휠체어에 갇힌(confined to a wheelchair)"이다. 정의상 '가두다'는 둘러싸거나 구속하는 것을 의미한다. 사람들은 갇힌 것이 아니라 이동성을 위해 휠체어를 사용하는 것이다. 언어는 힘을 가지고 있다. 우리 모두는 우리 문화에서 용납할 수 없고 불쾌감을 주는 단어들을 생각해 볼 수 있다. 특수교육과 장애인 권리 분야에서 로사 법(Rosa's Law), 공법 111-256호는 정신지체라는 용어를 지적장애로 변경했다. 나는 장애인교육법(IDEA) 분류, 정서장애(Emotional Disturbance)의 변경을 희망적으로 기대하고 있다.

트롤리(Trolley)의 성찰

11장에서 장애와 관련된 언어와 고정관념이 더 자세히 다루어진다. 그러나 장애학생에 대한 후속 논의를 위한 토대를 마련하기 위해 이러한 개념을 지금 소개하는 것이 중요하다. 또한 장애 언어와 앞에서 논의한 특수교육 학생 분류는 밀접한 관련이 있다. 진단 분류는 장애의 본질을 밝히고, 다른 장애와 구별하며, 더 나아가서 중재에 대한 지침을 제공하기 위한 것이다. 불행히도 이러한 명칭은 종종 자유롭게 사용되며 부정적인 의미가 부여된다. 사이코패스와 소시오패스는 임상적 장애가 아닌 경멸적인 발언으로 사람들의 행동에 적용된 진단 장애의 두 가지 예일 뿐이다. 이러한 이미지는 텔레비전 쇼, 신문 기사 또는 '유튜브' 클립 등 미디어에서 매일 강화된다. 이는 '지도형 실습 활동 1.1'에서 입증된다.

지도형 실습 활동 1.1

다양성에 대한 미디어 묘사

향후 1~2일 동안 텔레비전 프로그램, 광고, 뉴스, 인터넷 기사, 잡지, 신문 등에서 접하는 내용을 주의 깊게 살펴보기 바란다. 최근에 본 영화를 되돌아보며, 어떤 유형의 다양성이 표현되었는지, 다양한 배경을 가진 사람들이 폭넓게 포함되었는지, 묘사가 정확했는지 아니면 전형적인 고정관념에 기반했는지 숙고해 보자. 범죄가 발생했을 경우, 용의자는 어떻게 묘사되었는가? 정신 건강 문제가 연루된 경우, 이러한 문제는 어떻게 기술되었는가(예: 이러한 문제가 이야기의 주요 초점이었는가? 발생한 행위가 정신 건강 문제로 인해 발생한 것으로 여겨졌는가?)? 만약 당신이 이러한 이야기와 광고의 작가라면, 어떤 변화를 주고 싶은가?

이러한 잘못된 명칭은 청소년에게도 영향을 미친다. 대부분의 독자는 학교 버스, 운동장, 교실 또는 이웃에서 '정신박약아/정박아(retard)'라는 단어를 한 번이 아니라, 여러 번 들었던 기억이 있을 것이다. 어쩌면 여러분 자신도 아무 생각 없이 이 단어를 사용했을 수도 있다. 더욱이 일부 교육자는 학습장애를 "포괄적 범주"로 인식하고 해당 분류를 받은 모든 사람이 유효한 장애를 가지고 있는 것은 아니라고 생각할 수 있다. 교사가 학생이 단지 "게으르다"거나 "정리가 안 되어 있다"거나 "동기가 없다"고 말하는 것을 들었던 때를 되돌아보라. 이러한 가정이 만연하면 적절한 교육적 조정(accommodation)이 부족할 수 있다.

이러한 발언과 인식 측면의 부정적인 심리사회적 영향 외에도 이러한 학생에 대한 기대치가 낮아지고 자기충족적 예언(self-fulfilling prophecies)이 개발될 수 있으며, 둘 다 광범위한 영향을 미칠 수 있다(자기충족적 예언의 예시: "나는 장애가 있고 결함이 있으므로 결코 목적을 달성할 수 없을 것이다"). Earle(2003)은 장애인이 대학에 진학하고 직업을 구할 가능성이 낮다는 우려를 제기했다. 마찬가지로 Corrigan과 Watson(2002)은 정신 질환자가 직업, 안전한 주거, 건강 관리 및 다양한 사람들과의 상호작용에 대한 제한된 기회를 포함하여 직면하는 어려움에 대해 통렬하게 논의했다.

또한, 장애인에 대한 고정관념은 그들을 대하는 방식에 영향을 미친다. Wolfensberger (1972)는 그의 대표 저작인 『정상화(Normalization)』에서, 지적장애인을 향한 사회적 인식이 그들의 처우 결정에 어떻게 영향을 미치는지를 지적한 바 있다. 예컨대, 우리는 과거 정신질환자들이 처했던 비인도적인 환경에 익숙하다. 그들은 종종 '정신이상자'로 간주되어 두려움의 대상이 되었고, 결국 감금되곤 했다. 독자들은 아마도 이렇게 생각할 수 있다: "그건 예전 이야기잖아!" 하지만 한 번 더 자문해보자. "지금도 과연 그런 일이 일어나지 않는다고 말할 수 있을까?" 이 마지막 질문은 사례 제시 1.1에서 구체적으로 다루어진다.

사례 제시 1.1

"이 학생은 정말 특이한 걸까?"

당신이 고기능 자폐스펙트럼장애 진단을 받은 중학생이라고 상상해 보자. 당신은 특정 주제, 즉 동전 수집에 집중하는 경향이 있다. 수년간 이 취미를 유지해 왔으며, 이 관심사를 친구들과 공유하고 싶어 한다. 매일 점심시간에 이 주제를 꺼낸다. 게다가, 무표정한 얼굴을 하고 끊임없이 다른 사람의 말을 가로막는다. 점심시간에 당신 옆에 앉는 사람이 점점 줄어들고, 몇몇 아이들이 당신을 가리키며 "괴짜", "범생이"라고 말하는 것을 듣게 된다. 전문상담교사는 구내식당에서 이러한 행동을 목격하고 당신을 상담실로 호출했다. 당신은 식당에서 일어난 일과 친구를 사귀고 싶은 바람에 대해 이야기한다. 또래와의 대화 연습을 시작하고 역할극을 한다. 전문상담교사는 당신을 그룹 활동에 초대한다.

최근 들어 장애인에 대한 부정적인 인식과 잔혹한 처우에서 벗어나려는 움직임이 나타나고 있다. 독자 여러분은 잠시 시간을 내어 장애라는 단어를 유의어 사전에서 찾아보기를 바란다. 실격, 부적합, 결함 등과 같은 유의어를 발견할 수 있을 것이다. 이러한 단어들이 장애인에 대한 부정적인 고정관념을 지속시키는 것은 당연한 일이다. 비가시적 장애는 고정관념에서 완전히 벗어나지는 못하지만, 종종 거짓 행동이나 게으른 성향으로 인식되기도 한다. 다행히도 현재는 개인의 능력을 강조하고 '사람 우선 언어'를 사용하는 데 더 많은 노력을 기울이고 있다. 사람 우선 언어는 20세기 말에 등장했다(Folkins, 1992; Snow, 2010; Staff, 1985). Bickford(2004)는 사람 우선 언어가 개인에 초점을 맞춤으로써 장애인에 대한 고정관념을 바꾸고 편견을 줄이는 데 목적이 있다고 설명했다. 장애인 에티켓을 다룬 문서도 작성되었다(United Cerebral Palsy Association, 2015; United Spinal Association, 2011). 학생들을 장애로 정의하는 대신(예: 불구 학생), 학생 개개인에 초점을 맞추는 것이다(예: 뛰어난 유머 감각을 가진 지체장애 학생). 또한 이러한 학생들이 대체 형식(예: 필기 도우미 지원, 시험 내용 음성 제공)을 통해 동료 학생들과 같은 수준으로 최대한의 역량을 발휘할 수 있도록 지원하는 방향으로 전환되고 있다. 그렇다고 해서 모든 교육자가 과거의 언어와 사람 우선 언어가 아닌 용어를 사용하지 않는 것은 아니다. 오랜 습관은 쉽게 고쳐지지 않으며, 수십 년 동안 특정 방식으로 말하는 습관을 바꾸는 것은 어려운 일이다. 가장 중요한 것은 말실수가 발생하는지 여부가 아니라, 학생들을 하나의 특성(즉, 장애)이 아닌 사람으로 존중하는 마음을 가지는 것이다.

언어는 고정관념을 영속화할 수 있으며, 고정관념은 부정적인 전문용어의 사용을 지속시킬 수 있다. Earle(2003)은 장애인 권리 위원회 캠페인을 언급하면서 "장애인은 반쪽 인간에 불과한가?"라는 질문을 제기하며, 장애를 사회적 억압 및 낙인의 한 형태로 논했다. 더 나아가, Allison(2013)은 "어떤 종류의 사람이 존재해야 하는가? 기술적 인간에서 규범적 인간으로"라는 흥미로운 역사적 논평을 저술했다. 이 저자는 비전형적인 것에 대한 더 큰 개방성과 인식을 희망하며 논문을 마무리했다. 이 두 출판물은 고정관념과 편견을 없애는 데 있어 큰 진전이 있었지만, 여전히 많은 것들이 남아 있다는 사실을 시사한다. 이 글을 읽는 많은 사람들은 직업교육협동위원회(Board of Cooperative Education Services, BOCES)에서 열리는 수업에 학생들이 부여하는 부정적인 의미, 즉 "바보들만 가는 곳"이라는 인식을 잘 알고 있다. 조기중재는 장애 그 자체뿐만 아니라, 특수교육 학생에 대한 긍정적인 인식과 태도를 함양하는 측면에서도 필수적이다. 이러한 원칙을 더욱 명확히 하기 위해 사례 제시 1.2를 고려해 보자.

사례 제시 1.2

"내 문제가 뭐지?"

라샤나(Rashana)는 도서박람회에 있다. 그녀는 책장 사이를 이동하는 데 어려움을 겪고 있으며, 소지품을 모두 들고 있기 힘들어 일부를 바닥에 떨어뜨리고 있다. 라샤나는 불안, 좌절, 피로 및 압도된 상태를 보이고 있다. 그녀는 도움을 요청하지 않지만, 간헐적으로 혼잣말을 하는 모습이 관찰된다. 타인들 역시 그녀에게 어떠한 지원도 제공하지 않고 있다. 라샤나는 그녀가 선택한 책들을 구매하기 위해 계산대로 다가가고, 돈을 꺼낼 때 그녀의 손이 떨리고 있다. 라샤나가 장애를 가지고 있다고 생각하는가? 만약 그렇다면, 어떤 장애로 판단하며 그 근거는 무엇인가? 다수는 지체장애로 추측했을 수 있으며, 일부는 정서장애를 가지고 있다고 판단했을 가능성이 있다. 처방약물 또는 기타 물질의 영향 하에 있다고 생각한 경우도 있을 수 있다. 또한 일부는 조현병과 유사한 경향성을 보인다고 추측했을 수도 있다. 핵심은 고정관념이 만연하며, 인식은 과거 경험, 현재 상태, 가치관과 신념, 문화적 배경, 교육 등 다양한 요인에 의해 영향을 받는다는 점이다. 이러한 고정관념에 대한 비판적 검토가 필수적이다. (참고로, 상기 기술은 본인에 관한 것으로, 다섯 자녀 중 첫째를 유모차에 태우고 박사과정 교재를 구매하기 위해 대학 서점에 방문했을 당시의 상황이다!)

전문상담교사는 특수교육 대상 학생에 대한 인식 개선과 올바른 언어 및 태도 형성에 있어 핵심적인 역할을 수행할 수 있으며, 이를 위해 학교 구성원들에게 교육을 제공하고 감수성을 높이며 적절한 행동의 본보기를 제시할 수 있다. 첫 번째 단계는 매년 초 교사, 관리자 및 직원을 대상으로 워크숍을 실시하는 것일 수 있다. 특정 지식을 공유하는 것 외에도, 청중이 경험적 활동에 참여하고 태도와 편견을 탐구하는 것이 중요하다. 장애에 대한 태도(Ali, Strydom, Hassiotis, Williams, & King, 2008; Power & Green, 2010)는 물론 통합교육에 대한 태도를 평가할 수 있는 다양한 척도가 존재한다(Schwab, Gebhardt, Eder-Flick, & Klicpera, 2012). 전문상담교사는 장애와 관련된 단어에 대한 자유 연상과 같은 오래된 방법을 사용하여 보다 비공식적인 방식으로 태도를 평가할 수도 있다. 이러한 활동은 학부모 및 학생과 함께 진행될 수도 있다. (단, 표준화된 도구는 도구의 규준 연령 집단을 고려하여 선택해야 한다.) 또한 Spears(2006)가 HIV/AIDS 학생들과 함께 일하기 전에 학교 전문가들이 준비해야 할 필요성에 대해 논의한 바와 같이, 전문상담교사는 학교 정책을 인지하고 특정 주제에 대한 지식 기반과 훈련을 갖추는 것이 중요하다.

전문상담교사는 추가적으로 학생 집단과 협력할 수 있다. 간접적으로, 통합교육 대상 학생을 지원하기 위해 팀 내에서 활동하는 것이 유익하다. 통합교육은 학생 간 사회적 상호작용을 강화하고 특수교육 학생에 대한 부정적 고정관념을 감소시키는 것으로 밝혀졌다(Ali, Mustapha, & Jelas, 2006). 교사들이 더 잘 준비되고 지원받을수록, 통합적 전환이 더 원활히 이루어질 것이다(Engelbrecht, Nel, & Pekka-Malinen, 2012; Mastin, 2010; Rodriguez, Saldana, & Moreno, 2012). 또한, 교사들의 스트레스가 감소하면, 특수교육 학생들에 대해 더 긍정적인 태도를 모델링할 가능성이 높다.

장애 관련 교육을 일반 교육과정에 통합하는 것도 전문상담교사가 지원할 수 있는 또 하나의 과업이다. 전문상담교사가 교육과정을 결정하거나 개발할 책임은 없지만, 아이디어를 제안하고 자료를 제공하는 역할은 수행할 수 있다. 교사들에게 이러한 과업을 추가로 요청한다고 상상할 수 있는가? 이미 공통핵심기준(Common Core Standards)과 「낙오학생방지법(No Child Left Behind Act)」으로 인해 과중한 요구에 시달리고 있는 상황에서 말이다. 하지만 다음과 같은 단순한 활동들은 수행 가능할 수 있다:

- 장애인을 주제로 한 책에 대한 독서보고서 작성
- 역사적으로 장애에 대해 어떻게 반응해 왔는지에 대한 토론
- 장애와 관련된 고정관념을 다룬 영화 시청
- 장애를 가진 연사 초청
- 다학제팀 구성원 중 한 명이 장애 주제를 다루도록 초대
- 장애인을 위한 지역 사회기관(예: 박물관, 자립생활센터 등) 방문
- 장애인의 긍정적 묘사를 주제로 한 미술 대회 개최
- 특수교육 대상 학생이 자신의 장애에 대해 공유(단, 보호자의 동의 및 학생의 동의가 있을 경우에 한함)
- 교육구가 정한 적절한 제한 범위 내에서, 장애 관련 자료나 장애인에 대한 묘사를 웹에서 조사하기

Ferguson(2001)은 이러한 융합이 중요한 이유 여덟 가지를 제시하고, 이를 실행할 수 있는 17가지 방법을 설명했는데, 그중 일부는 앞에서 이미 언급되었다. Seidler(2011)는 창의적인 활동을 제안했는데, 중학생들에게 먼저 장애에 대한 고정관념을 탐색한 다음, 만화를 제작함으로써 이러한 관점에 도전하도록 했다. 이 연구는 장애 교육의 내용뿐 아니라, 의사소통 수단의 선택에 대해서도 시사점을 제공한다. 학생들은 장애에 관한 강의를 듣는 것과 만화를 읽는 것 중 어느 것을 더 선호할까?

지식은 또한 장애에 대한 이해를 촉진하고, 두려움을 최소화하며, 고정관념을 감소시키는 데 중요하다. 정신 장애인을 다룬 Penn과 Couture(2002)의 연구는 지식이 낙인을 감소시킨다는 개념을 지지했다. 이 저자들은 또한 장애인과의 접촉이 사회적 낙인화를 감소시킬 수 있다고 제안하는 연구의 문제점에 대해서도 논의했다. 장애가 있는 사람을 위해 문을 잡아주었다가 오히려 언성을 들은 경험이 있는 사람이라면, 단순한 접촉이라 할지라도 고정관념 형성과 관련해 긍정적인 경험이 될 수도, 부정적인 경험이 될 수도 있다는 점을 잘 이해하고 있을 것이다. 이와 유사하게, 장애로 인한 이차적 이득(Secondary gain: 장애로 인해 외부로부터 동정, 특별 대우, 책임 면제, 관심, 자원 접근 등의 부수적인 혜택을 얻는 것)을 최대한 활용하는 학생들은 교사나 또래로 하여금 부정적인 인식을 갖게 만들 수 있다. 참고로 일차적 이득(Primary gain)이란 장애나 질병 자체가 심리적 고통을 줄이거나 내면적 욕구를 충족시키는 것으로 책임 회피와 관계한다.

체육교사라고 상상해보자. 중학교 1학년 학생인 팀(Tim)은 판별된 장애가 있어 체육 수업 참여가 면제되었다. 어느 날 복도를 걸어가다 팀이 친구들과 "장난치며" 학교 계단 난간을 미끄러져 내려가는 것을 본다. 모든 학생에 대한 책임 문제이자 규율 문제(즉, 난간 타기는 학교 정책에 위배됨)일 뿐만 아니라, 모든 체육 활동에서 제외되어야 할 필요성의 타당성에 의문을 갖게 된다. 팀이 자신의 장애를 이용하고 있는지에 대한 의문이 생긴다. 또는 청각장애가 있는 사만다의 교사라고 하자. 그녀의 개별화교육프로그램(IEP)에 있는 편의 조치 중 하나는 통역사를 두는 것이다. 사만다가 수업 노트, 과제 및 숙제에 대해 명확히 이해할 수 있도록 통역사와 지속적으로 소통하고 있다. 그러나 사만다는 계속해서 무엇이 요구되는지 알지 못했다고 주장하며 숙제를 제출하지 않는다. 그녀는 다양한 수업 문제에 대해 계속 불평하고 자신이 혼자서는 거의 아무것도 할 수 없다고 말한다. 이를 되돌아보면, 그녀가 2차적 이득(증가된 관심이나 잡일에서의 해방과 같이 장애로부터 간접적 혜택이나 사회적 이점을 얻는 것)을 얻고 있으며 학습된 무기력(상황을 변화시킬 힘이 없다고 느끼거나 자신의 과제를 다른 사람들이 완료하도록 기대하는 것, 예를 들어 계단을 오르고 자신의 책을 들 수 있는 능력이 있지만, 엘리베이터 사용과 또래 도우미가 필요하다고 주장하는 장애학생)을 보이고 있을 가능성이 떠오른다.

앞서 언급했듯이, 전문상담교사는 특수교육 학생들을 향한 긍정적 행동을 모델링하고 인간 우선 언어(person-first language)를 사용할 수 있다. 후자의 철학적 기반을 활용하여, 전문상담교사는 개인 및 집단 상담 내에서 학생들이 자신의 장애를 넘어서 자신을 바라보는 긍정적 정체성을 발달시키도록 도울 수 있다. 이 과정의 탁월한 예는 농문화(deaf culture)에서 찾을 수 있다. 이 문화에 속한 사람들 가운데는 장애라는 개념 자체와 자신을 철저히 분리하려는 극단적인 태도를 취하는 경우도 있다(Jones, 2002). 만약 그들이 자신을 장애가 있다고 보지 않는다면, 그들은 인간적 특성이 결핍되어 있지 않으며 더 긍정적인 자존감을 발달시킬 수 있다.

앞에서 논의된 특수교육 언어와 고정관념에 관한 내용에서는 전문상담교사가 장애를 가진 학생들을 지원하기 위해 개인적으로, 그리고 팀의 일원으로서 수행할 수 있는 다양한 역할과 과제가 다루어졌으며, 이러한 학생들을 장애가 아닌 우선 아이들로 바라보고 가치를 부여하는 것의 중요성이 강조되었다. 이 장의 결론에 앞서, 장애학생들을 위한 교육환경에서 일하는 현직 전문상담교사의 생각이 공유된다. 다음의 성찰에서는 전문상담교사가 이러한 학생들과 함께 일할 때 다양하고, 유연하며, 존중하는 태도를 기꺼이 가지는 것이 가져오는 긍정적인 영향이 조명되고 있다.

레이놀즈(Reynolds)의 성찰

학교상담과 특수교육은 나에게 특별한 의미가 있다. 이는 보람 있는 동시에 좌절감을 안겨줄 수도 있다. 세상을 다른 방식으로 바라보는 학생들과 함께 일하면서 나는 내 자신의 한계를 넘어 더 넓은 시각을 갖게 되었다. 각 학생은 고유하며, 장애가 나타나는 방식 또한 고유하다. 따라서 각 학생을 위해 설계되는 상담 프로그램은 이러한 고유한 특성을 염두에 두고 만들어지게 된다. 획일적인 접근 방식은 존재하지 않으며, 각 학생에게 맞춤화되어야 한다. 좌절감 관리 또는 자존감 향상에 단 하나의 방법만 사용한다면 얼마나 지루하겠는가! 모든 학생이 다르기 때문에 나는 접근 방식에 있어 창의성을 발휘할 수 있다.

나는 특수교육 분야에서 매우 다양한 역할을 수행하고 있다. 특수교육에 대한 탄탄한 기초 지식은 매우 중요하다. 이는 적절한 개별화교육계획(IEP)과 504 계획의 수립 방법, 최소제한환경(LRE) 결정을 위한 자료를 수집하거나 이해하고 이를 적용하는 능력, 장애와 관련된 징계 절차의 이해, 학업 중재 서비스(AIS) 및 중재반응모형(RTI) 절차에 대한 지침 적용, 협력적 팀 접근의 필요성 인식을 포함한다. 이처럼 다양한 요소를 동시에 다루는 일은 때때로 매우 벅찰 수 있으며, 이는 모든 참여자에게 지원이 필요하다는 점을 분명히 보여준다. 협의와 협업은 이러한 업무 부담을 나누는 기회를 제공한다.

IEP/504는 특수교육 대상 학생을 상담할 때 따라야 할 문서이다. 나의 역할은 IEP 개발에 적극적으로 참여하는 것이다. IEP를 작성하는 것을 전문상담교사의 어깨에만 짊어지게 해서는 안 된다. 사실, 이는 교사, 특수교사, 전문상담교사, 학생지원 전문가(예: 물리치료사, 작업치료사, 언어치료사) 및 학부모로 구성된 팀의 협력적인 노력이 필요하다. 이 팀은 아동을 잘 알고 해당 분야에 대한 지식을 갖춘 전문가들로 구성된다. 학생에 대한 정확한 그림을 만들기 위해서는 학생들과 정기적으로 상호작용하는 사람들의 의견을 들어야 한다. 버스, 식당 또는 보건실에서 어려움이 있었다면 이러한 영역의 직원들과 논의하는 것이 중요하다. 자료는 교실에서뿐만 아니라, 모든 서비스에 걸쳐 IEP 회의에서 공유될 수 있다.

미국 전문상담교사협회(ASCA)에 따르면 전문상담교사는 "학업성취, 개인/사회적 발달 및 진로 개발 영역에서 모든 학생을 돕는다"(ASCA, 2015, para. 4). 특수한 요구를 지닌 학생들과 관련하여, 우리는 이들이 공평한 출발선에서 시작할 수 있도록 필요한 지원을 받을 수 있게 보장하는 특수교육 관련 법률의 적용을 받는다. 전문상담교사는 주 및 연방 지침, 이사회 정책 및 교육구 정책과 절차를 준수하는 것이 중요하다. "전문상담교사는 장애 및 기타 특수 요구로 인한 어려움에 관계없이 모든 학생이 자신의 잠재력을 실현하고 학업 표준을 충족하거나 초과하도록 돕는 데 전념한다"(ASCA, 2013, p. 48). 학생들이 자신의 잠재력을 최대한 발휘할 수 있도록, 전문상담교사는 이들이 가장 적절한 최소제한환경(LRE)에 배치될 수 있도록 적극적으로 옹호해야 한다. 학생을 더 제한적인 환경에 배치하기 전에 자료 수집과 함께 다른 대안을 시도해야 한다. 예를 들어, 식당이나 복도의 소음 수준에 어려움을 겪는 학생은 소음 제거 헤드폰을 사용하면 성공을 거둘 수 있다. 학생을 환경에서 완전히 제거하는 대신, 학생이 더 쉽게 성공을 거둘 수 있도록 전략을 제공하는 것이 궁극적으로 더 나은 방법이다. 이는 학교 환경 자체가 어떻게 학생에게 장애적인 요소로 작용할 수 있는지를 보여주는 한 사례로, 간단한 조정만으로도 이러한 환경적 제약 요인을 쉽게 제거할 수 있다.

자료 수집은 지루한 작업일 수 있으나, 이것 없이는 주장을 뒷받침할 근거가 부족하다. 시간이 많이 소요되며 팀원들의 참여를 유도하기 어려울 수 있다. 특수교육 프로그램의 전문상담교사로서, 목적 및 자료 수집 시스템을 구축할 때 팀 접근법을 활용하는 것이 중요하다. 만약 학급 교사들이 자료 수집 시스템에 동의하지 않는다면, 보고할 자료가 거의 없게 될 것이다. 학생에게 서비스가 필요하다는 것이 명백함에도 자료가 부족할 때는 좌절감을 느낄 수 있다. 학교 예산이 축소되는 상황에서, 요청을 뒷받침할 자료 없이 비용이 수반되는 서비스를 제공받기를 기대하기 어렵다. 또한 서비스 요청을 지원할 자료가 부족한 상태에서 특수교육위원회(CSE) 회의에 참석하는 것도 어려운 일이다. 나의 역할은 학생들에게 필요한 것을 옹호하는 것이며, 이를 가장 잘 수행할 수 있는 방법은 자료(data)를 근거로 제시하는 것이다. 그동안 나는 여러 종류의 자료 정보 시스템을 사용해왔고, 최근에는 다양한 앱들이 보편화되면서 전문상담교사가 선택할 수 있는 도구들도 많아졌다.

"양질의 상담 프로그램은 학생들이 자신의 학업 잠재력을 최대한 발휘할 수 있도록 권한을 부여하는 데 전념하는 교육과정의 핵심에 있다"(Beale, 2003, p. 68). 학부모, 특수교육 부서, 교사, 학생 지원 전문가 및 모든 외부 전문가와의 소통을 통해 나는 특수교육 서비스를 받는 학생들에게 효과적인 상담 기술을 개발하고 구현해야 한다. 상담 서비스는 학생들의 학업적·사회적 요구를 충족시키기 위해 지원을 제공해야 하지만, 종종 그 과정에서 방해가 되는 행동들이 조절되지 않으면 이러한 지원이 효과를 발휘하기 어렵다. 교사의 행동 관리 계획을 돕는 것은 교실이 원활하게 운영될 수 있도록 돕는 체계를 마련하는 데 중요한 단계이다. 기능적행동사정평가(FBA)와 행동중재계획(BIP)의 수립, 그리고 교직원 교육은 전문상담교사가 반드시 숙지해야 할 업무이다. 다양한 시간대와 모든 서비스 환경에서의 관찰은 가장 정확한 행동 양상을 파악하는 데 도움이 된다. 이러한 자료 수집의 중요성은 앞서 강조된 바 있다. 행동의 선행사건과 결과를 포함한 행동을 추적하기 위한 자료 수집 양식을 작성하는 것도 실제 업무의 일환이다. 정확한 자료를 얻기 위해서는 해당 양식이 교사의 요구에 맞게 구성되어야 한다. 일부 교사는 문서화 작업에 적극적인 반면, 그렇지 않은 경우도 있으므로, 자료 양식은 교사를 지원하는 방향이어야 하며, 지나치게 부담스럽지 않도록 설계되어야 한다.

학생들의 요구는 고유하고 개인적이다. 그들은 자신만의 경험, 강점, 어려움을 상담 프로그램에 가져온다. 교사, 학생지원 전문가, 학부모와의 협의 및 협력은 전문상담교사가 학생의 특별한 요구를 이해하는 데 도움이 된다. 이는 팀원들이 모든 시스템에 걸쳐 목적을 달성할 수 있는 기회를 제공한다. 이것은 서비스 제공의 효과적인 방법이 된다. 협력은 학교의 경계를 넘어 확장된다; 기관들과의 협력적 관계는 지역사회 의뢰 서비스 활용을 조정하는 기반을 마련한다. 다시 말하지만, 학교 시스템 내외에서 학생들의 요구를 옹호하는 것이 필수적이다. 교차 시스템 회의를 활용하면 자료를 검토하고, 정보를 공유하며, 학년이 진행되는 동안 학생을 지속적으로 지원할 수 있는 아이디어와 대안을 함께 모색할 수 있는 기회를 제공한다. 이러한 회의에서는 학부모와 자원을 공유하고, 그들의 질문에 응답하는 것도 가능하다.

내가 상담학을 가르치는 모든 학생들에게 일관되게 강조하는 중요한 전략 중 하나는, 변화는 '자신으로부터 시작된다'는 것이다. 행복해질지의 여부는 스스로 선택할 수 있다. 자신의 태도도, 삶의 경로도 선택할 수 있다. 과거가 미래를 결정할 필요는 없다. 다만 본인이 그렇게 선택할 경우에만 그렇다. 종종 학생들이 자신의 장애를 행동의 변명거리로 삼는 모습을 보곤 한다. 이는 학습된 태도이며, 주변 사람들이 그렇게 말하는 것을 들어온 결과일 수 있다. 그러나 자신에게 선택권이 있다는 사실을 배우는 것은 학생들에게 매우 큰 힘이 될 수 있다. 물론 학생이 계속해서 자신의 행동을 장애 탓으로 돌릴 경우, 전문상담교사에게는 좌절감을 주는 일이 되기도 한다. 학생이 사고방식을 바꾸도록 동기를 유도하는 것은 때로 퍼즐을 푸는 일처럼 복잡하다. 그러나 그 변화가 학생 본인의 아이디어라고 느껴질 때, 변화는 훨씬 더 수월해진다. 이러한 변화를 이끌기 위해 나는 현실치료(Reality Therapy), 해결중심단기상담(Solution-Focused Brief Therapy), 그리고 인지행동치료(Cognitive Behavioral Therapy) 등을 주요 도구로 활용한다. 이것들은 모두 내가 문제의 핵심을 파악할 때 활용하는 주요 상담 기법들이다. 또한 감각통합 개입을 작업치료사와 협력하여 상담 프로그램에 통합한 결과, 긍정적인 효과를 보이기도 했다. 학생들이 자신의 감각 특성에 기반하여 스스로의 상태를 조절하는 방법을 배우는 것이, 곧 자신에게 선택권이 있다는 것을 가르치는 첫걸음이다.

> 예를 들어, 조니는 수학 문제지를 풀다가 좌절감을 느끼고 있다. 어깨에 힘이 들어가고, 연필을 더 세게 쥐며, 목이 뻣뻣해지고 아파오기 시작한다. 조니는 좌절감의 초기 신호를 감지하면 잠시 휴식을 취하고 스트레칭을 하도록 배워왔다. 그는 타이머를 2분으로 설정해 달라고 요청하고, 그 시간 동안 양팔로 테라밴드를 당기며 심호흡을 실시한다. 타이머가 꺼질 즈음이면 조니는 이전보다 긴장이 풀리고 불편함도 줄어들었을 것이다.

이러한 유형의 감각 휴식(sensory break)은 몇 분밖에 걸리지 않지만, 학생들이 느끼는 스트레스를 완화해주는 효과가 있다. 조니가 일반학급에 속해 있다면, 그는 다양한 선택지를 가질 수 있다. 예를 들어, 자리에 앉은 채로 심호흡을 하거나, 조용히 스트레칭을 하거나, 복도에서 2분간 걷는 휴식을 요청하는 것이다. 이러한 전략은 학생의 요구와 책임 수준에 따라 결정된다. 학생들에게 이러한 전략을 가르친 후에는 일반학급 수업에 동행하여 학생들이 실제 상황에서 그 전략을 즉시 적용해볼 수 있도록 돕는다. 학생들이 어려움을 겪는 환경 안에서 전문상담교사가 직접 지원을 제공할 수 있다는 점은 상담 프로그램의 깊이를 더해준다. 실시간으로 전문상담교사가 학생의 어려움을 함께 겪고, 해결로 이끄는 과정을 통해 학생들은 더 빠르게 성공의 경험을 얻게 된다. 학생이 처음으로 그러한 성공을 경험하는 순간은, 이후 스스로 되돌아볼 수 있는 중요한 전환점이 된다. 이제 학생은 자신의 성공과 긍정적 선택의 가능성에 대한 '증거'를 갖게 되는 것이다.

특수교육 영역에서의 학교상담은 매우 보람 있는 일이 될 수 있다. 특별한 지원이 필요한 학생들이 자신의 어려움을 극복하고, 그것이 가능하다는 사실을 깨달으며 지어 보이는 미소를 보는 것은 감동적인 경험이다. 외부인이 보기엔 그 성공이 작아 보일 수도 있지만, 학생이 긍정적 행동 선택과 성공의 연관성을 스스로 깨달을 때, 그 작은 발걸음들은 곧 큰 변화를 만들어낸다.

요약

앞서 논의된 바와 같이, 학생들을 고정된 틀에 맞추어 대하는 '획일적(cookie cutter)' 접근이나, 이들을 고정관념 속에 가두는 낙인(labeling)은 반드시 피해야 한다. 이에 반해,

개별화된 사정평가와 개입, 협력과 협의, 그리고 창의성과 인내는 특수교육 대상 학생들이 자신에게 가능한, 그리고 자신에게 의미 있는 성공을 이루도록 돕는 핵심 요소들이다. 동일한 분류에 속하더라도 각 아동은 저마다 고유한 특성을 지닌 존재이며, 자신의 최대 잠재력을 실현하기 위해서는 그러한 다양한 필요가 충족되어야 한다.

특수한 요구를 가진 학생들의 이러한 긍정적 발달을 촉진하기 위해, 전문상담교사가 먼저 장애에 관한 자신의 태도, 편견, 생활 경험, 지식 및 기술을 검토하는 것이 중요하다. 모든 전문가들이 읽어야 할 또 다른 고전적 저서는 베아트리스 라이트(1983)의 『신체적 장애: 심리사회적 접근법』이다. 학교 현장에서 전문상담교사가 언제나 긍정적인 역할모형일 것이라고 가정할 수 있다면 좋겠지만, 현실은 그들 역시 인간이며 각자의 '감정적 짐(baggage)'을 지니고 있다. 이들은 장애학생에 대한 개인적 경험이나 접촉, 그리고 장애에 대한 지식 부족으로 인해, 이들에 대한 인식이 왜곡되거나, 근거 없는 추정이나 일반화로 이어지는 경우가 드물지 않다.

예를 들어, 휠체어를 사용하는 학생을 위해 문을 열어주었는데 그 학생이 분노와 원망을 표현했다면, 이는 전문상담교사가 미래의 만남에서 편향된 시각을 갖게 하고 휠체어를 사용하는 사람들에 대한 부정적 인식 발달로 이어질 수 있다. 그러나 모든 사람과 마찬가지로, 이 학생의 반응은 쉽게 그의 성격이나 그날의 이전 사건과 연관될 수 있으며 장애 자체와는 관련이 없을 수 있다. 또 다른 예로, 전문상담교사가 뇌성마비(cerebral palsy)와 같은 장애에 대해 잘 알지 못할 경우, 이 학생들이 단지 신체적으로만이 아니라 지적으로도 모두 어려움을 겪고 있을 것이라는 잘못된 추정을 할 수 있다(이는 '확산(spread)' 개념의 예시이다). 하지만 실제로는 많은 뇌성마비 학생들이 지적 기능 면에서 정상 범위에 있다. 이러한 사례에서 전문상담교사는 자신의 반응을 성찰하고, 사실에 기반한 정보를 적극적으로 탐색할 필요가 있다.

또한 전문상담교사는 자신이 소속된 교육청 및 미국전문상담교사협회(American School Counselor Association, ASCA)와 같은 전문 기관에서 정한 역할 지침을 숙지할 필요가 있다. 본 장과 이후 장들에서 다루는 다양한 과업들은 처음에는 벅차고 과중하게 느껴질 수 있으나, 고용 및 전문 표준에 기반한 체계 안에서 접근한다면 명확성과 구조를 제공받을 수 있다. 이를 위해 전문상담교사 양성과정의 인증 기관인 상담 및 관련 교육 프로그램 인증위원회(Council for Accreditation of Counseling and Related Educational

Programs, CACREP)의 표준이 각 장 전반에 걸쳐 반영되어 있다. 간결성을 유지하고 반복을 피하기 위해 본서에 전반적으로 통합된 주요 CACREP 표준은 II.G.1;5 및 학교상담 영역 내 지식, 기술, 그리고 실제 역량에 관한 표준이다. 이 책은 예비 전문상담교사들을 지원하기 위한 목적으로 집필되었지만, 현직 전문상담교사와 장애학생을 지원하는 관련 분야 전문가들에게도 훌륭한 참고서가 될 수 있다.

핵심사항

- 모든 전문상담교사는 특수교육에 대한 기본적인 실무 지식을 갖추어야 한다. 이로써 이 서비스 영역이 그들의 전문적 정체성의 일부가 된다.
- 전문상담교사가 장애가 어떻게 분류되는지, 각각의 내용, 자주 사용되는 일반적인 약어, 그리고 추가 정보를 찾을 수 있는 곳을 아는 것이 중요하다.
- 전문상담교사는 언어가 시간이 흐르면서 장애아동에게 어떤 영향을 미쳐왔는지, 그리고 여전히 존재하는 고정관념에 대해 충분히 인식하고 있어야 한다.
- 각 학생은 고유하다; 그의 장애가 나타나는 방식은 고유하므로, 아동을 위해 설계된 상담 프로그램은 이러한 고유한 특성을 고려하여 만들어진다. 모든 상황에 적용되는 접근법은 없다: 각 학생에게 맞춤화되어야 한다.
- 협의와 협력은 업무 부담을 공유할 기회를 제공한다. 이 팀은 아동을 알고 있으며 각자의 분야에 지식이 풍부한 전문가들로 구성된다. 그러나 협력은 학교 건물을 넘어 확장된다. 기관들과 협력적으로 일하고 지역사회 내에서 연계 서비스 발전을 위한 기반을 구축하는 것이 중요하다.
- 특수한 요구를 가진 학생들과 관련하여, 우리는 교육의 형평성을 보장하기 위해 마련된 특수교육 관련 법률의 적용을 받는다. 전문상담교사는 주(state) 및 연방 차원의 지침, 교육위원회-교육구 정책과 절차를 철저히 준수해야 한다.
- 학생들이 자신의 잠재력을 실현할 수 있도록 하기 위해, 전문상담교사는 최소제한환경(Least Restrictive Environment, LRE)에의 배치를 옹호해야 한다.

추가 자료

인쇄물

Geltner, J. & Leibforth, T. (2008). *Advocacy in the IEP process: Strengths-based school counseling in action. Professional School Counseling*, 12(2), 162-165.

Goffman, E. (1963). *Stigma: Notes on the management of spoiled ID*. New York, NY: Simon & Schuster.

Lam, W., Gunukula, S., McGuigan, I. N., Symons, A., & Akl, E. (2010). Validated instruments used to measure attitudes of healthcare students and professionals towards patients with physical disability: A systematic review. *Journal of Neuroengineering and Rehabilitation*, 7(55). Retrieved from http://www.ncbi.nlm.nih.gov/pmc/articles/PMC2987969/

Milsom, A. (2002). Students with disabilities: School counselor involvement and preparation. *Professional School Counseling*, 5(5), 331-338.

Milsom, A. & Akos, P. (2011). Preparing school counselors to work with students with disabilities. *Counselor Education and Supervision, 43*(2), 86-95.

Milsom, A., Goodnough, G., & Akos, P. (2007). School counselor contributions to the Individualized Education Program (IEP) process. *Preventing School Failure*, 52(1), 19-24.

Wright, B. (1983). *Physical disability: A psychosocial approach*. New York, NY: Harper & Row.

웹 기반 자료

활동

장애에 대해 학생들에게 가르치기 위한 교실 활동: http://voices.yahoo.com/classroomactivities-teach-students-about-4674537.html

강조 자원: In the Mix. 무엇이 정상인가—장애물과 고정관념 극복하기: http://www.pbs.org/inthemix/whatsnormal_index.html

기사

장애 학생에 관한 기사: http://articles.baltimoresun.com/keyword/students-withdisabilities

중등학교에서의 상담: http://education-portal.com/academy/lesson/counselingin-middle-secondary-schools.html#lesson

EngageNY (뉴욕 주 교육부-NYSED에 의해 개발 및 유지됨): https://www.engageny.org/

장애 학생을 위한 교육 결과 개선: file:///C:/Users/Owner/Downloads/Improving%20Educational%200utcomes%20(1).pdf

뉴욕 주 교육부(NYSED) 특수교육국(OSE): http://www.p12.nysed.gov/specialed/

개별화교육계획에 대한 전문상담교사 기여: http://www.redorbit.com/news/education/1137381/school_counselor_contributions_to_the_individualized_education_program_iep_process/

척도

BioMedSearch: http://www.biomedsearch.com/nih/Validated-instruments-used-to-measure/21062438.html

장애인에 대한 태도 측정: http://www-rohan.sdsu.edu/~mstover/tests/antonak.html

미디어에서의 고정관념

장애인의 일반적 묘사: http://mediasmarts.ca/diversity-media/personsdisabilities/common-portrayals-persons-disabilities

참고문헌

Ali, M., Mustapha, R., & Jelas, Z. (2006). An empirical study on teachers' perceptions towards inclusive education. *International Journal of Special Education, 21*(3), 36-44.

Ali, A., Strydom, A., Hassiotis, A., Williams, R., & King, M. (2008). A measure of perceived stigma in people with intellectual disability. *The British Journal of Psychiatry, 192*, 410-415. https://doi.org/10.1192/bjp.bp.107.044511

Allison, K. (2013). What sorts of people should there be? From descriptive to normative humanity. *International Disability, Community and Rehabilitation Journal, 12*(2), n.p. http://www.ijdcr.ca/VOL12_02/articles/allison.shtml

American School Counselor Association. (2013). *The professional school counselor and students with disabilities*. http://schoolcounselor.org/asca/media/asca/PositionStatements/PS_Disabilities.pdf

American School Counselor Association. (2015). *Careers/Roles*. http://schoolcounselor.org/school-counselors-members/careers-roles

Beale, A. (2003). The indispensable school counselor. *Principal Leadership*. http://www.principals.org/portals/0/content/46906.pdf

Bickford, J. (2004). Preferences of individuals with visual impairments for the use of person-first language. *Rehabilitation and Education for Blindness and Visual Impairment, 36*(3), 120-126.

Corrigan, P., & Watson, A. (2002). Understanding the impact of stigma with mental illness. *World Psychiatry, 1*(1), 16-20.

Earle, S. (2003). Disability and stigma: An unequal life. *Speech and Language Therapy in Practice, 2*(33), 21-22.

Engelbrecht, P., Nel, M., & Pekka-Malinen, O. (2012). Understanding teachers' attitudes and self-efficacy in inclusive education: Implications for pre-service and in-service teacher education. *European Journal of Special Needs Education, 27*(1), 51-68.

2장

교육개혁과 전문단체 표준

Edward A. Mainzer, EdD, LMHC

뉴욕시 교육부(New York City Department of Education)

> "교육계에서 변화를 이끄는 사람들이 마주하는 특별한 난관은, 본질적으로 정치적인 문제에 대해 주로 교육적인 방식으로 접근한다는 데 있다."
>
> — 데일 만(Dale Mann), 『변화를 만들어내기』 (Teachers College Press, 1978)

전문상담교사는 다른 교육자들과 마찬가지로 전문적, 정치적 영향력에 의해 형성된 맥락 내에서 활동한다. 본 장에서는 주요 미국 교육개혁과 선도적 상담 전문단체가 공표한 표준들이 전문상담교사가 일반 학생, 특히 장애학생(Students With Disabilities, SWD)에게 서비스를 제공하는 환경을 형성하는 데 어떻게 기여했는지 탐색한다. 우리 업무의 지속적 관련성을 보장하고 모든 아동 및 청소년을 효과적으로 옹호하며 서비스를 제공하기 위해서는 이러한 영향력을 이해하는 것이 중요하다.

본 장에서는 오늘날의 주요 교육개혁과 전문단체의 표준에 대해 소개한다. 이 논의는 해당 영역에 대한 개요를 제공하기 위한 것임을 주지해야 한다. 이러한 의무를 준수하고 표준을 따르는 것이 필수적이지만, 학교의 위치, 규모, 유형, 수준, 인력 배치, 재정 등의 변수에 따라 이러한 정책과 표준의 구체적 통합 및 적용, 그리고 그 가치에 있어 다양성이

발생할 수 있다. 구체적으로, 본 장을 읽은 후 다음을 달성할 수 있을 것이다:

1. 전문상담교사에게 공통핵심기준(Common Core State Standards, CCSS)의 관련성을 파악한다.
2. 학교상담과 관련된 주요 상담 전문단체 및 인증기관이 취한 입장을 비교 및 대조한다.
3. 장애학생을 지원하는 전문상담교사를 위한 현재 교육개혁 및 전문단체의 표준의 중요성을 평가한다.

교육개혁

미국의 역사에서 교육개혁은 오랫동안 중심적 위치를 차지해 왔다. 미국 교육사 분야에서 가장 위대한 역사가로 평가받는 로렌스 크레민(Lawrence Cremin)은 "19세기부터 이미 드러나기 시작한 교육의 중심 이동은 20세기에 들어 더욱 가속화되었다"(1988, p. 12)고 하였으며, "정치적 쟁점은 시작부터 불가피한 것이었다"(p. 14)고 지적하였다. 따라서 21세기의 공통핵심기준(CCSS)을 중심으로 한 국가적 태동은 오랜 정치적 역사 속에 자리하고 있으며, 와일리(Wiley)와 롤스태드(Rolstad)의 표현을 빌리자면 이는 "국가 수준의 교육기준을 수립하려는 가장 최근의 시도"(2014, p. 38)를 보여준다.

미국 연방 교육부(U.S. Office of Education)는 남북전쟁 이후인 1867년에 처음 설립되었으며, 이후 수년간 특히 제1차 세계대전 이후 몇몇 프로그램들이 추가되었지만, 연방정부의 교육 분야에서의 역할이 본격적으로 확대된 것은 제2차 세계대전 이후였다. 1958년의 국가방위교육법(National Defense Education Act)과, 특히 1965년의 초·중등교육법(Elementary and Secondary Education Act, ESEA)은 이후 2002년 낙오학생방지법(No Child Left Behind, NCLB)으로 변화하며, 거의 모든 미국 학생들에게 지대한 영향을 미쳤다.

추가적인 두 가지 연방 법안은 특히 장애학생(SWD)을 지원하는 이들에게 중요하다. 성별에 따른 차별을 금지한 1972년 타이틀 IX 채택에 이어, 1973년 의회는 장애에 기반한 차별을 금지하는 재활법 504조를 통과시켰다. 그리고 1975년, 장애인교육법(IDEA)이라고도 알려진 공법(PL) 94-142는 교육환경을 근본적으로 변화시켰으며, 오늘날 전국적으로 시행되는 특수교육의 기본 체계를 본격적으로 확립했다(참고로, 2004년부터 IDEA는 장애인교육향상법(IDEIA)으로 재정의되었다). 2004년에 갱신된 이 법은, 미국 전역의 특수교육 프로그램에 대한 법적 근거를 제공하며, 개별화교육계획(IEP) 절차를 포함하고 있다. 이 법은 다음과 같은 문장으로 시작된다:

> "장애는 인간 경험의 자연스러운 부분이며, 개인이 사회에 참여하거나 기여할 권리를 결코 감소시키지 않는다. 장애아동의 교육적 결과를 개선하는 것은 장애인에 대한 기회 평등, 완전한 참여, 독립적 생활, 그리고 경제적 자립을 보장하는 우리의 국가 정책의 필수적인 요소이다."(장애인교육향상법, 2004, pp. 2-3)

이어 1990년에는 IDEA와 달리 교육에만 국한되지 않는 광범위한 미국장애인법(ADA)이 제정되었다. 따라서 이는 미국 노동부, 교통부, 법무부뿐만 아니라, 연방통신위원회와 평등고용기회위원회에 의해 시행된다. 504조, IDEA 및 ADA에 대한 자세한 논의는 본 책의 3장을 참조하라.

1980년, 미국 교육부는 대통령 내각 수준의 부처로 승격되었고, 이후 여러 보고서와 교육개혁이 이어졌다. 그중에서도 가장 유명한 것은 1983년 미국 교육부 장관이 임명한 위원회가 발표한 「위기에 처한 국가(A Nation at Risk)」로, 미국 학생들의 성취기준을 높이지 않을 경우 심각한 결과가 초래될 것이라 경고하였으며, 이는 초중등교육법(ESEA)이 「낙오학생방지법(NCLB)」으로 전환되는 데 중요한 계기가 되었다. 그러나 공통핵심기준(CCSS)은 이러한 과거의 노력들과는 다르다. CCSS는 2009년 「최고를 향한 경주(Race to the Top, RTTT)」 보조금 등 연방정부의 상당한 지원을 받기는 했지만, 연방정부가 아닌 각 주의 지도자들에 의해 추진되었다. 전문상담교사에게 이러한 기준에 대한 이해는 필수적이다.

공통핵심기준(CCSS)

공통핵심기준이란 무엇인가?

2006년부터 2010년 사이, 미국 교육에서 소위 '표준 및 책무성(standards and account ability)' 운동의 일환으로 공통핵심기준(Common Core State Standards, CCSS)이 주지사협회(National Governors Association, NGA)와 주교육감협의회(Council of Chief State School Officers, CCSSO)에 의해 추진되었다. 공통핵심기준(이하 CCSS)은 수학과 문해력에 대한 K-12 학년별 기준을 작성하기 위한 팀의 소집을 통해 구체화되었으며, 이는 2010년에 발표되었다. 이들의 표현에 따르면, "CCSS는 (1) 연구와 증거 기반이며, (2) 대학 및 직업에 대한 기대와 일치하고, (3) 엄격하며, (4) 국제적 기준과 비교되었다"(Common Core State Standards Initiative, 2010a, p. 3). CCSS는 미국의 이동성 높은 사회에서 학교와 교육구를 오가는 학생들이 직면하는 문제에 대응하여, 미국 교육의 일관된 내용 기준을 설정하고, 미국 청소년들이 고등학교와 대학을 마친 후 직업에 대비할 수 있도록 하기 위해 설계되었다. CCSS는 "모든 학생이 무엇을 알고 무엇을 할 수 있어야 하는지를 정의하지, 교사가 어떻게 가르쳐야 하는지를 정의하지는 않는다"(Common Core State Standards Initiative, 2010a, p. 6). 그럼에도 불구하고, "CCSS는 미국 교육의 매우 파편화되고 탈중앙화된 시스템에서 잠재적인 대변혁(sea change)을 의미한다"(Kornhaber, Griffith, & Tyler, 2014, p. 3).

이후, CCSS와 관련하여, 특히 CCSS에 부합하는 평가를 설계하고 마케팅하는 데 있어 많은 단체들이 개입하게 되었으며, 이는 이 기준의 가장 논쟁적인 요소 중 하나가 되었다. 여기에는 대학 및 직업 준비도 사정평가를 위한 협력체(Partnership for Assessment of Readiness for College and Careers, PARCC)가 포함된다. PARCC는 1996년에 "주 전체의 표준 기반 교육개혁 노력을 지원하는 데 헌신하기 위해" 주지사들과 기업 지도자들에 의해 설립된 「어치브(Achieve)」에 의해 운영된다(Achieve, 2012, p. 1). PARCC는 연방의 RTTT(Race to the Top) 자금을 받아 다음과 같은 K-12 평가 시스템을 구축하고 있다:

> "모든 학생의 대학 및 직업 준비로 가는 경로를 구축하고, 공통핵심기준의 전체 범위를 측정하는 고품질 사정평가를 개발하며, 교실에서의 교사를 지원하고, 사정평가에서 기술을 보다 효과적으로 활용하며, 모든 수준에서 책무성을 향상시킨다. 첫 시험은 2014-15년에 시행될 예정이다."(Achieve, 2012, p. 2)

전문상담교사를 위한 특별 안내서에서, 어치브의 지도자들은 "학교 지도자와 상담사에게, CCSS의 구현은 틀 밖에서 생각하는 것이 아니다. 그것은 틀 자체를 변형시키는 것이다"라고 기술했다(Achieve, 2013, p. 4).

중복되는 주 그룹(일부 주는 두 그룹 모두에 가입했기 때문에)은 더 똑똑한 균형 사정평가 컨소시엄(SBAC)과 제휴하고 있다. 그들도 RTTT 자금을 받았지만 특별히 기술 기반 사정평가 시스템을 설계하고 있다:

> 「스마터 밸런스드」는 3-8학년 및 11학년의 영어 언어 예술/문해력(ELA/문해력)과 수학에서 CCSS에 부합하는 유효하고, 신뢰할 수 있으며, 공정한 차세대 사정평가 시스템을 개발하고 있다. 이 시스템은 책무성 목적의 총괄 사정평가와 교육적 사용을 위한 선택적 중간 사정평가를 포함하며, 교사 및 기타 교육자들이 학생들의 성공을 돕기 위해 사용할 수 있는 의미 있는 피드백과 실행 가능한 자료를 제공하기 위해 가능한 한 컴퓨터 적응형 검사(CAT) 기술을 사용할 것이다."(Smarter Balance, 2013, p. 1)

이는 "주 전역의 학교들 사이에 존재하는 현재의 디지털 격차와 기회 격차를 먼저 해결하지 않은 채 이러한 형태의 사정평가를 시행한다면, 가장 부유한 학교와 가장 빈곤한 학교 및 교육구 사이의 기존 학업성취 격차를 더욱 심화시킬 것"이라는 우려를 불러일으켰다(Kawahata, 2013, p. 3). 「스마터 밸런스」는 영어 학습자(ELLs), 장애학생(SWD), 장애를 가진 영어 학습자(ELLs with disabilities)를 포함한 다양한 학습자를 위한 지원 체계를 사전에 구체적으로 제시하였다. 이 체계에는 모든 학생이 사용할 수 있는 범용 도구, 필요하다고 판별된 모든 학생, 특히 장애학생 및 장애를 가진 영어 학습자에게 제공되는 지정 지원, 그리고 장애학생 및 장애를 가진 영어 학습자를 위한 조정 제공이 포함되어 있으며, 각 집단에 특화된 자주 묻는 질문(FAQs) 문서를 광범위하게 개발하였다(Smarter Balance, 2014).

공통핵심기준이 전문상담교사에게 미치는 영향

"일부에서는 공통핵심기준(CCSS)이 교육과정을 협소하게 만들고, 학생의 요구보다 기업 및 정치적 이해관계에 의해 개발되었으며, 실제 시행 이전에 성공에 대한 근거가 부족하다고 본다"(Chen-Hayes, Ockerman, & Mason, 2014, p. 28)는 점을 인정하면서도, Chen-Hayes, Ockerman, Mason과 같은 학교상담 교육자들은 전문상담교사들에게 공통핵심기준(CCSS)과 미국전문상담교사협회 국가모형(ASCA National Model) 사이의 연결점을 찾아 교과교사들과의 협력 기회로 삼을 것을 촉구하였다. 이와 유사하게, 「Achieve」는 공통핵심기준(CCSS) 이행에서 전문상담교사의 역할에 관한 성명을 발표하며 다음과 같이 강조하였다. “기준에 대해 아는 것은 중요하다. 학교가 CCSS에 부응하기 위해 어떻게 변화해야 하는지를 배우는 것은 더욱 중요하다. 전문상담교사는 이러한 기준이 학생들의 필요에 따라 전문상담교사의 세 영역—1)학업, 2)진로, 그리고 3)개인-사회적 발달—에 어떤 영향을 미치는지를 이해해야 한다”(2013, p. 7). 이어서 「Achieve」는 전문상담교사가 공통핵심기준(CCSS)에 적극적으로 참여할 수 있는 다양한 방안을 제시하고 있다:

- 학년 간 연계를 고려하여 사고할 것
- 종합적인 학교상담 계획을 수립할 것
- 교사에게는 전문적인 지원을, 학생에게는 학업 지원을 제공할 것
- 미국전문상담교사협회(ASCA)의 국가 전문상담 표준에 부합하여 실천할 것
- 기준에 기반한 대학 및 진로 중심 수업을 구성할 것
- 과목 이수 순서 및 학점 인정 체계를 보다 명확하게 설계할 것 (p. 9)

직업흥미검사인 「The Career Key」의 개발자인 로렌스 존스(Lawrence Jones) 또한 ASCA 표준과 공통핵심기준(CCSS) 간의 관계를 “전문상담교사에게 도전이자 기회”라고 표현한 바 있다(2014, p. 3). 그의 분석에 따르면, 양자는 모두 학생들의 대학 및 진로 준비를 목적으로 하며, 구체적인 학생 성과 지표를 포함한다. 그러나 CCSS와 달리 ASCA 표준은 학년 간에 중첩되는 구조를 지니고 있어 보다 유연성이 있으며, 심리사회적 발달에 대해서도 다루고 있다. 더 나아가, 장애학생(SWD) 지원과 관련된 쟁점을 언급하면서 존스는 “모든 학생들이, 예를 들어 영어학습자와 같은 학생들이, 공통핵심기준을 동일한 수준으로 달성할 수 있는 능력이나 배경을 갖추고 있지는 않다”는 우려를 표명하였다(2014, p. 5). 그럼에도 불구하고 그는 두 기준이 대학 및 진로 성공을 보장하는 데 있어 상호 보완적일 수 있는 가능성이 있다고 결론짓고 있으며, 미국 대부분의 주와 자치령, 워싱턴 D.C.에서 채택된 상황에서, 전문상담교사들이 이를 둘러싼 다양한 이해관계자들과 협력하는 것이 매우 중요하다고 강조한다. 예를 들어, 전문상담교사는 CCSS에 연계된 사정평가가 학생과 학부모에게 불안을 유발하고 있다면, 이를 이해하고 해소할 수 있도록 돕는

역할을 수행할 수 있으며, 교실 기반의 학교상담 수업계획을 수립할 때에도 CCSS와의 연계성을 반영할 수 있다.

「MetLife 재단」의 자금 지원을 받아 「Achieve」와 다른 그룹이 발행한 자칭 "행동 요약"은 학교 지도자로서 전문상담교사들에게 "**[이러한 표준의 채택은 일부가 아닌 모든 학생들이 대학 및 직업 준비의 경로에 있어야 함을 의미한다]**"고 믿을 것을 요구한다(Achieve, 2013, p. 3). 미국상담협회(ACA)도 CCSS에 대한 요약을 발표하여, 전문상담교사들에게 CCSS와 그들의 교육구가 이를 어떻게 실행하는지 숙지할 것을 촉구했다. ACA는 또한 상담자들에게 "그들의 종합적이고 발달적인 상담 프로그램이 공통 핵심과 어떻게 통합되는지, [그것이] 그들 프로그램의 구성 요소가 어떻게 학생 결과를 지원하고 학생들이 대학 및 직업 준비가 되도록 돕는지 이해하는 것뿐만 아니라"—특히 장애학생 서비스와 관련하여—"공통 핵심 구성 요소와 실행을 이해하여 모든 학생의 적절한 포함을 촉진하고 성공에 필요한 활동에서 제외될 수 있는 사람들을 옹호할 수 있어야 한다"(미국상담협회, 2013, p. 1)고 요구한다.

공통핵심기준은 장애학생에 대해 무엇을 말하는가?

CCSS가 장애학생(SWD)에 미치는 영향에 대한 초기 판단은 다양했지만, 의견이 부족하지는 않았다. 한편으로는, Haager와 Vaughn이 "[CCSS 문서와 지원 부록은 장애학생들을 수용하는 것에 대해 매우 적게 말하고 있으며, 일부 학생들이 역량을 달성하기 위해 추가 지원이 필요할 수 있다는 점만 언급하고 있다"(2013, p. 1)고 썼고, Kornhaber 외는 "공통 핵심의 목적은 공정성(equity)을 포함한다. 그러나 '낙오학생방지법(NCLB)'에 비해 이 개혁 내에서 공정성의 역할과 의미는 덜 명확하게 정의되어 있다"(2014, p. 4)고 썼다. 유사하게, 캘리포니아 대학교 로스앤젤레스 심리학과의 학교 정신 건강 센터는 CCSS와 장애학생을 분석하며 "이 운동은 모든 학생들이 향상된 교육과정의 혜택을 받을 수 있도록 하는 통합적이고 포괄적인 학생 및 학습 지원 시스템을 제공할 필요성을 무시한다"(학교 정신 건강 센터, 2012, p. 1)는 우려를 표명했다.

대조적으로, Thurlow(2012)는 "과거의 많은 교육적 노력과 달리, CCSS는 모든 학생을 염두에 두고 개발된 것으로 보인다"(p. 1)고 더 낙관적으로 썼다. 그리고 특히 쓰기 기술과 학습장애(LD)가 있는 학생들(미국 특수교육 내에서 가장 많은 학생들을 포함하고 있는 범주)

을 살펴보면서, Graham과 Harris는 "CCSS와 그 실행이 미국의 교육을 개선하고 더 구체적으로는 LD가 있거나 없는 학생들의 쓰기에 차이를 만들지 알려면 수년이 걸릴 것이지만", "증거 기반 쓰기 실습이 CCSS 실행에 중심적인 구성 요소가 되려면, 우리는 교사들이 그러한 절차를 현명하고 지능적으로 실행하고 그 사용을 유지하도록 준비시키는 방법에 대해 더 나은 이해와 더 정교한 모형을 가질 필요가 있다"(2013, p. 36)고 썼다.

공통핵심기준(CCSS) 영어 언어 예술(ELA) 기준 문서의 서문에는 장애학생에 대한 유일한 구체적 언급이 다음과 같이 포함되어 있다:

> "이 기준은 가능한 한 가장 광범위한 범주의 학생들이 처음부터 전면적으로 참여할 수 있도록 허용하는 것으로 읽혀야 하며, 특수교육이 필요한 학생들의 최대한의 참여를 보장하기 위한 적절한 조정을 허용하는 것으로 간주되어야 한다. 예를 들어, 장애학생들의 읽기 활동은 점자, 화면 판독 기술(screen-reader technology), 기타 보조기기 사용을 허용해야 하며, 쓰기 활동은 필기 보조자, 컴퓨터, 음성-문자 변환 기술(speech-to-text technology)의 사용을 포함해야 한다. 유사하게, 말하기와 듣기는 수어(sign language)를 포함하는 방식으로 폭넓게 해석되어야 한다."(Common Core State Standards Initiative, 2010a, p. 6)

다만, 「장애학생 적용에 관한 문서(Application to Students With Disabilities)」라는 별도의 두 쪽 분량의 공통핵심기준(CCSS) 문서도 존재한다. 이 문서에서는 다음과 같이 명시하고 있다:

> "장애인교육법(IDEA)에 따라 적격성을 지닌 장애학생들은 일반 교육과정을 통해 높은 수준의 성취를 이루도록 도전받아야 하며, 졸업 이후의 삶, 즉 대학 및/또는 직업에서의 성공을 위해 준비되어야 한다. 이러한 공통 기준은 장애학생들에게 도전적인 학문 내용 기준에 접근할 수 있는 역사적인 기회를 제공한다."(Common Core State Standards Initiative, 2010b, p. 1)

이 성명서는 보편적 학습설계(Universal Design for Learning, UDL) 전략, 교수적 조정, 그리고 보조공학 기기에 기반한 지원을 보증하는 적용 가능한 연방 지침을 인용하고 있다. 또한 "가장 심각한 인지적장애를 가진 일부 학생들은 상당한 지원과 조정이 필요할 것"이라고 인정하면서도, 성명서 저자들은 그럼에도 불구하고 "공통핵심기준의 엄격성과 높은 기대치를 유지하면서" 그러한 지원이 이루어져야 한다고 주장한다(Common Core State Standards Initiative, 2010b, p. 2). 유사하게, 공통핵심기준 개발에 참여한 전미교육협회(NEA)는 "CCSS가 모든 아동에게 완전하고 도전적인 교육에 대한 접근성을 제공할 잠재력이 있다고 믿는다"(National Education Association, 2013, p. 3). 그들의 CCSS 실무지침서에는 장애학생에 관한 특별 섹션이 포함되어 있으며, 보편적 학습설계(UDL), 중재반응모형(RTI), 조정, 그리고 보조공학과 같은 지원 활용을 인용하는 것 외에도, NEA는 CCSS가 "장애학생들에게 엄격한 학업 내용 표준에 대한 접근성을 향상시킬 역사적 기회를 제공한다"고 믿는다(2013, p. 49).

전문상담교사는 공통핵심기준(CCSS)에서 장애학생의 성공을 보장하기 위해 무엇을 해야 하는가?

전문상담교사의 역할은 장애학생(SWD)과 공통핵심기준(CCSS)에 관련하여, 모든 학생의 학업적 성공을 보장하기 위해 각 학교에 배치된 전문 인력팀의 일원으로서의 책임을 나타내는 것이다. 이는 또한 전문상담의 사회정의(social justice)적 뿌리와 그 중요한 역할을 반영한다. 궁극적으로 이는 고등학교를 졸업하는 모든 학생이 대학과 직업에 대한 준비가 되어 있도록 하기 위한 모범 실제(best practices)에 관한 것이며, 여기에서 '대학(college)'의 개념은 보다 폭넓은 형태의 다양한 중등교육 후의 기회들을 포함하는 것으로 확장되어야 한다. 왜냐하면 고등학교 졸업 직후 전통적인 2년제 또는 4년제 대학 진학 외의 선택지가, 발달적 능력이나 흥미가 다양한 일부 학생들에게는 보다 적합할 수 있기 때문이다. 이러한 원칙들은 지도형 실습 활동 2.1에서 구체적으로 제시된다.

지도형 실습 활동 2.1

CCSS가 전문상담교사에게 왜 중요한가?

만약 당신이 이어지는 대화에 참여한다면, 다음에는 어떤 말을 하겠는가?

상담자 1: "나는 교사가 아니어서 정말 다행이다! 이러한 새로운 공통 기준과 같은 모든 지속적인 정책 변화를 따라가는 것은 정말 귀찮을 것 같아."

상담자 2: "공통핵심기준을 말하는 건가? 그것들은 상담자에게도 중요해."

상담자 1: "공통 핵심이든 뭐든 나는 학급 교사가 되지 않기로 선택했으니, 그것들에 대해 걱정할 필요가 없어."

상담자 2: "거기에 동의할 수 없어. 교육 기관에서 일하는 전문가로서, 전문상담교사들은 학교의 지도자가 되려면 이러한 변화에 대해 매우 잘 알고 있어야 한다고 생각해."

상담자 1: "정말? 증명해 봐! 그 공통핵심기준이 전문상담교사로서 내가 하는 일과 어떻게 관련이 있는지 예를 들어봐."

당신은 어떻게 답변할 것인가?

상담 전문 단체와 인증 기준

학교상담 전문직은 린다 포스터의 표현대로 "아직 비교적 새로운 분야이며 '전문가'로서의 우리의 정체성은 아직 발전 중"이다(2012, p. 42). 따라서 전문상담교사 자격 요건이 계속 발전하는 것은 놀라운 일이 아니다. "50개 주의 다양한 면허법에서 전문상담사와 전문상담교사 자격증 요건에 대해 명시된 단일한 정의나 실무범위는 존재하지 않는다"(Brady-Amoon, 2012, p. 191). 그럼에도 불구하고, 상담사에게 필요한 기술에 관한 권장 사항에 대한 몇 가지 주요 출처가 있다.

의심할 여지없이, 21세기 상담사 기술에 대한 가장 영향력 있는 권장 사항은 미국상담협회(ACA)가 주도한 발전의 산물인 상담 및 관련 교육 프로그램 인증 협의회(CACREP)에서 나온다. 다음에서 각 단체에 대해 개별적으로 논의한다. 표 2.1에는 CACREP, 미국전문상담교사협회(ASCA), 그리고 전국대학입학상담협회(NACAC)를 기반으로 한 전문상담교사 역량에 대한 선별된 권장 사항의 상호 참조가 요약되어 있다.

표 2.1 **전문상담교사 역량에 대한 선별된 권장 사항의 상호 참조**

CACREP	ASCA	NACAC
	교육 시스템의 조직 구조 및 거버넌스에 대한 이해	
학교 상담에 특정한 법적 및 윤리적 고려사항	PK-12 학교에서의 법적, 윤리적, 전문적 문제 다루기	적절한 윤리적 행동 및 전문적 태도 시연
인간 성장과 발달*	발달 이론, 학습 장애 요인 판별 및 학습 증진 전략 개발	아동, 청소년 및 청년의 심리학, 인간 성장 및 발달, 학습 요구에 대한 지식 보유
학교 환경에서의 개인/사회적 상담 기법*	상담 이론	상담 및 의사소통 기술
경력개발*	진로 상담 이론	학생 상담; 다양한 진로 선택지
사회 및 문화적 다양성*	사회 정의 이론 및 다문화주의	문화적 차이와 학생 및 가족의 특별한 요구를 인식, 존중, 그리고 지원
정신 건강 및 행동 장애 위험이 있는 학생의 특성, 위험 요인, 경고 신호	예방 및 개입을 포함한 정신 건강 서비스	
조력적 관계*	개인 상담	모범적인 상담 및 의사소통 기술
집단 활동*	집단 상담	학생 및 학부모를 위한 개인 및 집단 세션 지도
교육과정 설계, 수업 계획 개발, 교실 관리 전략, 그리고 차별화된 교수 전략	교실 지도	워크숍
학업 발달 촉진을 위한 개입; 발달적으로 적절한 진로 상담 개입 및 사정평가 활용; 학교 환경에서의 개인/사회적 상담 기법	학업성취, 개인/사회적 성장, 그리고 경력개발 촉진	그들의 교육적 발달을 저해할 수 있는 개인적, 사회적, 정서적 문제와 고민을 다루기
학교 기반 협력 및 자문/협의모형 모형	이해관계자와의 협력 및 자문	
리더, 옹호자, 시스템 변화 주체로서의 전문상담교사	성취-기회 격차를 해소하기 위한 옹호 활동	학생의 관심사를 발전시키는 옹호 및 리더십
의사결정을 위한 책무성 데이터 활용; 프로그램 및 학생을 옹호하기 위한 데이터 활용	데이터 기반 학교 상담 실제 활용	데이터 개발, 수집, 분석 및 해석

CACREP	ASCA	NACAC
아동 및 청소년의 약물 남용 징후 및 증상		
학교 비상 관리 계획, 위기, 재난 및 기타 외상 유발 사건		
학교 및 생활 전환 촉진 전략		전환을 촉진하고 학생들이 자신의 완전한 교육적 잠재력을 실현하도록 상담하기
대학 준비를 위한 개입		학생들이 입학 과정을 이해할 수 있도록 조력하기
사정평가 및 검사*		
연구 및 프로그램 평가*		

출처: Urofsky, R., Bobby, C.L., & Ritchie, M. (2013). CACREP: 상담자 교육에서 30년간의 품질 보증. 상담 및 개발 저널, 91(1), 3-5; 전국대학입학상담협회(2000) 상담사 역량에 관한 성명서.

*이는 학교 상담에만 국한되지 않은 CACREP 핵심 교육과정 경험이다.

미국상담협회(ACA)

미국상담협회(American Counseling Association, ACA)는 1952년에 설립되었다. 이는 전국직업지도협회(National Vocational Guidance Associationm, NVGA), 상담 및 지도교사훈련전국협회(National Association of Guidance and Counselor Trainers, NAGCT), 교사교육을 위한 학생생활지도협회(Student Personnel Association for Teacher Education, SPATE), 미국대학학생지도협회(American College Personnel Association, ACPA)가 모여 회의를 개최한 결과였다. 이 회의는 미국인사 및 지도협회(American Personnel and Guidance Association, APGA)의 탄생으로 이어졌다. APGA라는 명칭에는 '상담(counseling)'이라는 단어가 포함되어 있지 않았음에도 불구하고, "APGA의 창립은 일반적으로 상담 전문직의 출발로 간주된다"(Hodges, 2012, p. 192). 이후 APGA는 여러 차례 명칭을 변경하였고, 결국 현재의 미국상담협회(ACA)라는 명칭에 이르게 되었다. 그러나 이 과정에서 ACPA는 1990년대에 협회를 탈퇴했고, 많은 회원들이 함께 이탈하였다. 2015년 기준, ACA는 약 55,000명의 회원을 보유하고 있었다.

ACA의 발행물 중에는 정기적으로 업데이트되는 윤리강령(미국상담협회, 2014)이 있다. 장애를 포함한 차별금지 조항(절 C.5) 외에도, 사정평가 관리 시 장애가 있는 내담자에게 적절한 조정 제공을 의무화하고(E.7.a), 다문화 이슈/사정평가에서의 다양성(E.8) 항목에서 상담사의 장애 영향 인식 의무를 포함한다. 또한, 원격상담, 기술 및 소셜 미디어 절에서는 웹사이트를 가진 상담사가 장애인의 접근성을 보장할 것을 요구한다(H.5.d). ACA 분과 중에는 장애인의 전생애 발달 증진을 목적으로 하는 미국재활상담협회(ARCA)가 있다.

상담 및 관련 교육 프로그램 인증 협의회(CACREP)

CACREP(Council for Accreditation of Counseling & Related Educational Programs)는 1981년 APGA가 상담자교육 및 감독협회(ACES)와 협력하여 상담 분야의 석사 및 박사 프로그램을 인증하기 위해 설립되었다. 참여는 자발적이지만, CACREP는 상담사 양성 프로그램에서 지배적인 영향력을 가진다. 중독 상담, 진로상담, 임상 정신건강 상담, 결혼·커플·가족 상담, 학교 상담, 학생 업무 및 대학 상담, 상담자 교육 및 감독을 포함한 상담 분야의 대학원 수준 프로그램을 인증한다. 2013년 10월, 또 다른 전문 기관들에 의해 1971년에 설립되어 재활 상담 분야의 대학원 과정을 인증하고 결국 이 분야의 학부 프로그램까지 인증하게 된 재활교육협의회(CORE)가 CACREP와 제휴하게 된다는 발표로 CACREP의 위치가 더욱 강화되었다.

2014년까지 CACREP는 미국 내 해당 프로그램의 거의 2/3를 차지하는 639개의 상담 대학원 프로그램을 인증했다(Kimbel, 개인 통신, 2014년 2월 27일). 또한 27개 주가 자체 규칙이나 규정에 CACREP를 특별히 인용했다고 보고했으며(Ritchie & Bobby, 2011), 2012년 기준으로 "22개 주가 면허 취득을 위한 교육 요건을 충족하는 한 경로로 CACREP 인증 프로그램 졸업을 지침에 명시했다"(Urofsky, Bobby, & Ritchie, 2013, p. 4). 자격 요건의 구조를 개략적으로 설명하는 것 외에도, CACREP는 전문상담교사에게 필요하다고 생각하는 31개의 특정 역량을 확인했으며, 이를 기초, 맥락적 차원, 그리고 실천의 세 영역으로 나눈다(상담 및 관련 교육 프로그램 인증 협의회[CACREP], 2013, pp. 24-25). 현재의 CACREP 표준은 2009년에 발행되었으며, CACREP는 이후 2016년에 확정될 새로운 표준에 대한 공개 의견 수렴을 위한 개정안을 발표했다.

CACREP 인증을 위해, 대학원 프로그램은 지원자가 최소 48학점으로 구성된 석사 학위를 완료해야 하지만, 2014년 초안 제안에 따르면, 새로운 CACREP 요건은 2020년 7월 1일부터 최소 60학점으로 증가할 것이다(CACREP, 2013, p. 3). 석사 학위의 일부로, CACREP는 승인된 상담 프로그램의 대학원생이 최소 10주 동안 최소 100시간의 입문 수준 실습을 성공적으로 완료해야 하며, 이는 실제 내담자와의 최소 40시간의 직접 서비스를 포함한다; 그 후 최소 600시간의 인턴십을 수행해야 하며, 이는 집단 리더십 경험을 포함해야 하는 최소 240시간의 직접 서비스를 포함한다; 실습과 인턴십 모두 지속적인 주간 전문 슈퍼비전을 포함한다(CACREP, 2009, p. 16). 인증 과정 자체는 특정 고등교육기관 내 해당 상담사 준비 프로그램의 자체 연구 완료를 포함한다; 기관은 CACREP 표준에 기반하여 자체 프로그램 연구를 완료하고, 서류를 CACREP에 검토용으로 발송하며, 최종적으로 현장 방문과 함께 프로그램 인증 여부에 대한 결정이 내려지기 전에 기관 응답 기회를 갖는다.

CACREP 2009 표준에는 장애인에 대한 명시적 언급이 거의 없다. 일반 표준의 전문적 정체성 절에서는 프로그램이 인간 성장과 발달에 대한 이해의 교과 경험과 입증된 지식이 "인간 행동, 발달 위기, 장애, 정신병리, 정상 및 비정상 행동에 영향을 미치는 상황적, 환경적 요인에 대한 이해를 포함"하도록 보장할 것을 요구한다(CACREP, 2009, p. 11). 학생 업무 및 대학 상담 표준에는 "장애 서비스"에 대한 지식과 "장애학생"의 요구에 대한 추가적인 구체적 언급이 있지만, 학교상담표준은 장애학생에 대해 간접적으로만 언급한다.

기술과 실천 항목에서, 전문상담교사는 "건강과 웰니스"를 포함한 다섯 가지 다른 변수와 함께 "비전형적 성장과 발달의 영향과 관련된 예방 및 중재 계획"을 설계하고 실행해야 한다(CACREP, 2009, p. 41). 유사하게, 평가를 위한 지식 기반에서, 상담사는 "다중 요인의 영향(예: 학대, 폭력, 섭식장애, 주의력결핍 과잉행동장애, 아동기 우울증)"을 이해해야 한다(p. 42). 이와 비교하여, 2014년까지 공개 의견 수렴을 위해 개방된 CACREP 2016 표준의 두 번째 초안은 인간 성장 및 발달 항목에서 "학습 이론", "정상 및 비정상 성격 발달 이론", 그리고 "인간 발달, 기능, 행동에 영향을 미치는 개인적, 생물학적, 신경학적, 생리학적, 체계적, 영적, 환경적 요인"을 추가할 것을 제안했다(CACREP, 2013, p. 8). 상담사 사정평가 및 검사 항목에서도 상담사가 "발달적, 행동적, 정신적 장애를 진단하기 위한 사정평가 결과의 사용"을 알아야 한다고 제안되었다(p. 10).

CACREP 2016 표준의 두 번째 초안은 또한 고등교육 상담을 전문으로 하는 상담사, 특히 임상 재활 상담 학위를 취득하는 상담사에게 "장애"가 있는 내담자에 관한 구체적인 기술을 갖출 것을 보다 명시적으로 요구했다. 전문상담교사와 관련하여, CACREP 2016 표준의 두 번째 초안은 다른 영역 중에서도 "정신 건강 및 행동 장애 위험이 있는 학생의 특성, 위험 요인, 경고 신호"(p. 31)에 대한 이해와 "교실 관리 전략"(p. 32)에 참여할 수 있는 능력을 역량으로 추가할 것을 제안했다.

국가공인상담자위원회(NBCC)

국가공인상담사위원회(National Board for Certified Counselors, NBCC)는 1982년에 설립되었으며, 미국 전역에서 상담사 면허 제도가 확산되기 이전에 국가 단위의 자격 인증 제도를 개발하였다. NBCC의 장점은 현재 병존하고 있는 주별로 서로 다른 면허 요건들과는 달리, 하나의 통일된 국가 자격 체계를 제공한다는 데 있다. NBCC가 부여하는 자격에는 다음이 포함된다: 국가공인상담사(National Certified Counselor, NCC)는 NBCC의 전문 자격 취득을 위한 필수 또는 병행 요건이며, 이에 해당하는 전문 자격으로는 임상정신건강상담사(Certified Clinical Mental Health Counselor, CCMHC), 국가공인전문상담교사(National Certified School Counselor, NCSC), 중독전문상담사(Master Addictions Counselor, MAC) 등이 있다. CCMHC는 1979년 국가공인임상정신건강상담사협회(National Academy for Certified Clinical Mental Health Counselors)에서 처음 개발되었고, 1993년부터 NBCC가 관리하고 있다. NCSC는 1991년 미국전문상담교사협회(American School Counselor Association, ASCA)와의 협력을 통해 개발되었다. 각 자격은 별도의 시험을 통해 부여되며, NBCC는 미국 및 국제적으로 80,000명 이상의 상담사에게 자격을 인증해왔다.

Hodges(2012)는 21세기 초에 전국적으로 상담사 면허제가 확산됨에 따라 면허 기관의 역할이 변했으며, "면허제 시행 이후 시대에 NBCC의 유용성에 관한 논쟁"이 있었으며, 옹호자들은 "면허는 일반 실무를 위한 것이어야 하고 국가 인증은 전문 영역을 판별해야 한다고 주장"했다고 언급했다(p. 192). Hodges(2012)가 지적한 바와 같이, 면허를 갖춘 정신건강상담사 직무가 점차 확산되고 위상이 높아짐에 따라, 전문상담교사를 포함하여 면허가 없는 상담사들의 직업적 정체성과, 사회복지사나 심리학자 같은 기존의 임상 직함들과의 관계 속에서 지속적인 논쟁이 이어지고 있다.

교육 트러스트와 전문상담교사 옹호 국가센터(NOSCA)

1990년대에 교육 트러스트(The Education Trust)는 DeWitt Wallace-Reader's Digest Fund의 자금 지원을 받아 학교상담변혁을 위한 국가 센터(NCTSC)를 형성하였다. 그들은 "현직 전문상담교사의 업무를 개혁하기 위한 대학과 교육구 파트너의 노력의 상호의존성을 주장하며, 학교와 대학 모두가 준비와 실천 간의 불일치를 해소할 것"을 촉구했다(Seahorse, Jones, & Seppanen, 2001, p. 31). 전국적인 조사 후, 그들은 학교상담변혁 이니셔티브(TSCI)로 알려진 보조금 과정을 개발하여, "모든 아동의 학업성취를 보장하는 데 전문상담교사가 더 크고 중요한 역할을 담당하도록 하기 위해, 특히 성취도가 낮은 학교에서의 공립학교 상담을 개혁하는" 프로그램 실행에 전념하는 전문상담교사 양성 프로그램에 자금을 지원했다(Seahorse 외, 2001, p. 3). 1997년 최초 참여 대학은 각각 협력 교육구와 쌍을 이루어 캘리포니아, 인디애나, 오하이오, 조지아(2개 대학), 그리고 플로리다에 위치했다. 이듬해 NCTSC 지도자들은 ASCA 윤리강령에 근거하여 상담사들에게 필수적이라고 본 "상담사가 지도자, 변화 매개자, 그리고 기꺼이 위험을 감수하는 사람으로 기능하는 행동주의 모형"을 제안했다(House & Martin, 1998, p. 285).

1990년대가 2000년대로 전환되면서, 패트리샤 마틴은 NCTSC의 영향력에 특히 중요한 인물이었다. 마틴은 교육 트러스트에 영입되었을 때 전문상담교사, 학교 교장, 교육구 지도자로서 옹호 활동의 긴 역사를 가지고 있었다. 새로운 세기 초반에 지금까지 이루어진 성과를 되돌아보고 추가 행동을 촉구하면서, 마틴(2002)은 다음과 같이 기술했다:

> "21세기 학교의 사명은 효과적인 교수와 학습에 명확히 초점을 맞춘다. 모든 학생의 책무성과 학업성취도 향상에 대한 끊임없는 요구와 함께하는 표준 기반 교육 개혁은 급격한 기술적 진보와 미국 학교 구성의 빠르게 변화하는 다양성의 시기에 도래했다. 이러한 힘의 융합은 20세기 말 학교 상담에 대한 비판적 시각과 결합되어, 미국 학교에서 학교 상담의 역할을 재고, 재구성, 그리고 변혁할 완벽한 기회를 제공했다."(p. 148)

Martin과 NCTSC의 그녀의 동료들은 전문상담교사들이 "저소득층 및 소수집단 학생들과 그들보다 더 유리한 조건에 있는 또래 간의 학업 격차를 줄이는 데 도움이 될 문제, 전략 및 개입에 집중할 수 있는 중요한 위치에 있다"고 믿었다. 실제로, 그녀는 "형평성, 접근성, 그리고 성공을 위한 지원 조건과 같은 핵심 과제들이 결국 상담사의 책임 영역이 된다"고 주장했다(Martin, 2002, p. 149).

NCTSC는 전문상담교사들이 정신건강 중심의 개별 치료사 역할만을 수행하도록 준비시키는 대학 프로그램들에 이의를 제기했다. 상담교사들의 사례 부담으로 인해 모든 학생을 그러한 방식으로 지원하는 것이 현실적으로 불가능하기 때문이다. 대신 NCTSC는 전문상담교사 교육 프로그램이 "의사결정을 뒷받침할 자료 활용법과 학생 성공을 가로막는 제도적 장벽을 제거하기 위한 전략 개발"을 가르쳐야 한다고 주장했다(Hines & Lemons, 2011, p. 5). 그들은 "새로운 비전"에서 전문상담교사가 반드시 숙달해야 할 다섯 가지 핵심 역량을 제시했다: (a) 리더십, (b) 옹호, (c) 팀워크와 협력, (d) 상담과 조정, 그리고 (e) 사정평가와 자료 활용.

「교육 트러스트」에서 이동하여, 2002년부터 2013년까지 마틴은 College Board의 전문상담교사 옹호 국가센터(NOSCA)에서 부회장보로 리더십을 계속 발휘했다. "학교 개혁, 학생 성취 및 대학 준비에서 지도자로서 전문상담교사의 가치를 촉진"하는 데 초점을 맞추고(College Board, 2010b, p. 4), 마틴은 다음과 같이 전문상담교사에게 도전을 계속했다:

> "'현상 유지자'가 되는 것에서 벗어나 오늘날 K-12 학교를 통해 길을 찾는 모든 학생들을 위한 '꿈의 창조자이자 길잡이'가 되어야 한다. 그들은 과거에 많은 학생들에게 불균형한 학업 결과를 만들어 내고, 따라서 고등교육 이후의 선택지가 거의 또는 전혀 없는 시스템에서 스스로를 위해 목소리를 낼 수 없는 학생들을 위해 일어설 용기를 가져야 한다."(College Board, 2010a, p. 6)

마틴의 업적은 한 세대의 전문상담교사 교육자와 그들의 학생들에게 영향을 미쳤다(예: Chen-Hayes, Ockerman, & Mason, 2014; Dahir & Stone, 2012; Hatch, 2014; Ockerman, Mason, & Chen-Hayes, 2013).

NOSCA의 대학 및 진로 준비 상담의 8대 구성 요소는 다음과 같다(College Board, 2010a, p. 3):

1. 대학 진학 열망 형성
   ("대학 진학 문화를 구축한다")
2. 대학 및 진로 준비를 위한 학업 계획 수립
   ("도전적인 학업 프로그램을 갖춘다")
3. 방과후활동 및 심화활동 참여 촉진
   ("형평성 있는 참여 기회를 보장한다")
4. 대학 및 진로 탐색과 선택 과정 지원
   ("조기 및 지속적인 정보 접근을 보장한다")
5. 대학 및 진로 관련 사정평가 실시
   ("모든 학생을 대상으로 수행한다")
6. 대학 진학 비용 계획 수립
7. 대학 및 진로 입학 절차 안내
   ("학생의 열망과 관심에 적합한 진로 선택을 지원한다")
8. 고등학교 졸업 후 대학 진학 전환 지원
   ("학생들이 장벽을 극복하고 성공적으로 대학에 진학할 수 있도록 돕는다")

NOSCA의 전국 옹호 사무국은 처음 여섯 가지 요소를 초등학교 시기부터 시작하여 중학교를 거쳐 고등학교까지 지속적으로 적용해야 하며, 고등학교 단계에서는 마지막 두 가지 요소가 추가되어야 한다고 강조한다(College Board, 2010a). 특수한 교육적 요구가 있는 학습자와 관련하여, NOSCA는 문화적으로 유능한 전문상담교사에 대해 언급하면서, 전문상담교사가 "나 자신의 집단 소속(인종/민족, 성별, 장애, 사회경제적 지위, 국적, 종교 등)이 나의 집단뿐 아니라 다른 집단, 특히 대학 및 진로 준비 과정에서 전통적으로 소외되어 온 집단에 어떤 영향을 미칠 수 있는지를 인식해야 한다"고 강조하였다(College Board, 2011, p. 18). 그러나 NOSCA는 장애학생을 명시적으로 논의하지는 않았으며, 학생의 요구에 대한 (내용) 조정은 전문상담교사의 보다 포괄적인 옹호 역할에 내재된 것으로 간주하고 있다.

미국전문상담교사협회(ASCA)

미국전문상담교사협회(American School Counselor Association, ASCA)는 1953년 당시 미국인사지도협회(현재의 미국상담협회(ACA))의 다섯 번째 분과로 창설되었다. 이후 ASCA는 전문 출판물, 전국 학술대회와 시상식, 그리고 국내외 다른 전문 단체들과의 로비 활동 및 협력을 포함하는 적극적인 프로그램을 통해 학교상담전문직의 주도적 목소리로 성장했다. 2015년까지 ASCA는 3만 명 이상의 회원을 대표하며 ACA와 독립적으로 강력한 정체성과 전국적 존재감을 확립했다. 실제로 2015년 1월, ASCA의 '올해의 전문상담교사' 시상식이 처음으로 백악관에서 개최되었는데, 이는 미셸 오바마 영부인이 고등교육 이후의 교육을 촉진하기 위한 '더 높이 도달하기 위한 개혁(Reach Higher Initiative)'의 일환으로 2014년 7월 ASCA 전국 학술대회에서 연설한 이후 형성된 분위기를 바탕으로 한 것이었다.

역사적으로, 상담사들이 ACA나 그 분과에 소속되기를 원한다면 두 조직 모두에 가입해야 했지만, 특히 전문상담교사와 정신건강 상담사(미국정신건강상담사협회(AMHCA)와 제휴하기 시작한) 사이의 상담사 정체성의 복잡성을 반영하여 이 요건은 폐지되었다. 실제로 호지스(Hodges)는 다음과 같이 기술했다:

> "ASCA와 AMHCA는 ACA의 분과 계열단체로 남아있지만, 각각 별도의 회원 회비를 징수하고, 별도의 전국 학술대회를 개최하며, 자체 로비스트를 보유하고, 자신들을 각각의 상담 전문 분야를 대표하는 주요 조직으로 홍보한다. 외부 관점에서 볼 때, ASCA와 AMHCA의 ACA와의 관계는 미약해 보이며, 그들이 분과 계열단체로 남아있을지는 추측만 할 수 있다."(2012, p. 193)

호지스는 또한 대부분의 미국 상담사들이 어떤 전문 단체와도 제휴하지 않는다고 지적했다.

이러한 긴장은 ACA가 2005년에 미국주(State)상담위원회협회(AASCB)와 함께 2020년의 상담 전문직 비전을 개발하기 시작했을 때 특히 심화되었다. 소위 '상담의 미래를 위한 20/20 비전'(일반적으로 20/20으로 알려짐)은 "상담 전문직 내의 다양한 회원, 인증, 승인, 그리고 명예 사회단체들을 통합하는 핵심 원칙 체계"를 확립하고자 했다(Kaplan, Tarvydas, & Gladding, 2011, p. 3). ASCA를 포함한 ACA 분과들이 이 과정에 참여했지만,

ASCA는 정말로 통합된 하나의 상담 전문직이 있는지에 의문을 제기하며 20/20의 상담 정의에 서명하지 않았다(Studer, 2015, p. 23). 한때 사회정의를 위한 상담사들(CSJ)도 함께 했던 초기 거부에 대해 언급하면서, ACA 리더십은 이 거부가 ACA "단체들"의 단지 6% 만을 대표한다며 일축했지만(Kaplan 외, 2011, p. 10), ASCA는 계속해서 ACA 내에서 가장 큰 단일 분과로 남아있다. 20/20에 대한 ACA의 입장을 지지하며 글을 쓴 킹과 스트레치는 그럼에도 "[상담 전문직은 에릭슨의 청소년기 발달 단계를 지나며 '우리는 누구인가?'라고 묻는 정체성 위기를 겪고 있다]"고 결론지었다(2013, p. 9).

전문상담교사의 역할에 대한 논쟁은 2012년 ASCA가 『ASCA 국가모형』 제3판 초안을 발표하면서 계속되었는데, 이 초안에서는 "치료적 그리고 임상적 방식으로 한 번에 한 학생과 작업하는 것"(미국전문상담교사협회, 2012a, p. 21)을 전문상담교사에게 부적절한 활동으로 나열했다. 2012년 4월 ACA를 대표하여 보낸 서한에서, 당시 회장이었던 돈 W. 로크는 이에 대한 불일치를 표현하며 "전문상담교사는 학생들이 만나는 첫 번째, 때로는 유일한 정신건강 전문가일 수 있으며, 적절할 때 학생들에게 개인 상담을 제공할 수 있어야 한다. 이 상담은 임상적 성격을 띨 수 있다"고 언급했다(Locke to Burkhard, 개인 통신, 2012년 4월 18일, p. 1). 최종 출판되었을 때, ASCA는 제3판의 해당 부분을 수정하여 "심리적 장애를 다루기 위해 학교에서 치료나 장기 상담을 제공하는 것"만이 부적절하다고 표시했다(미국전문상담교사협회, 2012b, p. 45). 실제로, 일부 연구는 "전문상담교사의 가장 덜 분산되고 따라서 학교 환경에서 가장 독특한 역할은 학생들에게 직접적인 상담 서비스를 제공하는 것"이라고 제안했으며(Astramovich, Hoskins, Gutierrez, & Bartlett, 2013, p. 181), 이에 따라, 다른 이들은 "교육 지도자와 정신건강 전문가라는 두 전문상담교사 역할 모두가 학생들의 압도적인 수준의 정신건강 요구를 다루는 데 필요하다"고 결론지었다(DeKruyf, Auger, & Trice-Block, 2013, p. 274).

ASCA 국가모형

지난 세대 동안 전문 학교상담에서 가장 중요한 발전은 ASCA가 주도한 모형 기반 상담의 창출과 후속 구현이었다. "1990년대 초반부터, 대부분의 주(State) 전문상담교사 협회는 프로그램 설계, 제공, 평가의 기초로 종합적 및/또는 발달적 과정의 요소를 사용해 왔다"(Dahir & Stone, 2007, p. 1). ASCA는 2003년 『ASCA 국가모형: 학교상담프로그램을 위한 프레임워크』 초판을 발행했으며, 곧이어 2005년에 제2판이 출간되었다. 이 모형은 개인-사회적, 학업적, 그리고 경력개발이라는 세 영역에서 학생들의 성장을 촉진하는 상담사의 중요한 역할을 강조한다. 또한 이 모형은 종합적인 학교상담계획의 중요한 구성요소로서 자료 수집 및 책무성을 포함한 학교상담부서가 프로그램 제공 및 관리 시스템을 고려해야 할 필요성에 대해 언급한다. "전문상담교사는 학생들과의 업무 결과를 구체적이고 측정 가능한 방식으로 효과적으로 보여줄 수 있어야 하며, 학교상담프로그램을 갖는 것이 학생의 성공에 왜 중요한지 다른 이들에게 설명할 수 있어야 한다"(Curry & Lambie, 2007, p. 145). 예를 들어, 특정 학생 집단을 대상으로 한 전문상담교사의 목표 중재가 주의 표준화 검사 점수, 징계 조치 건수, 그리고 결석 및 지각 횟수 등의 지표에 미친 영향을 제시함으로써 그 결과를 입증할 수 있다.

ASCA의 『전문상담교사 국가모형(The ASCA National Model)』 제3판(2012)은 형식과 내용 면에서 모두 개정되었다. 제2판에 포함되었던 CD-ROM은 온라인 양식에 접속할 수 있는 코드로 대체되었고, 디지털 버전이 동시에 출간되었다. 제3판의 핵심 특징 중 하나는 모형이 처음 발표된 이후 교육 환경이 변화했다는 점을 반영했다는 것이다. 이는 공통핵심기준(CCSS)을 포함한 다양한 교육 표준의 확산으로 대표된다. 이전 판의 핵심 구성요소였던 학생 표준은 책에서 삭제되었는데, 이는 교육 변화의 속도가 빨라졌고, ASCA가 지속적으로 개정 작업을 진행하고 있음을 반영한 조치였다. 다만 해당 표준은 ASCA 공식 웹사이트에서 계속 제공되었다. 제3판의 또 다른 주요 추가 요소는 협업과 리더십부터 중재반응모형(RTI), 과학·기술·공학·수학(STEM) 교육에 이르기까지 다양한 주제를 다룬 18개의 특별 주제 원고였다. 이 글들은 상담 연구자와 실천가들이 2~3쪽 분량으로 작성한 것이었다.

이 모형은 교육의 다른 영역에서의 모범 사례에 맞추어, 전문상담교사들이 요구분석에 참여할 것을 요구한다. 이는 각 학교가 지원하는 다양한 지역사회가 서로 다른 요구를 가지며, 따라서 서로 다른 상담 서비스를 제공받아야 함을 인식하는 것이다. 이 모형은 또한 상담 부서가 자신이 일하는 학교의 비전을 기반으로 한 서면 비전 성명서를 개발하고, 이 성명서를 개발하는 과정에 지원 대상인 학생과 가족들을 참여시킬 것을 요구한다. 전문상담교사들은 자신이 제공하는 서비스를 비판적으로 검토하기 위해 시간 분석에 참여하여, 예를 들어 가장 필요하거나 요구가 많은 학생들뿐만 아니라, 모든 학생들에게 도달할 수 있는 집단 상담을 제공하기 위해 교실에 직접 들어가는지 확인해야 한다. 자료는 학군이 왜 상담사를 필요로 하는지 입증할 수 있는 힘을 가지고 있기 때문에, 변혁적 전문상담교사의 특히 중요한 구성 요소이다.

이 모형의 옹호자들은 이것이 학교 상담을 변혁하는 데 중요한 의미를 가지며, 이 모형이 학교 개혁에서 상담 직원과 서비스가 할 수 있는 핵심 역할을 인식하는 데 기여한다고 제안했다. 국제 학교를 위한 모형의 첫 번째 적응판 서문에서, ASCA 모형 초판의 공동저자 중 한 명인 주디 바워스는 "[전문상담교사가 즉각적인 학교 요구에 반응할 때, 자주 소수의 학생 그룹만 서비스를 받지만]" 모형 기반 프로그램에서는 "전문상담교사가 학업, 진로, 개인-사회적, 그리고 글로벌 관점 영역에서 국가 역량에 기반한 교실 수업을 진행하며 가르칠 때 모든 학생이 서비스를 받는다"고 언급했다(Brown, 2011, p. 5). 학교상담결과 연구 및 평가 센터의 연구자들이 수행한 효과성 연구를 요약하면서, 라판은 "고도로 훈련된 전문상담교사가 ASCA 국가모형 종합 학교상담프로그램 서비스를 제공할 때, 학생들은 측정 가능한 혜택을 받는다. 더욱이, 종합 프로그램 실행은 빈곤 속에 사는 청소년들에게 가장 유익할 수 있다"고 결론지었다(2012, p. 88). ASCA 모형의 또 다른 중요한 측면은 ASCA 모형 인정 프로그램(RAMP)이다. 학교와 상담 부서는 엄격한 자체 연구 자료를 제출함으로써 RAMP 인정을 위해 ASCA에 신청할 수 있다. 지금까지 ASCA 모형의 구현은 특히 아리조나, 조지아, 일리노이, 인디애나, 노스캐롤라이나, 로드아일랜드, 그리고 버지니아와 같은 여러 핵심 주에서 특히 강력하게 이루어졌다.

미국전문상담교사협회(ASCA)와 장애학생(SWD)

ASCA 모형에 기반한 전문상담교사 프로그램의 많은 구성 요소들은 장애학생(SWD)의 특수한 요구에 민감하게 반응하도록 설계되어 있다. 그 한 가지 예는 '중재반응(Response to Intervention, RTI)'에 대한 모형의 접근 방식이다: 중재반응모형. RTI는 2004년 『장애인교육법(IDEA)』 개정에서 학습장애(LD)를 판별하기 위한 대안적 방법으로 공식 승인되기 훨씬 이전부터 일반교육에 도입된 기법이다. 또한 RTI는 소수집단 및 사회경제적 지위가 낮은 학생들이 특수교육에 과잉 배치되는 문제를 해결하는 데 기여할 수 있는 방안으로 기대를 모아왔다(Bineham, Shelby, Pazey, & Yates, 2014). ASCA 모형은 "RTI는 실행연구를 통해 읽기, 수학 또는 행동에서 어려움을 겪는 학생들을 판별하기 위한 이론적 접근법을 나타낸다"고 명시한다(미국전문상담교사협회, 2012b, p. 73). RTI는 또한 ASCA 입장 성명서인 "전문상담교사와 중재반응모형"(2014년에 "전문상담교사와 다층 지원 시스템"으로 제목 변경)에서 다뤄지는 주제 중 하나로, 이 성명서는 "[전문상담교사는 모든 학생을 위한 체계적 어려움을 제거하고 학생 성공을 지원하는 중재 프로그램을 구현하기 위해 다른 교육자들과 협력적으로 일한다]"고 명시한다(미국전문상담교사협회, 2013, p. 40).

또 다른 중요한 ASCA 자원은 「학생 성공을 위한 ASCA 마음가짐과 행동(2014)」이다. ASCA의 2014년 전국 학술대회에 맞춰 초안으로 처음 발행된 이 자료는 1997년에 처음 발행되어 ASCA 국가모형이 개발될 때까지 핵심 문서로 기능했던 학생을 위한 ASCA 국가 표준(2004)을 대체했다. "모든 학생을 위한 K-12 대학 및 진로 준비 표준"이라는 부제가 붙은 「마음가짐과 행동」은 학습 전략, 자기 관리 기술, 사회적 기술 범주 아래 연구 기반 역량을 제공하며, 모두 CCSS에 학년별로 정렬되어 있고 소그룹 및 전체 학급 전문상담교사 개입을 위한 체계를 제공하도록 설계되었다. 장애학생과 특히 관련이 있는 이 표준들은 "내용 지식과 학업 기술이 학생 성공의 방정식의 일부분에 불과하다"는 전제에 기반한다(미국전문상담교사협회, 2014, p. 1). 또한 검색 가능한 데이터베이스와 연결되어 있어 상담사가 자원을 찾고 기여할 수 있다.

별도의 ASCA 입장 성명서는 구체적으로 "전문상담교사와 장애학생"이라는 제목으로 이 주제를 다룬다. IDEA와 1973년 재활법 504조와 같은 법률의 의무를 언급한 후, ASCA는 "전문상담교사는 장애학생과 일할 때 자신의 강점과 한계를 인식한다. 전문상담교사는 또한 현재 연구에 대해 알고 있으며, 모든 장애 범주를 가진 학생들과 일할 때 최선의 실천을 구현하고자 한다"고 명시한다(미국전문상담교사협회, 2013, p. 48). 장애학생은 또한 ASCA 윤리강령에서도 다뤄지는 주제로, "능력/장애"를 포함한 다양한 인구통계학적 특성에 관계없이 각 사람이 존중받고 종합적인 학교 상담 프로그램에 접근할 권리가 있음을 언급하는 도입 문단부터, "역사적으로 적절한 교육 서비스를 받지 못한" 사람들의 자기주도(self-direction)와 자기발전(self-development)에 대한 특별한 권리를 확인하는 내용(미국전문상담교사협회, 2010, p. 1), 그리고 다문화 및 사회정의 옹호와 리더십이라는 제목의 절 아래 장애학생 옹호를 포함하는 내용까지 다룬다. 사례 제시 2.1에서는 제3장에서 다루는 법률 관련 이슈와 이 장에서 논의된 교육과정 내 전문상담교사의 강점과 한계가 제시된다.

사례 제시 2.1

장애학생의 정학

마이클은 당신의 학교에 다니는 IEP를 가진 초등학생이다. 그는 과잉행동, 부주의, 반항적 행동을 보일 수 있으며, 이에 따라 IEP에 따라 일주일에 한 번 및 요구에 따라 당신으로부터 상담을 받는다. 당신은 그가 때때로 학습 및 안전 측면에서 교실을 위협할 수 있는 통제 불능의 행동 문제를 가지고 있다고 판별했다. 마이클과 다른 남학생을 교무실로 보낸 특정 사건 이후, 마이클은 3일 동안 학교에서 정학되었다.

마이클의 아버지가 당신에게 전화하여 이 3일간의 정학을 통해 마이클의 교육받을 권리를 박탈하고 있다고 말했다. 교장은 마이클이 다른 아이가 다치는 싸움을 일으켰기 때문에, 이 사건으로 마이클을 정학시키는 것이 정당하다고 말했다. 그리고 이번 학년도 들어와서 이전에 한 번만 정학 처분을 받은 적이 있다고 덧붙였다. 마이클의 아버지는 만약 교사가 마이클의 행동 계획을 올바르게 따랐다면, 상황이 통제를 벗어나기 전에 마이클을 당신에게 보냈을 것이라고 반박했다.

먼저, 마이클과의 관계에 어떤 표준이 적용되는가? (나열하시오.) 학교가 마이클을 정학시킬 권리가 있다고 생각하는가? 만약 그렇다면, 왜인가? 당신의 믿음을 뒷받침하는 것은 무엇인가? 마지막으로, 학부모, 교사, 교장, 마이클과 어떻게 후속 조치를 취할 것인가?

전국대학입학상담협회(NACAC)

전국대학입학상담협회(NACAC: National Association for College Admission Counseling)는 1937년 중서부 지역의 여러 대학들이 주축이 되어 '대학입학담당자협회(Association of College Admissions Officers)'라는 이름으로 설립되었다. NACAC는 1959년에 법인으로 등록하였고, 1968년과 1995년에 걸쳐 명칭을 변경하였으며, 1987년에는 본부를 버지니아주 알렉산드리아로 이전하였다. 이후 NACAC는 국제적인 조직으로 성장하여, 현재는 13,000명이 넘는 회원을 보유하고 있으며, 그 구성에는 대학 입학 사정관뿐 아니라 전문상담교사, 독립 입학상담사 등 다양한 대학진학 전문 인력들이 포함되어 있다(Hoganson, 2012). 이러한 발전 과정을 거치면서 NACAC는 학교 전문상담교사가 갖추어야 할 역량과 훈련에 대해서도 관심을 가지게 되었으며, 많은 '상담사 양성과정이 학교 진로상담 프로그램의 대학 입학 사정 및 지도 측면에 거의 또는 전혀 주의를 기울이지 않고 있다'는 우려를 표명하기도 했다(National Association for College Admission Counseling, 2000, p. 1).

NACAC는 전문상담교사 양성과정의 일환으로 다음과 같은 구체적인 역량을 제시하고 있다. 여기에는 8개의 전문상담교사 핵심 역량과 8개의 대학입학상담사 역량이 포함된다. NACAC의 권고 중 하나는 전문상담교사와 대학입학상담사 모두 다음의 능력을 갖추어야 한다는 것이다: 자료를 개발, 수집, 분석, 해석할 수 있는 능력, 특히 "학습장애 관련 검사"를 포함한 평가의 해석 능력을 갖출 것을 강조한다. 또한, NACAC는 상담사들이 학생들의 문화적 다양성과 특수한 요구에 부응하는 정보 기반의 적절한 상담 및 협의 활동을 수행할 수 있는 상담 및 협의 기술을 보유하고 있어야 한다고 강조한다(National Association for College Admission Counseling, 2000, pp. 5, 11). 장애학생과 관련해서는, NACAC 역량 기준에서 전문상담교사와 대학입학상담사 모두가 학습장애 검사에 대한 이해와 해석 능력을 갖추고, 나아가 학생들의 교육적 요구에 대한 일반적인 옹호 활동을 수행해야 함을 명시하고 있다.

또한 NACAC는 윤리강령인 우수관행원칙 성명서(Statement of Principles of Good Practice, SPGP)를 제정하고 이를 정기적으로 개정하고 있다. 이 성명서에서 특히 장애학생과의 상담 및 지원 업무에 직접적으로 연관된 조항은 다음과 같다:

- 여섯 가지 핵심 가치(Core Values) 중 여섯 번째 조항인 "사회적 책임(Social Responsibility)" 항목은 "우리는 학생의 권리와 고등교육에의 접근 및 참여를 보호함으로써 책임감 있게 봉사할 의무가 있다"고 규정한다(National Association for College Admission Counseling, 2013, p. 2).
- 회원 협약(Member Conventions) 중 두 번째 조항은 "회원은 학생을 개별적인 자격기준에 따라 평가하고, 입학 과정에서 사회의 모든 구성원이 포함될 수 있도록 노력할 것"이라고 명시한다(p. 2).
- SPGP의 또 다른 조항은 장애를 가진 학생들(신체적 또는 학습적 장애 포함)에게 제공되는 특별 프로그램이나 지원 서비스에 대해, 고등교육기관 회원은 이를 "정확하고 구체적으로 기술할 책임이 있다"고 규정하고 있다(p. 10).

이러한 개념들은 지도형 실습 활동 2.2에서 구체적인 사례로 설명된다.

지도형 실습 활동 2.2

서로 다른 학교 상담 표준은 어떻게 통합되는가?

CACREP, ASCA, NACAC... 전문상담교사에게 고려해야 할 표준이 이렇게나 많은가? 이들 기관은 서로 소통이라도 하는 걸까?! 표 2.1을 활용하여 이러한 기관들이 제시하는 선언들이 서로 어떤 관련이 있는지, 혹은 없는지를 비교·대조하라. 그리고 전문상담에 대한 통합된 비전이 존재한다고 보이는지, 혹은 그렇지 않은지를 어느 정도까지 인식하게 되는지 설명하라.

핵심사항

- 전문상담교사는 변화하는 동향에 지속적으로 주의를 기울이고, 전문 직무에 대한 주인의식을 가지며, 전문 단체의 회원 활동과 리더십 참여, 입법 활동 및 정치적 실천을 통해 자신의 목소리를 내야 한다. 이는 다양한 학습자의 옹호와 그들의 완전한 통합을 효과적으로 보장하기 위함이다.
- 전문상담교사는 다른 교육자들과 마찬가지로, 전문성과 정치적 영향력이 작용하는 맥락 속에서 일한다. 그러므로 이러한 힘의 작용을 이해하는 것은 전문상담교사의 업무가 지속적으로 의미 있고 관련성 있게 유지되도록 하며, 학생을 옹호하고 효과적인 서비스를 제공하기 위해 매우 중요하다.
- 전문상담교사는 학업, 진로, 개인-사회성이라는 세 영역에서 학생 역량을 향상시키는 데 초점을 맞춰 학교상담 프로그램을 개발하고 실행하기 위해, 관련 표준에 대한 이해를 갖추는 것이 중요하다.

추가 자료

인쇄물

American School Counselor Association. (2014). *ASCA mindsets and behaviors for student success: K-12 college- and career-readiness standards for every student.* Alexandria, VA: Author.

Chen-Hayes, S., Ockerman, M. S., & Mason, E. (2014). *101 solutions for school counselors and leaders in challenging times.* Thousand Oaks, CA: Corwin.

Dahir, C. A., & Stone, C. B. (2012). The transformed school counselor(2nd ed.). Belmont, CA: Brooks/Cole.

Hatch, T. (2014). *The uses of data in school counseling.* Thousand Oaks, CA: Corwin.

Struder, J. R. (2015). *The essential school counselor in a changing society.* Thousand Oaks, CA: Sage.

웹 기반 자료

미국상담협회: http://www.counseling.org

미국전문상담교사협회: http://www.schoolcounselor.org

학교 상담 결과 연구 및 평가 센터: http://www.umass.edu/schoolcounseling

공통핵심기준: http://www.corestandards.org

상담 및 관련 교육 프로그램 인증 협의회: http://www.cacrep.org

참고문헌

Achieve. (2012). *Achieve & the American diploma project network*. Washington, DC: Author. http://www.achieve.org/files/About%20AchieveADP-Apr2012.pdf

Achieve. (2013). *Implementing the Common Core State Standards: The role of the school counselor*. Washington, DC: Author. http://www.achieve.org/files/RevisedCounselorActionBrief_Final_Feb.pdf

American Counseling Association. (2013). *Common Core State Standards: Essential information for school counselors*. Alexandria, VA: Author. http://www.counseling.org/docs/resources—school-counselors/common-core-state-standards.pdf?sfvrsn=2

American Counseling Association. (2014). *Code of ethics*. Alexandria, VA: Author. http://www.counseling.org/knowledge-center/ethics

American School Counselor Association. (2004). *ASCA national standards for students*. Alexandria, VA: Author.

American School Counselor Association. (2010). *Ethical standards for school counselors*. Alexandria, VA: Author.

American School Counselor Association. (2012a). *The ASCA national model: Draft for public comment*(3rd ed.). Alexandria, VA: Author. http://www.academia.edu/4535157/ASCA_National_Model_THIRD_EDITION_Draft_for_Public_Comment

American School Counselor Association. (2012b). *The ASCA national model: A framework for school counseling programs*(3rd ed.). Alexandria, VA: Author.

American School Counselor Association. (2013). *ASCA position statements*. Alexandria, VA: Author.

American School Counselor Association. (2014). *ASCA mindsets and behaviors for student success: K-12 college- and career-readiness standards for every student*. Alexandria, VA: Author.

Astramovich, R. L., Hoskins, W. J., Gutierrez, A. P., & Bartlett, K. A. (2013). Identifying role diffusion in school counseling. *The Professional Counselor, 3*(3), 175-184.

Bineham, S. C., Shelby, L., Pazey, B. L., & Yates, J. R. (2014, March). Response to intervention: Perspectives of general and special education professionals. *Journal of School Leadership, 24*(2), 230-252.

Brady-Amoon, P. (2012). Further extending the humanistic vision for the future of counseling: A response to Hansen. *Journal of Humanistic Counseling, 59*(2), 184-196.

Brown, J. (2011). Introduction. In B. Fezler & C. Brown (Eds.), *The international model for school counseling programs*(p. 5). Pembroke Pines, FL: Association of American Schools in South America (AASSA). http://www.aassa.com/uploaded/Educational_Research/US_Department_of_State/Counseling_Standards/International_Counseling_Model_Handbook.pdf

Center for Mental Health in Schools. (2012, Summer). Common Core State Standards: What about student and learning supports? *Addressing Barriers to Learning, 17*(3). Los Angeles, CA: Author at UCLA Center. http://smhp.psych.ucla.edu/pdfdocs/newsletter/summer12.pdf

Chen-Hayes, S., Ockerman, M. S., & Mason, E. C. M. (2014). *101 solutions for school counselors and leaders in challenging times*. Thousand Oaks, CA: Corwin.

College Board. (2010a). *Eight components of college and career readiness counseling*. Washington, DC: Author. http://media.collegeboard.com/digitalServices/pdf/nosca/11b_4416_8_Components_WEB_111107.pdf

College Board. (2010b). *Own the turf: NOSCA's national advocacy campaign*[Slide 1]. Washington, DC: Author. http://advocacy.collegeboard.org/sites/default/files/Own-the-TurfPowerPoint.pdf

College Board. (2011). *A transformative process: NOSCA's eight components of college and career readiness counseling for equity in student outcomes*. http://professionals.collegeboard.com/profdownload/rhodes-rob_noscas-8-

components.pdf

Common Core State Standards Initiative. (2010a). *Common Core State Standards for English language arts & literacy in history/social studies, science, and technical studies*. Author. http://www.corestandards.org/ELA-Literacy

Common Core State Standards Initiative. (2010b). *Application to students with disabilities*. Author. http://www.corestandards.org/assets/application-to-students-witHdisabilities.pdf

Council for Accreditation of Counseling and Related Educational Programs. (2009). *CACREP 2009 Standards*. http://www.cacrep.org/doc/2009%20Standards%20with%20cover.pdf

Council for Accreditation of Counseling and Related Educational Programs. (2013). *Draft #2 of the 2016 CACREP Standards*. Alexandria, VA: Author.

Cremin, L. A. (1988). *American education: The metropolitan experience 1876-1980*. New York, NY: Harper & Row.

Curry, J., & Lambie, G. W. (2007). Embracing school counselor accountability: The large group guidance portfolio. *Professional School Counseling, 11*(2), 145-148.

Dahir, C. A., & Stone, C. B. (2007). *School counseling at the crossroads of change*(ACAPCD-05). Alexandria, VA: American Counseling Association. http://counselingoutfitters.com/vistas/ACAPCD/ACAPCD-05.pdf

Dahir, C. A., & Stone, C. B. (2012). *The transformed school counselor*(2nd ed.). Belmont, CA: Brooks/Cole.

DeKruyf, L., Auger, R. K., & Trice-Block, S. (2013). The role of school counselors in meeting students' mental health needs: Examining issues of professional identity. *Professional School Counseling, 16*(5), 271-282.

Foster, L. H. (2012). Professional counselor credentialing and program accreditation in the United States: A historical review. *Journal for International Counselor Education, 4*(1), 42-56. http://digitalcommons.library.unlv.edu/jic

Graham, S., & Harris, K. R. (2013). Common Core State Standards, writing, and students with LD: Recommendations. *Learning Disabilities Research & Practice, 28*(1), 28-37.

Haager, D., & Vaughn, S. (2013). Common Core State Standards and students with learning disabilities: Introduction to the special issue. *Learning Disabilities Research & Practice, 28*(1), 1-4.

Hatch, T. (2014). *The use of data in school counseling: Hatching results for students, programs and the profession*. Thousand Oaks, CA: Corwin.

Hines, P., & Lemons, R. W. (2011). *Poised to lead: How school counselors can drive college and career readiness*[Report]. Washington, DC: The Education Trust. http://www.edtrust.org/dc/publication/poised-to-lead

Hodges, S. (2012, January). Through a glass darkly—Envisioning the future of the counseling profession: A commentary. *The Professional Counselor: Research and Practice, 1*(3), 191-200. http://tpcjournal.nbcc.org/wp-content/uploads/hodges

3장

법률과 윤리

Vicki A. McGinley

웨스트 체스터 대학(West Chester University)

> "우리는 지금까지 개인의 능력에 있어 평등이 절대로 존재하지 않았고 앞으로도 그럴 것임을 알지만, 기회의 평등은 여전히 추구되어야 한다고 주장한다."
>
> —Franklin D. Roosevelt

전문상담교사는 K-12 학급에서 장애학생에게 서비스를 제공하는 다학제팀(MDTs)의 중요한 구성원이다. 이러한 학생 수의 증가는 장애로 판별된 학생 수의 증가뿐만 아니라, 이들 대부분이 최소제한환경(LRE)에서 교육을 받고 있기 때문이다. 이들 학생의 약 89.3%는 일반교육 환경에서 교육을 받고 있으며, 이는 미국교육부(2004)의 보고에 따른 것이다. 이러한 증가와 학교 내에서의 전문상담교사의 역할로 인해, 전문상담교사는 장애학생을 규율하는 법률에 대한 인식을 반드시 갖추어야 한다(Erford, House, & Martin, 2003). 또한, 전문상담교사는 특정 학생과 수년간 함께 일할 수 있으며, 따라서 학교 내에서 그 학생을 가장 잘 옹호할 수 있는 인물이 될 수 있다. 이들은 『1973년 직업재활법(Vocational Rehabilitation Act)』 제504조에 따라 지정되는 서비스계획안(Service Agreement Plan, SAP) 또는 504계획(Section 504 Plan)이라 불리는 계획, 혹은 『2004년 장애인교육향상법(IDEIA)』에 따라 지정되는 개별화교육계획(IEP) 등을 감독하고 조율할 수 있다(Erford 외, 2003). 이들 계획에는 학생의 기능적 삶의 기술, 학업, 사회·정서적 성장, 진로 목적, 그리고 중등교육 이후의 진로 성과가 포함된다. 이러한 계획의 내용과 실행은 법규에 의해 규율되므로, 전문상담교사는 장애학생 및 그 가족을 위한 관련 법률을 숙지하고, 이러한 법을 실천하는 데 있어 자신의 역할을 명확히 이해해야 한다.

이 장을 읽고 나면 다음과 같은 역량을 갖출 수 있다:

1. 장애학생에게 적용되는 법률 및 관련 판례를 판별할 수 있다.
2. 학교에서 마주치는 법적·윤리적 쟁점을 판별할 수 있다.
3. 법적 책무를 수행하는 데 필요한 윤리 기준과 원칙을 이해할 수 있다.
4. 관련 법령을 다룬 자료에 접근할 수 있다.

장애학생 서비스와 관련된 연방법과 법률

전문상담교사가 장애학생과 일하는 데 영향을 미치는 두 가지 주요 법규는 1975년 장애아동교육법(2004년 장애인교육법[IDEA]으로 재승인됨)과 1973년 직업재활법 504조(Section 504)이다. 다루게 될 다른 중요한 법규로는 낙오학생방지법(NCLB), 가족교육권리와 개인정보보호법(FERPA), 그리고 미국장애인법(ADA)이 있다. (참고로, 2004년부터 IDEA는 현재 장애인교육향상법 또는 IDEIA로 판별됨.)

이러한 법률의 내용과 용어, 그리고 효과적이고 합법적으로 이러한 법률을 이행하는 방법을 이해하면 학생들을 지원하고 학교가 법적 책임을 피하는 데 도움이 될 것이다. 또한 장애 범주, 그 정의 및 특성을 이해하는 것은 전문상담교사의 역할에 있어 중요하다. 특수교육 과정에 대한 철저한 이해에는 선별, 사정평가 및 평가, 목적 설정과 계획, 그리고 학생 계획의 이행이 포함된다. 전문상담교사는 또한 자원을 얻기 위해, 외부 기관과 상호작용하기 위해, 그리고 직접적인 상담을 제공하기 위해 학생들을 위해 최선으로 옹호하는 방법을 알아야 할 것이다. 장애학생과의 상담은 외부 서비스(예: 의료, 관련 서비스 등)뿐만 아니라, 가족 구성원 및 학생 자신과 조정될 수 있다(Tarver-Behring & Spagna, 2004). 이제 전문상담교사가 알아야 할 특정 법률과 이러한 법률과 관련된 그들의 역할이 다루어질 것이다.

504조

1973년 재활법(Rehabilitation Act) 제504조(Section 504)는 다음과 같이 규정한다:

> 「미국 내에서 §706(8) 조항에 정의된 바에 따른 장애를 가진 자는, 단지 그 장애를 이유로, 연방 재정지원을 받는 모든 프로그램 또는 활동, 또는 어떤 행정기관이나 미합중국 우편서비스가 시행하는 프로그램이나 활동으로부터 배제되거나, 그 혜택을 거부당하거나, 차별을 받아서는 안 된다.」(29 U.S.C. § 794(a) (1973))

504조는 차별을 금지하고 장애학생들이 일반교육과정에 접근할 수 있도록 합리적인 조정을 요구하는 민권법이다. 따라서 민권담당실(OCR)이 이 법률의 집행 기관이다. 504조에 따라 서비스를 받는 학생의 정의는 매우 광범위하며, 학생의 주요 생활 활동을 실질적으로 제한하는 모든 신체적 또는 정신적 장애를 포함한다(29 U.S.C. § 794(a) (1973)). IDEA에 따른 특수교육을 받을 자격이 없는 학생들도 여전히 504조에 따른 보호를 받을 자격이 있을 수 있다. 예를 들어, ADHD로 확인된 학생들은 IDEA에 따라 기타 건강장애(Other Health Impairment, OHI)로 분류될 수 있으며, 특별히 고안된 교수(Specially Designed Instruction, SDI)와 관련 서비스가 필요하기 때문에 IEP를 받을 수 있다. 그러나 504조에 따라 ADHD로 확인된 아동들은 일반교육과정에 접근하기 위한 조정만 필요할 수 있다. IDEA에 따른 특수교육 서비스의 경우, 학생들은 다음 표 3.1에 설명된 13개 장애 범주 중 하나에 해당해야 하며, 또한 SDI와 관련 서비스가 필요하다. 그러나 504조에 따라 서비스를 받는 학생들은 일반교육과정에 접근할 수 있도록 일반교육과정에 대한 수정 및/또는 조정과 함께 학생편의계획(Student Accommodation Plan, SAP)을 받는다. 504 계획 샘플은 부록 A에서 찾을 수 있다. 표 3.1은 504조에 따라 보호받을 수 있고 교육과정에 그러한 조정 및/또는 수정이 필요할 수 있는 장애(일시적 또는 장기적)로 간주되는 학생들의 일반적인 예시들을 제공한다.

표 3.1 504조에 따라 조정이 필요할 수 있는 학생들

상태 유형	가능한 수정/조정
알레르기 및/또는 천식이 있는 학생	보건실 방문
전염성 질병이 있는 학생(예: AIDS)	휴식을 위한 수업 시간 이탈
약물 남용 학생	약물 투여
주의력결핍 과잉행동장애(ADHD) 학생	우선적 좌석 배치
만성 피로 증후군 학생	적은 수의 질문에 답하고 문제 풀기
불치병 학생	적은 양의 숙제
신체적 장애가 있는 학생	수업 일찍 이동

IDEA와 마찬가지로, 504조도 적격성, 평가, 및/또는 서비스 이행에 관하여 학교와 의견 불일치가 있을 때, 가족과 학생에게 적법절차 권리를 제공하는 절차적 보호장치를 갖추고 있다. 부모는 또한 관련 기록을 검토하고 자녀의 의뢰, 평가 및 배치에 관한 통지를 받을 권리가 있다. 504조에 따라 서비스를 받는 학생들은 모든 학업 및 공동 교과과정 학교 활동에 접근할 권리와 일반교육 환경에서 조정 및/또는 수정을 포함하는 무상적절공교육(FAPE)을 받을 권리가 있다. 다음 절에서는 504조의 구성 요소를 염두에 둔 전문상담교사의 역할이 논의된다.

504조에 따른 전문상담교사의 역할

이 법령에 따른 전문상담교사의 주요 역할 중 하나는 적격성 설정 및 지속을 위한 목적과 요구사항 재사정 및 지속적 적격성을 위한 목적으로 정기적인 평가를 수행하는 것이다(Owens, Thomas, & Strong, 2011). 상담교육사정평가협회(Association for Assessment in Counseling and Education, AACE)는 필수적으로 요구되는 사정평가 역량과 관련하여 전문상담교사가 활용할 수 있는 우수한 자원이며(http://aac.ncat.edu/documents/atsc_cmptncy.htm), 미국상담협회와 미국전문상담교사협회 모두가 개요를 제시한 검사에 관한 윤리 표준도 마찬가지이다. 또한, "상담에서의 사정평가: 심리학적 사정평가 절차 사용 안내"(Hays, 2013)와 같은 상담 참고서는 시험 관리 및 해석을 위한 특정 자격이 설명되어 있는 매우 유용한 자원이다. 일반적으로, 학교심리사는 표준화된 검사를 수행하는 데 관여하는 반면, 전문상담교사는 교실 관찰, 구조화된 인터뷰, 설문조사와 같은 평가를 수행할 것이다. 전문상담교사가 사용하는 사정평가 측정의 구체적인 예는 8장에 제시되어 있다. 학생들이 판별되면 다른 임무는 다학제팀과 협력하여 학생들의 504 계획을 구성하는 조정이 마련되고 효과적으로 이행되도록 하는 것이다. 조정 및/또는 수정에는 다음이 포함될 수 있다:

• 오디오 테이프, 큰 글씨, 지정된 독자, 구두로 읽는 지시사항, 및/또는 페이지당 항목 수 감소와 같은 교육과정 자료 제시 방법;
• 구두 응답을 허용하거나, 받아쓰기로 답변하거나, 녹음 장치 또는 컴퓨터에 녹음하는 것과 같이 학생이 응답하는 방법;
• 우선적 좌석 배치, 특별 조명 또는 음향, 최소한의 산만함이 있는 공간을 제공하거나, 소그룹으로 및/또는 대안적 장소에서 시험을 실시하는 것과 같은 환경 변경;
• 자주 휴식을 취하거나 시험이나 과제를 완료하기 위한 연장 시간을 허용하는 것과 같은 시간 조정; 여러 세션에 걸쳐 시험 실시, 하위 검사를 다른 순서로 치르도록 허용, 하루 중 특정 시간에 시험 실시와 같은 시험 일정; 그리고 특별 시험 준비, 집중 및 과제 제공과 같은 기타 사항(특수교육 관리자 위원회, 2011).

504 계획이 마련되면, 고용 지역에 따라, 전문상담교사는 이 계획을 점검하고 업데이트하는 책임과 SAP의 개발 및 이행 감독에 책임이 있는 전문가인 504조 코디네이터로 알려진 역할을 담당할 수 있다. 504조 팀이 개발한 SAP는 학생이 동등한 성공 기회를 가질 수 있도록 필요한 서비스 계획을 명시한다.

504조와 관련한 전문상담교사의 또 다른 역할은 학교 기반 코디네이터일 수 있다. Madaus와 Shaw(2008)가 수행한 연구에서, 자료는 학교에서 504조가 특수교육 아래가 아니라 일반교육 관리자, 그다음에 전문상담교사, 학교심리사, 사회복지사, 일반교육자, 그리고 그다음에 특수교사 순으로 504조 회의를 조정하고 이후 학생들을 위한 504조 계획을 조정하는 측면에서 일반교육 관리자의 관할 아래에 있음을 반영했다.

따라서, 전문상담교사는 학생, 평가 과정, 평가에서 얻은 자료, 그리고 학생들이 권리를 가진 조정할 수 있는 대안에 익숙해야 한다(Owens 외, 2011). 예를 들어, 학생이 다리를 다쳐 수업에 참가하기 위해 연장 시간이나 엘리베이터 사용이 필요한 경우, 전문상담교사는 이러한 요구를 소통하고, 엘리베이터 사용 승인을 얻고, 그리고 놓친 수업 시간을 어떻게 보충할 수 있는지 탐색하는 데 교사와 관리자와 협력하는 중요한 자원이 될 수 있다. 또한, 해당 학생이 팀 스포츠에 참여해 왔으며 현재 일시적으로 활동에 참여하지 못하는 데 어려움을 겪고 있다면, 전문상담교사는 학생이 이에 적응할 수 있도록 개별상담을 제공하는 데 큰 도움이 된다. 비록 제504조(Section 504)가 특수교육 법률은 아니지만, 어느 누구도 사각지대에 놓이지 않도록 특수교육과의 긴밀한 협력이 매우 중요하다.

2004년 IDEA

IDEA에 따른 특수교육 서비스의 경우, 학생은 표 3.2에 설명된 13개 장애 범주 중 하나에 해당해야 한다.

표 3.2 IDEA에 따라 서비스를 받는 장애의 13개 범주

자폐증/자폐스펙트럼장애
농맹(시청각장애)
농
정서장애
청각장애
지적장애
중복장애
지체장애
기타 건강장애
특정학습장애
말-언어장애
외상성 뇌손상
시각장애(맹 포함)

출처: 규정 300.8c: 장애 용어의 정의. 유산 구축: IDEA 2004. 미국 교육부.

첫 번째 연방 특수교육법인 1975년 장애아동교육법(PL 94-142)의 시작부터, 장애학생과 그 부모를 위한 서비스가 의무화되었으며, 전문상담교사는 특수교육 과정과 법률의 절차적 보호장치에 익숙해야 한다고 권장되었다(Helms & Katsiyannias, 1992). IDEA에 따른 절차적 보호 통지(Procedural Safeguard Notice, PSN)는 상당히 길고 방대한데, 이는 해당 법률에 따라 학생과 가족이 보장받는 모든 절차와 과정을 완전하게 포함하고 있기 때문이다. 교육구는 부모가 이 권리를 포기하지 않는 한, 적어도 일 년에 한 번, 불만을 제기할 때 및/또는 PSN을 요청할 때 PSN 사본을 부모에게 제공해야 한다. PSN은 기록 접근, 불만 처리 방법, 징계, 분쟁 해결, 적법절차 청문회, 평가 절차, 정보에 입각한 동의, LRE와 같은 사항을 다룬다. 또한 사립학교 배치, 대리 부모, 자녀가 18세가 된 후 부모 권리 이전과 같이 일부 부모에게만 적용될 수 있는 다른 영역도 포함한다. 절차적 보호장치를 알고 있는 전문상담교사는 이 법을 따르는 데 도움이 될 뿐만 아니라, 봉사하는 학생들을 옹호하는 데도 도움이 될 것이다. 예를 들어, 전문상담교사는 504조와 IDEA에 따른 적격성 표준의 차이와 각 법에 따라 적격하다고 간주되는 학생들을 위해 최선으로 옹호하는 방법을 이해할 필요가 있을 것이다.

IDEA는 표 3.2에 나열된 13개의 정의된 장애 중 하나 이상을 가진 것으로 분류된 학생들에게 서비스를 제공하기 위해 주 및 이후 지역교육청(Local Education Agencies LEA)에게 자금을 제공한다. 특수교육 과정에는 의뢰 전 단계, 평가, 적격성 결정, IEP 개발, IEP 이행, 그리고 재평가가 포함된다.

1975년 장애아동교육법으로 시작한 이래, 법률을 구성하는 여섯 가지 정의 원칙이 있었다. 그것들은 1) 배제 금지/무조건적 수용(Zero reject), 2) 최소제한환경(LRE), 3) 무상적절공교육(FAPE), 4) 부모와 학생 참여(Parent and student participation), 5) 적법절차 보호장치(Due process safeguards), 그리고 6) 비차별적 평가의 원칙(Nondiscriminatory evaluation)이다. 이러한 원칙들은 다음에 더 자세히 설명된다(http://www.education.com/reference/article/six-major-principles-idea/).

배제 금지(zero reject)

학교는 5세에서 21세 사이의 모든 장애아동을 교육해야 한다; 그러나, 주가 3세에서 5세 사이의 비장애아동을 교육한다면, 그 연령대의 장애아동도 교육해야 한다. 이 원칙은 장애의 성격이나 심각성에 관계없이 적용되며 본질적으로 장애가 있는 아동은 공교육에서 제외될 수 없음을 의미한다. 각 주 교육기관은 장애가 있거나 장애가 의심되는 모든 아동을 찾고, 판별하고, 평가할 책임이 있다. 이 요구사항은 또한 아동 찾기 시스템(Child

Find system)으로 알려져 있다. 1997년에 있었던 법률의 최근 재승인에서는 다양한 법원 사례(예: Doe v. Koger, 1979; Goss v. Lopez, 1975 등)의 결과로, 배제 금지 원칙이 장애학생 징계 영역으로 확대되었다. 1988년, 미국 대법원은 Honig v. Doe를 심리했으며, 이는 장애학생의 징계 절차에 대해 더 언급하고, 10일 이상의 장애학생 정학은 배치 변경으로 간주됨을 확인했다. 이 사건은 또한, 학생이 문제행동이 자신의 장애의 표출인지를 결정하는 절차(9장에서 설명됨) 동안 현재의 교육적 배치에 머물 수 있도록 규정한 법률의 '현행 유지(stay put)' 조항에도 주목하게 했다. 이 조항은 문제행동이 학생의 장애로 인한 것인지 여부를 판단하는 과정을 지원하며, 따라서 학생들은 어떤 경우에도 무상적절공교육(FAPE)을 거부당할 수 없다.

비차별적 판별 및 평가(Nondiscriminatory identification and evaluation)

IDEA는 모든 학교가 아동이 장애가 있는지 여부를 결정하기 위해 비편향적인 평가 방법을 사용해야 함을 명시한다. 검사 및 평가 절차는 인종, 문화 또는 모국어에 기반해야 하며, 차별해서는 안 된다. 모든 검사는 아동의 모국어로 시행되어야 하며, 판별 및 배치 결정은 단일 검사 점수에 기반하여 이루어질 수 없다. 특정 장애 유형의 경우, 진단을 위한 추가 지침 및 절차가 명시될 수 있으며, 예를 들어 중재반응모형(RTI; 특정학습장애를 가진 아동을 진단하기 전에 사용되는 학업 중재에 관한 계층적 방법, 4장에서 더 자세히 설명됨)의 사용과 ADHD가 있는 아동의 진단을 위해 필요한 의사의 진단이 있다.

무상적절공교육(Free Appropriate Public Education, FAPE)

장애의 유형이나 심각성에 관계없이 모든 장애아동은 FAPE를 받아야 한다. 이 교육은 공공 비용으로 제공되어야 하며, 각 장애학생의 고유한 요구를 충족시키기 위해 IEP가 개발되고 이행되어야 한다. IEP는 학생의 개별적 요구를 명시하고, 모든 요구 영역에서의 현재 성과 수준을 설명하며, 그러한 요구를 해결하기 위한 측정 가능한 연간 목적과 단기 목표를 판별하고, 학생이 이러한 목적을 달성하고 교육에서 혜택을 받는 데 도움이 될 특정 특수교육 및 관련 서비스를 설명한다.

최소제한환경(Least Restrictive Environment, LRE)

IDEA는 장애학생이 가능한 최대 범위까지 비장애아동과 함께 교육받아야 함을 의무화한다. 또한 장애의 성격이나 심각성이 보조 지원과 서비스와 함께 일반교육 교실에서 적절한 교육을 받을 수 없을 때만 장애학생이 별도의 교실이나 학교로 옮겨질 수 있다고 명시한다. IDEA는 일반교육 교실에서의 통합을 우선적으로 고려하도록 하는 전제를 두고 있다. 이에 따라 학생의 IEP에는 장애가 없는 또래들과 함께 일반 교육과정, 비교과 활동, 그리고 점심, 휴식 시간, 통학, 스포츠 등과 같은 비학문적 활동에 참여하지 않는 정도와 그에 대한 정당한 사유 및 설명이 반드시 포함되어야 한다. 그러나 여전히 최소제한환경(LRE) 원칙이 법적으로 유효하며, 이에 따라 모든 장애학생이 자신의 LRE에서 교육받을 수 있도록 다양한 교육 배치 및 서비스 대안이 제공되어야 한다. 그림 3.1은 장애학생에게 제공될 수 있는 교육적 배치의 연속체(continuum of placements)를 보여준다.

이 그림은 원서의 80쪽에 있는 것으로, 특수교육 배치의 연속체를 보여주고 있으며, 내용은 다음과 같다:

특수교육 배치의 연속체는 장애학생들이 교육받을 수 있는 다양한 환경을 제시하는 개념이다. 이 연속체의 핵심은 최소제한환경(LRE) 원칙에 따라 각 학생에게 가장 적절한 교육환경을 선택하는 것이다. 일반학급에서의 완전통합교육이 가장 덜 제한적인 환경으로, 장애학생이 비장애 또래들과 함께 일반 교육과정을 받는 형태이다. 학생이 일반학급에서 성공적으로 학습하기 어려울 경우, 일반학교 내 특수학급에서 필요한 시간만큼 특별한 지원을 받으면서도 가능한 한 일반학급 활동에 참여한다. 더 전문적인 지원이 필요한 학생들을 위해서는 특수교육지원센터나 특수학교에서의 교육이 제공된다. 의학적 치료가 필요하거나 가정에서 교육받아야 하는 학생들에게는 순회교육이나 병원학급 서비스가 제공되며, 중도장애학생들을 위한 기숙형 특수학교도 있다.

이러한 연속체의 목적은 모든 장애학생이 개별적 요구에 맞는 적절한 교육을 받으면서도, 가능한 한 덜 제한적인 환경에서 또래들과 함께 배울 기회를 보장하는 것이다. 학생의 교육적 요구가 변화함에 따라 이러한 배치는 언제든지 재검토되고 조정될 수 있다.

적법절차 보장(Due process safeguards)

학교는 장애아동과 그 부모의 권리를 보호하기 위한 적법절차 보호장치를 제공해야 한다. 예를 들어, 자녀의 최초 및 모든 후속 평가와 특수교육에 관한 모든 배치 결정에 대해 부모 동의를 얻어야 한다. 학교는 장애아동과 관련된 모든 기록의 비밀유지를 유지하고 이러한 기록을 부모가 이용할 수 있도록 해야 한다. 장애아동의 부모가 학교가 수행한 평가 결과나 교육 배치 결정에 동의하지 않을 때, 그들은 공공 비용으로 독립적인 평가를 받을 수 있다. 학교와 부모가 판별, 평가, 배치, 또는 권장 계획 및 관련 서비스에 동의하지 않을 때, 부모는 구속력 있는 결정을 내리는 공정한 적법절차 청문관이 진행하는 공식 청문회인 적법절차 청문회를 요청할 수 있다. 주는 또한 적법절차 청문회를 개최하기 전에 제3자에 의한 중재를 통해 문제를 해결할 기회를 부모에게 제공해야 한다. 그러나 부모는 중재를 생략하고 직접 적법절차로 넘어갈 수 있다. 부모는 IDEA에 따른 적법절차에서 승소하면 변호사 비용을 받을 권리가 있다. 법률은 또한 근거 없는 이의신청을 제기한 부모의 변호사나 부모에 대해 승소한 교육구에게 합리적인 변호사 비용을 지급할 수 있도록 하는 조항을 포함하고 있다. “적법절차 청문회는 교육구와 부모 간의 갈등이나 문제를 해결하기 위한 최후의 수단이지만”(Getty & Summey, 2004, p. 40), 이러한 청문회는 점점 더 빈번하게 발생하고 있으며, 대부분의 적법절차 청문회는 배치나 프로그램 문제에 관한 것이다(Newcomer & Zirkel, 1999).

학부모와 학생의 참여 및 공동 의사결정(Parent and student participation and shared decision making)

가족 구성원은 다학제팀의 중요한 부분이므로, 장애인교육법(IDEA)은 학교가 특수교육 서비스의 개발 및 시행에 있어 학부모와 장애학생들과 협력해야 함을 인식한다. 학부모와, 적절한 경우, 학생들의 의견은 개별화교육계획(IEP)의 목적과 세부목표, 관련 서비스 요구, 그리고 배치 결정의 개발에 반드시 고려되어야 한다.

전문상담교사가 이러한 여섯 가지 원칙을 활용하는 방법은 지도형 실습 활동 3.1에서 보인다.

지도형 실습 활동 3.1

"IDEA를 이끄는 여섯 가지 주요 원칙이 전문상담교사로서의 역할과 어떤 관련이 있는가?"

학교의 지도팀에 속한 전문상담교사로서, 당신은 학부모 교사 협회에 이러한 원칙에 관한 발표를 하는 데 관여하게 될 것이다. 지도팀 동료들은 당신에게 여섯 가지 원칙과 각각에서의 전문상담교사로서의 역할에 초점을 맞추도록 요청했다.

발표 중 당신이 맡은 부분에 대해 약 10분 정도 시간이 있을 것이다. 이러한 주제에 관해서 무엇을 말할 것인가? 부모에게 반응하는 방식으로 그것들을 어떻게 생생하게 전달할 것인가?

여섯 가지 원칙 외에도, IDEA는 IEP의 구성 요소, 징후 결정, 기능적행동사정평가(FBA)와 같은 측면에서 주 및 지역교육청(LEA)을 안내한다. IEP는 여러 원칙에서 언급되므로 아래에서 더 자세히 다룬다.

개별화교육계획(Individualized Education Plan, IEP)

IDEA는 다학제팀이 교육 성과에 영향을 받고 특별히 고안된 교수와 관련 서비스가 필요한 모든 장애학생에게 적절한 교육을 제공하는 IEP를 만들 것을 요구한다(IEP 양식 예시는 부록 B에서 찾을 수 있다). 이 교육은 학생의 LRE에서 이루어져야 한다. IEP는 따라야 하는 법적 문서이며 다음 구성 요소를 포함해야 한다:

- 아동의 장애가 일반교육에서의 참여에 어떤 영향을 미치는지를 포함하여, 아동의 현재 학업성취도와 기능적 성과에 대한 진술
- 측정 가능한 연간 목적에 대한 진술
- 아동의 연간 목적 달성을 향한 진행 상황을 측정하는 방법과 진행 보고서가 제공될 시기에 대한 설명
- 특별히 고안된 교수(SDI)와 관련 서비스 및 보조 지원과 서비스에 대한 진술
- 학생이 연간 목적 달성을 위해 적절하게 진행할 수 있도록 제공될 프로그램 수정이나 학교 지원인력에 대한 진술

- 장애아동이 정규 수업과 과외 및 비학업 활동에서 비장애아동과 함께 참여하지 않는 정도에 대한 설명(만약에, 있다면)
- 주 및 지역 사정평가에서 아동의 학업성취도와 기능적 성과를 측정하는 데 필요한 개별 조정, 또는 아동이 대체 사정평가에 참여하는 경우, 해당 특정 대체 사정평가가 선택된 이유
- 아동이 16세인 경우, 전환 계획
- 아동에게 필요한 경우, 행동중재계획(BIP)
- 서비스 시작 예정일과 해당 서비스 및 수정의 예상 빈도, 위치, 지속 기간(Friend, 2014)

참고: IEP 템플릿 예시는 http://www.sagepub.com/gargiulo4e/study/resources/plans/88919_siep.pdf에서 찾을 수 있다. IEP에 대한 이러한 이해를 바탕으로, 다음으로 전문상담교사가 이 과정을 어떻게 지원할 수 있는지 설명한다.

IEP 과정에서 전문상담교사의 역할

IEP 과정에서 전문상담교사의 역할이 증가하고 있다(Geltner & Leibforth, 2008). 더 많은 아동이 판별되고 있다; 따라서, 더 많은 아동이 일반적으로 전문상담교사가 제공하는 서비스(예: 의뢰, 직접 상담, 고등교육 이후 성과 등)를 필요로 한다. 또한, 전문상담교사는 이미 특수교육 IEP 과정에서 다학제팀을 안내하는 데 도움이 될 수 있는 독특한 지식, 기술, 그리고 훈련을 보유하고 있다(Milsom, 2004). IEP 과정에서 전문상담교사는 관련 목적 개발, 이러한 목적 달성에 필요한 지원 명시, 그리고 서비스를 위한 외부 기관 의뢰에 도움을 줄 수 있다. 또한 IEP에 명시된 대로 개별 또는 집단 상담과 같은 직접 서비스를 제공할 수도 있다. Milsom(2004)은 전문상담교사의 83%가 학년도 중 어느 시점에서 장애학생과 개별 또는 집단 상담에 참여한다는 것을 발견했다. 다음 절에서는 낙오학생방지법(Milsom, 2004)이 제시된다.

낙오학생방지법(NCLB)

NCLB는 1965년에 제정된 「초·중등교육법」의 재인가 법안이다. 이 법의 주요 요점은

위험에 처한 청소년들이 뒤처지지 않도록 하고, 주 및 지역교육청이 표준 기반 개혁 운동을 통해 그 임무를 수행하는 데 책임을 지도록 하는 것이다. 이를 달성하기 위해, 많은 지역에서 검사를 통한 책무성 표준을 도입하고 공통핵심기준을 채택했다. 현재 47개 주가 공통핵심기준을 채택했다(http://www.ascd.org/common-core-state-standards/common-core-state-standards-adoption-map.aspx). NCLB는 학생들의 이러한 기준에 관한 진전 상황에 따라 연방 자금 지원을 결정하며, 적정 연간 진전(AYP)을 유지하지 못하는 학교에 대한 시정 조치를 개략적으로 제시하고 있다. 특히 예를 들어 인종이나 민족, 이주민이나 소득 상태, 그리고 영어학습자이며 장애가 있는 학생들과 같이 위기에 처한 학생들에 대한 하위 그룹 자료는 이 법에 따라 분석된다(미국 교육부, 2004). 그러나 이 시점에서 많은 주와 지역교육청(LEA)들이 법에서 정한 목적을 달성하지 못함에 따라, 2014년까지 모든 학생들이 읽기와 수학에서 능숙함을 갖추어야 한다는 목적 달성의 의무를 면제해주는 수많은 주 및 지역교육청 면제가 허용되었음을 주목해야 한다. 다음 섹션에서는 NCLB 실행에 있어 전문상담교사의 역할을 다룬다.

NCLB와 관련된 전문상담교사의 역할

이러한 책무성에 대한 강조는 학교가 업무를 수행하는 방식과, 따라서 전문상담교사의 책임이 정의되는 방식에 상당한 변화를 가져왔다(Dollarhide & Lemberger, 2014). 이 연구자들이 수행한 연구에서, 210명의 전문상담교사가 NCLB에 관한 인식을 다룬 설문조사에 응답했다. 설문조사의 질문은 구체적으로 전문상담교사의 NCLB 지식, 이 법안의 효과, 그리고 NCLB와 관련된 그들의 역할을 탐색했다.

이 연구의 결과에는 전문상담교사들이 보고한 법률에 대한 지식이 포함되었다. 전문상담교사의 81%가 시험 결과를 학생, 학부모, 교사 및 지역사회에 공지하는 것을 하나의 활동으로 판별했으며, 긍정적으로는 이러한 시험에서 얻은 자료가 학생들을 위한 교육적 변화를 가져왔다고 보고했다. 가장 주목할 만한 것은 시험에서의 전문상담교사의 역할이었다. 미국전문상담교사협회(ASCA)는 2005년에 전문상담교사는 학생들에게 시험 불안과 관련된 상담과 전략을 제공하고, 시험 결과를 해석하며, 학생 성취도를 다양한 지표와 함께 분석해야 한다고 밝혔다. 그러나 앞서 언급한 Dollarhide와 Lemberger의 연구(2014)에서는 응답자의 단 25.1%만이 이러한 역할을 수행하고 있다고 답하였다. 대부분은 주요 업무로 시험 운영 및 관리, 학교 단위 시험 담당자로서의 역할 수행(29.2%)과 경우에 따라 지역 교육청 차원의 시험 조정 업무(2.9%)를 들었다. 그 외에도 시험 감독과 결시자 대상 보충 시험 제공(13.3%), 교육적 조정(accommodation) 사항 결정 및 점검(3.3%)을 포함하였다. 시험 이후 학업 보충 지도는 2.9%가 언급하였으며, 7.7%는 시험이나 자료 분석에 전혀 참여하지 않는다고 답했다.

연구 참가자들이 제기한 우려는 이러한 유형의 활동에 더 많은 시간을 보낼수록, 학생들의 정서적/사회적 및 학업적 요구에 더 적은 시간이 주어진다는 것이었다. 전문상담교사들은 교사와 학생들에 대한 법안의 스트레스 효과가 더 많은 학생들이 교사와의 어려움을 겪게 하고 교사들이 행정적 유형의 서류 작업에 더 많은 시간을 보내고 가르치는 데는 더 적은 시간을 보내는 결과를 낳는다고 확인했다. 따라서, 전문상담교사는 시험 불안과 시험 전략에 대한 직접 상담 제공, 그리고 학생의 504 계획 및/또는 IEP와 관련된 시험 결과 해석과 같은 교사와 학생들에게 더 많은 직접 서비스를 제공하는 것을 옹호할 필요가 있음이 분명하다. 다음 절에서는 전문상담교사와 관련하여 가족교육권리 및 개인정보보호법이 다루어진다.

가족교육권리 및 개인정보보호법(Family Educational Rights and Privacy Acts, FERPA)

전문상담교사는 학교 기록과 관련하여 학생과 그 부모에게 부여된 권리를 인식해야 한다. 학교 기록에 있는 학생에 관한 개인 정보는 정확해야 하며, 그 정보의 사용에 있어서는 정당한 목적이 있는 사람들에게만 접근이 허용되는 제한이 있어야 한다. 학교에서의 비밀유지와 따라서 학생 개인정보보호는 많은 관심을 받고 있으며, 항상 특수교육법의 구성 요소였다. 학생 정보의 비밀유지를 관리하는 주요 법률 중 하나는 가족교육권리 및 개인정보보호법(FERPA; Fischer, Schimmel, & Stellman, 2003)이다. 이 법은 또한 Buckley 개정안으로 알려져 있으며 누가 학생 기록을 볼 수 있고 볼 수 없는지, 그리고 어떻게 접근하고 공개되는지에 관한 법률을 다룬다. 이 법의 주요 구성 요소는 다음과 같다:

- 부모 그리고 성년에 도달했거나 18세가 된 학생은 자신의 학교 기록을 검토할 권리가 있다.
- 학교는 학생의 가치관이나 행동을 변화시킬 수 있는 학교 프로그램에서 학생을 평가

하거나 입학시키기 전에 부모의 동의를 받아야 한다.

- 학교는 학생 정보에 대한 무단 접근을 제한하고 그들의 기록의 개인정보를 보호해야 한다.
- 학교는 연방 조사를 위해 자료를 수집하는 데 동원되는 아동들을 보호해야 한다 (Fischer et al., 2003).

FERPA는 특히 외부인에게 접근을 제공하고 학생과 가족과 기록 공유를 거부하는 등 과거에 발생한 학생 기록의 남용을 다루기 위해 필요하다(Fischer 외, 2003).

Fischer 외(2003)에 따르면, 이 법에는 다섯 가지 주요 구성 요소가 있다:

- 부모는 매년 자신의 권리에 대해 통보받아야 한다.
- 부모는 기록을 검사하고 검토할 권리가 있다.
- 부모는 기록의 정확성에 이의를 제기할 수 있다.
- 학생 기록은 기밀이며, 사전 부모 동의 없이 개인 정보 공개는 없다.
- 부모는 법 준수 부족에 대해 미국 교육부에 불만을 제기할 수 있다.

FERPA는 개인 로그, 치료 기록(예: 의사, 정신과 의사, 또는 심리학자 노트), 및 자료방 정보(예: 출석 날짜, 성적, 및 인구통계 정보)와 같은 모든 교육 기록에 적용된다(가족교육권리 및 개인정보보호법[FERPA], 1974; Underwood & Mead, 1995).

학교는 학생 정보를 공개하기 전에 부모에게 알려야 한다. 또한, 부모는 기록에 포함된 정보가 부정확하거나 오해의 소지가 있다고 생각하면 이에 이의를 제기할 권리가 있다. 학교가 동의하지 않거나 기록을 변경하기를 거부하면 청문회 기회를 제공받는다. 그러나, 기록 처리에 관한 법률에는 제외 사항이 있다. 예를 들어, FERPA에 대한 개정은 학교가 사전 동의 없이 학생 기록에 징계 조치와 관련된 정보 그리고 특정 주 및 지역 관계자에게 교육 기록 공개를 포함할 수 있음을 명확히 한다. 예를 들어, 장애가 있는 아동이 공격적인 행동으로 인해 한 학교에서 다른 학교로 이동된 경우; 행동이 그의 장애의 징후였기 때문에, 그것은 퇴학으로 이어지지 않았다.

FERPA와 장애학생과의 작업 간의 연결은 장애학생을 위한 판별 가능한 정보를 수집, 저장, 공개, 그리고 파기할 때 학교를 위한 명확한 지침이 설정된 IDEA에서 분명히 나타난다. 또한, 주 교육청(SEA)은 학부모에게 기록 열람 권리를 알리고 그러한 정보가 어떻게 저장, 공개, 보관, 파기되는지에 대한 서면 절차를 갖추어야 한다. 게다가, 학부모에게 민원을 제기하거나 자녀의 기록을 수정할 권리에 대한 연례 통지가 제공되어야 한다(Sealander, Schwiebert, Oren, & Weekley, 1999).

교육구는 공개할 기록, 공개 이유, 그리고 기록을 누구에게 공개할지를 명시하는 서면 정보 공개 양식을 가지고 있어야 하며, 부모가 동의 제공을 거부할 경우를 대비하여 확립된 대응 절차를 가지고 있어야 한다. 기록에 접근할 수 있도록 지정된 사람 이외의 모든 당사자는 반드시 부모의 동의를 받아야 한다. 다음 절에서는 FERPA와 관련된 전문상담교사의 역할이 제시된다.

FERPA와 관련된 전문상담교사의 역할

비밀유지(confidentiality)는 법적 요구사항이자 윤리적 문제이다. 전문상담교사가 학생 기록을 처리하는 방법은 신뢰를 구축할 수도 있고, 그렇지 않을 수도 있다. 전문상담교사는 학교 기록의 비밀유지를 규제하는 법률, 예외로 간주되는 사항, 그리고 비밀유지가 보장되는 의사소통의 특성에 대해 잘 알고 있어야 한다. 또한 비밀유지에 관한 자신의 전문 조직의 윤리적 표준과 관행을 인식해야 한다(ASCA, 2005). 전문상담교사는 학생과 그 부모에게 법률에 대해 교육하고, 요청 후 45일 이내에 전달되어야 하는 학생 기록에 접근하는 데 도움을 줄 수 있다. 또한 특정 질문을 더 다룰 수 있는 지식이 풍부한 전문가에게 그들을 의뢰할 수도 있다. 이러한 문제의 예는 사례 3.1에서 설명된다. 마지막 규정인 미국장애인법(ADA)은 다음 절에서 다룬다.

사례 제시 3.1

"수잔을 포함해야 할까요?"

7세인 수잔은 처음 2년 동안 지적장애로 분류된 학생들을 위한, 분리된 특수교육 교실에서 보냈다. 다학제팀은 교실에서 이탈하고; "원하는 대로 되지 않을 때" 바닥에 넘어지고 소리 지르고 우는 것; 그리고 반 친구들에게 공격적인 행동을 하는 등의 수잔의 부적절한 행동에 대해 우려했다. 수잔은 말할 수 있었고, 중등도(moderate)의 지적장애 범위에 해당하는 검사 결과를 받았다. 지역 대학에서 과정을 막 완료한 특수교사가 소집한 가장 최근의 다학제팀 회의에서, 일부 일반교육 수업 시간에 학생을 포함시키는 문제가 논의되었다. 수잔은 현재 IEP의 일부로 행동중재계획(BIP)을 가지고 있지 않다. 이 회의에서 BIP는 논의되지 않았지만, 대신, 전문상담교사가 학교심리사와 함께 수잔의 교실과 수잔이 배치될 일반교육 환경에서 관찰을 수행해야 한다고 결정되었다. 전문상담교사는 세 번의 다른 기회에 각각 45분 동안 수잔을 관찰하고 일부 환경적 요인이 실제로 수잔을 자극한다는 것을 알아차렸는데, 이는 일반교육 환경에서 해결하면 문제행동의 수를 줄일 수 있다. 일반교육 교사는 이 쟁점에 대하여 우려하고 방어적이며, 이것을 수잔의 문제로 보고, 수잔이 특수교육 수업에 전일제로 남아있어야 한다고 생각한다. 전문상담교사의 역할은 무엇이며, 다음 단계는 무엇인가?

미국장애인법(Americans with Disabilities Act, ADA)

ADA와 504조는 모두 민권법이며 학교 이사회 회의, 과외 프로그램, 교사 회의, 레크리에이션 활동, 사회 및 문화 활동, 여름 학교 등, 학교 시스템이 제공하는 모든 프로그램과 활동에 적용된다. 504조는 장애인에게 필요한 경우 자격 있는 통역사, 실시간 캡션(CART), 보조 청취 장치, 또는 다른 보조 기구와 같은 조정을 제공하여 모든 당사자 간의 효과적인 의사소통을 보장할 것을 요구한다. 이는 연방 자금을 받는 모든 학교에 제공되는 서비스이다. 그러나, ADA는 법을 더 발전시키고 ADA의 타이틀 II는 프로그램이 연방 재정 지원을 받는지 여부에 관계없이, 모든 주 및 지역 정부 프로그램에 의한 비교 가능한 접근을 요구한다. 따라서, 위의 조정 목록(완전한 목록이 아님)에서 볼 수 있듯이, 학교가 관여하는 모든 활동은 접근이 가능해야 한다!

ADA는 합리적인 조정과 관련하여 접근성을 논의한다. 합리적인 조정에는 경사로를 추가하여 시설을 접근 가능하게 만들거나, 사람의 체력을 고려하여 작업 일정을 수정하거나, 통역사를 제공하는 것과 같은 것들이 포함될 수 있다.

공립학교는 학부모나 대중에게 공개된 서비스, 프로그램 또는 활동을 포함하여 모든 서비스, 프로그램 또는 활동에서 ADA를 준수해야 한다. 예를 들어, 공립학교 시스템은 장애가 있는 부모와 보호자에게 이러한 프로그램, 활동 또는 서비스에 대한 접근성을 제공해야 한다; 그리고 아래 법에 정의된 바와 같이 적절한 보조 도구(예: 통역사, 학습보조인, 전사 서비스, 서면 자료)를 제공해야 한다:

- 효과적인 의사소통을 보장하기 위해 필요할 때마다 서비스(56 Fed. Reg. 35696, 1991년 7월 26일); 그리고
- 어떤 유형의 보조 도구 및 서비스가 필요한지 결정할 때, 공공 단체는 장애가 있는 개인의 요청에 일차적인 고려를 해야 한다(28 C.F.R. § 35.160). ADA에는 청각장애인에게 서비스를 제공하는 것과 신체장애인을 위한 접근성 기능에 관한 많은 규정이 있다.

다음 절에서는 ADA를 이행하는 데 있어 전문상담교사의 역할이 다루어진다.

ADA에 따른 전문상담교사의 역할

많은 학교 프로그램과 서비스가 장애학생을 지원하고 있으므로, 전문상담교사는 이러한 규정을 자신이 담당하는 학생들을 위한 지원책 중 하나로 인식해야 한다. 모든 공개 교육 활동과 소통 과정은 장애인이 접근할 수 있어야 한다. 전문상담교사는 이 법을 이행하는 데 필요한 지원을 어디서 얻을 수 있는지 알아야 한다. 따라서, 그들은 필요한 자원을 파악하고 적절한 연계를 해야 한다. 지역사회를 이해하고 그 안에서 네트워크를 구축하는 것이 도움이 될 것이다.

모든 연방 법률은 위에서 설명되었다. 그러나 법률이 제정되기 전에 법을 형성하는 데 도움을 준 많은 판례들이 있었다. 이러한 사례들은 지역, 주, 그리고 연방항소법원 차원에서 심리되었다. 중요한 판결들에 대해서는 부록 B를 참조하기를 바란다.

전문상담교사가 직면하는 법적 및 윤리적 문제

전문상담교사는 법적 및 윤리적 딜레마에 직면하게 될 것이며, 이 모든 것은 어렵고, 일부는 다른 것보다 더 어려울 것이다. Bodenhorn(2006)이 수행한 연구에서, 전문상담교사들은 가장 일반적이고 도전적인 윤리적 딜레마를 표현하도록 요청받았다. 참가자들이 가장 많이 확인한 영역에는 학생 비밀유지, 교직원과의 이중 관계, 부모의 권리, 그리고 학생이 자신이나 다른 사람에게 위험을 초래할 때 대응하는 것이 포함되었다. 또한, Remley와 Herlihy(2001)는 전문상담교사가 실무에서 너무 자주 마주치는 문제로 아동학대 신고에 대해 논의했다. 이러한 우려는 사례 3.2에서 설명된다.

사례 제시 3.2

약물 투여 문제

수잔은 지역 중학교에 재학 중인 ADHD를 가진 13세 여학생으로, 작년에 이혼한 어머니와 아버지 사이에서 거주를 번갈아가며 지내고 있다. 아버지와 함께 있을 때는 성실히 약물을 복용하고 "학교에서 매우 다른 모습을 보인다." 예를 들어, 집중력이 향상되고, 성적이 더 좋으며, 더 협조적인 모습을 보인다. 그러나 집 밖에서 일하거나 새 남자친구와 많은 시간을 보내는 어머니와 함께 있을 때, 수잔은 "자신의 몸이니 무엇을 체내에 넣고, 넣지 않을지 스스로 결정할 수 있다"는 메시지를 받는다. 교사들은 전문상담교사에게 수잔이 반드시 약물을 복용해야 한다고 불만을 제기하고 있다. 다음 단계는 무엇인가?

윤리적 딜레마는 어떤 아동에게도 매우 어렵지만, 아동의 특성이 장애일 때는 어떻게 되는가? 아동 학대 신고에 관한 규칙과 규정이 명확하지만, 전문상담교사가 예를 들어 자폐스펙트럼에 있는 아동과 같이 비언어적인 아동, 그리고/또는 학대가 발생했는지 여부에 대한 결정이 쉽게 판별되지 않는 다중 장애를 가진 아동과 일할 때는 어떻게 되는가? 장애아동과 일할 때 다른 윤리적 그리고 법적 딜레마가 발생한다. 예를 들어, 장애가 있는 아동과 관련된 비밀유지에 관하여 FERPA와 IDEA는 분명히 지침과 규제를 제공한다; 그러나 모든 전문상담교사의 기록이 소환될 수 있는 상황에서 전문상담교사-학생 간의 비밀유지에 관한 권리는 어떻게 되는 것인가?

Hermann(2002)의 연구에서, 설문에 응한 273명의 전문상담교사 중 90% 이상이 아동학대 신고를 판별하는 데 잘 준비되어 있다고 느꼈다; 75%는 아동이 자신에게 해를 가할지 여부를 판단하는 데 잘 준비되어 있다고 느꼈다; 그러나 법적 절차에서 소환에 대응하는 것에 대해서는 가장 준비가 덜 되어 있다고 느꼈다. 그러나 이러한 학생 중 어느 누구라도 장애아동이었는지 여부는 언급되지 않았다. 장애학생을 위한 적법절차 청문회가 지속적으로 높은 빈도로 발생하고 그 수가 증가함에 따라, 전문상담교사는 학교 기록과 법적 절차 및 발생하는 윤리적 갈등을 다룰 준비가 되어 있어야 한다.

또한, 모든 전문상담교사는 자신이 속한 조직인 전문상담교사협회(ASCA, 2005)의 윤리적 표준을 준수해야 한다. 표 3.3은 전문상담교사를 위한 법적 및 윤리적 문제와 관련된 표준의 예를 제공한다.

사례 제시 3.3

괴롭힘과 성희롱

당신은 학습장애가 있는 15세 아동 스테파니와 함께 학교 밖에서 발생할 수 있는 괴롭힘과 성희롱에 관해 그녀가 당신을 찾아온 이후 수개월 동안 직접 상담을 진행해 온 전문상담교사이다. 스테파니가 당신을 신뢰하게 만드는 것은 매우 어려웠으며, 이제 당신은 그녀의 IEP 회의를 준비하고 있는데, 상담 세션의 결과가 IEP에 중요한 목적 수립으로 이어질 수 있음에도 불구하고 이를 공유해야 할지 확신하지 못하고 있다. 어떻게 하겠는가?

Stone과 Zirkel(2010)에 따르면, 전문상담교사가 법적 요구사항과 윤리적 기준을 모두 충족하는 일은 어려움을 수반할 수 있으며, 이는 법적 입장이 반드시 윤리적 규범과 일치하지 않기 때문이다. 학교상담 관련 문헌에서는 다음과 같은 보고가 있다. 많은 상황에서 전문상담교사는 학생의 나이와 성숙도 수준에 따라 비밀보장을 해제하는 문제를 고려했으며, 즉 나이가 어릴수록 비밀보장을 해제할 가능성이 높고, 나이가 많아질수록 그 가능성은 낮아졌다고 한다(Isaacs & Stone, 1999). 그러나 지금까지 다루어지지 않은 문제는,

장애학생과의 상담에서 '연령'이 반드시 학생의 발달적/기능적 연령과 일치하지 않을 수 있다는 점이다. 예를 들어, 지적장애를 지닌 학생의 생물학적 연령이 16세라고 해도, 인지적 기능 수준은 5세 수준일 수 있다.

표 3.3 윤리적 표준

주(State)의 역량 예시

1. 모든 학생의 학업, 진로, 개인/사회적 발달을 촉진하고 학교 내 체계적 변화를 위한 지도자이자 옹호자로서의 전문상담교사의 역할, 기능, 그리고 전문적 정체성을 이해한다;
2. 현재 교육 이슈, 지역 정책, 행정 절차, 학교 상담과 관련된 주 및 연방 법률과 법안에 대해 숙지한다.

IV.B 옹호—다양하고 다문화적 배경을 가진 학생들과 가족들을 대신하여 지식과 역량을 활용하는 연구로, 옹호 과정과 학생들을 위한 옹호자 및 학생들의 요구를 더 잘 충족시키기 위한 학교 시스템 내 변화 촉진자로서 전문상담교사의 역할 이해를 포함한다.

후보자들은:

1. 타인을 대신하여 옹호하는 전문상담교사의 역할과 과정을 안다;
2. 학생과 가족의 접근성, 형평성, 그리고 성공을 방해하는 제도적 어려움을 해결하기 위해 필요한 옹호 과정을 이해한다;
3. 적절한 전문상담교사 정체성과 프로그램을 표현하고, 모델링하며, 옹호할 수 있는 능력을 보여준다.

ASCA 전문상담교사 역량

I-A-7. 취학 전부터 고3까지 학교에서의 법적, 윤리적, 전문적 이슈

I-A-8. 발달 이론, 학습 이론, 사회정의 이론

I-B-3. 학생 성공을 위한 옹호

I-B-3d. 옹호 모형을 검토하고 개인적 옹호 계획을 개발함

I-B-3e. 학교, 지역, 주, 국가 수준에서의 정책 및 절차 개발 과정을 이해함

학생 성공을 촉진하고 지원하는 환경을 조성하기 위한 시스템 변화 담당자로서 활동함

I-B-5a. 시스템 변화와 종합적 학교 상담 프로그램에서의 역할을 정의하고 이해함

I-B-5b. 변화 과정을 방해하는 개인적(정서적 및 인지적) 및 제도적 저항에 대처하기 위한 계획을 개발함

I-B-5c. 학생 성공을 지원하거나 방해하는 학교, 지역 및 주 교육 정책, 절차 및 관행의 영향을 이해함

II-B-4. 학교 상담 전문직의 윤리적 표준과 원칙을 적용하고 전문상담교사 역할의 법적 측면을 준수함

II-B-4c. 교육구 정책과 지역, 주, 연방의 법적 요구사항에 따라 이해하고 실천함

II-B-4d. 학교 환경에서 미성년 학생들과 일하는 특수한 법적, 그리고 윤리적 특성을 이해함

II-B-4e. 학생들의 최선의 이익을 위해 교육위원회 정책과 지역, 주, 연방의 법적 요구사항을 책임감 있게 옹호함

II-B-4i. 비밀유지의 윤리적, 그리고 법적 한계 내에서 실천함

II-B-4j. 법적, 그리고 윤리적 의사결정을 안내하고 윤리적 딜레마를 인식하고 해결하기 위해 지속적으로 협의과정과 슈퍼비전을 구함

II-B-4k. 학생뿐만 아니라 학부모, 행정부, 교사에게도 윤리적, 법적 의무가 있음을 이해하고 적용함

CACREP

B. 기술 및 실천

1. 학교 상담에서 윤리적 그리고 법적 표준을 적용하고 준수하는 능력을 보여줌.

그 해답은 지속적인 전문성 개발, 문화적 민감성 함양, 소속 전문 기관의 기준에 따른 실제, 다학제팀(MDT)과의 지속적인 협력 및 소통, 그리고 리더십과 옹호역량의 적용에 있을 것이다. 전문상담교사는 자신이 지원하는 모든 학생의 요구를 충족해야 하므로, 스스로의 전문성을 확장하고 강화하는 데에 책임을 져야 한다(Scarborough & Deck, 1998). 그들은 법과 정책을 알고 따라야 하며 윤리적 딜레마를 다루어야 하며, 이 장 전체에서 언급된 바와 같이, 전문상담교사는 그들의 학생들을 위한 옹호자 역할을 해야 한다. Dahir와 Stone(2009)에 따르면, 「학교상담 변혁 구상(Transforming School Counseling Initiative, 1997)」은 리더십과 옹호활동에 중점을 두었으며, 전문상담교사는 성취 격차를 해소하고 학생의 성공을 보장하기 위해 학교 내에서 사회정의 옹호자로서 역할을 수행해야 할 전문가임을 강조하였다. 특수교육이 시작된 이래로, 특수교육에 배치된 소수자의 불균형적 비율이 문서화되었다. 인종, 민족, 그리고 문화적 어려움이 학생에게 가할 수 있는 도전에 대한 이해는 전문상담교사에게 필요한 지식이다. 이러한 변수가 평가와 서비스에 어떤 영향을 미치는지가 중요하다.

ASCA(2005) 모형 내에서, 전문상담교사는 리더십, 옹호, 그리고 협력을 통해 체계적

변화를 추구하도록 권장된다. 학생을 위한 옹호는 전문상담교사에게 적절한 활동이며, 장애학생들에게 특히 중요할 수 있어 그들과 그들의 가족의 역량 강화를 지원하고, 그들의 개별적 요구를 옹호하기 위함이다.

법률의 결과로, 전문상담교사는 다음의 사항들을 요구받게 될 것이다:

- 학생 판별과 장애학생 평가 지원
- 다학제팀에서 근무
- 장애학생을 위한 적절한 서비스 정의 및 이행
- 장애학생 상담
- 장애가 없는 학생에게 제공되는 것과 동일한 서비스를 장애학생에게 제공
- 장애학생의 교육적 그리고 정서적 요구에 대해 다학제팀 구성원 및 외부 기관과 협의
- 직원 연수 지원

전문상담교사의 업무는 계속해서 성장하고 있고 흥미롭다. 그들의 모든 기술, 지식, 그리고 성향은 아동과 가족을 위한 서비스에 일상적으로 활용된다. 다학제팀의 중요한 구성원으로서, 많은 전문가, 가족, 그리고 가장 중요하게는 학생들이 당신의 지원을 받기 위해 당신에게 의지할 것이다. 법률에 대한 지식은 장애를 가진 아동과 가족과의 성공적인 작업을 보장할 것이다.

핵심사항

- 법의 내용과 언어, 그리고 효과적이고 합법적으로 이행하는 방법을 이해하는 것은 학생을 지원하고 학교가 법적 책임을 피하는 데 도움이 될 것이다.
- 특수교육 과정에 대한 철저한 이해에는 선별, 사정평가, 평가, 목적 설정과 계획, 그리고 학생 계획의 이행이 포함된다. 법은 이러한 모든 행동에서 우리를 지배한다.
- 전문상담교사는 자원을 얻고, 외부 기관과 상호작용하고, 직접 상담을 제공하기 위해 학생들을 위한 최선의 옹호 방법을 알아야 할 것이다.
- 전문상담교사의 한 가지 주요 역할은 특수교육 서비스에 대한 학생의 적격성을 확립

하고 지속하는 목적과 그들의 요구 및 지속적 적격성을 다시 사정평가하기 위한 정기적인 평가를 수행하는 것이다.

- 학생들이 판별되면, 전문상담교사는 법적으로 타당한 계획이 수립되고 효과적으로 실행되도록 다학제팀과 협력한다.
- IEP 과정에서, 전문상담교사는 관련 목적 개발, 이러한 목적 달성에 필요한 지원 명시, 그리고 서비스를 위한 외부 기관 의뢰에 도움을 줄 수 있다. 또한 그들은 IEP에 명시된 대로 개별 또는 집단 상담과 같은 직접 상담 서비스를 제공할 수도 있다.
- NCLB(낙오학생방지법) 하에서, 전문상담교사는 학생들의 시험 불안에 대해 상담하고, 이에 대한 대처 전략을 제공해야 하며, 시험 결과를 해석하고 학생의 성취 수준을 다수의 측정 자료들과 함께 분석해야 한다. 경우에 따라, 시험을 조정하거나 감독하기도 하고, 학교 차원의 시험 조정자(building test coordinator)나, 때로는 교육구 차원의 시험 조정자(district coordinator)로 활동할 수도 있다.
- 전문상담교사는 학생 및 보호자에게 보장된 학교 기록에 대한 권리, 예를 들어 학교 기록의 비밀유지와 관련된 법률, 예외로 간주되는 상황, 그리고 특권적 의사소통(privileged communication)의 성격에 대해 인지하고 있어야 한다.
- 전문상담교사는 자신이 소속된 전문 기관(예: 미국전문상담교사협회, ASCA)의 비밀보장에 대한 윤리 표준과 실천 지침을 숙지해야 한다(ASCA, 2005).
- 전문상담교사는 학생 비밀보장, 교직원과의 이중 관계, 부모의 권리, 그리고 학생의 자·타해 위험에 대한 조치 등과 같은 법적 및 윤리적 딜레마를 직면하게 될 것이다.

추가 자료

인쇄물

Bartlett, L. D., Etscheidt, S., & Weistenstein, G. R. (2007). *Special education law and practice in public schools*(2nd ed.). Pearson.

Norlin, J. W. (2007). *What do I do when: The answer book on special education law*(5th ed.). LRP.

Norlin, J. W., & Gorn, S. (2005). *What do I do when: The answer book on Section 504*(2nd ed.). LRP.

Yell, M. L. (2012). *The law and special education*(3rd ed.). Pearson.

웹 기반 자료

ADA 문서 센터: http://adata.org/ada-document-portal

연방 관보 일일: https://www.federalregister.gov/ "연방 관보청은 시민들에게 그들의 권리와 의무를 알리고, 연방 기관의 조치를 문서화하며, 민주적 과정에서 공공 참여를 위한 포럼을 제공한다. 우리의 출판물은 다양한 연방 혜택과 자금 지원 기회에 대한 접근을 제공하고 미국 정부의 다양한 활동에 관한 포괄적인 정보를 담고 있다. 또한, 우리는 대통령 선거를 위한 선거인단과 헌법 개정 과정을 관리한다" (사명 부분).

파인드로(FindLaw): http://www.findlaw.com 변호사, 기업 및 개인을 위한 법률 정보와 서비스를 제공한다.

IDEA 최종 규정: http://www.ed.gov/legislation/fedregister/finrule/index.html 최종 규정, 우선순위 및 기타 규칙과 PDF를 포함한다.

IDELR-Ed 관리자 온라인: http://www.lrp.com/ed/ "자폐증, 행동 및 징계, 조기 아동기, IEP, 통합, LRE, 특정 장애, 전환 등에 관한 실용적인 지침을 얻고, 전문적 역량을 구축하며, 법적/규제적 연구를 수행하라!"

OSERS IDEA 97 홈페이지: http://www.ed.gov/offices/OSERS/IDEA/ "IDEA'97의 일부 변경 사항에 대한 광범위한 이해를 원하는 사람들을 위해 법안 개요, 법안 요약, 그리고 자주 묻는 질문과 답변 모음이 제공된다."

특수교육 옹호자: http://www.wrightslaw.com "부모, 교육자, 옹호자, 변호사들은 특수교육법, 교육법, 그리고 장애아동을 위한 옹호에 관한 정확하고 신뢰할 수 있는 정보를 위해 Wrightslaw를 찾는다. IDEA 2004, 특수교육, 법과 옹호를 포함한 수십 가지 주제에 관한 수천 개의 기사, 사례, 자원을 찾을 수 있을 것이다."

평가 유형: http://www.concordspedpac.org/TypesEvals.html "이 웹사이트는 학교 시스템에서 활용될 수 있는 평가의 샘플을 제공한다."

인터넷상의 미국 의회: http://thomas.loc.gov/ "Congress.gov는 연방 입법 정보의 공식 출처이다. 거의 20년 된 THOMAS.gov 사이트를 플랫폼 이동성, 포괄적인 정보 검색 및 사용자 친화적인 프레젠테이션을 포함하는 시스템으로 대체한다. 현재 지명, 조약 및 통신을 제외한 THOMAS.gov에서 이용 가능한 모든 자료 세트를 포함한다."

미국 교육부: http://www.ed.gov/pubs/index.html "ED의 사명은 교육적 우수성을 촉진하고 평등한 접근을 보장함으로써 학생 성취도와 글로벌 경쟁력을 위한 준비를 증진하는 것이다."

라이츠 로(Wrights Law): http://www.wrightslaw.com/ 사례 요약, 자원 및 참고 자료를 제공한다.

참고문헌

American School Counselor Association (ASCA). (2005). *The ASCA national model: A framework for school counseling programs*(2nd ed.). Author.

Bodenhorn, N. (2006). Exploratory study of common and challenging ethical dilemmas experienced by professional school counselors. *Professional School Counseling, 10*(2), 195-202.

Council of Administrators of Special Education. (2011). *Section 504 and ADA: Promoting students: A resource guide for educators*. Author.

Dahir, C. A., & Stone, C. B. (2009). School counselor accountability: The path to social justice and systemic change. *Journal of Counseling & Development, 87*(1), 1556-6676.

Doe v. Koger, 480 F. Supp. 223 (N.D. Ind. 1979).

Dollarhide, C. T., & Lemberger, M. E. (2014). No Child Left Behind: Implications for school counselors. *Professional School Counseling, 9*(4), 295-304.

Elementary and Secondary Education Act, Pub. L. No. 9-10, 79 Stat, 27, 20 W.S.C. (1965).

Erford, B. T., House, R., & Martin, P. (2003). Transforming the school counseling profession. In B. T. Erford (Ed.), *Transforming the school counselor profession*(pp. 1-20). Merrill Prentice Hall.

Family Educational Rights and Privacy Act (FERPA) of 1974 (20 U.S.C. § 1232g; 34 CFR Part 99).

Fischer, L., Schimmel, D., & Stellman, L. R. (2003). *Teachers and the law*(6th ed.). Pearson.

Friend, M. (2014). *Special education: Contemporary perspectives for school professionals*(3rd ed.). Pearson.

Geltner, J. A., & Leibforth, T. N. (2008). Advocacy in the IEP process: Strengths-based school counseling in action. *Professional School Counseling, 12*(2),

162-165.

Goss v. Lopez, 419 U.S. 566 (1975).

Hays, D. (2013). *Assessment in counseling: A guide to the use of psychological assessment procedures*. American Counseling Association.

Helms, E., & Katsiyannis, A. (1992). Counselors in elementary schools: Making it work for students with disabilities. *The School Counselor, 39*(3), 232-237.

Hermann, M. A. (2002). A study of legal issues encountered by school counselors and perceptions of their preparedness to respond to legal challenges. *Professional School Counseling, 6*(1), 1096-2409.

Honig v. Doe, 484 U.S. 305 (1988). Individuals with Disabilities Education Improvement Act, H.R. 1350 (2004).

Isaacs, M. L., & Stone, C. (1999). School counselors and confidentiality: Factors affecting professional choices. *Professional School Counseling, 2*(4), 258-266.

Madaus, J. W., & Shaw, S. F. (2008, May). The role of school professionals in implementing section 504 for students with disabilities. *Educational Policy, 22*, 363-378.

Milsom, A. S. (2004). Helping students with disabilities through multidisciplinary teams. In B. T. Erford (Ed.), *Professional school counseling: A handbook of theories, programs, & practices*(pp. 659-666). Pro-Ed.

No Child Left Behind Act of 2001, Pub. L. No. 107-100 (2002).

Owens, D., Thomas, D., & Strong, L. (2011). School counselors assisting students with disabilities. *Education, 132*(2), 235-240.

Remley, T. P., Jr., & Herlihy, B. (2001). *Ethical, legal, and professional issues in counseling*. Prentice Hall.

Scarborough, J. L., & Deck, M. D. (1998). The challenges of working for students with disabilities: A view from the front lines. *Professional School Counseling, 2*(1), 10.

Sealander, K. A., Schwiebert, V. L., Oren, T. A., & Weekley, J. L. (1999). Confidentiality and the law. *Professional School Counseling, 3*(2), 122-128.

Stone, C. B., & Zirkel, P. A. (2010). School counselor advocacy: When law and ethics may collide. *Professional School Counseling, 13*(4), 244-247.

Tarver-Behring, S., & Spagna, M. E. (2004). Counseling with exceptional children. *Focus on Exceptional Children, 36*(8), 1-12.

Title II of the Americans with Disabilities Act (ADA), 56 Fed. Reg. 35696 (July 26, 1991).

Title II of the Americans with Disabilities Act (ADA), 28 C.F.R. § 35.160.

Underwood, J., & Mead, J. F. (1995). *Legal aspects of special education and pupil services*. Allyn & Bacon.

U.S. Department of Education. (2004). *Introduction: No Child Left Behind*. Retrieved from http://www.ed.gov/print/nclb/overview/intro/index.html

부록 A

개별화교육계획(IEP) 작성 예시 (저자의 법적 쟁점 수업에서 개발)

학령기 개별화교육계획(IEP)

- 학생 이름:미셸 스미스(Michelle Smith)
- IEP 팀 회의 일자:2015년 12월 17일
- IEP 시행 예정일:2015년 12월 18일
- 서비스 및 프로그램의 예상 기간:2016년 12월 17일까지
- 생년월일:1994년 7월 13일
- 나이:16세
- 학년:고등학교 2학년(10학년)
- 예상 졸업 연도:2018년
- 지역교육청(LEA):델라웨어 카운티 2
- 거주지 관할 카운티:델라웨어 카운티
- 학부모/보호자/대리인 성명 및 주소:
  - 카일 스미스 부부(Mr. and Mrs. Kyle Smith)
  - 135 조이 레인, 체스터, PA 19013
  - 집 전화: 484-589-1234
  - 직장 전화: 484-734-5678

기타 정보: ____

지역교육청과 학부모는 IEP 회의를 개최하지 않고 다음과 같은 변경 사항을 적용하는 데 합의하였으며, 다음과 같이 문서화하였다:

수정 일자	참여자/역할	수정된 IEP 항목

IEP 팀 / 서명

IEP 팀은 학생의 교육 프로그램 및 배치에 대한 결정을 내리는 주체이다. 학생의 학부모, 특수교사, 그리고 지역교육청 대표가 반드시 포함되어야 하며, 서명은 참석 사실을 의미하며 동의 여부를 의미하지 않는다.

역할	인쇄된 이름	서명
학부모/보호자/대리인	수잔 스미스	
학부모/보호자/대리인	카일 스미스	
학생*	미셸 스미스	
일반교사**	알리사 디애나(영어 교사)	
특수교사	알렉산더 힐리마이어	
지역교육청 대표	메리 페인	
학교심리사	M. 메이 루 박사	

* 전환 서비스가 계획 중이거나 부모가 원할 경우 학생을 IEP 회의에 초대해야 함

** 학생이 일반 교육 환경에 참여하고 있거나 참여할 가능성이 있는 경우 포함해야 함

*** 전환 서비스 및 지역사회 서비스가 필요한 경우 지역교육청이 지정한 인원 포함

**** 영재이면서 장애도 있는 학생의 IEP를 작성할 때는 영재 교사가 필요한

※ 위 참여자 중 한 명 이상은 평가 결과의 교육적 함의를 해석할 수 있어야 함

다음 구성원으로부터 서면 의견을 받음:

해당 없음

성년 도달 시 권리의 이전

교육 목적으로, 펜실베이니아주에서는 만 21세에 성년에 도달한 것으로 간주한다. 장애학생의 경우도 마찬가지로, 만 21세가 되면 성인으로서의 권리를 가진다.

절차적 보호 고지(Procedural Safeguards Notice)

본인은 금년도 학기 중 절차적 보호 고지를 받았음을 확인한다. 이 고지는 IEP에 대한 이의 제기 절차를 포함하여, 본인의 권리에 대한 정보를 담고 있으며, 추가 정보가 필요할 경우 누구에게 연락해야 하는지도 안내하고 있다.

학부모/보호자 서명: ______________________________

I. IEP 수립 전 고려사항

IEP 팀은 다음 요소들을 반드시 검토해야 하며, "예"로 표시된 항목은 IEP에서 반드시 반영되어야 한다.

1. 학생이 맹 또는 시각장애인가?

- □ 예 → 점자 사용 능력 및 필요성에 대한 평가 후, 점자 지도가 적절한지 판단하고 그 결과를 IEP에 기술해야 함
- ■ 아니요

2. 학생이 농 또는 난청인가?

- □ 예 → 언어 및 의사소통 요구, 또래 및 교직원과의 직접적 의사소통 기회, 학업 수준, 언어 모드에 따른 직접지도, 보조공학 기기 및 서비스 등 포함한 의사소통 계획 작성 필요
- ■ 아니요

3. 학생에게 의사소통 관련 요구가 있는가?

- □ 예 → 현재 수행 수준, 특별히 고안된 교수(SDI), 연간 목표 등이 IEP에 반드시 반영되어야 함
- ■ 아니요

4. 보조공학기기 또는 서비스가 필요한가?

- □ 예 → 위와 동일하게 반영
- ■ 아니요

5. 영어 사용이 제한적인가?

- □ 예 → 언어적 요구와 IEP 연계를 반드시 기술해야 함
- ■ 아니요

6. 학생의 행동이 본인 또는 타인의 학습을 방해하는가?

- ■ 예 → IEP 팀은 기능적 행동 사정평가(FBA)에 기반하고 긍정적 행동 기법(PBT)을 활용하는 긍정적 행동지원 계획(PBSP)을 개발해야 한다. FBA의 결과는, IEP의 현재 수준 영역에 기재될 수 있으며, IEP의 목적 및 특별히 고안된 교수(SDI) 영역에서 행동을 다루는 명확하고 측정 가능한 계획을 포함하거나, IEP에 첨부되는 별도 문서인 PBSP에 포함될 수 있다. PBSP와 FBA 양식은 www.pattan.net에서 이용할 수 있다.
- □ 아니요

기타 사항 (구체적으로 작성하시오)

해당 없음

II. 학업성취 및 기능 수행의 현재 수준

다음과 같은 항목들을 포함해야 함:

- 최근 평가 결과, 형성 평가, 교육과정중심 사정평가, 전환 평가, 현재 목적에 대한 진척도 등

학업 이력: 2013년 4월 28일, 미셸은 중학교 3학년 후반기에 정서적 지원을 제공하는 학교인 TCAHS로 전학하였다. 그녀는 반복적인 공격적 행동과 최종적으로 두 차례의 학교 내 폭력 사건으로 인한 경찰 체포로 인해 학군 외 배치를 위한 연계를 받았다. TCAHS에 배치되기 전, 미셸은 구금시설에 수감되었다. 2011년 3월 29일자 추천 교육 배치 통지서(Notice of Recommended Education Placement, NOREP)에는, 체스터 고등학교의 기존 프로그램이 미셸의 요구를 충족시킬 만큼 충분한 행동 지원을 제공하지 못한다고 명시되어 있었다. TCAHS에서는 미셸에게 조정(편의 제공), 지원, 그리고 관련 서비스를 제공하고 있다. 이 학교는 교사 대 학생 비율이 낮고, 학교 차원의 긍정적 행동지원 체계를 운영하고 있다. 미셸의 교육 프로그램에는 주 1회 개별 치료(회기당 30~45분)와 격주로 실시되는 집단 치료(회기당 30분)가 포함되어 있다. 또한, 직업 교육 요소로 요리예술이 포함되어 있으며, 현재 고등학교 1학년에 재학 중이다.

지능 및 학업성취 검사: 미셸은 2007년에 최초로 평가를 받았고, 5학년부터 전일제 특수교육 서비스를 받기 시작하였다. 평가는 미셸이 수업을 따라가지 못하고, 행동상의 문제를 보이며, 집중력이 매우 부족한 점 등을 이유로 실시되었다. 2009년 10월, 그녀는 스메들리(Smedley)에서 교사들과의 관계에서 어려움을 겪었다는 보고로 인해 웨더릴(Wetherill) 학교로 전학하였다. 또한 그 시기, 졸업식 참가가 거부되었는데 이는 졸업식 비용이 전액 지불된 이후였기 때문이며, 이로 인해 미셸은 정서적으로 큰 영향을 받은 것으로 보고되었다.

단어 읽기 효율성 검사(TOWRE), 2010년 7월 25일:

하위검사 / 표준점수 / 백분위

- 시각 단어 효율성: 표준점수 69, 백분위 2%
- 음소 해독 효율성: 표준점수 75, 백분위 5%
- 전체 읽기 효율성: 표준점수 66, 백분위 1%(표준점수 85~115: 평균 범위)

성적

기록에 따르면, 미셸은 현재까지 2.4375학점을 취득하였다. 다음은 그녀의 고등학교 재학 기간 동안 보고된 성적 및 의견이다.

누적 이수 학점: 2.4375학점

TCAHS - 10학년 (2011/2012) 1학기 성적

과목	성적
영어	85
읽기	합격(Pass)
수학	94
지구과학	95
사회과학	95
체육	85
보건	70
직업 기술 (조리 실습)	85

A=90-100

B=80-89

C=70-79

D=60-69

F=50-59

해당 학년도 취득 가능 학점: 7.75

교사 의견: 수업 과제 완수, 숙제 완수, 협력적/긍정적 상호작용, 책임감 있음/신뢰할 수 있음, 성취/외적 모습에 대한 자부심, 꾸준한 진전을 보임

과목	성적
영어	75
읽기	98
수학	95
지구과학	90
사회과학	87
체육	85

과목	성적
보건	80
직업 기술 (조리 실습)	60
사회성 기술	합격(Pass)

A=90-100
B=80-89
C=70-79
D=60-69
F=50-59
해당 학년도 취득 가능 학점: 1.9375

교사 의견: 수업 과제 완수, 숙제 완수, 협력적/긍정적 상호작용, 책임감 있음/신뢰할 수 있음, 꾸준한 진전을 보임, 자주 결석함(영어), 부주의함/무관심함(식품 준비)

읽기(Reading)

읽기 영역에서 미셸은 다음과 같은 기술에 대해 사정평가를 받았다: 구어 유창성(oral fluency), 빠른 자동화된 이름 대기(rapid automatized naming, RAN), 음운 인식(phonological awareness), 시각 단어 재인(sight word recognition), 해독(decoding), 그리고 읽기 이해(reading comprehension).

구어 유창성(oral fluency)은 장기기억으로부터 정보를 신속히 인출하여 특정 기준이나 시각적 단서에 따라 단어나 개념을 빠르게 산출하는 능력이다. 미셸은 이 범주에서 두 하위검사를 실시하였다: 연상 유창성(Associational Fluency)과 이름 대기 용이성(Naming Facility). 연상 유창성 검사에서는 의미적 기준 또는 초기 음소에 연관된 단어들을 말로 산출하도록 요구되었고, 그녀는 평균 범위(SS-97) 내에서 수행하였다. 두 번째 과제인 이름 대기 용이성에서도 미셸은 평균 범위(SS-95)의 점수를 받았다. 이름 대기 용이성은 자동화된 이름 대기(RAN)를 측정하는 과제로, 장기기억으로부터 음운 정보를 빠르고 효율적으로 인출하기 위한 핵심 기술이다. 자동화된 이름 대기는 시각 자극(예: 사물, 색, 숫자, 문자 등)을 지각하고, 그것을 정확하고 신속하게 명명하는 능력을 요구한다. 이 기술은 시각적 처리와 언어적 처리를 통합하는 뇌의 속도를 나타내는 기본적인 지표이며, 이는 읽기의 중요한 요소이다.

음운-문자 지식(sound-symbol knowledge)은 소리와 문자 간의 연관성에 대한 개인의 인식, 이해, 그리고 정보 저장 능력으로, 음운 인식(phonological awareness)이라고도 한다. 이는 단어가 개별 음소들로 구성되며, 이 음소들이 알파벳 문자로 표상된다는 이해를 포함한다. 무의미 단어 해독(Nonsense Word Decoding) 하위검사는 미셸이 실제 단어가 아닌, 표준 영어 발음 규칙에 따라 구성된 글자 조합을 해독하도록 요구함으로써 음운 규칙의 적용 능력을 측정하였다. 미셸은 이 검사에서 매우 낮은 수준(SS-70)의 수행을 보였다. 그녀는 /p/ 음을 /b/로 끝나는 소리로 혼동하였으며, 중간 음소 인식에 어려움을 나타냈다.

문자 및 단어 재인(Letter and Word Recognition) 하위검사는 미셸의 단어 인식 능력과 낯선 단어를 해독하는 능력을 함께 측정하였다. 그녀는 이 검사에서 현저히 낮은 수준(SS-66)의 점수를 받았으며, 권장 학년 수준에서 기저점(basal point)을 설정할 수 없었다. 낯선 단어를 대상으로 할 때, 미셸은 음소 지식을 활용하여 해독하려는 시도를 하였으나, 이는 그녀에게 약점으로 작용하였다. 일반적으로 그녀는 단어를 음소 단위로 분절하여 음가를 조합하려 하였고, 시각적 자극에 의존하는 경향도 나타냈다(예: with → width, beard → bored).

읽기 유창성(reading fluency) 과제는 미셸이 단어를 얼마나 빠르고, 수월하며, 그리고 정확하게(즉, 자동적으로) 읽을 수 있는지를 측정하였다. 단어 재인 유창성(Word Recognition Fluency) 하위검사에서 그녀는 낮은 수준의 매우 낮은 범위(SS-66)의 점수를 받았으며, 이는 낮은 단어 재인 능력과 음운 적용 기술 부족 때문이었다.

읽기 이해(reading comprehension)는 인쇄된 글에서 의미를 추출하는 능력이다. 이 하위검사에서 미셸은 일련의 지문을 읽고, 그 내용과 관련된 사실적 질문 및 추론적 질문에 답해야 했다. 그녀의 수행은 정보의 통합과 추론을 요구하는 질문에 특히 어려움을 보였으며, 글에 사실적으로 제시된 정보에는 상대적으로 나은 반응을 보였다. 대부분의 경우, 미셸은 조용히 읽은 후, 질문에 답하기 전 다시 지문을 참고하였다. 이러한 행동은 초기 읽기에서의 이해 부족을 나타내지만, 이해가 부족할 때 사용할 수 있는 유용한 전략이다. 추가로, 미셸은 필요한 정보가 담긴 지문의 위치를 찾고 탐색하는 데 어려움을 보였으며, 결과적으로 대개 지문 전체를 다시 읽은 후에야 답변을 제공하였다. 그녀의 읽기 이해 점수는 현저히 낮은 범위(SS-64)에 해당하였다.

현재 미셸은 읽기의 모든 주요 영역에서 현저한 약점을 나타내고 있다. 구어 유창성과 빠른 자동화된 이름 대기(RAN)라는 선행 읽기 기술은 평균 범위에 있었지만, 전반적으로 강도 높고 사실적인 음운 기반 읽기 프로그램을 통한 중재가 절실히 필요하다.

집단 읽기 사정평가 및 진단평가(GRADE) - 2011년 9월 22일

하위검사	스테나인	백분위
듣기 이해	1	—
어휘	1	〈1
문장 이해	1	—
단락 이해	1	—
종합 이해	1	〈1
총합	1	〈1

날짜	수업 번호	점수	판정
2011년 5월 6일	5	분당 122단어 / 오류 0회	통과
2011년 5월 10일	10	분당 137단어 / 오류 2회	통과
2011년 5월 10일	15	분당 146단어 / 오류 1회	통과
2011년 10월 6일	20	분당 152단어 / 오류 1회	통과
2011년 10월 6일	25	분당 125단어 / 오류 1회	통과
2011년 10월 6일	30	분당 130단어 / 오류 2회	통과
2011년 10월 6일	35	분당 130단어 / 오류 2회	통과

AIMSweb — 중학교 2학년 문항
계산(Computation)
2011년 9월 7일 - 2/80
(목적 - 20/80)

쓰기 영역(Written Language)

쓰기 영역에서 미셸은 철자(spelling)와 쓰기 표현 능력(written expression)에 대해 사정평가를 받았다. 두 영역에서 그녀의 수행은 유사한 수준을 보였다. 철자 과제에서 미셸은 읽기 과제 수행 때와 유사한 행동 특성을 나타냈다. 여러 문항에서 그녀는 문맥이 풍부한 문장 속에서 구술로 제시된 단어를 듣고도, 시각적 또는 청각적으로 유사한 다른 단어들을 쓰는 경향을 보였다. 이처럼 동음이의어(homonyms)나 유의어(synonyms)를 일관되게 혼용하는 경향은 어휘적 한계(lexical limitations)의 또 다른 증거로 해석된다. 철자 하위검사에서 미셸은 매우 낮은 수준(SS-74)의 점수를 받았다. 쓰기 표현 과제에서는 미셸이 많은 노력을 기울였으나, 길고 복잡한 문항을 이해하는 데 어려움을 보였다. 그 결과, 표준화된 지시가 제공된 이후에도 추가적인 설명이 필요한 경우가 있었다. 이 평가에서 미셸은 매우 낮은 수준(SS-73)의 점수를 받았다. 미셸은 다음의 영역에서 향상이 필요하다: 어휘(vocabulary), 문법적 규칙(conventions), 문법 사용(grammar usage), 문장 구조(sentence structure), 그리고 주제 전개(theme development). 그녀의 글은 종종 구어 표현 특성을 글쓰기에도 반영하는 경향을 보였다. 예를 들면 다음과 같다:

"I think yall doing a good job in spite of yall just need a little more work."

"Dear fan and Director which one of yall like the movie that bout to come out."

Pennsylvania System of School Assessment(PSSA) 쓰기 샘플(PSSA Writing Sample)

2010년 10월 8일, 카펜쉬타인(Kappenstein) 교사에 의해 설득적 글쓰기(persuasive writing) 샘플이 수집되었다. 미셸은 제시된 글쓰기 주제에 대한 에세이를 작성하였고, 글쓰기 과정에 대한 시각적 개요(visual outline)도 함께 제공되었다.

작성된 글은 펜실베이니아 학업성취도 사정평가체제(PSSA: Pennsylvania System of School Assessment)의 채점 지침(PSSA Scoring Guidelines)에 따라 두 명의 평가자가 평가하였다. 이 채점 지침은 각 응답을 5개의 영역에 따라 평가하며, 점수는 1점에서 4점까지 부여되며, 4점은 가장 우수한 글쓰기 능력을 나타낸다.

	Kappenatein 점수	평가의견	Maynard 점수	평가의견
중심 내용	1	중심 내용이 거의 없음	1	중심 주제가 거의 드러나지 않음
내용 및 전개	1	피상적이며 세부 내용 없음	1	전개되지 않은 주장
조직력	1	조직 구조가 거의 없음	1	논리적 순서와 전환어 부족
문체	1	어휘 선택 및 문장 구조의 다양성 부족	1	언어 및 문장 구조 통제 부족
문법 규칙	1	모든 영역에서 통제력 부족	1	통제력 부족, 어색한 문장, 다수의 오류

수학(Mathematics)

수학 영역에서는 계산 능력(computation)과 수학적 추론 능력(mathematical reasoning skills)이 사정평가되었다. 미셸은 두 하위 영역 모두에서 매우 낮은 수준의 점수를 받았다(수학 개념 및 적용(Math Concepts and Application): SS-71, 수학 계산(Math Computation): SS-70). 양적 추론(quantitative reasoning)은 시간, 화폐, 그래프와 그림 읽기, 규칙성 파악, 수학 문제 만들기 및 해결하기 등과 같은 일상생활에 수학 개념을 적용하는 능력을 측정하였다. 일부 과제에서는 미셸이 수학 문제를 들으면서 해당 그림을 보고, 적용해야 할 절차를 인식한 뒤 계산을 수행해야 했다. 미셸은 화폐 관련 문제, 예를 들어 거스름돈을 계산하는 문제에서 지속적인 어려움을 보였다. 손가락을 이용한 계산이 관찰되었으나, 수학 계산 하위 검사에서의 수행은 덧셈과 뺄셈 계산과 알고리즘에 대한 기본 지식은 갖추고 있음을 시사하였다. 문제는 문장제 형식으로 제시되었고, 미셸은 시간제한 없이 가능한 많은 문제를 풀도록 요구받았다. 미셸은 곱셈과 나눗셈에 어려움을 겪었다. 곱셈 문제의 곱을 계산하려는 시도는 있었으나, 성공 여부는 일관되지 않았다. 나눗셈 문제(예: 8÷2=)는 단순 기초 계산조차 수행하지 못하였으며, 해당 개념을 이해하지 못한다고 진술하였다. 분수, 소수, 백분율, 그 외 더 복잡한 문제는 시도하지 않았다. 현재 시점에서 미셸은 이러한 수학 개념들에 대한 개념적 이해를 우선적으로 발달시킨 후, 이들을 포함하는 문장제 형태의 문제 풀이로 나아가야 한다. 현재까지의 미셸의 학습 이력 및 발달 양상은 기타 건강장애(Other Health Impairment) 및 정서장애(Emotional Disturbance) 범주의 교육적 장애 분류를 뒷받침한다. 주의력결핍과 사회·정서·행동적 기능 조절의 어려움이 학습을 방해해 온 것으로 보인다. 읽기, 쓰기, 수학을 향상시키기 위한 학문적 중재가 강력히 권장된다.

교육과정중심측정(Curriculum-Based Measurement)

2011년 9월 17일 - 2/25/114 CDPM

2011년 9월 23일 - 1/53 CDPM

(목표: 분당 정확한 숫자 12.5개)

개념 및 적용(Concepts and Applications)

2011년 9월 15일 - 0/42

2011년 9월 30일 - 1/42

2011년 10월 7일 - 3/42

2011년 10월 15일 - 4/42

2011년 10월 21일 - 0/42

직업 흥미(Vocational Interests)

직업군(Cluster)	군 지수 (Cluster Quotient)	백분위 (Percentile)	평정(Rating)
기계(Mechanical)	107	68	평균(Average)
야외(Outdoor)	97	42	평균(Average)
기계-야외(Mechanical-Outdoor)	109	73	평균(Average)
급식/취급 운영 (Food Service-Handling Operations)	123	94	높음(High)
사무/사회복지 (Clerical-Social Service)	81	10	평균 이하 (Below Average)

R-FVII:2 검사에서 미셸은 급식 서비스, 건물 관리, 자재 취급과 관련된 직업에 강한 선호도를 나타냈다. 그녀는 급식 서비스에 해당하는 직무에 대해 평균 이상(Above Average)의 점수를 받았다. 이 직업군에는 가정 외부에서 조리 및 제공되는 모든 식사를 담당하는 업체나 기업에서 일하는 것이 포함된다. 미셸의 평정 결과는 또한 건물 관리(housekeeping) 및 자재 취급(materials handling) 분야의 직업에 대해서도 높은 수준의 흥미를 보였다. 건물 관리는 건물을 깔끔하고 청결하게 유지하는 과정을 포함하며, 자재 취급 관련 직무는 원자재, 부품, 완제품의 수령, 이동, 보관, 포장 및 배송을 포함한다. 이러한 흥미 점수는 미셸이 음식 케이터링(Food Catering) 분야에서 일하고자 하는 희망과 매우 일관된 양상을 보인다. 왜냐하면 해당 직업은 그녀가 흥미를 나타낸 모든 직무 영역을 통합하고 있기 때문이다.

흥미(Interest) 평가 결과

직업 분야(Interest Area)	T 점수 (T-Score)	백분위 (Percentile)	평정(Rating)
자동차 정비(Automotive)	48	42	평균(Average)
건축 기술(Building Trades)	57	75	평균(Average)
사무직(Clerical)	41	18	평균 이하(Below Average)
동물 돌봄(Animal Care)	41	18	평균 이하(Below Average)
급식 서비스(Food Service)	63	90	평균 이상(Above Average)
환자 돌봄(Patient Care)	27	1	낮음(Low)
원예(Horticulture)	52	58	평균(Average)
건물 관리(Housekeeping)	68	96	높음(High)
개인 서비스(Personal Service)	46	34	평균(Average)
세탁 서비스(Laundry Service)	40	16	평균 이하(Below Average)
자재 취급(Materials Handling)	67	95	높음(High)

※ T 점수 43-57 범위는 평균(Average)에 해당한다.

- 기능적 수행 수준의 현재 상태

(예: 기능적 행동 사정평가(FBA) 결과, 생태학적 사정평가 결과, 현재 목적에 대한 성취도 등)

코너스 CBRS에 대한 미셸의 응답에 따르면, 적대적반항장애(ODD) 진단 척도에서 매우 높은 점수가 나타났다. 그녀는 다른 사람들에게 매우 자주 화를 내고, 누군가에게 화가 날 때 앙갚음하며, 종종 성인과 논쟁하고 다른 사람들에게 쉽게 짜증을 낸다는 진술에 동의했다. ADHD, 주로 과잉행동-충동성 유형 진단 척도에서 높은 점수가 나타났는데, 이는 미셸이 높은 활동 수준, 안절부절, 조용히 있기 어려움, 그리고 충동 조절 부족을 보일 수 있음을 시사했다. 이에 따라 다음 내용 점수에서 높은 점수가 나타났다: 공격적 행동, 학업적 어려움, 과잉행동/충동성, 그리고 폭력 가능성.
코너스 CBRS에서 즉각적인 주의가 필요한 중요 항목으로는 미셸의 절망감 보고와 무기를 구할 수 있는 곳에 대한 지식이 포함되었다. 질문을 받았을 때, 미셸은 자신의 집에 총이 없다고 보고했다. 그 질문에 대한 그녀의 응답은 자신의 생명이 위협받을 경우에만 사용할 날카로운 무기를 언급했다(즉, "보호용으로 사용. 누군가 나를 죽이려 한다면"). 스미스 선생님은 또한 미셸이 무기를 매우 자주 휴대하고 가끔 사용하는 경향에 대해 언급했다. 스미스 선생님은 미셸의 죽음과 사망에 대한 생각, 괴롭힘 피해의 파급 효과, 무력감, 동물에 대한 잔인함, 그리고 타인의 권리 무시에 관한 우려를 표현했다. 임상적 지표에는 외상 후 스트레스 및 공포증적 증상(예: 벌레)의 가능성이 포함된다.

기능적 행동 사정평가(FBA)

TCAHS에서, 미셸의 교사들은 그녀의 학습 능력을 방해할 수 있는 행동을 파악하기 위해 기능적 행동 사정평가(FBA)를 완료했다. 필요한 경우, 수집된 자료는 확인된 행동을 다룰 긍정적 행동 지원 계획을 수립하는 데 도움이 될 것이다.
크루이스 선생님의 식품 준비 수업에서, 미셸은 "식품 준비 수업에서 완벽한 학생"으로 보고되었다. 어떠한 행동 문제도 관찰되지 않았다.
카펜스타인 선생님의 사회 과목 수업에서, 미셸은 드물게 또래와 언어적 논쟁에 참여한다. 이러한 표적 행동은 많아야 월 단위로 발생한다. 논쟁적 행동은 약 10~15분 지속되며, 직원이 개입한 후 미셸이 다시 집중할 수 있기까지 걸리는 시간은 다양하다. 이 행동의 유발 요인은 또래의 도발에 대한 반응으로 보인다. 카펜스타인 선생님에 따르면, 확인된 행동은 과업 회피나 관심 추구의 기능을 한다. 그러나 상황을 고려할 때, 이는 미셸이 자신의 업무에서 방해를 받고, 자신을 방어해야 한다고 느끼며, 그리고 고조된 행동에 참여함으로써 교직원의 도움을 구하는 것으로 더 잘 해석될 수 있다.
메이나드 선생님의 과학 수업에서, 미셸은 때때로 다른 수업 활동에 적절한 노력을 기울이지 않고 과제를 빠르게 완료한다. 이는 약 주 1회 발생하며, 독립적인 자리 작업 할당에 의해 유발된다. 교사의 재지시는 표적 행동을 중단시키는 데 성공적이었다. 미셸의 작업 서두름은 수업관련 작업이 완료되면 컴퓨터나 다른 바람직한 활동을 할 수 있기 때문에 유형적 강화를 얻는 방법으로 기능한다.
디안나 선생님의 영어 수업에서, 미셸은 현재까지 학습을 방해하는 어떠한 행동도 보이지 않았다.

교실 관찰

알리사 디안나 선생님 (영어)

디안나 선생님에 따르면, 미셸은 수업 시간의 100%를 참여한다. 그녀는 수업과 학교 규칙을 따른다. 그녀는 TCAHS에 대한 지속적인 싫어하는 것을 표현함에도 불구하고 잘 적응한 것으로 보인다. 미셸은 다른 프로그램으로 전학할 가능성을 위해 TCAHS에서 잘하고자 매우 의욕적이다. 그녀는 수업에서 발생하는 어떤 문제에도 불구하고 일반적으로 매우 집중한다. 그녀는 모든 할당된 과제를 완료한다. 좌절할 때, 그녀는 기꺼이 도움을 요청할 수 있다. 직원 및 또래와의 상호작용은 적절하다; 그러나 조롱받을 때는 적대적인 방식으로 반응한다. 영어 수업에서 미셸은 열심히 참여하고, 과제를 완료하며, 그리고 교직원에게 친절하다. 디안나 선생님은 미셸이 독해력을 포함한 읽기 및 쓰기 기술을 향상시키기를 바란다.

알렉산더 힐레마이어 선생님 (수학)

힐레마이어 선생님에 따르면, 미셸은 매우 친절하고 적절하게 행동한다. 그녀는 일을 완료하고 지시를 따른다. 그녀의 과제 집중 시간은 매우 높으며, 뛰어난 집중력을 보여준다. 그녀는 학교에서 잘하고자 매우 의욕적이며 필요할 때 도움을 요청한다. TCAHS의 환경을 좋아하지는 않지만, 미셸은 학습을 좋아하는 것으로 보인다. 그녀는 교직원을 매우 존중하며 또래와 성숙함을 유지하고 적절하게 지낸다. 힐레마이어 선생님은 미셸이 수학적 개념과 수학 유창성에 대한 이해가 향상되기를 바란다.

에릭 메이나드 선생님 (과학)

메이나드 교사에 따르면, 미셸은 예의 바르고, 집중력이 있으며, 협조적이다. 그녀의 정서, 태도, 그리고 사회적 상호작용은 모두 긍정적이다. 미셸은 규칙을 따르고 학교 전체 행동 지원 체계에 관심을 갖고 있다. 그녀는 과제에 집중하며 약 95%의 시간 동안 과제를 완수한다. 지금까지 그녀는 시험에서 좋은 점수를 받았다. 미셸은 다른 교육 환경으로 전학하기 위한 목적으로 학업에 동기부여되어 있다. 메이나드 교사는 그녀가 때때로 과제를 서둘러 끝내려 한다고 보고한다. 도움이 되는 교육적 기법으로는 긍정적 강화, 칭찬, 그리고 일대일 지도가 있다.

로버트 카펜스타인 선생님 (사회)

카펜스타인 선생님에 따르면, 미셸은 매우 의욕적인 학생이다. 그녀는 책임감 있고 일을 완료하는 데 성공적이다. 그녀는 즉시 과제를 시작하고 완료할 때까지 과제에 집중할 수 있다. 미셸은 사회 과목에서 탁월한 학업 진전을 보이고 있다. 그녀는 쉽게 산만해지지 않는다. 산만해질 때, 미셸은 놓친 작업을 보충하는 데 매우 능숙하다. 학군 내 배치로 돌아가고자 하는 강한 욕구가 전달되었으며, 그녀는 그 목적을 위해 열심히, 그리고 부지런히 노력하는 것으로 보인다. 그녀는 규칙을 따르고 교직원 및 또래와 긍정적으로 관계를 맺을 수 있다. 미셸은 처음에 학교에서 여러 번 "폭발"했지만, 이번 학년도에는 자신의 감정과 행동을 훨씬 더 잘 통제하는 것으로 보인다. 카펜스타인 선생님은 미셸이 자기 통제 수준을 향상시키고 유지하기 위해 노력할 것을 권장한다.

윌리엄 크루이스 선생님 (직업 실습-식품 준비)

크루이스 선생님에 따르면, 미셸은 공손하고, 주의 깊으며, 열심히 일한다. 그녀는 시간의 약 99%를 집중하고 과제에 임한다. 그녀는 요리 수업에서 의욕적이며 훌륭한 태도를 보여준다. 교직원과의 상호작용 품질은 매우 공손하다; 그러나, 미셸은 의도적으로 그녀를 화나게 하거나 그녀의 하루를 방해하려는 또래들과 약간의 문제가 있다. 크루이스 선생님은 나쁜 특성의 사건을 관찰한 적이 없지만, 과거의 공격성 우려를 해결하기 위해 미셸이 분노 조절 상담을 받기를 바란다.

엘리자베스 디건 선생님 (정신 건강 상담사)

디건 선생님에 따르면, 미셸은 성인을 존중하고, 수업에 많은 노력을 기울이며, 학교와 인생에서 성공하고자 하는 강한 욕구를 가지고 있으며, 그리고 자신의 행동을 바꾸기 위해 열심히 노력했다. 그녀는 개인 및 집단치료 세션에서 잘한다. 그녀는 개인 세션을 적절하게 활용하고 집단 세션에서 또래들과 잘 협력한다. 수업에서, 그녀는 어떤 갈등에도 연루되지 않기 위해 매우 노력하며, 대부분 성공적이었다. 디건 선생님은 미셸이 더 작은 수업 환경에서 더 쉽게 기능할 수 있을 것이라고 믿는다. 그녀는 TCAHS의 대부분의 학생들과 잘 지내지만, 일부 학생들이 지속적으로 그녀를 놀렸다. 장기간의 조롱은 과거에 미셸이 무너지고 잘못된 행동을 하게 만들었다. 미셸을 위하여 권고되는 목적에는 어려운 상황에서 이용 가능한 자원을 활성화하여 분노 조절과 자존감 향상시키는 것이 포함된다. 미셸은 현재 어떤 약물도 복용하지 않으며, 원예와 창의적인 프로젝트 작업을 즐긴다.

사회-정서 및 행동 이력

유아기에, 스미스 씨는 미셸이 행복하고, 조용하며, 그리고 잘 행동하는 아이였다고 보고했다. 그녀는 어머니 곁을 떠나는 것을 주저했다. 미셸은 헤드 스타트(Head Start) 프로그램과 초등학교에서 계속해서 좋은 행동을 보였다. 그러나, 중학교부터 행동에 우려가 되는 이력이 나타났다. 우려 사항에는 급한 성질, 공격성, 수업 무단이탈, 복도에서 뛰기, 신뢰 문제, 그리고 다른 사람들과 잘 지내는 것이 포함되었다. 특정 교사들과의 관계 유지 어려움도 나타나기 시작했다. 고등학교에서, 미셸의 공격성은 심화되었고 그녀는 또래들과 신체적으로 싸우기 시작했다. 2013년 1월과 2월에, 그녀는 학교 중 신체적 충돌로 두 번의 별도 사건에서 체포되었다. 2011년 4월 28일부터, 미셸은 TCAHS의 정서 지원 프로그램에 등록되어 있다.

스미스 씨와 미셸 모두에 따르면, 그녀는 때때로 동생 샐리(14세)와 싸운다. 그러나, 미셸은 자신과 자매가 갈등 중일 때 기분이 좋지 않다고 말했다. 스미스 씨는 미셸이 과도한 질문으로 귀찮게 하지 않는 한 가족 구성원들과 잘 지낸다고 밝혔다. 그녀는 또한 미셸과 그녀의 형제자매들이 2004년에 질병으로 사망한 외할머니의 죽음에 여전히 영향을 받을 수 있다고 말했다. 미셸은 약물 남용 이력이 없다고 보고되었다. 스미스 교사는 미셸의 긍정적 특성으로 도움을 잘 주고(예: 집안일, 아이 돌보기, 음식 준비를 도움), 애정이 풍부하며, 체계적이고, 보호적이며, 필요할 때 도움을 요청할 줄 알고, 학업적으로 성취하려는 동기가 있다고 설명했다.

출석

2013년 11월 12일 현재, 이번 학년도의 현재 출석

출석일	41
지각일	0
사유 있는 결석	4.5
사유 없는 결석	1.5
교외 정학	1

전년도(중학교 3학년)에, TCASH 등록일(2011년 4월 28일)부터 마지막 날까지의 미셸의 출석

출석일	38
지각일	0
사유 있는 결석	1
사유 없는 결석	8

스미스 업랜드 고등학교에서, 미셸은 2013년 1월 자퇴 전에 64.5일 결석했다.

- 현재 수준 관련 중등교육 과정 이후 전환 목적 (만약 학생의 나이가 14세 이하인 경우, IEP 팀에 의해 적절하다고 결정된 경우, 예: 형성 사정평가 결과, 교육과정 중심 사정평가, 현재 목적을 향한 진전)

미셸은 현재 고등학교 1학년이다. 현재 그녀는 TCAHS 직업 프로그램을 통해 식품 준비 과정을 수강하고 있다. 그녀는 수업을 즐기며 요리 예술, 특히 음식 케이터링에 대한 직업적 관심을 표명했다. 그녀의 식품 준비 교사인 크루이스 선생님은 미셸이 그의 수업에서 큰 잠재력을 보여주었다고 말했다. 미셸은 식품 준비 수업 참여를 통해 다양한 케이터링 행사에 참여할 기회를 가졌다. 이 평가의 일환으로, 미셸은 식품 서비스, 가사 관리, 그리고 자재 취급에 대한 직업적 관심을 나타내는 직업 사정평가를 완료했다.

전환 요구사항

- 고등학교 졸업을 위한 적절한 계획 개발 및 유지
- 사회적 환경에서 독립적이고 적절하게 기능할 수 있는 능력 개발 및 유지
- 대처 전략을 자발적으로 사용하는 것을 개발하고 학습
- 긍정적인 사회적 판단력 개발
- 독립적 생활을 위한 생활 기술 개발
- 식품 서비스, 가사 관리, 자재 취급에 대한 직업적 관심 탐색
- 희망 직업을 위한 직업훈련 탐색

• 학생 교육 향상을 위한 학부모 우려 사항

재평가에 따르면, 스미스 씨는 미셸의 공격성 표출, 또래와의 사회적 측면, 그리고 미셸의 영양 식단에 관한 우려 사항을 가지고 있다고 말한다. 학부모 우려 사항은 IEP 회의에서 더 논의될 것이다.

• 학생의 장애가 일반교육 교육과정의 참여 및 진전에 미치는 영향

미셸은 정서장애가 있는 아동으로 특수교육 자격이 있으며, 학교 일과 전체에 걸쳐 고유하고 특별히 고안된 교수(SDI)에 대한 높은 요구로 인해 일반교육 환경의 참여 및 진전이 불가능하다. 미셸은 정상적인 상황에서 부적절한 유형의 행동이나 감정을 보이며, 부적절한 언어적, 신체적 행동을 한다. 그녀는 정서적 지원을 받는 데 적격하다. 미셸은 ADHD와 ODD에 대한 기타 건강 장애 범주 하에 특수교육의 이차적 범주에 적격성을 가지고 있다.

• 강점

- 학교에서 잘하고자 하는 의욕
- 좋은 출석
- 가족과의 끈끈한 관계
- 타인의 부정적 행동을 무시하는 능력
- 놓친 과제를 보충하려는 의지
- 성인에 대한 존중
- 중재에 대한 반응(RTI)

• 학생의 장애와 관련된 학업적, 발달적, 기능적 요구

• 기분 및 행동 관리를 위한 대처 전략을 계속 개발
• 읽기, 쓰기 및 수학에서 학업성취도 향상
• 자존감과 자신감 강화
• 중등교육과정 후 목적 및 계획 설정 그리고 개발 시작

III. 전환 서비스(Transition Service) — IEP 팀에 의해 적절하다고 판단되었을 때, 14세 이하 학생에게는 필수적이다.

학생이 IEP 회의에 참석하지 않을 경우, 학교는 학생의 선호도와 관심사가 고려되도록 다른 조치를 취해야 한다. 전환 서비스는 결과 지향적 과정 내에서 설계된 장애 학생을 위한 조정된 활동 모음이다; 이러한 서비스는 장애 학생의 학업 및 기능적 성취를 개선하는 데 초점을 맞추어 학생이 고등교육 이후 교육, 직업 교육, 통합 고용(지원 고용 포함), 계속 및 성인 교육, 성인 서비스, 독립생활, 또는 학생의 강점, 선호도, 관심사를 고려한 개별 학생의 요구에 기반한 지역사회 참여와 같은 졸업 후 활동으로 이동을 용이하게 한다.

졸업 후 목적(Post-School Goals)—연령에 적합한 사정평가에 기반하여, 교육 및 훈련, 고용, 그리고 필요에 따라 독립생활을 다루는 적절한 측정 가능한 고등교육 이후 목적을 정의하고 계획한다. 각 영역 아래, 해당 목적을 지원하는 서비스/활동 및 학습 과정을 나열한다. 각 서비스/활동에 대해 위치, 빈도, 예상 시작일, 예상 기간, 그리고 책임자/기관을 포함한다.

경력 및 기술 센터(Career and Technology Centers)**에 있는 학생의 경우, CIP 코드:**

해당 없음

고등교육 및 직업훈련 목적(Postsecondary Education and Training Goal):

미셸은 고등학교 졸업 후, 요리 예술 분야(culinary arts)에 대한 관심을 바탕으로 고등교육에 진학하고자 하는 목적을 가지고 있다.

- 측정 가능한 연간 목적(Measurable Annual Goal):
  예 / 아니오 (제5절에 문서화함)
- 이수 과목(Courses of Study):
  영어, 수학, 과학, 사회, 직업교육 실습(조리), 정서적 지원 시간

서비스/활동	위치	빈도	예상 시작일	예상 기간	책임자/기관
졸업 계획 및 프로그램을 검토하기 위한 전문상담교사와의 일대일 개별 면담	TCAHS	학년당 한 번	2015/12/18	2016/12/16	전문상담교사
진로의 날 참석 기회 제공	TCAHS	학교에서 제공될 때	2015/12/18	2016/12/16	전문상담교사
행동 및 사회적 기술에 대한 지원 및 지도	TCAHS	학교일당 한 시간	2015/12/18	2016/12/16	정서 지원 교사
계산 및 수학적 추론 기술에 대한 지원 및 지도	TCAHS	학교일당 한 시간	2015/12/18	2016/12/16	학습 지원 교사
표현 언어(쓰기)에 대한 지원 및 지도	TCAHS	학교일당 한 시간	2015/12/18	2016/12/16	학습 지원 교사
읽기 유창성 및 이해력에 대한 지원 및 지도	TCAHS	학교일당 한 시간	2015/12/18	2016/12/16	학습 지원 교사

고용 목적: 미셸은 고등교육 이후 경쟁적 고용을 획득하는 것을 목적으로 한다.

- 측정 가능한 연간 목적
  예 / 아니오 (제5절에 문서화)
- 학습 과정: 영어, 수학, 과학, 사회, 직업 실습-식품 준비, 정서 지원 시간

IV. 주(State) 및 지역 사정평가 참여

IEP 팀을 위한 지침:

적절한 사정평가에 체크한다. 학생이 펜실베이니아 학교사정평가체계(Pennsylvania System of School Assessment, PSSA) 또는 PSSA-수정본을 사용하여 사정평가를 받을 경우, IEP 팀은 각 내용 영역(읽기, 수학, 과학)에 대해 어떤 사정평가가 시행될 것인지 선택해야 한다. 예를 들어, 학생은 읽기에 대해 PSSA-수정본을 사용하고 수학과 과학에 대해 PSSA를 사용할 수 있다. 학생이 PASA를 사용하여 사정평가를 받을 경우, IEP 팀은 모든 내용 영역이 PASA를 사용하여 사정평가되므로 내용 영역을 선택할 필요가 없다.

- **PSSA**(학생에게 적절한 옵션과 내용 영역을 선택한다. 학생은 하나 이상의 내용 영역에 대해 PSSA-수정본 사정평가를 받을 자격이 있고 다른 내용 영역에 대해서는 PSSA를 사용하여 사정평가받을 수 있다.)
- **PSSA-수정본**(학생에게 적절한 옵션과 내용 영역을 선택한다. 학생은 하나 이상의 내용 영역에 대해 PSSA-수정본 사정평가를 받을 자격이 있고 다른 내용 영역에 대해서는 PSSA를 사용하여 사정평가받을 수 있다.)

허용 가능한 조정(accommodations)은 온라인 PSSA 조정 지침에서 찾을 수 있다: www.portal.state.pa.us/portal/server.pt/community/testing_accommodations__security/7448

PSSA-수정본 자격에 관한 표준은 온라인 IEP 팀을 위한 지침: IEP가 있는 학생을 주 시험에 배정하기(ASIST) 온라인에서 찾을 수 있다: www.education.state.pa.us/portal/server.pt/community/special_education/7465/assessment/607491

펜실베이니아 대안사정평가체계(Pennsylvania Alternate System of Assessment, PASA) 자격에 관한 표준은 온라인 IEP 팀을 위한 지침: IEP가 있는 학생을 주 시험에 배정하기(ASIST) 온라인에서 찾을 수 있다: www.education.state.pa.us/portal/server.pt/community/special_education/7465/assessment/607491

※ 참고: PSSA는 일반평가, PSSA-modified는 수정된 PSSA(중간단계평가) 그리고 PASA는 대안평가(중증 인지장애 학생용)이다.

사정평가 미실시 (학생이 올해 주 평가를 받지 않는 경우 선택하십시오.)

XXX	해당 학생의 학년 수준에서는 해당 평가가 시행되지 않는다

읽기 (PSSA 3-8, 고등학교 2학년; PSSA-M 4-8, 고등학교 2학년)

	학생은 조정 없이 PSSA에 참여한다
	학생은 다음과 같은 적절한 조정과 함께 PSSA에 참여한다
	학생은 조정 없이 PSSA-Modified에 참여한다
	학생은 다음과 같은 적절한 조정과 함께 PSSA-Modified에 참여한다

수학 (PSSA 3-8, 11학년; PSSA-M 4-8, 11학년)

	학생은 조정 없이 PSSA에 참여한다
	학생은 다음과 같은 적절한 조정과 함께 PSSA에 참여한다
	학생은 조정 없이 PSSA-Modified에 참여한다
	학생은 다음과 같은 적절한 조정과 함께 PSSA-Modified에 참여한다

과학 (PSSA 4, 8, 11학년; PSSA-M 8, 11학년)

	학생은 조정 없이 PSSA에 참여한다
	학생은 다음과 같은 적절한 조정과 함께 PSSA에 참여한다
	학생은 조정 없이 PSSA-Modified에 참여한다
	학생은 다음과 같은 적절한 조정과 함께 PSSA-Modified에 참여한다

쓰기 (PSSA 5, 8, 11학년)

	학생은 조정 없이 PSSA에 참여한다
	학생은 다음과 같은 적절한 조정과 함께 PSSA에 참여한다

PASA (PASA 읽기 및 수학 3-8, 11학년; 과학 4, 8, 11학년)

	학생은 PASA에 참여한다

읽기, 수학 또는 과학에 대해 학생이 PSSA 또는 PSSA-M에 참여할 수 없는 이유를 설명하시오:

PASA가 적절한 이유를 설명하시오:

PASA에 대한 학생의 성과를 문서화하는 방법을 선택하시오

[ ] 비디오테이프 (다른 모든 학교 기록과 마찬가지로 기밀로 유지됨)

[ ] 서면 기술 (다른 모든 학교 기록과 마찬가지로 기밀로 유지됨)

지역 사정평가

[ ] 해당 학생의 학년 수준에서는 지역 사정평가가 시행되지 않는다. 또는

[ ] 학생은 조정 없이 지역 사정평가에 참여한다. 또는

[XX] 학생은 다음과 같은 조정과 함께 지역 사정평가에 참여한다. 또는

주가 시간/분리된 장소

[ ] 학생은 대체 지역 사정평가를 받는다.

학생이 일반 평가에 참여할 수 없는 이유를 설명하시오

대체 평가가 적절한 이유를 설명하시오

V. 목적(Goals) 및 목표(Objectives)

필요에 따라 학업 및 기능적 목적을 포함하라. 적절하게 계획하기 위해 이 페이지를 필요한 만큼 사용하라. 특별히 고안된 교수는(SDI) 각 목적/목표와 함께 나열하거나 절 VI에 나열할 수 있다.

영재 학생에게는 단기 학습 결과가 필요하다. 학생의 영재 프로그램과 관련된 단기 학습 결과는 목적 또는 단기 목표 아래에 나열할 수 있다.

측정 가능한 연간 목적 (조건, 이름, 행동, 표준 포함)	학생의 진전은 어떻게 측정되는가	진전 보고가 학부모에게 언제 제공되는가	진전 보고
읽기유창성 고등학교 1학년 수준의 익숙하지 않은 지문을 읽도록 1분이 주어졌을 때, 미셸은 정확히 읽은 단어수가 기초선 _____개에서 시작하여 월2회 평가되는 3회 연속 측정 시도에서 목적인 _____개의 정확한 단어까지 향상시킬 것이다. 기초선: 개입 시작일로부터 10일 이내에 결정 예정	진전 점검, 월2회 사정평가	성적표 발송 시 분기별로 제공	
읽기이해력 익숙하지 않은 고등학교 1학년 수준 지문이 주어졌을 때, 미셸은 지문을 구두로 읽고 이해력 질문에 응답하여 정답수가 기초선 _____개에서 시작하여 월2회 주어지는 3회 연속측정 시도에서 ______개의 정답으로 향상시킬 것이다. 기초선: 개입 시작일로부터 10일 이내에 결정 예정	진전 점검, 월2회 사정평가	성적표 발송 시 분기별로 제공	
쓰기(문어) 익숙하지 않은 글쓰기 과제가 주어졌을 때, 1분간 사고하고 3분간 쓰는 시간이 주어지며, 미셸은 지시문에 응답하여 기초선 _____개의 총 기계적 오류에서 시작하여 월2회 사정평가되는 3회 연속측정 시도에서 ______개의 총 오류로 향상시킬 것이다. 기초선: 개입 시작일로부터 10일 이내에 결정 예정	진전 점검, 월2회 사정평가	성적표 발송 시 분기별로 제공	

측정 가능한 연간 목적 (조건, 이름, 행동, 표준 포함)	학생의 진전은 어떻게 측정되는가	진전 보고가 학부모에게 언제 제공되는가	진전 보고
수학계산 고등학교 1학년 수준의 수학 계산측정 시도가 주어지고, 문제당 난이도에 따라 1점(쉬움)부터 3점(어려움)까지 배정되며, 최대10점을 받을 수 있고 8분의 풀이시간이 주어진다. 미셸은 정확한 계산 문제 정답수를 기초선 2점에서 시작하여 월2회 사정평가되는 3회 연속측정 시도에서 목적 20점까지 향상시킬 것이다.	진전 점검, 월2회 사정평가	성적표 발송 시 분기별로 제공	
행동(사회·정서기술) 학교환경에서 또래에게 도발을 당했을 때, 미셸은 BIP에 명시된 긍정적인 언어적 · 신체적 반응을 사용하여 기초선 ______회 반응에서 시작하여 4주 연속 3회 연속측정 시도에서 ______회 긍정적 반응으로 향상시킬 것이다. 기초선: 개입 시작일로부터 10일 이내에 결정 예정	진전 점검, 월2회 사정평가	성적표 발송 시 분기별로 제공	

단기 목표 - 대안 성취 기준(PASA)에 맞춰진 대안 사정평가를 받는 장애학생에게 필수적임.

단기 목표 / 성취지표(Benchmark)

VI. 특수교육 / 관련 서비스 / 보충적 지원 및 서비스 / 프로그램 수정 - 비학문적 및 과외 활동에 적합한 경우 포함

A. 프로그램 수정 및 특별히 고안된 교수(SDI)

- SDI는 각 목적과 함께 또는 아래 표의 일부로 나열될 수 있음.
- 적절한 경우 보충적 지원 및 서비스를 포함.
- 장애가 있으면서도 영재성을 지닌 학생의 경우, 특별히 고안된 교수(SDI)는 장애학생에게 적절한 방식으로 일반교육 교육과정에 대한 적응(adaptations), 조정(accommodations), 또는 수정(modifications)을 포함해야 한다.

수정 및 SDI	제공 위치	빈도	예상 시작일	예상 기간
교실 구조화된 학업 시간 - 교실 내 일일 학습 일정 제공, 행동 기대 및 결과 명확히 제시	TCAHS, 영어, 수학, 과학, 사회, 정서지원수업, 읽기, 조리 수업	모든 학업 환경에서 매일	2015/12/18	2016/12/16
자료 수정 확인을 위한 자원교실(Resource Room) 접근	TCAHS, 영어, 수학, 과학, 사회, 정서지원수업, 읽기, 조리 수업	주당 최소 60분 이상	2015/12/18	2016/12/16
지도 가능 시 지도 수준에 맞춘 학습 자료 제공	TCAHS, 영어, 수학, 과학, 사회, 정서지원수업, 읽기, 조리 수업	학습 지도가 가능한 시점	2015/12/18	2016/12/16
숙제 수행을 위한 독립 수행 수준의 학습자료 제공	TCAHS, 영어, 수학, 과학, 사회, 정서지원수업, 읽기, 조리 수업	각 숙제 과제마다	2015/12/18	2016/12/16
자료를 관리 가능한 단계로 나누어 제시 - 과제는 감독 가능한 단계로 세분화됨	TCAHS, 영어, 수학, 과학, 사회, 정서지원수업, 읽기, 조리 수업	과제 및 발표 시	2015/12/18	2016/12/16
자료는 시각적 및 청각적으로 제시되어야 함	TCAHS, 영어, 수학, 과학, 사회, 정서지원수업, 읽기, 조리 수업	수업 중 교사 앞에서 자료 제시 시	2015/12/18	2016/12/16
필요 시 일대일 개별지도 제공	TCAHS, 영어, 수학, 과학, 사회, 정서지원수업, 읽기, 조리 수업	미셸이 요청하거나 필요로 할 때	2015/12/18	2016/12/16
과제 및 평가 시간 연장 (최대 50%)	TCAHS, 영어, 수학, 과학, 사회, 정서지원수업, 읽기, 조리 수업	시간 연장이 필요한 과제 또는 평가 시	2015/12/18	2016/12/16
수학 문제해결 시 계산기 사용	수학	수학 추론 과제가 주어졌을 때	2015/12/18	2016/12/16
읽기 및 쓰기 과제를 위한 도해(그래픽 오거나이저) 제공	TCAHS, 영어, 수학, 과학, 사회, 정서지원수업, 읽기, 조리 수업	읽기 또는 쓰기 과제가 주어졌을 때	2015/12/18	2016/12/16
완성된 수학 문제 예시 제공	수학, 과학	교내외 수학 과제를 수행할 때	2015/12/18	2016/12/16
행동 및 사회성 기술에 대한 지원 및 지도	정서지원 교실	매일 1교시	2015/12/18	2016/12/16

수정 및 SDI	제공 위치	빈도	예상 시작일	예상 기간
수학 계산 및 추론 능력에 대한 지원 및 지도	직접교수(DI) 수학 수업	매일 1교시	2015/12/18	2016/12/16
표현 언어(쓰기)에 대한 지원 및 지도	DI 영어 수업	매일 1교시	2015/12/18	2016/12/16
읽기 유창성 및 이해력에 대한 지원 및 지도	DI 읽기 수업	매일 1교시	2015/12/18	2016/12/16
정서적으로 불안할 때 상황 논의 및 대처 전략 적용을 위한 정서지원 교실 접근	TCAHS, 영어, 수학, 과학, 사회, 정서지원수업, 읽기, 조리 수업	미셸이 감정적으로 불안함을 표현할 때 필요에 따라	2015/12/18	2016/12/16

B. 관련 서비스(RELATED SERVICES)

※ 학생이 특수교육 프로그램의 혜택을 받기 위해 필요한 관련 서비스를 아래에 기재하라.

서비스 항목	제공 위치	제공 빈도	예상 시작일	예상 기간
TCAHS 등·하교 교통 지원	TCAHS	학년 중 매일	2015/12/18	2016/12/16

C. 교직원 지원 계획(SUPPORTS FOR SCHOOL PERSONNEL)

※ 학생의 IEP를 실행하기 위해 교직원이 제공받아야 할 지원을 기재하라.

지원 대상 교직원	지원 내용	제공 위치	제공 빈도	예상 시작일	예상 기간
미셸과 함께 근무하는 교사 및 교직원	교사들은 학년도 시작 시점과 IEP가 수정될 때마다 해당 학생의 IEP 사본을 제공받는다.	TCAHS	지원 내용에 명시된 바에 따라	2015/12/18	2016/12/16

지원 대상 교직원	지원 내용	제공 위치	제공 빈도	예상 시작일	예상 기간
미셸과 함께 근무하는 교사 및 교직원	특수교육 책임교사와 일반교사 간의 지속적인 협의 제공	TCAHS	최소 주 1회 협의 - 필요시 또는 일반 교사의 요청에 따라 더 자주 실시 가능	2015/12/18	2016/12/16
미셸과 함께 근무하는 교사 및 교직원	행동 전문가 및/또는 자문 전문가의 협의 제공 - 미셸의 기능적 행동 사정평가(FBA)를 성공적으로 실행하기 위한 지원	TCAHS	월 최소 1회 이상	2015/12/18	2016/12/16

D. 영재 및 장애 중복 학생을 위한 영재 지원 서비스

※ 장애가 있으면서 동시에 영재로 판별된 학생이 영재 교육의 혜택을 받을 수 있도록 하기 위해 다음과 같은 지원 서비스가 필요합니다. (예: 심리 서비스, 학부모 상담 및 교육, 상담 서비스, 영재 프로그램과 일반 교실 간의 통학 지원 등)

지원 서비스 (Support Service)
지원 서비스 항목을 여기에 작성
지원 서비스 항목을 여기에 작성
지원 서비스 항목을 여기에 작성

E. 연장 학사연도(ESY, Extended School Year)

※ IEP 팀은 연장 학사연도(ESY) 서비스를 고려하고 논의하였으며, 이에 대한 적격성을 다음과 같이 결정하였습니다:

[ ] 학생은 IEP 팀이 검토한 다음 정보 또는 자료에 기반하여 ESY(연장학년 서비스)에 적격하다:

또는,

[XX] 본 IEP 작성일 현재, 미셸은 다음과 같은 정보 또는 IEP 팀에서 검토한 자료에 근거하여 ESY(연장 학사연도) 서비스 대상자로 판별되지 않았다.

미셸의 ESY 적격성 판별을 위해 2016년 2월까지 기록 검토가 완료될 예정이다.

ESY(연장 학사연도) 프로그램에서 다루어질 본 IEP의 연간 목적(Annual Goals) 및, 해당되는 경우 단기 목표(Short-Term Objectives):

IEP 팀이 ESY가 적절하다고 판단한 경우, 아래의 항목을 작성하시오.

제공될 ESY 서비스 항목	제공 위치	제공 빈도	예상 시작일	예상 기간

VII. 교육적 배치(EDUCATIONAL PLACEMENT)

A. IEP 팀 검토 질문

장애가 없는 학생과의 통합 참여 여부에 대한 설명을 제공하기 전에, 아래 질문들은 IEP 팀이 반드시 검토하고 논의해야 한다.

공적 교육기관은 가능한 최대한 적절한 범위 내에서, 공립 또는 사립 시설 및 기타 보호시설에 거주하는 학생을 포함하여 장애학생이 비장애학생과 함께 교육받도록 보장할 책임이 있다. 특수학급, 특수학교, 또는 일반교육 환경으로부터의 배제는, 보조적 지원 및 서비스가 제공되더라도 일반학급 내에서 만족스러운 교육이 이루어질 수 없을 정도로 학생의 장애의 특성이나 정도가 심한 경우에 한해 제한적으로 적용되어야 한다.

- 고려된 보조적 지원 및 서비스는 무엇인가? 제외된 보조적 지원 및 서비스는 무엇이며, 그 사유는 무엇인가? 해당 보조적 지원 및 서비스가 본 IEP에 명시된 측정 가능한 연간 목적 및 (해당 시) 단기 목표의 달성에 어떠한 기여를 하는지 또는 그렇지 못한지를 설명하시오.
- 보조적 지원 및 서비스가 제공되는 일반학급에서의 교육과, 특수학급에서 제공되는 교육의 이점을 비교하여 설명하시오.
- 보조적 지원 및 서비스가 제공된다 하더라도, 해당 장애학생 또는 학급 내 다른 학생에게 예상되는 긍정적 효과 또는 부정적 영향은 무엇인가?
- 해당 학생은 과외활동 및 비학업 활동에서 비장애 또래와 어느 정도까지 함께 참여하게 되는가?

비장애학생과 일반학급에서 함께 참여하지 않는 범위에 대한 설명

미셸은 읽기, 수학, 그리고 행동 영역에서의 측정 가능한 연간 목적을 달성하기 위해, 직접적이고 명시적인 기술 지도가 요구된다. 이러한 기술들은 현재 학년 수준의 일반교육과정에 포함되지 않으며, 그 지도를 위해 요구되는 시간과 내용은 일반학급에서 보조적 지원을 통해 충족할 수 있는 수준을 넘어서는 것이다. 따라서 미셸은 위의 세 영역에서 일반학급 내 비장애학생들과 함께 참여하지 않는다.

일반교육과정에서 참여하지 않는 범위에 대한 설명

미셸은 읽기, 수학, 그리고 행동 영역에서, 현재 학년 수준의 일반교육과정에 포함되지 않는 기술 및 전략에 대해 직접교수(Direct Instruction, DI)가 필요하다. 이러한 내용은 보조적 지원 및 수정을 포함하더라도 일반교육과정 내에서 의미 있게 통합되어 가르쳐질 수 없으며, 이에 따라 해당 영역에서는 일반교육과정에 참여하지 않는다. 다만, 이 외의 모든 교과목에서는 일반교육과정에 통합되어 참여하고 있다.

B. 지원 유형(TYPE OF SUPPORT)

1. 특수교육 지원 제공 시간 비율

[ ] 순회형(Itinerant): 특수교육 인력이 수업일 중 20% 이하의 시간 동안 제공하는 특수 교육 지원 및 서비스

[V] 보충형(Supplemental): 특수교육 인력이 수업일 중 20% 초과 80% 미만의 시간 동안 제공하는 특수교육 지원 및 서비스

[ ] 전일형(Full Time): 특수교육 인력이 수업일 중 80% 이상의 시간 동안 제공하는 특수 교육 지원 및 서비스

2. 특수교육 지원 유형

[ ] 자폐 지원(Autistic Support)

[ ] 시각장애 지원(Blind-Visually Impaired Support)

[ ] 농 및 난청 지원(Deaf and Hard of Hearing Support)

[V] 정서적 지원(Emotional Support)

[ ] 학습 지원(Learning Support)

[ ] 생활기능 지원(Life Skills Support)

[ ] 중복장애 지원(Multiple Disabilities Support)

[ ] 신체적 지원(Physical Support)

[ ] 말 및 언어 지원(Speech and Language Support)

C. 학생 프로그램 제공 위치

IEP가 시행될 학군명: Smith Upland

IEP가 시행될 학교명: The County Alternative High School

이 학교는 해당 학생의 거주지 배정 학교(Neighborhood School)인가?

[ ] 예 (Yes)

[V] 아니오 (No), 만약 '아니오'인 경우, 그 이유를 선택하시오

[V] 해당 학생의 IEP에 명시된 특수교육 지원 및 서비스를 거주지 배정 학교에서 제공할 수 없음

[ ] 기타: (설명 필요)________________________________

VIII. 펜데이터 특수교육 보고시스템(PENNDATA) 보고: 교육 환경 (Educational Environment)

※ A 또는 B 중 하나의 절만 작성할 것. 단일 교육 환경만 선택 가능.

일반 학급 내 시간 비율 산출 방법: 학생이 일반학급 내에서 보내는 시간을 하루 총 수업 시간(점심, 휴식, 자율학습 시간 포함)으로 나누고, 그 결과에 100을 곱하여 비율(%)로 환산한다.

SECTION A: 일반학교 건물에서 비장애 또래와 함께 교육받는 학생의 경우, 해당 학생이 일반학급 내에서 교육받는 시간의 백분율을 기재하시오:

장애와 무관한 서비스를 제공받는 시간(예: ESL 수업 등)은 일반학급 내 시간으로 간주한다. 또한, 연령에 적합한 지역사회 기반 환경(예: 대학교 캠퍼스, 직업훈련 장소 등)에서 비장애 및 장애인이 함께 포함된 환경에서의 교육 시간도 일반학급 참여 시간으로 간주한다.

일반학급 내 교육 시간 비율 산출표

아래 표는 해당 학생이 일반학급에서 보내는 교육 시간의 백분율을 산출한 결과이다.

학생이 일반학급에서 하루 동안 보내는 총 시간 (Column 1)	3.5시간
일반적인 하루 수업 시간 (점심, 휴식, 자율학습 포함) (Column 2)	7.5시간
산출식	(3.5 ÷ 7.5) × 100 = 46%
일반학급 내 참여 비율	46%

비율 범주	☐ 일반학급 80% 이상 ☑ 일반학급 79%~40% ☐ 일반학급 40% 미만
해석	이 학생은 하루 중 46%를 일반학급에서 교육받고 있으며, 중간 수준의 통합교육 환경에 배치되어 있음.

SECTION B: 일반학교 외부 교육 환경 기록

이 항목은 학생이 하루 중 50% 이상을 일반학교 건물 외부에서 교육받는 경우에만 작성한다. 아래 항목 중 해당되는 기관을 선택하고, 해당 줄에 학교 또는 기관명을 기재할 것. (만약 학생이 아래 기관들 중 어느 곳에서도 50% 미만의 시간을 보내는 경우, SECTION A에 따라 비율 산출 필요)

구분	선택	기관명 기재란
승인된 사립학교 (비거주형)	☐	
승인된 사립학교 (거주형)	☐	
기타 사립 시설 (비거주형)	☐	
기타 사립 시설 (거주형)	☐	
기타 공립 시설 (거주형)	☐	
기타 공립 시설 (비거주형)	☐	
병원/재택 교육 (Hospital/ Homebound)	☐	
교정시설 (Correctional Facility)	☐	
타주 기관 (Out of State Facility)	☐	
가정 내 수업 (Instruction Conducted in the Home)	☐	

SECTION A 예시: 교육 환경 백분율 산출 방법

아래는 PennData 보고를 위한 교육 환경 백분율을 산출하는 방법에 대한 예시이다.

	Column 1 학생이 일반학급에서 보내는 시간 (일일)	Column 2 일반적인 하루 총 수업 시간 (점심, 휴식, 자율학습 포함)	계산식 (Column 1 ÷ Column 2) × 100 = %	학생이 일반학급에서 보내는 시간의 비율
예시 1	5.5	6.5	(5.5 ÷ 6.5) × 100 = 85%	85% (일반학급 80% 이상)
예시 2	3	5	(3 ÷ 5) × 100 = 60%	60% (일반학급 79~40%)
예시 3	1	5	(1 ÷ 5) × 100 = 20%	20% (일반학급 40% 미만)

출처: EDA 506 강좌, Legal Issues in Special Education (2013, July)에서 인용 및 각색.

부록 B

미국 연방대법원의 주요 판례

Brown v. Board of Education, 347 U.S. 483 (1954). 미국 연방대법원은 본 판결에서 공립학교의 인종 분리는 본질적으로 불평등하다고 판시하였다. 이 판결은 분리된 특수교육 환경에 배치된 아동의 권리와도 깊은 관련이 있다.

Board of Education of Hendrick Hudson Central School District v. Rowley, 458 U.S. 176 (1982). 연방대법원이 다룬 최초의 특수교육 관련 판례로, 무상적절공교육(FAPE)의 개념을 법적으로 정의하였다.

Irving Independent School District v. Amber Tatro, 468 U.S. 883 (1984). 본 판결에서 대법원은 청결 간헐적 도뇨(Clean Intermittent Catheterization, CIC)와 같은 의료적 처치도 장애아동교육법(현 IDEA)의 관련 서비스(related services)에 해당하며, 학교가 이를 제공할 법적 책임이 있다고 판단하였다.

Honig v. Doe, 484 U.S. 305 (1988). 정서장애아동의 학교 징계 절차에서 권리 보호를 다룬 판례로, 학업 및 사회적 어려움을 겪는 아동을 학교에서 배제하는 것에 대한 절차적 보호장치를 강화하였다. 특히, '현행 교육환경 유지(Stay Put)' 조항 및 부모의 권리 보장 등을 명확히 하였다.

Cedar Rapids Community School District v. Garret F., 526 U.S. 66 (1999). 특수교육과 관련된 의료적 서비스 제공 의무에 대한 긍정적 판결로, 학생이 학교에 다니기

위해 필요한 관련 서비스를 학교가 제공해야 한다는 입장을 재확인하였다.

Schaffer v. Weast, 546 U.S. 49 (2005). 적법절차 청문회(Due Process Hearing)에서 입증책임(burden of proof)은 구제를 요구하는 당사자에게 있다는 점을 명시하였다. 이는 IEP에 이의를 제기하는 측이 해당 주장의 타당성을 입증해야 함을 의미한다.

Winkelman v. Parma City School District, 550 U.S. 516 (2007). 대법원은 부모가 변호사 자격이 없더라도 IDEA에 따른 법적 권리를 행사할 수 있으며, 자녀의 특수교육 사건에서 자녀를 대리하여 직접 소송을 제기할 수 있다고 판시하였다.

Board of Education of the City of New York v. Tom F. (2007). 공립학교에서 특수교육을 한 번도 받은 적이 없는 아동의 부모가 사적 교육기관 등록에 대한 비용을 청구할 수 있는가에 대한 사안으로, 대법원은 4대 4의 의견 일치 실패로 판례를 확정하지 못하였다.

Forest Grove School District v. T.A. (2009). 대법원은 공립학교에서 특수교육을 제공받은 적이 없는 아동이라 하더라도, 적절한 서비스를 받지 못했을 경우에는 사립 특수교육기관 등록 비용을 보전받을 수 있음을 6:3 다수 의견으로 판결하였다.

미국 연방순회항소법원의 주요 판례

Doug C. v. Hawaii (9th Cir. 2013). IEP 회의에서의 부모 참여권 보장과 관련된 중대한 판결로, 모든 특수교육 관계자는 이 판결의 내용을 숙지해야 한다고 강조되었다.

K.M. v. Tustin Unified School District (9th Cir. 2013). IDEA, 장애인차별금지법 504조항(Section 504), 그리고 장애인법(ADA Amendments Act) 간의 관계를 규명한 판결이다.

C.B. v. Garden Grove Unified School District (9th Cir. 2011). FAPE를 제공하지 않은 학교에 대해 보호자가 사립기관에 자녀를 배치하고 학비 보상을 요청하였다. 행정법 판사(Administrative Law Judge, ALJ)는 교육적으로 유의미한 혜택이 있었다고 인정하였으나, 사립 프로그램이 모든 요구를 충족하지 못했다는 이유로 학비의 절반만 보상하였다.

H.H. v. Moffett & Chesterfield School Board (4th Cir. 2009). 특수교사와 조교가 아동을 휠체어에 장시간 묶어두고 무시하고 언어폭력을 행사한 사안이다. 14차 수정

헌법의 부당한 구금 금지권을 침해했다고 보았으며, 피고는 공무원 면책특권(qualified immunity)을 적용받을 수 없다고 판시하였다.

Terrance D. and Wanda D. v. School District of Philadelphia (E.D. Pa 2008). 지속적인 FAPE 미제공, 부정확한 평가, 오진(지적장애 및 정서장애로 오분류), 부모에게 자녀의 자폐 및 연장학기(ESY) 권리에 대해 고지하지 않은 행위 등에 대해 학교구가 법적 책임을 졌다.

J.D. v. Atlanta Independent School System (N.D. GA 2007). 난독증 아동을 수년간 자폐로 오진하고 완전분리형 프로그램에 배치한 사례다. 법정 3년 재평가 의무를 위반한 학교에 대해, 법원은 사립 특수교육기관에서 4년간 또는 졸업 시까지 보상교육(compensatory education)을 제공하라고 명령하였다.

Henrico County School Board v. R.T. (E.D. VA 2006). 자폐 아동의 학비 보상 소송에서, TEACCH와 ABA의 비교, FAPE 및 최소제한환경(LRE)의 개념 적용, 판사의 판정에 대한 존중, 교사의 기대 수준이 낮은 점의 영향, 검증된 교수법 적용 부족 등을 다루었다.

Winkelman v. Parma City School District (6th Cir. 2006). 자폐 아동을 위한 공립학교의 배치가 적절하며, 부모가 선정한 사립학교는 FAPE 표준을 충족하지 않는다고 판시하였다.

출처: Wrightslaw(http://www.wrightslaw.com)에서 수집된 법률 사례
※ 원출처: "Student EP Assignment," EDA 506, Legal Issues in Special Education, 2013년 7월

제IV부

협력

4장

협력적 팀 기반 실천과 옹호

Diana Lawrence-Brown

성 보나벤처 대학교(St. Bonaventure University)

> "소수의 사려 깊고 헌신적인 시민들이 세상을 변화시킬 수 있다는 것을 절대 의심하지 말라; 실제로, 그것만이 항상 세상을 변화시켜 왔다."
>
> —Margaret Mead, 인류학자

전문상담교사는 모든 학생(CACREP, 2009)을 위한, 특히 장애학생을 위한 숙련된 의사소통자와 협력자가 되어야 한다. 학교와 지역사회 기반 모두에서 이처럼 많은 전문가가 관여하는 학생들은 없다. 학생을 위한 효과적인 서비스는 서비스 제공자 간의 효과적인 팀 기반 실천에 달려 있다. 팀 접근 방식 내에서 일하는 전문상담교사에 대한 기대는 증가해 왔으며, 계속 증가하고 있다. 장애학생과의 효과적인 업무로 인정받은 전문상담교사는 이 일을 다음과 같이 설명했다: "협력적인데, 특수교육 아이들과 함께 하는 일 중 혼자서 하는 일은 거의 없기 때문이다. 도움을 주는 다른 많은 전문가들이 있어서 의사소통 창구를 열어 두어야 한다. 그래서 이것은 협력적 과정이다"(Frye, 2005, p. 447).

일부 협력적 역할은 법적 요구사항이다. 예를 들어, 특수교육 계획의 일부로 상담 서비스를 받는 학생들을 위한 IEP 팀 참여이다. 다른 역할들은 정서적, 행동적, 그리고 다른 장애를 가진 학생들에게 더 효과적인 중재를 제공하기 위한 노력으로 개발되고 있다. 점점 더 자주, 이는 학생의 교실로 "들어가는(push in)" 서비스 제공자들을 포함한다.

이 들어가는 서비스는 협의적(예: 주기적으로 학생을 관찰하고 교사, 부모, 그리고 학생과 관련된 다른 사람들에게 제안 제공), 시간제(예: 교실 수업과 통합된 장애학생 및 다른 학생들에게 소그룹 상담을 제공하거나, 학교상담 핵심 교육과정 수업 교수), 또는 전일제(예: 전문상담교사와 특수교사가 자체적인 특수교육 학급에서 정서적, 행동적 장애가 있는 학생들을 위한 주요 서비스 제공자로 협력)일 수 있다. 학교에서는 들어가는 서비스에 대한 강조가 증가하고 있다; 협력적 이점 외에도, 수업 시간을 놓치지 않고 학생들이 전문상담교사에게 접근할 수 있도록 하는 실질적인 이점이 있다.

효과적인 팀 기반 실천이 없다면, 상담사와 다른 서비스 제공자들은 협력으로부터 얻을 수 있는 강력한 시너지 효과를 놓치게 되고, 더 나쁘게는 서로 상충되는 목적으로 일할 위험이 있다. 협력 경험이 있는 전문상담교사들은 다른 팀 구성원들과 함께 브레인스토밍하고 새로운 전략을 배움으로써 학생들의 도전적인 요구를 더 잘 충족시킬 수 있다고 설명한다(Frye, 2005):

> "장애학생들과 일하는 것은 매우 어렵다. 왜냐하면 항상 긍정적인 결과를 보는 것은 아니고 때로는 그 결과 자체를 찾기 어려울 수 있기 때문이다; 도움을 주는 방법을 모르는 문제가 항상 발생할 것이며, 중요한 것은 물어볼 적절한 사람을 찾을 때까지 계속 노력하는 것이다." (p. 447)

또한, 이러한 상담사들은 협력을 통하여 더 많은 사람들이 같은 목적을 향해 일하게 하는 결과를 가져온다고 설명했다.

이 장에서는 전문상담교사가 학교와 지역사회 내의 동료 교육자 및 서비스 제공자와 협력해야 할 필요성과 이 임무를 수행하는 방법에 관한 문제를 탐색한다. 전문가와 부모 모두와 상호작용하고 일하는 데 도움이 되는 전략이 제공된다. 장 전체에 걸쳐, 중요한 요점들은 경험 있는 협력자들의 인용문을 사용하여 설명된다. 이것들은 주로 장애학생들과의 효과성으로 인정받은 전문상담교사들에 대한 연구(Frye, 2005)와 상담사, 일반교사 및 특수교사, 그리고 관리자를 포함하는 다학제적 협력팀 개발 프로젝트에 대한 연구(Lawrence-Brown & Muschaweck, 2004)에서 도출되었다. 이 장의 아이디어로 작업한 후,

독자는 다음을 수행할 수 있을 것이다:

1. 장애학생을 위한 효과적인 협력관계에 필요한 주요 구성원의 기술과 과정을 이해한다.
2. 장애학생을 위한 효과적인 협력관계 개발에 대한 잠재적 어려움을 판별한다.
3. 제공된 자원을 사용하여 협력 및 의사소통 기술을 향상시키고 장애가 있거나 없는 학생들을 대신하여 수행되는 업무에서 효과적인 협력관계에 대한 이해를 적용하기 시작한다.

협력관계(partnership) 개요

협력의 목적과 목표

앞서 언급했듯이, 협력적 협력관계의 목적은 협력의 시너지적 특성으로 인한 서비스 품질 향상이다. Conoley와 Conoley(2010)에 따르면, 팀 구성원들은 특정 목적을 달성하기 위해 지원적 관계를 구축하며, 여기서 "각 참여자는 상호작용으로 인해 지지받고 있으며 더 유능해진다고 느낀다"(p. 79). 효과적인 팀은 더 큰 에너지, 창의성, 연민, 그리고 자원(예: 주의, 정보, 도움, 물질적 지원)을 일에 주입함으로써 학생과 가족의 성공, 그리고 팀 구성원들의 개인적, 전문적 발전을 극대화하는 데 도움을 준다. 여기서 경험 있는 전문상담교사들은 장애학생의 요구에 대한 협력이 다른 학생들과의 일에도 어떻게 도움이 되었는지 설명한다: "모든 다양한 특수교육 전략은 일의 모든 측면에서 사용할 수 있다. 특수교육으로 분류되지 않은 집단에도 이를 활용할 수 있으며, 이 경우에 모든 구성원이 혜택을 얻을 수 있다"(Frye, 2005, p. 447).

협력적 팀의 구체적인 노력은 다양하지만, 광범위한 일반적 목적은 더 효과적인 문제해결로 이어지는 합의 의사결정이다. 적어도 모든 그룹 구성원이 받아들일 수 있는 해결책이 필요하다(Morton 외, 1991). 이것은 "다수결" 배치가 아니다; 어떤 그룹 구성원이든 거부권을 가진다. 모든 사람이 완전히 동의할 필요는 없지만, 잠재적 해결책이 구현되기 위한 전제 조건은 모든 사람이 지정된 시간 동안 해결책을 지원할 의향이 있어야 한다는 것이다. 효과적으로 구현하기 위해 직접적으로나 간접적으로 한 사람 이상의 지원이 필요한 모든 결정은 협력적으로 접근해야 한다. 장애학생을 위한 협력적 팀의 다음 예를 고려

해보자: “데보라는 학교에서 사회적, 행동적 어려움을 경험하고 있는 학생 리키를 위해 개별화된 전략을 적용하고자 하는 신임 전문상담교사이다. 리키는 데보라의 통합지원 서비스, 특수교사인 니타, 그리고 보조교사인 도날의 지원을 받으며 일반교육과정에 포함되어 있다. 리키의 부모는 학교 밖에서도 유사한 문제가 있다고 설명했으며, 데보라는 가정과 지역사회에까지 확장될 수 있는 전략들을 제안하고 있다. 리키가 데보라의 제안으로부터 의도된 혜택을 받기 위해서는 교사와 기타 전문 서비스 제공자, 관리자, 부모, 그리고 보조교사들의 직접적, 간접적 지원이 필요하다. 이들의 지원을 당연시하면 안 되며, 획득해야 하는 것이다.

협력적 의사결정이 다수결 배치나 개인 의사결정보다 더 시간이 소요될 것으로 예상한다면, 이는 사실이다. 그러나 경험 있는 팀 구성원들은(종종 힘든 방법으로) 합의 없이 내려진 결정이 자체적인 문제를 가지고 있으며, 종종 시간 소요적인 측면보다 더 심각하다는 것을 깨닫게 된다. 결정에 동의하지 않는 그룹 구성원들은 ‘말치레(형식적인 동의)’ 이상을 제공할 가능성이 낮으며, 심지어 적극적으로 그것에 반대할 수도 있다. 협력적 의사결정에서는, 모든 사람이 결정을 구현하는 데 적극적으로 참여할 필요는 없지만, 과정이 진행되기 전에, 모든 사람은 그것을 훼손하지 않기로 동의해야 한다. 그렇지 않으면, 그룹 문제해결 과정이 다음에 계속된다.

효과적인 협력자의 자질

이제 독자는 모든 팀 구성원이 동등하게 효과적인 협력자가 될 가능성이 낮다는 것을 깨달았을 것이다. 그것은 사실이지만, 효과적인 협력자의 특성이 타고난 것임을 의미하지는 않는다. 이러한 특성이 어떤 구성원에게는 다른 구성원보다 더 빠르고 쉽게 올 수 있지만, 우리 모두는 더 효과적인 협력자가 될 수 있는 능력이 있다. 이 절에서는 달리 언급되지 않는 한 Brown, Pryzwansky, Schulte(2011); Morton 외(1991); 그리고 Villa, Thousand, Nevin(2008)의 자료를 바탕으로 효과적인 협력자의 중요한 자질을 검토한다.

타인에 대한 관점과 상호작용

대부분의 우리가 효과적인 협력자의 가능한 자질에 대해 논평하도록 요청받는다면, 팀 구성원에 대한 존중과 문제 및 해결책에 대한 그룹 소유권을 포함하여, 분명히 타인에 대한 관점과 관련된 것들이 목록의 상위에 위치할 것이다. 그리고 점점 더 다양성이 요구되는 우리의 사회에서, 문화 간 역량은 효과적인 서비스와 업무 관계에 있어서 중요하다.

팀 구성원에 대한 존중

효과적인 협력자들은 그들이 결코 동의할 수 없다고 느끼는 것까지도 포함하여, 모든 의견과 관점을 경청하고 존중한다(Brown 외, 2011; Morton 외, 1991; Villa 외, 2008). 효과적인 팀이 설정한 일반적인 절차에는 모든 아이디어가 팀의 향후 고려를 위해 기록되는 브레인스토밍 단계 사용이 포함된다. 이후 평가 단계에서는 특정 목적과의 관계에서 아이디어를 평가하는 데 의식적인 강조를 두며, 의식적으로 사람을 평가하지 않는다. 활용 가능한 시너지 효과를 최대화하기 위해서는, 모든 아이디어가 과정 속에서 자리를 가진다. 직접적으로 사용되지 않는 아이디어들도 새로운 아이디어를 자극할 수 있으며, 즉시 사용되지 않는 것들도 미래에 도움이 될 수 있다. 자신의 아이디어가 존중받지 못하는 팀 구성원들은 물리적으로는 아니더라도 심리적으로 결국 과정에서 이탈하게 될 것이다. 팀 구성원들이 '틀을 벗어난' 사고를 안전하게 할 수 있는 분위기를 조성하는 것은 창의적 문제해결에 있어 매우 중요하다. 존중하는 상호작용은 회의 내외에서 모두 필요하다; 팀 회의에서 이루어진 많은 중요한 작업은 다른 곳에서의 사려 깊지 못한 교류로 인해 빠르게 무효화될 수 있다.

문제와 해결책에 대한 그룹 소유권

성공적인 팀은 "우리는 함께 가라앉거나 함께 수영한다"라는 방향을 채택한다. Ayers(1994)가 설명한 바와 같이, "당사자들은 자신과 상대방이 결과에 대해서 이해관계가 있다고 인식하고, 따라서 각자는 그것의 달성에 대해 책임을 지고 책임질 의향이 있다"(p. 5).

팀 내 책임이 공정하게 분배되고 각 구성원의 강점과 전문성을 활용하는 방식으로 나누어져야 한다고 제안하는 것은 당연해 보일 수 있지만, 일부 구성원들이 대부분의 책임이 자신들에게 부과된다고 느끼는 것은 드문 일이 아니다. 예를 들어, 장애가 있는 학생들은 한 사람의 노력만으로는 기대되는 성과를 달성할 수 없음에도, 특수교사들은 종종 다른 사람들이 장애 전문가로서 그들이 '마법의 지팡이를 휘둘러' 학생을 '고칠' 것을 기대한다고 느낀다. 여기서 한 특수교사가 이러한 감정에 대한 팀 기반 실천의 영향에 대해 언급한다:

> "때로는 특수교육 학생들이 성공하고, 그들의 요구가 충족되며, 그리고 그들의 행동이 통제되는 것을 확인하는 것에 대해 내가 전적으로 책임이 있다고 느낀다... 하지만, 이제 나는, 우리가 팀으로서 아이를 살펴보고 '자, 이렇게 하자. 그 아이는 무언가가 필요할 거야, 알지, 여기 있어...'라고 말할 수 있다고 느낀다. 그리고, 그리고 그것이 좋다." (Lawrence-Brown & Muschaweck, 2004, p. 155)

이 경우, 협력적 팀 과정은 적어도 어느 정도는 학교 내 특수교사의 지위와 때때로 연관되는 고립감을 최소한 어느 정도는 완화시킨 것으로 보인다.

"한 배를 탄" 관점을 채택한 팀이 더 성공적인 이유 중 일부는 그들이 더 높은 동기부여와 지속성을 갖는 경향이 있기 때문이다. 혼자가 아니라는 느낌은 인내력을 형성하여, 본질적으로 장기적인 모든 어려운 과제에서 필연적으로 발생하는 실패를 통해 지속할 수 있는 그룹의 능력을 증가시킨다(Brown 외, 2011).

문화 간 역량

앞서 언급했듯이, 문화 간 역량은 다양한 사회에서 효과적인 업무 관계와 서비스에 필수적인 것으로 점점 더 인식되고 있다. 문화 간 역량은 자신과 타인의 다중적이고 교차하는 정체성, 세계관, 그리고 행동을 가치 있게 여기고 이해하는 과정으로, 상호 존중적이고, 유익하며, 생산적인 관계를 가능하게 한다(Brown 외, 2011; Lawrence-Brown & Sapon-Shevin, 2013). 문화 간 효과적으로 서비스를 제공하는 전문가들은 자신이 서비스를 제공하려는 사람들의 가치 체계와 존재 방식을 고려하여 자신의 방법을 조정할 수 있고 기꺼이 그렇게 한다. 그들은 학생들과 가족들의 문화적 기원과 함께 지배적인 유럽계 미국 문화로의 문화적응 정도를 고려한다(Kalyanpur & Harry, 2012).

Kalyanpur와 Harry(2012)는 문화적 차이가 작용할 수 있다는 한 가지 징후가 "낯선 감각"(p. 115)을 경험하는 것이라고 언급하고, 다음의 네 단계로 구성된 "문화적 상호성"을 제안한다. 이는 우리가 자신의 실천과 각 분야의 가정(assumption) 모두를 조사하고 성찰할 수 있는 방법이다:

1. 당신의 관점과 권장 사항의 기초가 되는 문화적 가치를 분석한다.
2. 다른 이해관계자(특히 서비스를 받을 사람)가 이러한 가정을 공유하는지 결정한다; 그렇지 않다면, 그들의 관점이 당신의 것과 어떻게 다른지 분석한다.
3. 적극적으로 모든 차이점을 인정하고 존중한다; 당신의 개인적, 전문적 가정의 문화적 기반을 명확히 한다.
4. 서비스를 받을 사람의 가치 체계에 맞게 당신의 관점과 권장 사항을 조정하기 위한 협력적 논의에 참여한다.

이러한 단계는 우리의 상호작용이 낯선 감각뿐만 아니라, 다른 사람의 가치와 신념이 "그냥 잘못되었다"는 초기 반응을 불러일으킬 때 특히 중요하다.

문화적 집단이 정체성, 신념, 관습에서 서로 눈에 띄게 다를 수 있지만, 그 집단 내의 개인들은 서로 현저하게 다르다는 점을 인식해야 한다. 당신 자신의 문화적 집단을 고려하고 외부인이 당신의 개인적 정체성, 신념, 그리고 관습이 그 집단의 다른 구성원과 동일할 것이라고 가정한다면 얼마나 잘못될 수 있는지 생각해보라. 이와 관련하여, 서로 다른 집단에 속한 개인들은 차이점보다 유사점이 더 많다. ('당신은 어떤 인종입니까?'라는 질문에 대한 이러한 응답을 고려해보라. 답변: '인류라는 인종입니다.')

여기서 전달하고자 하는 메시지는 학생들에게 더욱 문화감응적이 되도록 방법과 권고 사항을 조정할 준비가 되어 있어야 하지만, 특정 문화적 집단의 사람들이 균일하게 특정 방식으로 생각하거나, 믿거나, 그리고 행동한다고 제안하는 일반화에 주의하라는 것이다.

우리가 다른 사람들의 관점을 성찰하고 고려해야 하는 것처럼, 우리 자신에 대한 관점도 마찬가지로 중요하다; 이는 다음 절에서 다루어진다.

자기 자신에 대한 관점

자신에 대한 관점은 효과적인 협력을 분석할 때 타인에 대한 관점보다 어떤 면에서는 덜 명백한 고려사항이지만, 역시 필수적이다. 앞서 언급했듯이, 자기 분석과 이해는 더 큰 문화 간 역량뿐만 아니라, 더 효과적인 협력 기술을 개발하는 중요한 측면이다(Brown 외, 2011). 자신의 장점, 약점, 문화적 기반에 대한 맹목(Blindness)은 타인의 장점, 약점, 문화에 대한 존중의 부족만큼이나 동반자 관계에 있어 해를 끼칠 수 있다.

지배적인 문화 집단의 구성원들은 특히 자신의 문화적 기반을 인식하지 못하는 취약성이 있다; 우리는 그것에 지속적으로 둘러싸여 있기 때문에, 그것들은 우리 눈에 잘 띄지 않는다.

자기 인식

효과적인 협력자들은 개인적 신념, 장점, 약점, 그리고 가정(assumption)을 인식하고 동시에 그것들에 대해 자신감을 가질 필요가 있다(Brown 외, 2011). 우리는 우리의 전문 분야, 한계, 그리고 그룹이 직면한 과제에 기여할 수 있는 방법을 설명할 수 있어야 한다; 우리 자신의 행동은 다른 사람들을 위한 우리 분야의 좋은 모형이 되어야 한다. 자기 인식과 관련된 가장 중요한 자질 중 하나는 문제에 대한 입장을 비판적으로 검토하고(Brown 외, 2011) 방어적이지 않게 우리의 입장을 설명하는 능력이다(Morton 외, 1991).

개방성

성공적인 협력에 중요한 것은, 또한 새로운 아이디어에 개방적이고 타협할 수 있는 것이다. 효과적인 팀 구성원은 위험을 감수하고 학생들을 위해 "나서는" 의지가 있다(Ferguson, Meyer, Jeanchild, Juniper, & Zingo, 1992).

효과적인 협력관계에 필요한 기술과 과정

효과적인 협력팀 개발에 도움이 되는 기술과 과정에는 Morton 외(1991)가 제안한 다음과 같은 내용이 포함된다:

1. 그룹의 임무, 기본 규칙, 그리고 그룹 문제해결을 위한 구조화된 과정 수립
2. 회의마다 팀 구성원 간에 중요한 역할 교대
3. 특정 팀 기술 개발

4. 일상적으로 팀 기능에 대한 자체 평가

그룹 상호작용을 위한 사명과 기본 규칙 수립

그룹이 형성되는 초기 단계에서, 구성원들은 함께하는 작업의 목적과 그룹 상호작용을 위한 기본 규칙에 대해 명시적으로 합의에 도달할 필요가 있다. 그룹 행동의 이러한 전제조건들은 쉽게 간과되거나 그룹의 시간을 할애할 만큼 중요하지 않다고 여겨질 수 있다. 그러나 팀 구성원들은 종종 자신의 개인적 관점에서조차 이러한 문제들을 깊이 생각해보지 않았을 수 있다. 그들은 갈등이 발생할 때까지 다른 사람들도 어떻게 그리고 왜 함께 일해야 하는지에 대한 자신들의 부분적으로 형성된 이해를 공유한다고 가정하기 쉽다. 앞선 예를 확장하면, 일반교육자는 그룹의 사명이 리키를 학업적으로 학년 수준으로 끌어올리는 것이라고 가정할 수 있는 반면, 전문상담교사인 데보라는 개인적/사회적 문제를 우선시할 수 있고, 그의 특수교사인 니타는 그가 나머지 학급과 동일한 학업 수준에서 작업하는지와 상관없이 그의 IEP 목적을 향해 진전할 수 있도록 필요한 지원과 교육과정 수정을 강조할 수 있다.

협력적 팀은 창의적인 그룹 시너지의 이점을 개발하고 실현하기 위해 다양한 관점이 필요하기 때문에 갈등을 완전히 피할 수 없고, 피해서도 안 된다. 다양한 관점은 어려운 문제에 접근하는 데 중요하다. 위의 예에서, 세 가지 관점 모두에 대한 관심은 리키에게 최상의 결과를 가져올 가능성이 높다. 그러나 공유된 비전이나 상호작용을 위한 적절한 기본 규칙이 없어 발생하는 갈등은 매우 다른 결과를 낳을 수 있다. 이러한 문제들은 배경에서 서서히 달아올라 점차 심화되며, 때로는 팀의 존립 자체를 위협하기도 한다.

상호작용을 위한 일반적인 기본 규칙에는 모든 그룹 구성원이 적극적으로 아이디어와 의견을 공유해야 한다는 기대, 다른 사람들이 존중하는 태도로 그들의 말을 경청할 것(중단하지 않고, 몸짓 언어에 주의하면서), 브레인스토밍 단계에서 모든 아이디어가 판단 없이 기록된다는 것, 그리고 이후 평가의 초점이 사람이 아닌 아이디어가 될 것이라는 기대가 포함된다. 상호작용에 대한 기본 규칙을 정하지 않으면 선의의 팀 구성원에 의해 발생한 의도하지 않은 문제, 예를 들어 한 사람이 토론을 지배하거나 일부 구성원이 자신의 아이디어가 가치가 없다고 느끼는 것과 같은 문제가 발생할 수 있다. 그룹 구성원이 아이디어와 의견을 공유하지 않을 때, 다른 사람들은 그들을 의심스럽게 볼 수 있다, 예를 들어, 팀의 작업에 기여할 수 없거나 기여하지 않으려 하거나, 숨겨진 의제가 있다고 의심할 수 있다는 것 등(Villa 외, 2008). 궁극적으로, 그룹의 공유된 목적에 대한 합의에 도달하지 못하면 그룹 구성원들이 서로 다른 방향으로 일하면서 서로를 방해하는 더 심각한 문제로 이어질 가능성이 높다.

그룹 문제해결 과정

그룹이 사명과 상호작용을 위한 기본 규칙에 합의하면, 그 사명에 대한 직접적인 작업을 시작할 준비가 된다. 다음 단계는 완전한 구성원 참여를 통한 합의 구축에 초점을 맞춘 그룹 문제해결 과정을 개략적으로 설명한다(cf. Brown 외, 2011; Conoley & Conoley, 2010; Friend & Bursuck, 2015; Morton 외, 1991).

1. **그룹 준비도.** 문제해결을 위한 구성원의 준비 상태를 확인한다; 팀 구성원이 이미 정서적으로 지치거나 탈진했을 때는 중요한 대화를 피한다(Friend & Bursuck, 2015). 그룹의 기본 사명과 기본 규칙을 검토한다.
2. **사실 조사.** 현재 그룹이 다루고 있는 특정 문제와 관련된 자료를 수집한다. (a) 목적, (b) 문제해결을 위한 과거 노력의 역사, (c) 상황의 제약에 주의를 기울인다.
3. **해석적 평가.** 수집된 자료, 문제를 나타내는 전제들, 그리고 각 집단 구성원이 맡게 될 역할들을 비판적으로 검토하라. 판별된 문제들, 이에 기여하는 요인들, 그리고 문제로 이어진 결과들 사이에 논리적 연계성이 존재하는가? 지원의 대상이 되는 학생이 문제의 원인으로 지목되고 있는 것은 아닌가?
4. **문제와 원하는 결과 개요.** 문제 요약과 목적 진술(기대 결과)을 개발한다. 상호작용하는 가족, 학교, 그리고 지역사회 하위 시스템에서 여러 문제가 발생할 수 있다는 점을 명심한다.
5. **아이디어 생성.** 평가하지 않고 아이디어를 브레인스토밍한다—이 단계에서는 모든 것을 기록한다.
6. **단축 목록.** 더 작업할 아이디어를 선택하기 위한 표준을 개발한다. 문제(들)의 성격에 대한 경쟁 가설을 개요로 작성한다. 다양한 가능한 해결책의 제약과 결과를 분석한다. 제안된 해결책이 그룹의 사명과 일치하고 팀 구성원의 통제하에 있는 정도를 고려한다.
7. **행동 방침에 대한 합의 도출.** 다수결 원칙에 따른 결정 과정이 아님을 명심하라. 다

양한 집단 구성원들은 거부권을 가지며, 결정을 지지할 의사가 없을 경우에는 그 거부권을 반드시 행사해야 한다. 개입의 유형, 구조화의 정도, 개인 중심 또는 집단 중심 강조 등 다양한 요소에 대한 문화적 민감성을 갖추고, 각자의 편안함 수준의 차이를 존중해야 한다.

8. **행동 방침 정교화.** 가장 유망한 해결 방안을 실행하기 위해, 그 구현을 촉진하거나 향상시킬 수 있는 아이디어를 도출하라.
9. **계획 실행 준비.** 해결 방안이 어떻게 달성될 수 있는지에 대한 공동의 이해와 설명을 개발하라. 선택한 접근 방식을 실행하는 과정에서 발생할 수 있는 문제들을 고려하고, 그러한 문제들을 어떻게 해결할 수 있을지 검토하라.
10. **계획 상세화 및 실행.** 점검 및 평가 자료의 체계적이고 협력적인 수집을 포함한다. 수정이나 새로운 가능성을 제안할 수 있는 새로운 정보가 밝혀지도록 허용한다.
11. **평가 계획.** 문제 요약 및 목적 진술 측면에서 결과를 고려한다.
12. **필요에 따라 수정.** 자료가 기대 결과가 달성되지 않았음을 시사할 때 접근법을 재설계한다.

이러한 단계는 다음 절에서 논의된 구조화된 업무분장과 함께 사용하는 것이 권장된다.

팀 구성원의 역할

팀이 일상적으로 사용하게끔 권고되는 전략은 아래 설명된 대로 회의마다 그룹 구성원 간에 구조화된 역할(예: 진행자, 시간 관리자, 기록자, 관찰자)을 할당하는 것이다. 이는 다음과 같이 기술된다(Friend & Bursuck, 2015; Morton 외, 1991):

촉진자(Facilitator)

각 팀 구성원이 적극적으로 참여할 수 있도록 격려하고, 집단이 효과적으로 협력할 수 있도록 돕는다. 문제해결 기법, 갈등 관리 전략 등의 활용을 주도하며, 다음 회의를 위한 안건이 수립되도록 책임진다. 촉진 역할은 해당 일자에 한 사람에게 맡길 수도 있고, 규모가 큰 집단의 경우 다른 역할을 맡지 않은 모든 구성원이 함께 분담할 수도 있다.

공개 회의록 작성자

논의의 핵심 내용을 포함한 공개 회의록을 작성하고 배포한다. 회의록에는 구체적인 과업, 각 과업을 수행할 책임자, 그리고 과업별 목표 완료일이 명시되어야 한다.

시간 관리자

의제와 남은 시간을 추적하고 그룹이 작업에 집중하도록 돕는다.

관찰자

과업 성취와 긍정적인 작업 관계를 촉진하는 행동을 관찰하고, 미리 정해진 간격에 따라 이에 대한 논의를 주도한다.

팀 구성원 간에 구조화된 역할을 할당하고 교대하는 데는 적어도 두 가지 이점이 있다. 첫 번째는 실제로 누군가가 시간을 추적하고, 메모를 기록하고, 그리고 팀 과정을 촉진하는 등의 일을 하도록 보장하는 것이다. 두 번째 이점은 특히 구성원이 일반적으로 다른 사람이 수행했을 수 있는 역할을 맡을 때, 팀 기능의 다양한 측면을 담당하는 것이 어떤 것인지 더 잘 이해하는 것이다. 여기서 한 팀 구성원이 이러한 발전을 설명한다:

> "[시간 관리자가 된 것은] 내가 너무 많이 떠든다는 것을 깨닫게 했다, 왜냐하면 나는 시간 관리자였지만, 계속해서 이것을 끌고 또 끌고, 계속해서 끌고 있었기 때문이다. 그래서... 나는 여기서 약간의 자기성찰도 했다."(Lawrence-Brown & Muschaweck, 2004, p. 152)

많은 그룹에서, 이러한 중요한 역할의 수행은 누군가가 자발적으로 필요성을 인식하고 역할을 채우기 위해 자원하기를 기다리며 우연에 맡겨진다. 그러나 더 자주, 팀 구성원 측에서 누군가가 그것을 하도록 그리고 배정되도록 의식적이고 지속적인 노력을 취하지 않는다면, 아무도 그 역할을 채우려 하지 않을 것이다. 많은 팀 회의에서, 예를 들어, 논의가 방향을 잃을 때 팀을 재조정하는 책임을 지는 사람이 없어 상당한 양의 비생산적인 시간이 발생한다. 또 다른 예로, 종종 같은 사람이 반복적으로 같은 역할을 채우게 된다, 예를 들어, 의제를 개발하거나, 공개 노트를 기록하는 것이다. 이 경우, 다른 팀 구성원들은 자신들이 참여하지 않은 책임에 대한 이해나 감사가 거의 없을 수 있다. 이러한 원칙들은 사례 제시 4.1에서 설명된다.

사례 제시 4.1

“우리는 통합교육을 더 잘해야 해”

이 사례는 초등학교와 중등학교 수준의 다학제팀들이 수행한 협력적 팀 개발 노력에 대한 보다 심층적인 고찰을 제공한다(Lawrence-Brown & Muschaweck, 2004). 이 팀들은 전통적이고 맥락에서 분리된 전문성 개발 연수에 참석하는 대신, 자신들의 통합교육 실천에서 바람직한 결과를 달성하기 위해 결정적으로 중요하다고 판단한 특정 변화를 이끌어내는 과정에서 성공적인 협업에 필요한 전문 기술을 학습하였다(예: 교육과정 조정에 대한 지침 개발, 진전 상황 보고 등).

초기에는 팀 구성원들 간의 의사소통이 친근하긴 했지만, 반드시 목적 중심적인 것은 아니었다. 예를 들어, 한 팀 구성원은 다음과 같이 말했다. “가끔은 [우리가] 온갖 이야기들을 하긴 했지만, 우리가 ‘A 아동’이 성공할 수 있도록 하기 위해 무엇을 해야 하는지, 또는 우리가 잘했거나 잘못했던 것이 무엇인지에 대해서는 항상 이야기하지는 않았어요”(Lawrence-Brown & Muschaweck, 2004, p. 148). 참여자들은 또한 통합교육에 대한 공동의 비전이 결여되어 있었다고 설명하였다. 한 참여자는 다음과 같이 말한다. “우리 모두가 서로 다른 입장에서 모였고, 다음 해에 어떤 일이 벌어질지 전혀 감이 없었어요”(Lawrence-Brown & Muschaweck, 2004, p. 149).

전형적인 회의에서는 특정 협력적 팀 기반 실천 주제에 대한 간단한 연수 이후, 각 팀이 자신들의 학교 내 통합교육 향상을 위해 중요하다고 판별한 특정 과업들을 수행하는 작업 시간이 이어졌다(예: 교육과정 조정 지침 개발, 진전 보고 등). 협업 기술은 작업 시간 동안 시범적으로 제시되었고, 적극적으로 권장되었다(예: 전체 팀의 참여, 입장 명확화 등).

팀의 일반적인 활동에는 과거 노력 분석, 목적 설정, 문제해결 등이 포함되었다. 예를 들어 한 팀 구성원은 “우리가 과거에는 목적을 달성하지 못한 이유는 방향이 없었기 때문이에요. 지금은 따라야 할 방향이 있어요”라고 말했다(Lawrence-Brown & Muschaweck, 2004, p. 151). 또 다른 참여자는 다음과 같이 설명하였다.

"[이제는] 반응적이 아니라 사전예방적이에요. 처음에는 모든 게 반응적이었어요. 그때는 '아, 내가 그걸 바꿨을 수도 있었는데' 이런 식이었죠. 그러고 나서 [특수교사]가 '좋아... 이 아이들을 위해 뭔가 다르게 해야겠어... 이걸 해보자'라고 말했어요. 그런데 지금은 실제로 초기 단계에서 그런 계획을 세우고 있어요"(Lawrence-Brown & Muschaweck, 2004, p. 152).

이처럼 단순히 문제가 발생하기를 기다리는 것이 아니라, 팀은 잠재적 문제를 미리 예측하고 사전에 해결하려는 시도를 시작하였다.

참여자들이 협력적 팀 개발 과정을 통해 도출한 주요 결과는 다음과 같다: 역할 명확화, 효과적인 협력적 팀 기반 실천에 필요한 기술 습득, 공동 비전 개발, 교육과정 조정 및 진전 보고를 위한 도식화, 통합교육 실천에 대한 자기 확신 및 열의, 통합교육 확대 계획 수립, 협업 과정에 대한 만족감 및 헌신.

자기성찰 질문

1. 이 사례는 당신이 경험한 팀 기반 실천(학교 안팎에서의 경험 포함) 또는 전문성 개발 경험과 어떤 관련이 있는가?
2. 당신이 이 팀의 전문상담교사라면, 타 분야 팀원들에게 자신의 관점, 역할, 그리고 집단에 기여할 수 있는 잠재적 역량을 어떻게 설명할 것인가?

특정 팀 기반 실천 기술의 개발

효과적인 파트너는 타고나는 것이 아니라 만들어지는 것이다; 협력적 팀 기반 실천을 촉진하는 특정 기술을 함양하면 더 효과적인 팀원이 된다. 특히 전통적으로 팀 기반이 아닌 개별적으로 제공되는 서비스와 중재로 구조화된 분야에서는 집중적인 전문성 개발이 요구된다. 여기에는 전문상담교사와 그들이 협력해야 하는 다른 학교 인력이 포함된다.

전통적인 전문성 개발 모형에서는 참가자들이 전문가로부터 협력 기술에 대해 듣고 나중에 독립적으로 기술을 개발하고 적용할 것으로 기대된다. 이러한 맥락에서 벗어난 접근법과 달리, 지속적인 코칭 과정이 권장되는데, 여기서 팀원들은 팀원들에게 상호 중요한 프로젝트에 대한 정기적인 공동 작업 맥락에서 성공적인 협력에 필요한 전문화된 기술을 배운다. 예를 들어, 팀원들은 협력적 팀 기반 실천의 특정 측면에 대한 짧은 "미니 레슨"에 참여한 다음, 원하는 결과를 가져오는 데 필요한 실질적인 문제해결 단계에 대한 작업을 하면서 협력 기술 사용에 대해 코치로부터 즉각적인 피드백과 지침을 받을 수 있다

(cf. Lawrence-Brown & Muschaweck, 2004). 다음 절에서는 점점 더 창의적이고 생산적인 팀을 구축하는 데 필요한 몇 가지 특정 팀 기반 실천 기술을 설명한다.

능동적 경청

능동적 경청은 말하는 사람에게 의도적이고 사려 깊은 주의를 기울이는 과정이다; 이는 단순히 그 사람이 말하는 동안 말하지 않는(또는 문자를 보내지 않는) 것 이상을 의미한다. 오히려, 청취자의 주의는 다음과 같은 특정 능동적 경청 전략을 사용하여 화자에게 전달된다:

- 누군가의 의견에 대해 더 많은 정보를 얻기 위해 개방형 질문 사용(예: "그것에 대해 더 자세히 말해주시겠습니까?")
- 자신의 의견을 말하기 전에 방금 말한 사람의 의견 요약
- 다양한 사람들이 말한 내용을 통합하여 통일된 요약 문장으로 만들기(Morton 외, 1991). 다양한 그룹의 사람들이 합의에 도달하도록 돕는 중요한 기술은 여러 관점의 공통된 흐름을 응집력 있는 전체로 끌어내는 능력으로, 여전히 작업이 필요한 영역을 인정하면서 합의 사항을 강조한다.

합의 구축

이는 모든 팀원의 참여를 촉진하고, 다른 사람의 아이디어를 기반으로 하며, 사람이 아닌 아이디어를 지지하거나 비판하는 것을 포함한다: 많은 그룹에서 비교적 적극적인 몇몇 팀원이 토론과 의사결정을 주도한다. 더 조용한 구성원들의 기여는 사라지고, 의사결정에 적극적으로 참여하지 않은 구성원들은 그 결정을 이행하는 데 덜 헌신할 수 있다. 효과적인 협력자는 최상의 해결책을 얻기 위해 다양한 아이디어의 가치와 타인의 관점에서 문제를 보는 것의 중요성을 인식하며, 모든 이해관계자의 관점과 아이디어를 과정에 포함시키기 위해 노력한다. 예를 들면,

> "나는 [여러분 각자로부터] 조금씩 다른 아이디어를 듣고 있습니다... 돌아가면서 각자 자신이 생각하는 바를 말해보는 것이 어떨까요? 이것의 목적은 무엇인가요?... 그리고 현재 시점에서 상황이 어떻게 보일지에 대한 여러분의 비전은 무엇인가요?"(Lawrence-Brown & Muschaweck, 2004, p. 149)

여기서 더 조용한 팀원은 이 전략에 대해 다음과 같이 언급한다: "한 가지 이점은 과정입니다[각 구성원에게 구체적으로 의견을 묻고, '라운드 로빈' 방식으로]. 나는 때때로 더, 음..., 방관자가 되는 경향이 있습니다... 그래서 그것이 유익하다고 생각했습니다"(Lawrence-Brown & Muschaweck, 2004, p. 154).

그룹이 아이디어를 브레인스토밍하고 평가해야 하는 단계에 도달하면, 가능성으로 언급한 사람이 아닌 아이디어를 평가하는 데 집중하는 것이 중요하다. 필요할 때 중요한 불일치를 부드럽게 제기하고, 서비스를 받는 학생에게 초점을 유지한다. "당신은..."이나 "당신이 하는..." 것과 같은 표현 대신, "나는 느낀다"와 같은 "나" 메시지(I-message)를 사용한다.

갈등 해결

갈등은 어떤 팀에서도 피할 수 없으며, 약간의 불편함과 함께 살아가는 법을 배우는 것은 그룹의 장기적인 생존에 필수적이다. 종종 갈등은 선의를 가진 그룹 구성원들 간의 단순한 오해로 인해 발생한다(Garcia, 2012). 팀들은 종종 갈등을 공개적이고, 정직하며, 건설적으로 다루라는 조언을 받는다(예: Morton 외, 1991; Villa 외, 2008). 작은 갈등이 발생할 때마다 논의하면 더 심각한 문제로 악화되는 것을 방지할 수 있다.

그룹은 종종 발전 단계에 따라 다르게 기능하는 것으로 이해되며(Friend & Bursuck, 2015), 일부 단계에서는 다른 단계보다 갈등이 발생할 가능성이 더 높을 수 있다. Tuckman과 Jensen(1977)이 종합한 바에 따르면, 그룹은 과정 초기에 비교적 "폭풍우(storming)" 기간을 경험할 수 있다. 이 단계는 그룹 내 갈등, 과제 요구에 대한 감정적 반응, 그리고 카타르시스로 특징지어진다. 장기적 성격의 업무를 수행하는 팀들은 집단의 수명 동안 이러한 단계를 한 번 이상 거칠 것으로 예상할 수 있다.

그러나 갈등을 자동적으로 비생산적인 것으로 볼 수는 없다. 의견 충돌이 없다면, 팀은 거의 확실히 그룹 구성원들의 다양한 관점을 충분히 활용하지 못하고 있는 것이다. 다양한 아이디어는 그룹이 고품질의 해결책을 찾는 데 필요하다. Garcia(2012)는 "통찰력과 새로운 학습을 생산하기 위한 적절한 불편함과 과정을 방해하는 과도한 불편함 사이에 달성해야 할 미묘한 균형"에 대해 논의한다. 이는 감정을 충분히 잘 관리하여 어려운 상황에 대한 더 사려 깊은 대응을 분석, 성찰, 개발할 수 있도록 하는 과정이다(p. 168).

갈등은 협력자들 사이에서도, 협력자들 내에서도 발생할 수 있다(Kalyanpur & Harry,

2012). 협력자 내의 갈등의 예로서, Kalyanpur와 Harry(2012)는 권위에 복종하도록 장려하는 문화를 가진 가족 구성원들과 평등에 기반한 업무 관계를 발전시키고자 하는 전문가들의 딜레마를 설명한다. 저자들은 나아가 이 동일한 전문가들이 평등한 관계를 원하면서도 동시에 전문적 지식에 대한 상충되는 신념을 가질 가능성이 있어, 자신의 아이디어만큼 가족의 아이디어에 가치를 부여하기 어려울 수 있다고 설명한다.

협력은 발전하는 데 시간이 걸리는 과정이며, 특히 갈등 해결 기술은 습득하기에 더 복잡한 기술 중 하나이다. 자신과 타인에 대한 숙련된 분석(이전에 논의된)이 요구된다. Friend와 Bursuck(2015)는 다음과 같은 전략을 제안한다:

- 중단이나 주제에서 벗어나는 것을 피하고 주제에 집중한다.
- 요청하지 않은 협의적 개입을 제공하는 것을 피한다.
- "유일한 방법은…"이나 "…할 방법이 없다"와 같은 절대적인 용어로 말하는 것을 피한다.
- 감정적 반응을 유발하는 단어와 문구를 피한다.

이전에 언급되었지만(그룹의 문제해결 준비와 관련하여) 여기서 반복할 가치가 있는 것은 팀원들이 이미 지쳐 있거나 감정적으로 과도한 상태일 때 중요한 대화를 피하는 것이다.

Conoley와 Conoley(2010)는 다른 사람들의 협력적 행동을 장려하는 방법을 설명한다; 이것이 얼마나 유용한 기술인지 상상해보라. 여기에는 다음이 포함된다:

- 다른 사람들의 강점을 판별하고 집중한다,
- 개인의 강점에 맞는 과제를 할당한다,
- 부정적인 상황의 숨겨진 이점을 발견한다, 그리고
- 다른 사람들의 행동을 긍정적인 방식으로 인식하고 설명한다.

이는 타인의 의도를 긍정적으로 해석하려는 태도를 취하는 것뿐만 아니라, 중립적이거나 부정적으로 보일 수 있는 행동을 긍정적인 방식으로 재구성하는 것을 포함한다. 이러한 긍정적 해석은 어려운 상황에서도 팀 구성원들이 지속적으로 참여할 수 있도록 촉진한다(Brown 외, 2011). Conoley와 Conoley(2010)는 타인의 협력적 행동을 장려할 수 있는 사람들을 금전이나 지위보다는 개인적 가치와 포부에 의해 내재적으로 동기부여받는 사람들이라고 더 상세히 설명한다.

요약하자면, 갈등을 피하거나, 무시하거나, 또는 회피하는 것이 더 쉽고 예의 바른 것처럼 보일 수 있지만, 갈등은 최선의 해결책을 찾기 위한 필수 요소이다. 이것은 예의가 설 자리가 없다는 의미는 아니다. 팀원들과 즐겁고 매력적인 방식으로 소통하고, "긍정적인 사건을 알아차리고, 다른 사람들에게 칭찬의 관찰을 말로 표현하며, 그리고 도움의 제스처에 대해 공개적으로 감사를 표현하는"(Conoley & Conoley, 2010, p. 79) 것과 같은 작은 제스처를 함양하는 것은 효과적인 팀 기능에 실질적인 기여를 할 수 있다. 예를 들어, 다음 시나리오를 고려해보자:

데보라(이 장에서 설명된 전문상담교사)는 리키가 동료들과 관계를 발전시킬 기회가 도날(보조 전문가)이 거의 항상 그의 옆에 있기 때문에 제한된다는 것을 알아챘다. 데보라는 도날이 방어적으로 반응할까 봐 걱정하여 이 문제를 제기하기를 주저한다. 초기에는 데보라가 다른 팀원들의 관점을 구하는 것이 도움이 될 수 있다. 그들이 동의한다면, 그녀는 도날과 그 주제를 꺼내는 데 도움을 요청할 수 있다. (만약 그들이 동의하지 않는다면, 이는 데보라가 접근 방식을 더 추구하기 전에 자신과 다른 사람들의 관점을 더 탐색할 기회이다.) 대화는 다음과 같은 방식으로 진행될 수 있다:

> 데보라: "도날, 당신은 리키와의 작업에서 매우 성실합니다. 당신은 항상 그를 위해 있고, 그것은 그의 학업 기술에 정말 도움이 되었습니다. 우리가 작업해 온 학습 기술을 사용하여 마지막 시험을 준비하는 데 어떻게 도움을 주었는지 정말 감사합니다."

다른 팀원들의 도움을 받아, 그녀는 계속해서 교실의 다른 학생들도 도날의 지원으로부터 이익을 얻을 수 있다고 제안할 수 있다:

> 데보라: "[도날] 그 시험에서 우리가 기대했던 만큼 잘하지 못한 다른 학생들과도 같은 전략을 시도해 보시겠습니까?"
>
> 도날: "니타(리키의 교사), 괜찮습니까? 리키가 나를 필요로 할 때 내가 다른 사람과 일하고 있으면 어떡하죠? 나는 그의 1:1 보조로 지정되어 있습니다."
>
> 니타: "다른 학생들에게 정말 도움이 될 것 같아요. 당신은 여전히 가까이 있을 테고, 우리 모두 리키가 더 많은 도움이 필요한 경우를 주시할 수 있어요."

도날: "글쎄요, 그의 부모님과 교장 선생님이 괜찮다면, 저도 괜찮을 것 같습니다."

데보라: "좋은 지적이에요. 이번 주 후반에 있을 팀 미팅에서 그들에게 이 문제를 제기할 수 있어요. 그리고 이것은 리키를 더 많이 또래와 짝지을 기회를 제공해요; 그것이 그의 사회적 관계에 도움이 될 것 같아요."

도날의 강점에 주목하고, 중요한 타인의 면전에서 그를 칭찬하며, 과거에 그가 제공한 도움에 대해 감사를 표현함으로써, 데보라는 관계를 구축하고 (공식적인 팀 회의 안팎 모두에서) 합의를 형성하는 데 기여한다.

팀 기능에 대한 정기적인 자기 평가

팀이 그룹 문제해결, 적극적 경청, 합의 구축, 그리고 갈등 해결과 같은 특정 팀 기술과 과정에 대한 전문성 개발 기회를 가진 후에는, 그룹이 이러한 기술을 점검, 실천 및 유지하는 데 도움이 되도록 지속적인 공식 자기 평가 시스템이 예정되어야 한다. 이런 방식으로 추가 개발이 필요한 영역을 판별할 수 있으며, 후속 교육이 제공된다. 지역사회 통합연구소(1990)의 도구와 같은 구조화된 자기 평가 도구의 사용이 권장되며, 이는 그림 4.1에 설명되어 있다.

그림 4.1 협력적 팀 기반 실천 점검표

각 문항에 대해 당신의 팀 표준으로 "예"(Y) 또는 "아직 아님"(NY)으로 응답하라. "NY"는 팀의 기능 향상을 위해 다루어야 할 가능성이 있는 영역을 의미한다.

☐ 모든 "핵심" 참여자가 팀에 포함되어 있는가? (예: 가족 구성원, 일반교사 등)

☐ 모든 팀 구성원이 팀의 목적을 이해하고 있는가?

☐ 팀은 모든 학생의 통합교육을 위한 공동의 목적이나 비전을 가지고 있는가?

☐ 팀은 학생의 우선순위들을 함께 판별하고 있는가?

☐ 팀 구성원들은 목적 달성을 위해 함께 일하고자 하는 의지를 가지고 있는가?

☐ 팀 구성원들은 서로의 배경과 역할을 이해하고 있는가?

☐ 팀 구성원들은 지식, 기술, 자원을 서로 공유하고 있는가?

☐ 팀 구성원들은 전문적으로나 개인적으로 서로를 존중하고 지지하고 있는가?
☐ 팀 구성원들은 과업을 완수하기 위해 서로 협력하려는 의지를 보이는가?
☐ 팀 구성원들은 건설적인 방식으로 소통하며, 각 구성원의 기여를 존중하는가?
☐ 팀 구성원들은 서로를 신뢰하며, 소통에 있어 심리적 안전감을 느끼는가?
☐ 팀 구성원들은 성공과 실패에 대해 공동의 책임을 공유하는가?
☐ 팀 구성원들은 정기적인 상호작용 시간을 가지고 있는가?
☐ 회의 전에 안건이 마련되는가?
☐ 팀은 회의를 위한 역할 체계와 절차를 결정하였는가?
☐ 팀은 문제해결과 합의적 의사결정을 위한 효과적인 협업 절차를 갖추고 있는가?
☐ 팀은 갈등을 해결하기 위한 효과적인 방법을 가지고 있는가?
☐ 회의 종료 시 과업이 명확히 할당되는가?
☐ 효과적인 기록 및 공유 체계가 구축되어 있는가?
☐ 팀은 지속적으로 팀의 기능을 성찰하고 팀의 효과성을 평가하는 시간을 갖는가?

의견란 (Comments):

Institute on Community Integration. (1990). Collaborative Teamwork: Working Together for the Inclusion of Students With Disabilities. 미네소타주 미니애폴리스: 미네소타대교육구사회통합연구소.

당신의 팀은 본 장의 앞선 절들을 활용하여 그림 4.1의 점검 항목들을 팀 토론을 촉진할 수 있는 구체적인 설명어로 보완해보는 연습을 유익하게 수행할 수 있을 것이다. 자기평가 과정 그 자체에서는, 팀이 각 응답을 뒷받침할 수 있는 구체적인 사례를 제시해야 한다.

지도형 실습 활동 4.1을 활용하여 그림 4.1에 제시된 원칙들을 실제에 적용하라.

지도형 실습 활동 4.1

협력적 협력관계(partnership)의 모범 사례

학년이 시작될 때, 협력적 협력관계 영역에서 사용되는 것을 관찰한 모범 사례를 기록한다. 가능하다면, 팀원들이나 학교의 다른 소규모 교육자 그룹과 함께 이 작업을 수행한다. 협력적 팀 기반 실천 점검표(그림 4.1)와 아래 질문을 사용하여 관찰을 구조화한다.

- 전문상담교사들은 어떤 방식으로 협력적 협력관계에 참여하며, 누구와 함께하는가?
- 효과적인 협력자의 어떤 자질들이 보이며, 어떻게 보이는가? 공식 회의 내외의 상호작용에서 이러한 자질들을 찾아본다.
- 생산적인 그룹 상호작용과 문제해결을 촉진하기 위해 어떤 과정이 사용되는가?
- 협력적 협력관계를 위해 어떤 유형의 지원이 제공되는가? 전문성 개발, 학교 일과 중 예정된 협력 시간, 협력적 의사결정에 행정적 참여, 효과적인 협력에 대한 행정적 인정 등을 찾아본다.

학년이 진행됨에 따라, 관찰한 강점을 강조하면서 목록을 반영한다. 이를 그룹과 함께 축하한다. 확인된 격차를 사용하여 다른 그룹 구성원 및 관리자와 함께 향후 더 효과적인 협력관계를 지원하기 위한 계획을 수립한다.

앞서 논의된 "모든 구성원이 거부권을 가진다"는 동일한 원칙은 효과적인 팀 기능의 특정 측면에 대한 자기평가 결정에도 동일하게 적용되어야 한다. 이러한 개념들은 사례 제시 4.2에 나타나 있다.

사례 제시 4.2

숙련된 팀 구성원의 조언 개입(Kristin N. Schmick)

이 사례는 한 전문상담교사와 특수교사의 실제 경험을 바탕으로 구성되었다. 이들은 정서적·행동적 장애가 심한 여섯 명의 학생들을 대상으로 하는 특수교육 교실에 전담 배치되었고, 그들의 경험에 대한 의견을 요청받았다.

특수교사는 다음과 같이 말했다. “분명 제게는 큰 변화였다고 말할 수 있어요. 교사로서 우리는 대체로 교실과 그 안에서 이루어지는 모든 결정에 대해 ‘책임자’ 역할을 하게 되죠. 제가 이곳에 처음 왔을 때, 이 프로그램이 어떻게 운영되는지 확실히 알지 못했어요. 제가 맡게 된 프로그램은 제가 거의 경험해보지 못한 학생군을 대상으로 하고 있었죠. 그런데 내 교실에 함께 있는 상담교사는 이미 이 프로그램에서, 그리고 이 학생들과 한 학기 동안 함께 일해온 상태였어요.

“함께 일하게 된 다른 전문가를 더 잘 알 수 있는 시간이 있었으면 좋았겠어요. 우리는 학기 시작 며칠 전에 처음 만났거든요. 그 며칠 동안 서로를 알아가는 시간을 가졌고, 그건 좋았지만, 우리가 앞으로 지속적으로 다뤄야 할 상황들을 미리 알았더라면, ‘서로 알아가는 시간’은 교실 안에서의 교육 철학에 대해 이야기하는 시간으로 썼을 거예요.”

그들이 제시한 조언은 다음과 같다:

- **“서로에게 솔직해져야 해요. 상황이 지나간 후에도 그것에 대해 이야기하세요.”**
  처음에는 특정 상황을 어떻게 다룰지에 대한 관점 차이로 인해 ‘권력 갈등’이 있었어요. 그런데 나중에는 그냥 솔직하게 “왜 그렇게 처리했는지 모르겠어요”라든지 “이 결정을 하게 된 내 이유를 말해볼게요”라고 이야기하게 되었고, 그러고 나서 상대방의 결정 배경을 이해하면 대체로 괜찮아졌어요.
- **“집착하지 마세요. 이건 자존심이나 누가 ‘더 낫다’는 문제가 아니에요.”**
  핵심은 학생이고, 그들을 도울 수 있는 가장 효과적인 방안을 찾는 거예요. ‘내가 맞았다’는 생각을 내려놓으면 훨씬 더 수월하게 협력할 수 있어요.
- **“비난하지 마세요.”**
  두 사람 중 누구의 전략이라도 항상 효과적일 수는 없어요. 상대방의 전략이 실패했다고 해서 비난하면 안 돼요. 절대 “그러게 내가 뭐랬어” 같은 말은 하지 마세요.
- **“서로를 지지하세요.”**
  실행 단계에서의 모든 결정은 팀 차원에서 이루어진 것이라는 점을 항상 염두에 두세요.

성찰 질문

1. 새로운 전문상담교사로서, 특수교육 학급을 전담하라는 요청을 받았을 때 어떻게 반응할 것인가?
2. 본 장에서 제시된 기술, 절차, 전략, 연구, 자원들은 어떤 방식으로 도움이 될 수 있는가?
3. 그 외에 무엇을 더 알고 싶은가?

협력적 관계 형성을 위한 협의 및 교육적 접근

미국 전문상담교사협회(American School Counselor Association, 2008)가 전문상담교사에게 권장하는 활동 중 하나는, 학교 상담 핵심 교육과정 수업을 교사와 협력하여 제공하는 것이다. 이러한 수업은 전문상담교사가 단독으로 실시할 수도 있고, 전문상담교사와의 협의 이후 교사가 단독으로 제공할 수도 있다. 그러나 장애학생을 대상으로 한 실천에서 특히 권장되는 실제는 협력교수(co-teaching)이다.

협력교수 접근법(Co-Teaching Approaches)

협력교수는 여러 형태를 취할 수 있다; 다음 설명은 Friend와 Bursuck(2015)에서 교사와 상담사가 사용할 수 있도록 조정한 것이다. 파트너들은 제한된 수의 접근법과 고정된 그룹, 특히 결핍에 기반한 그룹의 사용에 의존하는 것을 피해야 한다.

일방 지도-일방 관찰 교수(One Teach, One Observe)

이 접근에서는 교사 또는 전문상담교사 중 한 명이 주요 교수자 역할을 맡는다. 예를 들어, 전문상담교사는 학생의 집단 내 사회적 상호작용이나 교사의 수업전략 사용 방식을 관찰하는 것이 도움이 될 수 있다. 마찬가지로, 교사는 전문상담교사가 사용하는 행동 개입, 괴롭힘 예방 개입, 위기 개입, 사회기술 훈련, 그리고 학습기술 지도 등을 관찰하는 것이 유익할 수 있다.

역할 분담 교수(Station Teaching)

이 접근에서는 학급을 세 개의 소집단으로 나눈다. 한 집단은 전문상담교사와 함께 활동하고, 다른 한 집단은 교사와 함께 활동하며, 세 번째 집단은 교사 없이 자율적으로 활동한다(예: 개인 자리에서 또는 학습 센터에서 수행).

병행 교수(Parallel Teaching)

학급을 반으로 나누어, 모든 학생들이 보다 개별적인 지도를 받을 수 있도록 한다. 양쪽 집단에 유사한 교수 접근을 적용할 수도 있고, 학생들의 흥미나 선호와 같은 요인에 따라 집단을 조직할 수도 있다.

대안 교수(Alternative Teaching)

한 명의 교사가 대부분의 학생들과 함께 수업을 진행하는 동안, 다른 파트너는 소집단을 대상으로 수업을 진행하는 방식이다. 예를 들어, 중요한 기술이나 배경지식을 사전 지도(preteaching)하거나, 심화 학습(enrichment)을 제공하는 경우 등이 이에 해당한다. 다만, 학습 결손을 표준으로 집단을 반복적으로 분리하는 방식은 낙인과 학습 수준 저하를 초래할 수 있으므로 지양해야 한다.

공동 지도(Teaming)

두 파트너가 동시에 전체 학생을 대상으로 공동으로 수업을 진행하는 방식이다. 이는 많은 협력교수 경험자들에 의해 가장 역동적이고 보람 있는 교수 모형으로 간주되지만, 다른 교수 방식보다 높은 수준의 상호 조화와 협력관계를 요구한다.

일방 지도-일방 지원 교수(One Teach, One Assist)

이 접근은 제한적으로 사용되어야 하며, 역할 간의 평등성과 역할 순환에 대해 충분한 주의를 기울여야 한다. 그렇지 않으면, 파트너 중 한 명이 전문인이라기보다는 보조 인력에 더 적합한, 덜 능동적인 역할에 반복적으로 고정될 수 있다.

다른 형태의 협력적 활동들과 마찬가지로, 협력교수는 구체적인 전문성 개발 연수, 지도형 실습 활동, 그리고 공식적이고 지속적인 자기평가 과정을 통해 지원되어야 한다. 협력교수에 대한 반대는 종종 이 과정에 대한 제한된 이해와 경험 부족에서 비롯된다. 위에서 언급된 지원이 제공되지 않을 경우, 협력 파트너들은 이 모형을 실행하는 데 상당한 어려움을 겪을 수 있으며(Daane, Beirne-Smith, & Latham, 2000), 협력교수 과정에 불편함을 느끼는 참여자들 간의 제한된 의사소통 역시 포함된다.

다음 절에서는 장애학생의 옹호자로서 활동하는 전문상담교사에게 협업이 가지는 중요성이 다루어진다.

장애학생을 위한 옹호활동

전문상담교사는 장애학생을 대상으로 효과적으로 개입하며, 자신이 맡은 학생들의 개인적·사회적 요구를 충족시키기 위해 옹호활동을 수행하는 역량으로 인정받고 있다. 이러한 옹호는 종종, 장애가 없는 학생들에게 제공되는 상담 서비스와 학교 전체 차원의 활동 및 선택권에 동등하게 접근할 수 있도록 하는 데 초점을 둔다(Frye, 2005). 장애학생을 분리 교육해 온 전통이 있는 학교에서 통합교육을 옹호하려는 경우에는, 특히 협업 기술과 절차에 대한 세심한 주의가 필요하다. 이러한 학교에서는 다른 교사들이, 장애학생의 요구는 일반교육 활동 내에서는 충족될 수 없다고 가정하거나, 장애가 없는 학생들이 그로 인해 손해를 볼 수 있다고 여길 수도 있다.

따라서 장애학생들에게 공통적으로 필요한 옹호는 일반 교육 교실에 이들을 포함시키는 것이 학생 자신과 다른 이들에게 가져다주는 이점을 이해하는 지지자들을 확보하는 것이다. 일반적인 추측과는 달리, 장애학생들은 분리된 특수학급에서 더 많이 배우지 않는다; 일반 교육 교실에서 적절한 지원이 제공될 때 동등하거나 더 우수한 결과가 얻어진다(Affleck, Madge, Adams, & Lowenbraun, 1988; Banerji & Dailey, 1995; Bunch & Valeo, 1997; Cole & Meyer, 1991; Freeman & Alkin, 2000; Fryxell & Kennedy, 1995; Hunt & Goetz, 1997; Ingraham & Daugherty, 1995; Lipsky & Gartner, 1995; Logan & Keefe, 1997; Madden, Slavin, Karweit, Dolan, & Wasik, 1993; McGregor & Vogelsberg, 1998; Schulte, Osborne, & McKinney, 1990; Waldron & McLeskey, 1998; Wang & Birch, 1984; Willrodt & Claybrook, 1995). 물론, 교육자들은 장애가 없는 학생들의 진도에 대해서도 걱정한다; 여기서 연구 결과는 똑같이 안심할 만하며, 통합적인 일반교육 교실의 장애가 없는 학생들은 비통합 교실과 비교하여 동등하거나 우수한 학업적, 사회적, 행동적 결과를 보인다(Holloway, Salisbury, Rainforth, & Palombar, 1995; Peck, Donaldson, & Pezzoli, 1990; Salend & Duhaney, 1999; Sasso & Rude, 1988; Sharpe, York, & Knight, 1994).

어떠한 옹호활동에서도 마찬가지지만, 특히 장애학생을 포함한 전통적으로 소외된 집단의 학생들을 위한 옹호활동을 수행할 때, 전문상담교사는 해당 학교 내에서 작동하는 미시정치적(micropolitical) 요소들과 자신의 권력 수준(또는 그 결여됨)을 인식할 필요가 있다. 전통적으로 소외된 집단의 학생들이 가지는 요구가 현 체제를 변화시킬 수 있는 제안을 수반할 경우, 이러한 변화가 고위직, 고용 안정성, 그리고 권력을 가진 이들 사이에서 비인기일 수 있기에, 정규직이 아닌 교육자들에게는 위험이 따를 수 있다. 이와 같은 상황에서 그 위험을 완화하기 위해서는 효과적인 협업이 특히 중요하다.

장애학생을 위한 협업은 중요하지만, 항상 쉬운 것은 아니다. 다음 절에서는 효과적인 협업을 방해하는 요인들을 다룬다.

장애학생을 위한 효과적인 협력관계 형성의 잠재적 어려움

협력적 접근이 갖는 수많은 이점에도 불구하고, 학교는 변화에 대해 본질적으로 매우 느리게 반응하며, 지속적인 협력적 팀 기반 실천은 종종 간과된다. 통합교육 및 기타 학교 내 개혁 노력에 불만을 느끼는 교육자들은, 그러한 과정에서 협력적 팀 기반 실천이 턱없이 부족하거나, 아예 존재하지 않았음을 자주 고백하곤 한다. Ayers(1994)는 다음과 같이 지적하였다. “우리 시대는 협력적 실천을 요구하고 있지만, 많은 경우 우리의 훈련, 경험, 조직 구조, 그리고 전통은 오히려 성공적이지 못한 방식들을 계속 따르게 만든다”(p. 5).

효과적인 협력관계에 대한 구체적인 어려움에는 지속적인 전문성 개발과 팀 회의 모두에 필요한 시간과 자원이 포함된다. 이 두 어려움 모두 관리자의 지원으로 해결할 수 있다. 예를 들어, 이해관계자 회의를 지속적으로 지원하기 위해 일정 변경이 필요할 수 있다(예: 같은 학생들을 담당하는 팀원들을 위한 주간 공통 계획 시간). 팀의 지정된 근무일 내에 포함되는 정기적인 회의 시간은 중요한 지원이다; 이것 없이는 가장 숙련되고 열정적인 팀조차 시간이 지남에 따라 무너질 가능성이 높다. 일정 조정과 자원 할당은 관리자들에게 지속적인 과제임을 인식해야 한다; 그들은 이러한 지원의 중요성에 대해 팀으로부터 강력하고 일관된 메시지를 받을 필요가 있을 뿐만 아니라, 그 지원이 제공되었을 때에는 감사와 존중의 뜻을 담은 강력하고 일관된 메시지 또한 받아야 한다.

이 과정에서 행정적 지원의 중요성은 “말로 표현하는 것”과 “행동으로 보여주는 것” 모두를 포함하여 과소평가하기 어렵다. 효과적인 협력팀 기능과 관련된 중요한 행정 활동에는 최소한 주기적인 팀 회의 참여, 그리고 장애학생을 위해 일하는 데 열정적인 직원들과 더 망설이는 직원들에 대한 격려와 안심시키는 것이 포함된다.

장애학생을 위한 효과적인 협력관계 형성에 추가적인 장벽은 경우에 따라 전문가들이 학생을 바라보는 방식과 관련될 수 있다. 예를 들어, 일부 전문상담교사는 장애학생에 대한 책임은 특수교사에게 있어야 하며, 장애학생에게 상담 서비스를 제공하는 것은 중복 지원에 해당한다고 느끼기도 한다(Frye, 2005). 이러한 가정에는 이중 잣대(double standard)가 내포되어 있다. 즉, 비장애학생과 그들의 교사에 대해서는 같은 가정이 적용되지 않기 때문이다(예: 일반교육 교사가 비장애학생의 상담 요구를 충족할 수 있다고 간주되는 경우는 거의 없다). 이러한 문제들은 사례 제시 4.3에서 구체적으로 드러난다.

사례 제시 4.3

"이 협력관계는 회복될 수 있는가?"

당신은 학교 개선 노력에 있어 교장을 기꺼이 지원해 온 전문상담교사로 알려져 있으며, 이번에도 또 요청받았다. 교장이 설명하는 상황은 다음과 같다. 새 가족이 해당 학군으로 전입하였고, 그 가족의 자녀 중 한 명은 중도장애를 지니고 있으며, 유치원부터 지금까지 기존 거주지의 통합학교에 계속 다녀왔다. 부모는 자녀가 당신의 학교에서도 계속 통합교육을 받을 수 있기를 강하게 요구하고 있다. 그러나 지금까지 당신의 학교에서 일반학급에 포함된 장애학생들은 모두 경도 장애를 지닌 학생들뿐이었으며, 그들에게 제공된 지원은 자원교실(resource room) 서비스 및 일부 경우의 상담 서비스에 한정되어 왔다. 더 높은 수준의 지원이 필요한 학생들은 언제나 분리된 특수교육 학급이 운영되는 다른 학교로 전학 조치되어 왔다.

교장은 이 학생의 통합교육에 대해 자신이 반대하고 있으며, 이 과정을 촉진할 수 있는 전략에 대한 이해도 부족함을 솔직히 인정한다. 그녀는 이렇게 설명한다. "부모가 변호사를 대동했고, 우리는 선택의 여지가 없어요." 이 프로젝트는 당신과 교장이 공동으로 수행하게 될 것처럼 설명되지만, 과거 경험에 비추어 보면 대부분의 실질적인 작업은 당신에게 전가될 가능성이 높다. 게다가 교장이 명확히 반대 입장을 보이고 있기에, 당신은 그녀가 가능한 한 관여하지 않는 것이 나을지, 그러나 동시에 그녀의 지지 없이 이 프로젝트가 과연 성공할 수 있을지에 대한 복합적인 고민을 하게 된다.

자기성찰 질문

1. 중학교 교장의 지원 요청에 어떻게 대응하겠는가?
2. 이 장에서 제시된 기술, 절차, 전략, 연구(위의 "장애학생을 위한 옹호활동" 절에 포함된 통합교육의 결과 포함), 기타 자원들은 어떤 방식으로 도움이 될 수 있는가?
3. 그 외에 당신은 무엇을 더 알고 싶은가?

협력관계 기술을 향상시키고 적용하는 데 도움이 되는 자원

이제 독자는 장애학생을 위한 효과적인 협력관계에 있어 핵심 개념들에 대해 충분히 이해했으므로, 협력 및 의사소통 기술을 향상시키고 이러한 효과적인 협력관계에 대한 이해를 장애학생과 비장애학생을 위한 실천에 적용할 수 있도록 도와줄 추가 자료들을 살펴볼 시점이다. 이러한 자료들은 본 장과 관련된 두 가지 주요 범주로 조직되어 있다: (a) 협력적 팀워크 자료는 전문상담교사와 그 팀 구성원들이 협력관계 기술을 개발할 수 있도록 돕기 위한 것이며, (b) 문화 간 역량(cross-cultural competence)과 관련된 자료들은 해당 역량에 관심을 가지는 전문학회들을 포함한다(예: 다문화상담및발달학회(Association of Multicultural Counseling and Development), 전국다문화교육협회(National Association for Multicultural Education [NAME])). 이 자료들은 본 장의 말미에 제시되어 있다.

요약

이 장에서는 전문상담교사가 학교와 지역사회 내의 동료 교육자 및 서비스 제공자와 협력관계를 발전시키는 필요성과 이 임무를 수행하는 방법에 관한 문제들을 탐구했다. 주요 참여자, 협력의 목적과 목표, 그리고 효과적인 팀원의 자질이 개략적으로 설명되었다. 전문가, 가족 및 기타 지역사회 이해관계자들의 협력팀에 참여하고 일하는 전략이 제시되었으며, 여기에는 그룹 상호작용을 위한 임무와 기본 규칙 설정, 구조화된 그룹 문제해결 과정, 팀원을 위한 권장 역할, 그리고 특정 팀 기반 실천 기술의 개발이 포함된다.

다루어진 특정 팀 기반 실천 기술에는 능동적 경청, 합의 구축, 갈등 해결, 그리고 팀 기능에 대한 정기적인 자기 평가가 포함된다. 협력관계에 대한 협의적 및 교육적 접근이 관련 옹호 문제와 함께 설명되었다. 효과적인 협력관계에 대한 잠재적 어려움이 논의되었으며, 장애가 있는 학생과 없는 학생을 위한 효과적인 협력관계를 개발하는 능력을 더 발전시키기 위한 자원과 기타 제안이 제공되었다.

핵심사항

- 전문상담교사는 점차 특수교육팀의 일원으로 활동하게 되고 있으며, 학생들이 최적의 성취를 달성할 수 있도록 지원하는 중요한 자산으로 간주된다.
- 전문상담교사는 모든 학생을 위한 숙련된 의사소통자이자 협력자가 되어야 하며, 특히 장애학생들에게는 더욱 중요한 사항이다. 장애학생들에게는 관련된 학교 및 지역사회 기반 전문가들이 광범위하게 관여하고 있기 때문이다.
- 전문상담교사는 전문가 협력팀, 가족 구성원, 그리고 기타 지역사회 이해관계자와 효과적으로 협력하고 이들을 참여시키기 위한 전략에 대해 숙지하고 있어야 한다. 이들은 집단 상호작용의 목적과 기본 규칙을 설정하고, 구조화된 집단 문제해결 과정을 촉진하며, 팀 구성원에게 권장되는 역할을 명확히 하고, 구체적인 팀빌딩(team building) 기술을 개발할 수 있어야 한다.
- 전문상담교사는 적극적 경청(active listening), 합의 도출(consensus building), 갈등해결(conflict resolution)과 같은 구체적인 팀 구성 역량(team building skills)을 갖추어야 한다. 또한 팀의 기능을 정기적으로 평가하고, 교실 내에서의 팀 구성 및 협력교수(co-teaching) 모델을 탐색할 수 있어야 한다.

추가 자료

인쇄물

Blue-Banning, M., Summers, J., Frankland, H., Nelson, L., & Beegle, G. (2004). Dimensions of family and professional partnerships: Constructive guidelines for collaboration. *Exceptional Children, 70*(2), 167-184.

Foltos, L. (2013). *Peer coaching: Unlocking the power of collaboration*. Corwin.

Honigsfeld, A., & Dove, M. (2010). *Collaboration and co-teaching: Strategies for English learners*. Corwin.

Magiera, K., Lawrence-Brown, D., Bloomquist, K., Foster, C., Figueroa, A., Glatz, K., & Rodriguez, P. (2006). On the road to more collaborative teaching. *Teaching Exceptional Children Plus*, 2(5), 1-12.

Robinson, K. (2007). Individual focus, systemic collaboration: The current attentional role of schools in the integrated delivery of mental health services. In D. Robertson, J. Anderson, & R. Meyer (Eds.), *Advances in school-based mental health interventions: Best practices and program models*(pp. 5-13). Civic Research Institute.

Snell, M., & Janney, R. (2005). *Collaborative teaming*(2nd ed.). Brookes.

Yawn, C., Hill, J., Obiakor, F., Gala, D., & Neu, J. (2013). Families and students with learning disabilities. *Advances in Special Education, 25*, 175-188.

웹 기반 자료

협력적 팀 기반 실천 자원

효과적인 협력과 실천 센터: http://cecp.air.org/ 효과적인 실천에 관한 지식의 생산, 교환 및 사용을 통해 심각한 정서적 장애가 있거나 발달 위험이 있는 아동의 발달과 적응을 촉진하는 데 전념함.

New Conversations. 갈등 관리 응급 키트: http://www.newconversations.net/communication-skills-library-of-articles-and-teaching-materials/conflict-resolutionemergency-kit/

New Conversations. 의사소통 기술 연습이 포함된 7가지 도전 워크북: http://www.newconversations.net/

협력교수 연결: http://coteach.com/ 협력교수에 대해 더 알고 싶어하는 교육자들을 위한 자원을 제공하며, 비디오, 수업 계획, 그리고 공통 협력교수 문제와 해결책을 포함함. 협력교수의 공동 계획 측면을 보여주는 온라인 비디오는 http://teachersnetwork.org/에서 이용 가능함.

Julian Treasure: 더 잘 듣는 다섯 가지 방법: http://www.youtube.com/watch?v=cSohjlYQI2A) 청취 전문가 Julian Treasure가 다른 사람들과 주변 세계에 대한 의식적인 청취를 위해 귀를 다시 조율하는 빠르고 흥미로운 다섯 가지 방법을 공유함.

문화 간 역량 자원

형평성 연합: http://ea.niusileadscape.org/lc 교육 형평성에 관한 무료의, 증거 기반 온라인 자원과 정보를 제공함.

국제 재활 연구 정보 및 교환 센터: http://cirrie.buffalo.edu/culture/ 문화 간 역량 자원에는 장애가 있는 개인에 초점을 맞춘 온라인 사례와 비디오가 포함됨.

관용 가르치기: http://www.tolerance.org/ 학교에서의 다양성, 평등한 기회, 그리고 차이에 대한 존중에 관심이 있는 교육자들에게 잡지, 필름 키트, 그리고 수업 계획을 포함한 다양한 무료 자원을 제공함.

유럽계 미국인에 대한 고정관념에 관한 역할 반전 관점을 위한 유머로운 시각을 보려면, 다음 코미디언들의 의견을 살펴보라

Greg Proops: https://www.youtube.com/watch?v=aJYY1CFKzTg

John Oliver: https://www.youtube.com/watch?v=mwEGHlqbjw8

참고문헌

Affleck, J., Madge, S., Adams, A., & Lowenbraun, S. (1988). Integrated classroom vs. resource model: Academic liability and effectiveness. *Exceptional Children, 54*, 339-348.

American School Counselor Association. (2008). *ASCA national model, executive summary*. American School Counselor Association. http://www.ascanationalmodel.org/

Ayers, G. E. (1994, Winter). They don't shoot collaborators anymore. *Teaching Exceptional Children, 26*(2), 5.

Banerji, M., & Dailey, R. (1995). A study of the effects of inclusion model on students with specific learning disabilities. *Journal of Learning Disabilities, 28*, 511-522.

Brown, D., Pryzwansky, W., & Schulte, A. (2011). The skills and characteristics of consultants and collaborators. In *Psychological consultation and collaboration: Introduction to theory and practice*. Pearson.

Bunch, G., & Valeo, A. (1997). *Inclusion: Recent research*. Inclusion Press.

CACREP. (2009). *Council for the accreditation of counseling and related educational programs 2009 standards*. http://www.cacrep.org/wp-content/uploads/2013/12/2009-Standards.pdf

Cole, D., & Meyer, L. (1991). Social integration and severe disabilities: A longitudinal analysis of child outcomes. *The Journal of Special Education, 25*(3), 340-351.

Conoley, J., & Conoley, C. (2010). Why does collaboration work? Linking positive psychology and collaboration. *Journal of Educational & Psychological Consultation, 20*(1), 75-82.

Daane, C. J., Beirne-Smith, M., & Latham, D. (2000). Administrators' and teachers' perceptions of the collaborative efforts of inclusion in the elementary grades.

Education, 121(2), 331-339.

Ferguson, D. L., Meyer, G., Jeanchild, J., Juniper, L., & Zingo, J. (1992). Figuring out what to do with the grown-ups: How teachers make inclusion "work" for students with disabilities. *Journal of the Association for Persons with Severe Handicaps, 17*(4), 218-226.

Freeman, S., & Alkin, M. (2000). Academic and social attainment of children with mental retardation in general education and special education settings. *Remedial and Special Education, 21*(1), 3-18.

Friend, M., & Bursuck, W. (2015). *Including students with special needs*(7th ed.). Pearson.

Frye, H. N. (2005). How elementary school counselors can meet the needs of students with disabilities. *Professional School Counseling, 8*(5), 442-450.

Fryxell, D., & Kennedy, C. (1995). Placement along the continuum of services and its impact on students' social relationships. *Journal of the Association for Persons with Severe Handicaps, 20*, 259-269.

Garcia, S. B. (2012). The pre-service classroom as an intercultural space for experiencing a process of cultural reciprocity. In M. Kalyanpur & B. Harry (Eds.), *Cultural reciprocity in special education*(pp. 155-174). Brookes.

Holloway, T., Salisbury, C., Rainforth, B., & Palombar, M. (1995). Use of instructional time in classrooms serving students with and without severe disabilities. *Exceptional Children, 61*(3), 242-253.

Hunt, P., & Goetz, L. (1997). Research on inclusive educational programs, practices, and outcomes for students with severe disabilities. *Journal of Special Education, 31*(1), 3-29.

Ingraham, C. L., & Daugherty, K. M. (1995). The success of three gifted deaf-blind students in inclusive educational programs. *Journal of Visual Impairment & Blindness, 89*(3), 257.

Institute on Community Integration. (1990). *Collaborative teamwork: Working together for the inclusion of students with disabilities*[Brochure]. Institute on Community Integration, University of Minnesota.

Kalyanpur, M., & Harry, B. (2012). *Cultural reciprocity in special education*. Brookes.

Lawrence-Brown, D., & Muschaweck, M. (2004). Getting started with collaborative teamwork for inclusion. *Catholic Education, 8*(2), 146-161.

Lawrence-Brown, D., & Sapon-Shevin, M. (2013). *Condition critical: Key principles for equitable and inclusive schooling*. Teachers College Press.

Lipsky, D. K., & Gartner, A. (1995). The evaluation of inclusive education programs. *National Center on Restructuring and Inclusion Bulletin, 2*(2), 1-6.

Logan, K., & Keefe, E. (1997). A comparison of instructional context, teacher behavior, and engaged behavior for students with severe disabilities in general education and self-contained elementary classrooms. *Journal of the Association for Persons with Severe Handicaps, 22*(1), 16-27.

Madden, N., Slavin, R., Karweit, N., Dolan, L., & Wasik, B. (1993). Success for all: Longitudinal effects of a restructuring program for inner-city elementary schools. *American Educational Research Journal, 30*, 123-148.

McGregor, G., & Vogelsberg, R. (1998). *Inclusive schooling practices: Pedagogical and research foundations: A synthesis of the literature that informs best practices about inclusive schooling*. Brookes.

Morton, M., Cotanch, B., Paetow, C., Rohn, C., Duncan, J., & Slavin, H. (1991). *Developing teaming skills*. Division of Special Education and Rehabilitation, Syracuse University.

Peck, C., Donaldson, J., & Pezzoli, M. (1990). Some benefits non-handicapped adolescents perceive for themselves from their social relationships with peers who have severe handicaps. *Journal of the Association for Persons with Severe Handicaps, 15*(4), 241-249.

Salend, S., & Duhaney, L. M. G. (1999). The impact of inclusion on students with and without disabilities and their educators. *Remedial & Special Education, 20*(2), 114-126.

Sasso, G., & Rude, H. (1988). The social effects of integration on nonhandicapped children. *Education and Training in Mental Retardation*, March, 18-23.

Schulte, A., Osborne, S., & McKinney, J. (1990). Academic outcomes for students with learning disabilities in consultation and resource programs. *Exceptional Children, 57*, 162-172.

Sharpe, M., York, J., & Knight, J. (1994). Effects of inclusion on the academic performance of classmates without disabilities: A preliminary study. *Remedial and Special Education, 15*(5), 281-287.

Tuckman, B., & Jensen, M. A. (1977). Stages of small-group development revisited. *Group and Organization Studies, 2*(4), 419-427.

Villa, R., Thousand, J., & Nevin, A. (2008). *A guide to co-teaching: Practical tips for facilitating student learning*(2nd ed.). Corwin.

Waldron, N., & McLeskey, J. (1998). The effects of an inclusive school program on students with mild and severe learning disabilities. *Exceptional Children, 64*, 395-405.

Wang, M., & Birch, J. (1984). Comparison of a full-time mainstreaming program and a resource room approach. *Exceptional Children, 5*, 33-40.

Willrodt, K., & Claybrook, S. (1995). *Effects of inclusion on academic outcomes*(Unpublished doctoral dissertation). Sam Houston State University, Texas. (ERIC Document Reproduction Service No. ED 389102)

5장

다학제팀 구성원과 과정

Karen Dickinson

펜실베이니아 웨스트체스터 대학교 (West Chester University of Pennsylvania)

> "혼자서는 할 수 있는 것이 별로 없지만, 함께라면 많은 것을 할 수 있다."
>
> —Helen Keller, 미국 작가, 활동가, 강연자

"함께라면 우리는 훨씬 더 많은 것을 이룰 수 있다." 이 얼마나 단순한 문장이면서도, 희망에 찬 강력한 메시지인가. 특히 우리처럼 아동의 성공적인 교육과 발달에 헌신하는 이들에게는 더욱 그렇다. '한 아이를 키우기 위해서는 온 마을이 필요하다'는 말이 사실이라 주장할 수도 있겠지만, 특수한 지식과 기술을 가진 사람들의 참여와 전문적 서비스의 조정이 아동의 발달을 지원하는 데 있어 특히 효과적이라는 것은 명확한 증거를 통해 입증되어 있다. 이러한 협력의 중요성이 가장 명확하게 드러나는 곳은 바로 우리 학교이며, 학교에서 제공되는 조정된 팀 기반 프로그램이 특수한 지원이 필요한 아동들에게 제공될 때 그 진가가 발휘된다. 이 장에서는 특수교육에서의 집단적이고 팀 중심적인 접근을 구성하는 주요 인물들과 그 실행 과정을 함께 살펴본다.

이 장에서는 다학제팀(Multidisciplinary Team, MDT) 접근을 통해 특수교육적 요구가 있는 학생들을 지원하는 과정에서 나타나는 고유한 역할과 협력적 과정의 성격을 설명한

다. 보다 구체적으로는, 전문상담교사가 다학제팀과 특수교육 과정에 기여하는 특화된 지식과 기술, 그리고 그들의 역할에 초점을 맞추어 상세히 서술한다.

전문상담교사는 학생의 개인적, 사회적, 정서적 발달과 학업성취를 촉진하거나 저해할 수 있는 요인과 과정에 대한 이론과 연구를 기반으로 훈련받은 전문가로서, 다학제팀의 업무에 독특하고 필수적인 전문역량을 제공한다. 이 장을 학습한 후 독자는 다음의 내용을 수행할 수 있다:

1. 다학제팀이 무엇이며, 그 팀의 구성원으로 누가 포함될 수 있는지 판별할 수 있다.
2. 전문상담교사가 다학제팀의 일원으로 수행할 수 있는 업무 중 최소 세 가지를 진술할 수 있다.
3. 상담 및 관련 교육 프로그램 인가 위원회(CACREP, 2009)와 미국 전문상담교사협회(ASCA, 2012)에서 제시한 전문상담교사 역량 중, 특수교육 과정과 관련된 내용을 판별할 수 있다.
4. 특수교육이 필요한 학생을 평가하는 사정평가 절차를 설명하고, 그 절차를 본인의 거주 주(state)에서 어떻게 찾을 수 있는지 이해한다.
5. 장애학생이 교육 단계별로 전환할 때 고려해야 할 주요 과정들을 설명할 수 있다.
6. 전문상담교사가 특수교육 과정에 부모의 참여와 지지를 유도하고 촉진하는 최소 세 가지 방법을 판별할 수 있다.

참여자들: 다학제팀

아동이 학업 과정에서 어려움을 겪고 있다는 사실은 쉽게 드러날 수 있지만, 문제를 인식하는 것만으로는 효과적인 중재의 시작일 뿐이며, 전체 과정의 일부에 지나지 않는다. 전문상담교사는 학생의 행동 원인과 그 결과를 판별하기 위해 가능한 한 많은 정보를 수집하는 것이 얼마나 중요한지를 잘 알고 있으며, 이를 통해 필요한 변화를 이끌어내고자 한다. 이러한 이해 과정은 직관이나 추측에 근거하는 것이 아니라, 자료에 기반한 조사이며, 이는 다학제팀이 주도한다. 이 과정은 학생의 삶 전반에 걸친 모든 영역(예: 인지적, 신체적, 사회정서적)으로부터 정보를 수집하게 되며, 이러한 정보는 학생의 요구를 판별하고 성공적인 개입을 위한 기초를 제공한다(미국교육부, 2006a).

일부 주에서는 다학제팀이 다른 명칭으로 불리기도 한다. 예를 들어, 미시간주에서는 이 팀을 다학제 평가팀(Multi-disciplinary Evaluation Team, MET)이라고 부르며, MET는 다학제팀과 마찬가지로 학교 기록, 학업성취 검사 결과, 의학적 병력, 부모가 제공하는 정보 등을 검토한다(미시간주 플리머스-캔턴 공립학교, 2011). 또한 뉴욕주에서는 이 팀이 교육청에 의해 임명되며, 특수교육 위원회(Committee on Special Education, CSE)로 불린다(뉴욕주 교육부, 2002).

다음 절에서는 다학제팀의 구체적인 구성과 운영 방식에 대해 살펴볼 것이다.

다학제팀의 사명

장애인교육법(IDEA)에 따르면, 다학제팀의 사명은 학생의 강점과 요구 영역을 사정평가하여, 해당 학생이 성공적으로 참여할 수 있는 교육 프로그램을 수립하는 데 필요한 정보를 수집하는 것이다(미국교육부, 2006a). 팀은 의심되는 장애 유형에 따라 수집할 자료의 종류를 결정한다. 예를 들어, 수학과 읽기에서 어려움을 겪고 있으나, 또래 및 교실 환경에서의 사회성이나 행동에는 문제가 없는 한 학생의 사례를 보자. 이 경우, 팀은 학습상의 어려움을 파악하기 위해 인지능력 및 학업 능력에 대한 사정평가를 실시하게 된다. 그러나 행동 사정평가나 지각 또는 시지각 운동 검사는 해당 영역에 문제가 명확히 드러나지 않기 때문에 반드시 필요하지는 않을 것이다. 또 다른 사례로, 학업성취는 매우 우수하지만, 좌절감을 느낄 때 교사에게 소리를 지르거나 책상을 뒤엎고 교실 밖으로 뛰쳐나가는 학생을 생각해보자. 이 경우에는 행동 및 사회정서적 사정평가가 필요하며, 경우에 따라서는 정신건강 전문단체로의 연계가 이루어져야 할 수도 있다. 그림 5.1에는 연계 사안과 이에 따른 다양한 사정평가의 유형이 예시로 제시되어 있다.

그림 5.1 **연계 우려 사항 및 사정평가의 사례**

구체적 우려 사항 포함

☐ 조음(articulation)

☐ 읽기 이해(reading comprehension)

☐ 주의(attention)

☐ 언어(language)

☐ 듣기 이해(listening comprehension)

☐ 철자(spelling)

☐ 음운 인식(phonemic awareness)

☐ 수학 개념(math concepts)

☐ 쓰기(writing)

☐ 심화(enrichment)

☐ 글쓰기 표현(written expression)

☐ 기억(memory)

☐ 읽기(reading)

☐ 읽기 유창성(reading fluency)

☐ 기타(other): ___________

특정 절차

☐ 표준화 인지 사정평가(standardized cognitive assessments)

☐ 교육과정 중심 사정평가(curricular based assessments)

☐ 표준화 학업성취도 사정평가(standardized academic assessments)

☐ 교실 관찰(classroom observation)

☐ 표준화 지각 사정평가(standardized perceptual assessments)

☐ 언어/말 지표 또는 선별 검사(speech/language probe(s), screening(s))

☐ 표준화 사정평가 및/또는 기록 검토(standardized assessment(s) and/or review of records)

☐ 언어재활사에 의해 요구된 경우의 표준화 행동 사정평가(standardized behavioral assessments as deemed by speech-language pathologist)

☐ 표준화 사회정서 사정평가(standardized socioemotional assessments)

☐ 정신의학적 사정평가(psychiatric assessments)

☐ 표준화 기억 사정평가(standardized memory assessments)

☐ 기타(other): ______________

이러한 사정평가의 목적은 아동의 기능적, 발달적, 그리고 학업적 자료를 수집하여 팀이 전체 아동의 요구를 분석할 수 있도록 하는 데 있다. 이 사정평가는 자료 기반 의사결정을 가능하게 하며, 이는 이 과정에서의 책무성을 확보하는 데 기여한다. 아동의 행동이 가지는 기능이나 그 원인에 대한 정보는 개인의 특성, 관계, 환경에 특화된 자료 수집을 통해 얻어진다(Martin, 2012). 관찰 및 표준화 검사를 통해 팀은 해당 아동의 발달적 및 학업적 기술에 대한 정보를 확보할 수 있다. 이 정보는 팀이 학생을 위한 교수 및 중재 전략을 개발할 때 더 나은 의사결정을 내릴 수 있도록 해준다. 이러한 모든 자료는 다학제 평가(Multidisciplinary Evaluation, MDE) 또는 평가 보고서(Evaluation Report, ER)라는 형태로 정리되며, 그 결과는 회의를 통해 공유되고, 향후 조치를 결정하는 데 사용된다. 우리는 단지 교사를 지원하기 위한 전략이나 개입을 제공하기 위해 존재하는 것이 아니라, 학생과 그 가족이 각 개인의 고유한 강점과 요구 영역, 그리고 그 과정을 이해할 수 있도록 돕는 역할도 함께 수행해야 함을 기억해야 한다.

다학제팀의 구성원

앞서 언급했듯이, 수집해야 할 자료의 유형은 각 아동이 지닌 요구에 따라 달라진다. 이와 마찬가지로, 다학제팀의 구성원도 학생의 요구 및 수집 대상 자료의 성격에 따라 다양하게 구성된다. 일반적으로 팀에는 담임교사, 학교심리사, 또는 진단 목적의 사정평가를 수행할 수 있는 전문가가 포함된다. 이들은 모두 학생의 요구 영역에 대해 평가 자격을 갖춘 전문가들이다. 주(state)마다 구성원에 대한 세부 사항은 다를 수 있지만, 다학제팀에서 변하지 않는 한 가지는 부모가 반드시 팀의 일원으로 포함된다는 점이다(미국교육부, 2006b). 지도형 실습 활동 5.1에서는 자신의 학교에서 운영되는 다학제팀에 대해 자료를 수집해보도록 안내하고 있다.

지도형 실습 활동 5.1

당신의 학교에서의 다학제팀

지침: 다음 질문에 답하기 위해 전문상담교사 또는 학교심리사와 인터뷰를 진행하시오. 그 결과를 학급 친구들과 공유하시오.

- 귀하의 학교에서 다학제팀에 일반적으로 참여하는 사람들은 누구이며, 그들의 역할은 무엇인가?
- 일정하게 항상 참여하는 고정된 구성원이 있는가?
- 어떤 조건에서 다학제팀의 구성원이 변경되는가?
- 구성원의 차이가 수집되는 자료의 유형에 어떤 영향을 미치는가?

다학제팀의 특정 구성원들은 사정평가 과정에 고유한 전문성을 제공한다. 전문상담교사가 팀에 포함될 경우, 이들은 아동의 학업적, 사회적, 그리고 개인적 기능을 포함한 전체 아동에 대한 관점과 이해를 제공함으로써 차별화된 시각을 기여한다. 사례 제시 5.1은 전문상담교사가 다학제팀에서 수행하는 독특한 기여를 보여주는 하나의 예시를 제시한다.

사례 제시 5.1

제이니(Janie)

초기 연계

제이니는 6세의 1학년 학생이다. 그녀의 담임교사는 다음과 같은 어려움을 제기하였다.

a. 단어 해독(decoding)에 어려움이 있다.

b. 시각 어휘(sight vocabulary)가 제한적이다.

c. 제이니는 읽기 수업 시간에 좌절감을 드러내는 것처럼 보인다.

d. 읽기전문교사로부터 보충지도를 받고 있음에도 불구하고, 오히려 더욱 좌절하는 경향이 나타난다.

이러한 좌절감은 숙제를 하지 않으려는 거부 행동과 또래에 대한 공격성 증가의 형태로 나타나고 있다.

전문상담교사

초등학교 전문상담교사인 필립스는 제이니의 부모 요청으로 상담을 시작한 이후 제이니를 잘 알고 있다. 필립스는 교실과 운동장에서 제이니를 관찰하였으며, 두 환경에서 제이니의 사회적 상호작용에 차이가 있음을 발견하였다. 교실에서는 제이니가 활동에 집중하기보다는 공상에 잠긴 듯한 모습을 보이며, 종종 교사나 또래로부터 주목받는 것을 회피하려는 행동을 보인다. 이는 운동장에서의 그녀의 행동과 대조된다. 교실에서 보이는 '존재감 없는' 스타일과 달리, 제이니는 운동장에서의 사회적 상호작용을 주도하려는 시도에서 꽤 단호하고, 종종 공격적이기도 하다.

지난 6주 동안, 필립스는 제이니와 개별 면담을 진행하였고, 다음과 같은 결론을 도출하였다:

a. 제이니는 자신을 "멍청하다"고 느끼며, 이에 대해 슬프고 방어적인 정서 상태를 보이고 있다.
b. 제이니는 읽기전문교사와의 관계를 자신이 또래와 "다르다"는 낙인으로 인식하며, 보충수업에 참여하기를 거부하고 있다.
c. 부모가 숙제를 시키려고 할 때마다 제이니는 화를 내고 울음을 터뜨리며, 이로 인해 숙제를 면제받고 있다. 이러한 반응은 회피 행동을 강화하는 방식으로 작용하고 있다.
d. 제이니는 또래들이 자신을 피하고, 자주 놀림을 받는다고 호소하며, 자신에게 "못됐다고" 말한다고 한다.

다학제팀을 위한 가치 있는 통찰

제이니에 대한 필립스의 독특한 관점은 다음과 같은 점들을 다학제팀이 고려해야 할 자료로 제시한다:

a. 제이니는 자신의 읽기 기술 부족을 지능 부족으로 내면화하였으며, 이는 읽기전문교사로부터 지원받는 것에 대해 방어적으로 반응하게 만들고, 추가 지도 참여를 거부하게 하는 요인이 되고 있다.
b. 제이니의 부모는 숙제를 피하려는 제이니의 울음을 받아들임으로써, 무의식적으로 자녀의 무능감 인식을 강화하고 있다.
c. 제이니의 좌절감은 또래와 상호작용할 때 통제적이고 성급한 행동으로 나타나며, 이는 또래들이 제이니를 피하게 만드는 결과를 낳고 있다.

다학제팀: 역할

다학제팀의 많은 구성원들이 평가 보고서 작성을 위해 정보 수집에 참여하게 된다. 학생의 현재 수행 수준에 대한 정보는 학급 교사 혹은 학생과 함께 일해 본 전문교사 또는 지원교사들로부터 제공된다. 학교심리사, 언어재활사, 또는 아동을 대상으로 개별 진단평가를 수행할 자격을 갖춘 전문가가 표준화된 사정평가를 실시한다(미국교육부, 2006b).

이어지는 다학제팀: 데이터 수집(Data Collection) 절에서 볼 수 있듯, 전문상담교사 또한 자료 수집에 중요한 역할을 한다. 전문상담교사는 학생의 학업 발달을 평가하기 위한 적절한 사정 전략을 선택하는 데 있어 높은 전문성을 보유하고 있지만(CACREP, 2009), 일부 주(state)에서는 표준화된 사정평가를 반드시 학교심리사가 수행하도록 법으로 규정하고 있다. 자료 수집을 지원하는 것 외에도, 집단 역동에 대한 지식과 기술을 지닌 전문상담교사는 다학제팀의 업무를 조율하고 촉진하는 리더십 역할을 수행할 수 있는 이상적인 위치에 있다(ASCA, 2012; CACREP, 2009).

전문상담교사는 모든 참여자가 정보를 공유할 수 있도록 회의를 촉진하고, 팀이 논의되고 있는 내용을 보다 명확히 이해하도록 돕는다. 교육 현장에는 일반인들에게는 익숙하지 않은 전문용어와 약어가 사용되며, 회의에 참석한 부모들은 이러한 교육 용어에 익숙하지 않을 수 있다. 전문상담교사는 이러한 용어와 약어가 의미하는 바를 부모에게 차분하게 설명함으로써 이해를 촉진할 수 있다. 익숙하지 않은 용어 외에도, 공유되는 자료의 해석 역시 명확한 설명이 필요할 수 있으며, 드러나는 정보의 수용에는 시간이 걸릴 수 있다. 이러한 논의는 정서적으로 민감해질 수 있으며, 전문상담교사처럼 차분하고 배려심 있는 목소리를 가진 사람이 이끌 때 더욱 생산적이 된다. 사례 제시 5.2에서는 회의에서 공유되는 자료를 조율하는 과정에서 전문상담교사가 가지는 가치가 드러난다. 이 상담교사는 부모가 회의에 참여할 때 느끼는 불안, 그리고 그 불안이 정보 이해와 의사결정 과정에 어떻게 영향을 줄 수 있는지를 깊이 인식하고 있다. 해당 사례에서는 상담교사가 반영적 경청과 요약 기술을 활용하는 모습이 제시된다.

사례 제시 5.2

티미(Timmy)

다학제팀은 현재 학습장애가 의심되는 2학년 학생 티미에 대해 어떤 사정평가를 실시할지 결정하기 위해 모였다. 티미는 교실에서 주의 집중, 과제 완수, 글씨 쓰기에 어려움을 보이고 있다. 성격은 여전히 쾌활하고 긍정적이지만, 모든 과목의 성적이 저하되고 있는 상태다. 팀은 티미의 부모인 듀어 부부(Mr. and Mrs. Dewar)와 함께 이에 대해 논의하고 있다.

학교심리사: 오늘 이렇게 티미가 어떻게 지내고 있는지 이야기를 들으러 와주셔서 정말 감사합니다. 우리는 많은 새로운 전략을 시도해 보았고, 티미는 정말 열심히 노력하고 긍정적인 태도를 보여주지만, 여전히 어려움을 겪고 있습니다. 그래서 저희는 티미에게 다학제 평가(multidisciplinary evaluation)를 권고하고자 합니다.

Mr. Dewar: 음, 저희도 아이가 도움을 받기를 원하긴 해요. 하지만 그건 너무 대단한(강도 높은) 절차처럼 들리네요.

전문상담교사: 그렇게 들릴 수도 있죠! 두 분이 이렇게 함께해주시고, 티미를 위한 최선의 방안을 원하신다는 점에서 저희는 매우 고맙게 생각하고 있습니다. 우리 모두 같은 목적을 갖고 있어요—티미를 돕는 것이죠. 다학제 평가는 다양한 전문 분야의 팀 구성원들이 티미의 강점과 요구 영역에 대한 정보를 수집할 수 있도록 해주는 절차입니다. 이 평가가 '다학제(multidisciplinary)'로 불리는 이유는, 서로 다른 훈련 배경과 전문 분야를 가진 팀원들이 다양한 관점에서 자료를 수집할 수 있기 때문이에요(내용을 요약하며 설명).

Mrs. Dewar: 아, 그러면 모든 분들이 티미와 직접 만나보는 거예요?

전문상담교사: 네, 그렇게 들으시니까 뭔가 사람이 너무 많다는 느낌이 드시는 것 같군요...(감정을 반영하며 응답) 예를 들어 드릴게요. 학교심리사는 티미의 인지능력과 현재 도달한 학습 수준을 평가하게 됩니다. 읽기전문가는 티미의 읽기 발달에 관한 자료를 공유할 거고요. 교사는 어떤 학습 전략이 효과 있었는지, 또는 효과가 없었는지에 대한 아이디어를 제공해줄 수 있어요. 저는 티미가 작업이나 글쓰기를 할 때 관찰을 통해 행동 자료를 수집할 수 있고, 부모님께서는 가정에서 어떤 전략이 효과적인지, 티미가 가장 잘해낼 수 있는 시점이 언제인지에 대해 의견을 주실 수 있어요. (정보 요약)

학급 교사: 그리고, 저는 작업치료(Occupation Therapy) 선별검사도 필요하다고 생각해요.

전문상담교사: 그 말씀이 조금 혼란스럽게 들리실 수도 있겠네요. (감정 반영) OT 선별검사는 적절한 제안이에요. 작업치료사(occupational therapist)는 티미가 글씨를 쓸 때 직접 관찰하고, 글씨 쓰기에 도움이 되는 전략을 제안해 줄 수 있습니다. 우리는 티미가 글쓰기 중에 쉽게 피로해지지 않도록 도와줄 전략을 찾고 있는 거예요. (정보 요약)

Mrs. Dewar: 아, 저도 사실 티미의 글씨 쓰기가 어떻게 하면 더 좋아질 수 있을지 늘 고민하고 있었어요!

요약하자면, 이 장면에서 전문상담교사는 부모의 감정을 적절히 반영하고, 평가 과정에 대한 불안을 완화했을 가능성이 높다. 또한, 교육학 전공자가 아닌 부모도 이해할 수 있도록 보다 구체적이고 친숙한 용어로 자녀가 겪게 될 절차를 잘 설명함으로써, 부모의 이해도를 높이는 역할을 수행하였다.

위 사례에서 알 수 있듯이, 전문상담교사는 종종 감정적으로 민감한 회의에 참여하게 된다. Auger(2006)가 제안한 바에 따르면, 부모에게 받아들이기 어렵고, 이해하기 힘들거나 듣기 껄끄러운 정보를 제공할 때는 다음의 네 가지 단계를 고려하는 것이 바람직하다: (a) 준비, (b) 소식 전달, (c) 소식에 대한 치료적 대화에 부모를 참여시키기, 그리고 (d) 후속 조치.

회의 준비는 회의 초대를 포함하며, 이는 부모의 언어로 작성되어야 하고, 대면하기 전에는 너무 많은 세부 사항을 전달하지 않으면서 회의 목적을 부모가 이해할 수 있도록 해야 한다. 자녀에 대해 이야기하기 위해 학교로 초대받는다고 상상해보라. 그 자체만으로도 교장실에 불려가는 것 같은 감정을 불러일으킬 수 있다! 부모에게 아이의 진행 상황에 대해 중요한 우려를 나누고 싶으며, 자세한 내용은 회의에서 이야기할 예정이라고 알릴 수 있다. 이는 부모의 불안을 높일 수도 있지만, 상담자는 부모와의 만남을 기대하고 있으며 자녀가 어떻게 성장하고 있는지에 대해 부모의 생각을 듣고 싶다고 안심시켜야 한다. 또한 회의 시간을 적절히 조정하고, 회의가 열릴 물리적 공간도 고려하는 것이 도움이 될 것이다. 회의실은 편안하고 사적인 공간이어야 하며, 부모가 완전히 포함되었다고 느낄 수 있도록 예를 들어 큰 원형 테이블과 같은 환경이 바람직하다.

긍정적인 언급으로 회의를 시작하고 마무리하는 것은 방어적 태세를 낮추고 생산적인 회의로 이끄는 좋은 방법이 될 수 있다. 소식을 전달할 때는 부모가 이미 해당 우려에 대해 알고 있는 내용을 확인하고, 그 위에 정보를 더하는 방식이 도움이 된다. 예컨대 "올해 따님의 학업 진전에 대해 어떤 점을 알고 계신가요?"라는 질문은 위협적이지 않게 대화를 시작하는 방법이다. Auger(2006)는 또한 부모가 지금 무슨 말을 듣고 있는지 그리고 이해하고 있는지 주기적으로 확인하고, 질문이 있는지를 살펴보는 것이 좋다고 제안하였다.

나는 결론적으로, 부모가 자신의 감정을 표현하도록 격려해야 한다고 보며, 전문상담교사는 차분한 태도를 유지하면서 이러한 감정을 반영하는 데 집중해야 한다고 생각한다. 이 과정은 부모에 관한 것이며, 부모가 듣고 싶지 않은 정보라도 이를 받아들일 수 있도록 돕는 데 그 목적이 있다. 만약 회의 후에도 부모가 여전히 불안해하거나 질문이 있다면, 전문상담교사가 계속해서 이야기를 나눌 수 있도록 하는 것이 도움이 된다. 회의가 끝난 뒤에도 질문이 생기면 언제든 연락하라는 상담교사의 초대는 부모와 자녀를 신경 써주는 사람이 있다는 점에서 신뢰와 소통의 문을 열어준다. 이후 전문상담교사가 후속 전화를 하는 것도 지속적인 소통을 유지하고 긍정적인 협력관계를 형성하는 데 도움이 된다.

다학제팀: 데이터 수집

앞서 언급했듯이, 다학제팀의 주요 역할은 의사결정과 교육 프로그램 설계를 안내할 정보를 수집하는 것이다. 학생이 학년 수준의 성취 기준에 도달하지 못하고 있다는 점, 적절한 수업을 받았다는 점, 그리고 연구 기반 중재를 받았다는 점을 보여주는 데이터가 수집되어야 한다(미국 교육부, 2006b). 즉, 중재반응모형(RTI: Response to Intervention)이 문서화되어야 한다.

다학제팀은 표준화 검사(예: 지능 검사, 학업성취도 검사)와 관찰 및 면담과 같은 비표준화 측정을 통해 정보를 수집한다. 학교심리사는 일반적으로 아동의 인지능력과 학업성취도를 사정평가한다. 반면, 전문상담교사는 면담과 관찰을 통해 정보를 수집할 수 있다. 면담 자료는 학생과 상호작용하는 부모, 교사, 그리고 교직원으로부터 수집할 수 있다. 이 외에도 관찰 자료는 필수적이며, IDEA에 의해 요구된다(미국 교육부, 2006a). 아동의 학업 수행 및 문제 영역에서의 행동을 문서화하기 위해서는 아동이 학습하는 환경에서의 관찰이 이루어져야 한다. 다학제팀은 다음 중 하나의 방식을 사용해야 한다: (A) 아동이 평가에 연계되기 전 정규 수업에서의 수행을 관찰하며 수집된 정보를 사용하거나, (B) 평가 연계를 위해 부모의 동의가 이루어진 후 다학제팀 구성원 중 최소 한 명이 일반 교실에서 아동의 학업 수행을 관찰해야 한다(미국 교육부, 2006b, p. 3).

전문상담교사는 행동에 영향을 줄 수 있는 교사-학생 상호작용, 내적 또는 외적 산만 요소 등 행동 및 환경 요소를 관찰하는 데 능숙하며, 이러한 자료 수집에 적절하게 위치한다(ASCA, 2012). 적절한 연계가 이루어진 경우, 전문상담교사는 기능적 행동 사정평가(FBA)를 위해 자료를 수집할 수 있다. 이 자료에는 문제행동의 판별, 행동과 관련된 선행사건 및 결과, 그리고 행동 발생의 원인에 대한 가설이 포함된다.

이러한 사정평가와 함께, 법령에서는 아동이 이전에 받았던 중재에 대한 반응을 추가 자료로 포함할 것을 요구한다(미국 교육부, 2006b). 예를 들어, 사례 제시 5.1의 제이니는 읽기 영역에서 요구가 있었으며, 중재로 읽기전문가의 지원을 받았다. 이 중재의 효과성과 이에 대한 반응은 평가 보고서에 포함되어야 한다.

때때로 전문상담교사는 개별 또는 소집단 상담을 통해 학생과 직접 작업할 수 있다. 또한 심리교육적 발달 수업을 실시하며, 여기에는 대처 기술 습득, 자기조절, 긍정적 강화와 같은 행동 중재 전략이 포함될 수 있다. 전문상담교사는 학생이 이러한 중재에 어떻게 반응했는지 보고할 수 있다. 또한 선호 좌석 배치, 과제 축소, 교사 체크인과 같은 시도된 전략이나 수용 조정의 효과에 대해서도 보고할 수 있다.

아동의 요구에 따라, 말과 언어 치료, 운동기능 영역에 대한 사정평가는 다른 전문가에 의해 수행될 수 있다. 또한, 설문조사나 행동 평가 척도와 같은 다른 자료 수집 기법이 시행될 수도 있다. 각 주는 누가 이러한 사정평가를 시행하고 보고할 수 있는지에 대해 지침이 다를 수 있으므로, 위험군 아동의 개별 요구와 본인의 주 및 학교가 다학제팀의 역할을 어떻게 정의하는지 알고 있는 것이 중요하다.

앞 절에서는 다학제팀의 목적과 구성원, 다학제팀이 일반적으로 수행하는 역할과 임무에 대한 이해를 제공하였다. 다음 절에서는 위험군 아동의 요구와 중재를 판별하는 절차를 다룬다.

과정: 특수교육

우리는 이제까지 다학제팀의 구성원들을 판별해왔으며, 이제 그들이 참여하게 되는 특수교육 과정을 살펴볼 것이다. 장애인교육법(IDEA)은 정규 교실 및 교육과정 내에서 어려움을 겪고 있는 아동을 판별하고 이를 중재하기 위한 절차를 자세히 제시하고 있다. 이 과정은 학교 구성원들이 물리적, 심리정서적, 사회적, 인지적 어려움으로 인해 연령 또는 학년 수준에 맞는 성취 표준을 달성하는 데 어려움을 겪는 아동을 판별할 수 있도록 다양한 전략을 활용하도록 한다.

다음에 자세히 서술될 바와 같이, 이 과정은 모든 학생의 수행에 대한 폭넓은 분석에서 시작되며, 이는 위기에 처한 학생을 조기에 판별하는 것을 목표로 한다. 교육 현장에서는 지금까지도 계속해서, 학습에 어려움을 겪는 학생들을 돕기 위한 교육과정 수정 및 보충적 지원을 제공해왔다. 그러나 일부 중재는 충분하지 않은 경우도 있으며, 의미 있고 효과적인 개입을 설계하기 위해서는 추가적인 분석 자료가 필요하다는 것을 발견하게 된다.

다음 절에서 설명되는 이 과정은, 전체 학생 집단에 대한 사정평가와 선별에서 시작하여, 개별화된 중재 계획의 수립으로 이어지게 된다. 이 과정에서 전문상담교사는 중심적이고 가치 있는 역할을 수행할 수 있다.

아동 찾기(Child Find): 특수교육 대상자 조기 발견

모든 학생의 성장과 발달을 보장하려는 전문가로서, 우리는 특수한 서비스가 필요한 학생을 가능한 한 조기에 판별하여 그 서비스를 제공하고자 한다. 연방법에 따라, 각 주는 특수교육 및 관련 서비스를 필요로 하는 모든 장애아동을 판별하고, 찾아내며, 그리고 평가해야 한다(Küpper, 2011). 이러한 활동은 아동 찾기(Child Find)라고 불린다. 자료는 다양한 방식으로 수집된다. 위험군 아동을 선별하기 위한 사정평가는 출석, 성적, 시험 점수, 징계 기록 등 학교의 규준 기반 자료 분석을 통해 이루어질 수 있다. 이러한 자료는 과거에도 존재했지만, 이제는 학교 구성원이 법적으로 이 자료를 검토하고 위험군 아동을 판별하는 데 활용해야 한다.

학교 차원의 자료 분석 외에도, 아동 찾기(Child Find)는 부모나 학생과 직접 일하는 사람에 의해 제기된 우려로부터 이루어지기도 한다. 전문상담교사는 분노, 슬픔, 또는 어려움을 겪는 학생과 상담하는 역할을 자주 맡는다. 이러한 정서 상태는 추가 지원이 필요한 학생에 대한 위험 신호(red flag)일 수 있다. 위험군으로 판별된 아동에 대해서는 학교 구성원으로 이루어진 팀이 아동의 요구에 맞춘 개입 전략을 판별하게 된다. 이러한 개입의 효과성은 지속적으로 점검되며, 이에 대해서는 중재반응모형(Response to Intervention, RTI) 절에서 더 논의된다.

선별(SCREENING)

일반적인 학교 기반 자료 분석 외에도, IDEA는 유치원부터 모든 학생을 매년 여러 차례 사정평가하여 학년 수준의 성취 기준이 충족되고 있는지를 확인할 것을 요구한다(미국교육부, 2006a). 이러한 보편적 선별은 학습 성과가 낮을 위험이 있는 학생을 판별하거나 예측하기 위한 추가적인 방법이다. 이 사정평가는 일반적으로 간단하며 특정 학년의 모든 학생을 대상으로 실시된다. 위험군으로 판별될 수 있는 아동에 대해서는 학교 구성원으로 이루어진 팀이 아동의 요구에 맞춘 중재 전략을 판별하게 되며, 개입의 효과성은 지속적으로 점검된다. 이는 이후 추가 검사나 단기적 학업 진척 점검으로 이어질 수 있으며, 이를 통해 학생의 위험 상태를 더욱 명확히 판별할 수 있다(Center on Response to Intervention at American Institutes for Research, 2007). 전문상담교사는 보편적 선별팀의 일원으로 참여할 수 있으며, 특히 신입생이나 불안이 높은 학생들을 사정평가할 때 유용한 역할을 할 수 있다. 이는 전문상담교사가 이들과 신뢰 관계를 이미 형성하고 있는 경우가 많아, 사정평가에 수반되는 스트레스를 줄일 수 있기 때문이다.

중재반응모형(RTI)

앞서 언급했듯이, 기준점에서 또는 그 이상으로 점수를 받지 못한 아동들에 대해서는 교육 변경이나 중재가 발생해야 한다. RTI를 통해, 학교는 학습 결과가 좋지 않을 위기에 처한 학생들을 판별하고, 학생 진도를 점검하며, 증거기반중재(EBI)를 제공하고, 학생들의 반응성에 따라 그러한 중재의 강도와 특성을 조정하며, 더불어 학습장애나 다른 장애가 있는 학생들을 판별한다(국립 중재에 대한 반응 센터[NCRTI], 2010). 이러한 중재는 종종 계층(tiers)으로 제공되며, 1수준(Tier 1)에서는 모든 학생을 대상으로 교육과정 기준에 부합하는 일반 수업을 제공하고, 2수준(Tier 2)에서는 일부 학생을 위한 중재를 제공하며, 그리고 3수준(Tier 3)에서는 앞선 두 수준의 중재로 성공하지 못한 소수의 학생을 대상으로 개별화된 교수 및 중재를 제공한다.

2004년 개정된 『장애인교육법(IDEA)』과 2001년 『낙오학생방지법(No Child Left Behind, NCLB)』은, 특수교육 평가에 대한 연계를 진행하기 전에, 학업에 어려움을 겪는 학생에게 과학적으로 입증된 교수 실천을 제공해야 한다고 명시하고 있다(Cummings, Atkins, Allison, & Cole, 2008). 다음의 사례를 살펴보자. 2학년 학생인 알리아(Alia)는 학기 초 첫 읽기 사정평가에서 기준 점수에 도달하지 못했다. 그녀는 2수준(Tier 2) 읽기 그룹으로 이동되었으며, 다른 교수 방법을 활용한 읽기 지도를 받았다. 알리아는 읽기 영역에서 2개월간 진전 점검을 받았고, 그 결과 여전히 기준 점수 이하의 성과를 보였다. 즉, 알리아는 자신의 필요 영역에 대해 중재를 받았으며 그 과정이 점검되었다. 그러나 진전 부족과 중재에 대한 낮은 반응으로 인해, 다학제팀은 다음 절에서 설명되듯 그녀의 요구를 보다 면밀히 검토하게 될 것이다.

다학제팀(MDT)

이 시점까지의 과정은 위험군 학생의 판별로 이어졌으며, 학교 구성원이 과학적 근거에 기반한 중재 전략을 개발하고 실행하도록 유도하였다. 그러나 일부 학생들은 이러한 중재반응모형(RTI)이 기대에 미치지 못하며, 이에 따라 학습 및 적응을 촉진하기 위한 추가적인 조치가 필요하다.

반복적인 성취 사정평가를 동반한 중재를 받은 이후에도 기준점 또는 적절한 진전을 이루지 못한 아동은, 특수교육의 필요 여부를 판단하기 위한 평가를 권고받게 된다(미국교육부, 2006b). 특수교육은 장애아동에게 동등한 기회와 완전한 학교 참여를 보장하기 위해 필요한 프로그램과 서비스를 제공하도록 연방 및 주 법령에 의해 규정된 체계이다(미국교육부, 2014).

앞 절에서 언급한 바와 같이, 다학제팀은 학생들에 대한 현재 데이터를 검토하고 사정평가 수행을 위한 부모의 허락을 요청하기 위해 만날 것이다(미국 교육부, 2006b). 그 후 팀은 학생들의 강점과 요구를 평가하기 위해 어떤 사정평가가 필요할지 결정할 것이다. 특수교육을 위한 과정은 의뢰에서 평가, 프로그래밍, 검토에 이르기까지 의무적인 일정을 가지고 있다(장애아동을 위한 국가보급센터, 2014). 특수교육 과정을 묘사하는 흐름도의 한 예는 AZ.gov 사이트에서 찾을 수 있다(http://www.azed.gov/special-education/files/2012/02/special-education-process-flow-chart.pdf).

다학제적 평가(MDE)

다학제팀은 해당 학생의 강점과 요구를 진단하기 위한 노력으로 지난 몇 개월 동안 방대한 양의 정보를 수집했다. 이 시점에서, 모든 정보는 일반적으로 평가 보고서(ER) 또는 다학제적 평가(MDE)라고 불리는 서면 보고서로 취합된다. 아동이 장애를 가지고 있다고 의심되는 경우, MDE는 다음을 포함해야 한다.

- 아동이 장애아동으로서 적격한지에 대한 진술,
- 아동의 교육적 요구,
- 결정을 내리는 근거, 그리고
- 다학제팀 구성원 목록. 각 팀 구성원은 보고서가 자신의 결론을 반영한다는 것을 서면으로 증명해야 한다. 만약 보고서가 그렇지 않다면, 팀 구성원은 자신의 결론을 제시하는 별도의 진술서를 제출해야 한다(미국 교육부, 2006a).

특정학습장애(Specific Learning Disabilities: SLD)를 가지고 있다고 의심되는 아동의 경우, MDE는 또한 다학제팀이 아동을 관찰하는 동안 주목된 관련 행동, 그 행동이 아동의 학업 기능에 영향을 미치는지, 그리고 교육적으로 관련된 의학적 발견들을 포함해야 한다. 그림 5.2는 평가 보고서나 다학제 평가 내에 일반적으로 포함될 구성 요소나 절의 예시를 제공한다. 이러한 요소들의 특정 내용 및 구성은 교육구와 주 정책에 의해 정의될 것이다.

다학제적 평가(MDE) 보고서는 또한 아동이 특수교육 서비스를 받을 자격이 있는지 여부를 명시하는 권고를 포함해야 한다. 예를 들어, 사례 5.1의 제이니에 대한 MDE의 결론은 그녀가 학습장애를 가지고 있으며, 특별히 고안된 교수(SDI)가 필요하기 때문에 특수교육 서비스를 받기 시작할 수 있다는 것이다. 데이터를 수집하고 보고서로 작성한 후, 다학제적 평가 보고서는 다학제적 평가 회의라고 불리는 자리에서, 부모에게 제시될 것이다.

그림 5.2 **평가 보고서(Evaluation Report, ER)의 구성 요소 예시**

학생 이름: 제이니(Janie) 생년월일: 5/21/ 학년: 1학년

보고서 작성일: 1/10/ 학부모에게 제공된 보고서 날짜: 1/15/

지역 교육청(Local Education Agency, LEA): 씨사이드 교육청(Seaside School District)

재학 중인 학교: 시걸 초등학교(Seagull Elementary)

현재 교육 프로그램: 일반교육

학부모/후견인/대리인의 이름과 주소: 존 & 캐런 스미스(John & Karen Smythe)

연락처 정보: 자택 전화: 555-555-1234 휴대전화: 555-555-4321

모든 학생에 대해 1번부터 6번 항목까지 작성해야 함. 특정학습장애(Specific Learning Disability, SLD)의 적격성을 판단하는 경우, 본 문서 후반부에 있는 SLD 구성 요소를 작성한 후 5번과 6번 항목에 반영해야 함.

1. 연계 사유: 제이니는 적절한 속도로 진전을 이루지 못하고 있으며, 1학년 수준의 읽기에서 주 및 지역 기준점 이하에 머물러 있음.
2. 사정평가 자료의 출처(관찰, 교사의 추천, 부모 제공 자료 및 모든 사정평가 포함):
3. 기준 조건 아래에 실시되지 않은 사정평가가 있는 경우, 기준 조건과의 차이를 기술하시오(학생의 모국어나 다른 의사소통 방식으로 사정평가가 실시된 경우 포함):
4. 판별 요소 - 다음 항목 중 하나가 학생의 장애의 주된 판별 요인인 경우, 해당 학생은 특수교육 및 관련 서비스의 적격성이 없음. 각 항목에 대해 예/아니오로 답하고, 증거를 제시하시오.

예	아니오	판별 항목	증거
	X	읽기에 대한 적절한 교수의 부족 (읽기 지도의 필수 요소 포함)	제이니는 보충 읽기 지원과 읽기 지도 방법의 변화를 통한 중재를 받아왔음
	X	수학에 대한 적절한 교수의 부족	제이니는 수학에서 주 및 지역 표준점 이상임
	X	제한된 영어 능력	영어는 제이니의 주요 언어이자 유일한 언어임

5. 사정평가 결과 요약/해석 - 사용 가능한 모든 사정평가 자료를 고려하여, 학생의 기능 수준에 대한 팀의 분석 내용을 기록하시오.

A. **현재 학업성취 수준(Present Levels of Academic Achievement)** - 학생의 현재 수준, 강점, 그로부터 도출되는 학업적 요구를 서술하시오. 필요시 의사소통 상태, 운동 능력, 전환(transition) 요구도 포함하시오. 영어 능력이 제한된 학생의 경우, 읽기, 쓰기, 말하기, 이해/듣기 영역의 영어 능력 수준도 포함하시오: **제이니는 읽기 영역에서 해독(decoding)과 시각 어휘(sight vocabulary)에 대한 직접 지도가 필요함.**

B. **현재 기능 수행 수준(Present Levels of Functional Performance)** - 학생의 현재 수준, 강점, 그로부터 도출되는 기능적 및 발달적 요구를 서술하시오(해당하는 경우):

C. **[X] 해당 학생은 장애를 가지고 있으며, 특별히 고안된 교수(SDI)를 필요로 하므로 특수교육 적격자임.**

1. 장애 범주
   - 주요 장애 범주: 특정학습장애(Specific Learning Disability)
   - 부차적 장애 범주(있는 경우):
2. 학생이 일반교육 교육과정에 적절히 참여할 수 있도록 하기 위해 IEP 팀이 고려해야 할 권고사항(개별화교육프로그램(IEP)을 개발하기 전에 반드시 고려해야 하는 특별 고려사항 포함, 측정 가능한 연간 목적, 특별히 고안된 교수, 보조적 수단 및 서비스 등):

사정평가 팀 구성원 및 참여 여부

평가 팀 참여 (참고: 모든 참가자는 이름, 직책, 그리고 특정학습장애가 있는 학생의 경우, 동의 또는 비동의 여부를 기재할 것)	동의/비동의 (참고: 특정학습장애에 대해 학생을 평가하는 상황에서, 참가자들은 동의 또는 비동의를 표시해야 함)		
이름	역할/직책	동의	비동의
T. 포람보	전문상담교사	X	
J. 베이슬리스	학교심리사	X	
기타...			
스마이스 부부	부모	X	

특정학습장애 판단

참고: 학생이 특정학습장애를 가진 것으로 확인되는 상황에서는 추가 정보와 문서가 제공될 것이다. 수집될 자료는 다음을 포함한다:

1. 학생이 학생의 연령에 적합하게 성취하지 못하거나, 학생의 연령이나 주에서 승인한 학년 수준 기준 및 영어 능숙도 수준에 적합한 학습 경험과 과학적 기반 지도를 제공받았을 때, 다음 영역 중 하나 이상에서 주에서 승인한 학년 수준 기준을 충족하지 못한다는 증거: 구두 표현, 청취 이해, 작문 표현, 기초 읽기 기술, 읽기 유창성 기술, 읽기 이해, 수학 계산, 수학 문제해결.
2. 자격 결정에 사용된 과정에 대한 설명.
3. 특정학습장애에 대한 의뢰 전환이나 의뢰 과정의 일부로, 학생의 일반 교육 지도가 자격을 갖춘 인력에 의해 제공되었다는 것을 보여주는 데이터(해당되는 경우 제2언어로서의 영어[ESL] 프로그램 포함):
4. 부모에게 제공된, 지도 중 진전 상황을 반영하는 합리적인 간격으로 실시된 성취도에 대한 반복적 사정평가의 데이터 기반 문서:
5. 학생의 학습 환경(일반 교실 환경 포함)에서의 관찰을 통해 어려움 영역에서 학생의 학업 수행과 행동을 기록한다. 해당 행동과 학생의 학업 기능 간의 관계에 주목한다:
6. 평가팀이 필요하다고 판단하는 기타 자료.

출처: 저자가 "Evaluation Report" [양식], (2008, 7월)에서 수정함.
http://pattan.net-website.s3.amazonaws.com/files/materials/forms/ER-070108.pdf에서 검색됨

다학제적 평가(MDE) 회의

회의 전에 부모에게 다학제적 평가(MDE) 결과가 제공되었을 것이다. 자녀가 장애가 있는지 여부를 결론짓는 보고서를 받을 때 부모가 어떤 느낌을 가질지 상상해보라. 일부에게는 학교를 어렵게 만들던 원인에 대한 답을 마침내 얻게 되어 도움과 지원을 받을 수 있다는 점에서 기뻐할 시간일 수 있다! 다른 이들에게는 그 결론이 실망스럽거나 슬프거나, 심지어 분노를 유발할 수도 있다. 일부 부모는 학교 팀이 자녀에게 장애가 있다고 결론짓는 생각에 화를 낼 수 있다. 그들은 교육과정이 너무 어렵다고 비난하거나, 교사가 적절한 지도를 제공하지 않았다고 비난할 수 있다. 또는 일부 부모는 장애가 있다는 사실을 부정하고 보고서 결과가 부정확하다고 말할 수도 있다. 어떤 감정이든, 부모와 대화할 때 우리가 진단하고 논의하는 것은 그들의 자녀라는 점을 기억하는 것이 중요하다.

전문상담교사는 회의가 열리기 전에 팀이 부모의 반응 가능성에 대해 민감하게 인식할 수 있도록 하여 편향 없이 준비할 수 있도록 돕는 데 있어 매우 유용하고 능동적인 역

할을 할 수 있다.

부모는 자신의 목소리가 경청되고, 두려움이 인정되며, 질문에 대한 답변이 이루어지고 있다는 느낌을 받을 필요가 있다. 전체 팀이 회의하기 전에 초기 논의를 갖는 것이 도움이 될 수 있다. 전문상담교사와 학교심리사가 MDE 회의 이전에 평가 결과를 함께 검토할 수 있도록 대기하고 있다면, 보다 작고 친밀한 대화가 가능하며, 그 자리에서는 부모가 보다 자유롭게 질문하거나, 필요하다면 울음을 터뜨릴 수도 있는 공간이 마련될 수 있다.

다학제팀이 평가 보고서의 결과를 검토하기 위해 만날 때, 전문상담교사는 부모의 감정이 인식되고 확인되며, 모든 팀 구성원들이 논의되는 내용을 잘 이해하도록 보장함으로써 다시 한번 리더로서 기능할 수 있다. 이제 상상해보라, 당신은 자녀를 사정평가했고 이제 결론과 권고사항에 대해 이야기할 전체 교육 전문가 팀과의 회의에 앉아 있다. 소식이 고무적일 때조차도, 이는 부모에게 압도적인 상황일 수 있다. 전문상담교사는 부모뿐만 아니라 전체 팀을 위해 감정을 반영하고, 혼란을 판별하며, 정보를 명확히 하는 데 도움을 준다.

이 시점에서, 부모를 포함한 팀은 IDEA에서 정의한 대로 아동이 “장애아동”인지 결정한다(미국 교육부, 2006a). 우리는 “장애아동”이라는 법적 용어로 작업해야 하지만, 부모는 라벨이 아닌 자녀를 생각하고 있다는 점을 인식해야 한다. 아동은 부모의 연장선이며, 일부 부모는 자녀를 자신의 반영으로 본다. 따라서, 일부 부모는 자녀의 장애에 대해 죄책감이나 책임감을 느낄 수 있으며, 자신의 투쟁이 자녀에게서 재현되는 것을 보고 불안을 느낄 수 있다. 일부 부모는 결과에 동의하고 지원을 환영할 것이다. 그러나 다른 이들은 결과에 결함을 찾고 자녀와의 관련성을 보지 못할 것이다. 이러한 유형의 조건에서, 부모가 평가 및/또는 장애 결정에 동의하지 않는 경우가 있다. 부모가 결정에 동의하지 않는 경우, 자격 결정에 이의를 제기하기 위한 청문회를 요청할 수 있다. 부모가 평가에 동의하지 않는 경우, 그들은 독립 교육 평가(Independent Educational Evaluation, IEE)를 위해 자녀를 데려갈 권리가 있으며, 학교 시스템이 이 평가 비용을 지불하도록 요청할 수 있다(Küpper, 2011).

다학제적 평가(MDE)에 대한 대응 서비스

평가 보고서의 결과는 다학제팀의 다음 조치를 지시할 것이다. 장애가 없어 특수교육을 받을 자격이 없는 것으로 판명된 아동들의 경우에도, 과정은 아직 끝나지 않았다. 팀은 여전히 이 학생들이 성공적으로 학습하기 위해 무엇이 필요한지 고려해야 한다. 때로는, 학생들이 평가 전에 시행되었던 동일한 일반 교육과정과 중재 및 점검을 계속 받는 것이 적절할 것이다. 이는 학생들이 신체적, 인지적, 또는 정서적으로 성숙했거나 새로운 전략에서 더 효율적이 되어 더 이상 어려움을 겪지 않을 때 발생할 수 있다.

특수교육에 적격하지 않지만, 학생들은 504 계획을 통해 조정을 받을 수 있으며(미국 교육부, 2010; 3장 참조), 또는 장애가 있는 것으로 판명된 학생들의 경우, 개별화교육계획(IEP; 3장 참조)에서 판별될 특수교육 및 관련 서비스가 제공될 수 있다.

504 계획이 어떻게 작동할 수 있는지 살펴보기 위해, 사례 5.2의 티미를 고려해보라. MDE는 티미가 특수교육이 필요한 장애가 없다고 결론지었다. 대신, 티미는 주의력결핍과잉행동장애(ADHD)가 있으며, 일부 학생들에게는 장애가 될 수 있지만, 티미는 특별히 고안된 프로그램이 필요하지 않다는 결정이 내려졌다. 그러나 그는 학교에서 성공하기 위해 몇 가지 조정이 필요했다. 집중하는 데 어려움을 돕기 위해, 교사는 지시를 하거나 수업을 시작하기 전에 그의 이름을 말해야 하며, 그는 교실 앞줄의 책상에 앉아야 한다. 티미가 작업을 완료하는 것을 돕기 위해, 교사는 첫 번째 문장이나 문제를 완료한 후, 그리고 이후 타이머가 울릴 때마다 10분마다 티미와 체크인을 한다. 마지막으로, 연필 쥐기와 더 짧은 작문 과제의 사용은 티미의 소근육 운동 기술 부족을 위한 조정으로 계획에 포함되었다. 티미가 이러한 조정을 처벌이 아닌 도움이 되는 지원으로 볼 수 있도록 이유를 설명하는 것이 도움이 된다. 이러한 편의는 티미가 더 독립적이고 성공적으로 일할 수 있게 했다. 교사, 부모, 학생 모두 좌절감이 줄어들었고, 모두가 더 행복했다.

504 계획이 작성된 다른 학생 사례를 고려해보라. 제이니는 밝고 헌신적인 중학교 3학년 학생으로, 모든 수업에서 뛰어났고 올해까지 모든 교사의 꿈의 학생이었다. 그녀의 성적이 급락하고 심한 복통을 호소하며 학교에 결석하기 시작했을 때, 그녀의 학교의 다학제팀은 평가를 권장했다. 다학제적 평가 보고서를 위해 수집된 데이터로부터, 제이니는 스피치 수업과 다른 많은 수업에서 발표를 해야 하는 공개 발표에 대한 큰 두려움이 있다는 것이 발견되었다. 팀의 결정은 제이니가 특수교육 서비스를 받을 자격이 없다는 것이었다; 그러나, 그녀는 학교 일과를 통과하는 데 도움이 되는 조정이 필요했다. 그 조정에는 불안을 느낄 때 전문상담교사실로 갈 수 있는 허가, 발표 과제를 수정하여 발표를 비디

오로 녹화하도록 하는 것, 그리고 스트레스 감소 및 대처 기술을 학습하고 연습하기 위해 전문상담교사실을 정기적으로 방문하는 일정이 포함되었다.

IEP를 개발하는 데 있어, 전문상담교사는 이 계획에 전체 아동의 관점을 가져오며, 필요에 따라 학업, 진로, 개인-사회적 영역에서 특정 중재를 실행함으로써 다른 학교 직원의 기술을 보완할 수 있다(Milson, Goodnough, & Akos, 2007). 학업 영역에 많은 관심이 주어지는 동안, 아동의 정서적 반응에도 관심을 기울여야 한다. 이 정서적 영역은 학업적 요구를 볼 때 중요한 구성 요소로 항상 고려되지는 않는다; 그러나, 이 영역은 다른 모든 영역에 영향을 미칠 수 있으며, 전문상담교사는 이 영역의 발전을 돕기 위한 전략을 가지고 있다(ASCA, 2012). 이러한 접근법의 예로는 개인 및 집단 상담 실시와 비학업적 및 정서적 영역으로 지원을 확장함으로써 IEP 과정에 기여하는 것이 포함된다(Milson 외, 2007).

IEP를 개발하고 실행하는 데 있어, 부모를 참여시키는 것이 중요하다. 우리는 부모가 회의에 참석할 수 있고, 실행될 계획에 대해 정보를 얻었다고 느끼기를 원한다. 부모 참여의 개념은 좋은 아이디어 그 이상이다; 그것은 연방법(IDEA; 미국 교육부, 2006b)에 따라 의무화되어 있다. 법의 의무를 넘어, 학생과 부모에 대한 우리의 관심은 참여와 이해를 보장하도록 요구한다. 전문상담교사의 의사소통 및 협력 기술은 부모가 회의에 대해 알고, 회의에서 어떤 일이 일어날지, 그리고 부모가 회의의 언어를 이해할 수 있도록 보장하는 데 효과적일 수 있다. 이러한 배려와 관심은 사례 제시 5.3에서 보인다.

사례 제시 5.3

부모 지원하기

IEP 팀은 읽기에 특정학습장애가 있는 것으로 확인된 케이샤를 위한 계획을 개발하기 위해 회의를 하고 있다. 다음은 케이샤의 부모인 존슨 씨 부부, 전문상담교사인 레인 씨, 그리고 IEP 팀 간의 IEP 회의에서 가능한 상호작용의 예이다.

존슨 부인: 케이샤가 추가적인 도움을 받게 된다는 것은 이해하지만, 그녀가 어떻게 하고 있는지 어떻게 알 수 있을까요?

특수교사: 우리는 그녀에 대한 진전도 점검을 위한 자료를 가질 것이고, 분기별 보고서를 받게 될 것입니다.

전문상담교사: 그것이 혼란스럽게 들릴 수 있다고 생각합니다. 매주, 케이샤는 읽기에서 얼마나 많은 기술을 학습했는지 측정하는 사정평가를 받을 것입니다. 3개월마다, 그녀가 어떻게 진전했는지에 대한 요약을 받게 될 것입니다.

존슨 씨: 그것은 좋지만, 이 계획에서 무언가를 변경해야 할 필요가 있는지 어떻게 알 수 있을까요?

전문상담교사: 좋은 질문입니다! 우리는 최소한 일 년에 한 번 우리가 설정한 목적을 검토하고 무엇을 변경해야 하는지 확인하기 위해 만날 것입니다. 그러나, 우리 중 누구든지 그 해 내에 무언가를 추가하거나 변경할 필요가 있다고 느끼면, 우리는 그것을 논의하기 위해 만날 수 있습니다.

존슨 부인: 그것은 합리적으로 들립니다. 당신이 계속 언급하는 이 SDI에 대해서는 어떻습니까?

학급 교사: 아, 기억하시겠지만, 그것들은 학습 환경에서 케이샤를 도울 전략들입니다. 우리는 이미 그것들 중 많은 것을 시행해 왔습니다.

존슨 씨: 음, 그것들이 이미 시행되고 있다면, 왜 문제가 해결되지 않았나요? 왜 그녀가 뭔가 다른 것을 해야 하나요? 그녀는 뭔가 다른 것을 한다고 놀림을 받을 것이고, 나는 이 계획을 좋아할지 모르겠습니다.

전문상담교사: 이것은 많은 새로운 정보이며 당신이 기대했을 수 있는 것과는 다른 방식으로 케이샤의 교육을 바라보는 것입니다. 우리 모두는 케이샤가 덜 좌절감을 경험하고 학교에서 더 성공적이라고 느끼기를 원합니다. 당신은 케이샤의 학업적 요구와 새로운 방식의 학습에 대한 매우 중요한 질문과 우려를 제기합니다. 케이샤가 무엇을 필요로 하는지, 그리고 어떻게 다른 지도가 그것을 도울 수 있는지 검토해 봐야 합니다. 또한 케이샤가 자신의 학습 스타일과 또래들의 반응에 대처하는 방법을 이해하도록 어떻게 도울 수 있는지 살펴볼 필요가 있습니다.

전문상담교사 지원을 위한 추가 기회

위에서 설명한 절차에는 미묘한 차이가 있을 수 있지만, 이는 특수교육 과정과 전문상담교사의 역할을 나타내는 일반적인 개요로 볼 수 있다. 전문상담교사가 아동과 가족을 지원할 수 있는 추가적인 기회들도 존재하며, 이에 대해서는 다음에서 다룰 것이다.

전문상담교사 지원: 조기 중재로부터의 전환

전문상담교사는 처음으로 공교육 시스템에 진입하는 아동들을 위해 여러 가지 가치 있는 기여를 할 수 있다. 이들은 공식 교육에 진입하는 장애를 가진 아동들이다. 이는 아동과 부모 모두에게 흥미진진하면서도 불안을 유발할 수 있는 경험이다. 전문상담교사는 조기 중재에서 지원을 받은 아동의 부모와 전환 회의를 가짐으로써 지원을 제공할 수 있다. 부모와 그들의 목적 및 지금까지의 여정에 대해 대화하는 것은 기대에 대한 귀중한 통찰력을 제공하며 협력을 훨씬 더 쉽게 만들 수 있다. 이는 여러 해에 걸쳐 많은 회의 중 첫 번째 회의이며 업무 관계를 구축하기 위한 탁월한 기회이다. 아마도 아동이 유치원에 준비가 되어 있지 않아 조기 중재를 한 해 더 필요로 할 수도 있다. 또는 학교가 필요한 지원을 제공할 수 있고, 아동이 가을에 학교에 입학할 수도 있다. 사례 제시 5.4는 이 전환 회의의 가치에 대한 예를 제공한다.

사례 제시 5.4

프레디의 입학

프레디는 고기능 자폐증으로 진단받은 6세 백인 남아이다. 그는 지난 3년 동안 일반적으로 발달하는 아동들과 함께하는 유치원에서 조기중재 특수교육 서비스를 받았다. 프레디는 유치원 교실에서 특수교사에 의해 배우고 점검된 행동 중재 전략을 받아왔다. 그는 또한 화용 언어 기술(사회적 언어)을 배우기 위한 언어치료 서비스와 감각 문제를 위한 작업치료 서비스를 받았다. 프레디가 학교에 오기로 예정된 봄에 팀이 프레디의 부모와 만났을 때, 그들은 프레디의 학교 입학에 대해 얼마나 걱정하고 있는지 말했다.

프레디의 부모는 프레디가 유치원에서 훌륭한 경험을 했으며 교사들과 치료사들에게 잘 반응한다고 설명한다. 그러나, 항상 그런 것은 아니었다. 프레디가 학교와 함께 일하는 모든 사람들에게 편안함을 느끼기까지는 시간이 걸렸으며, 그는 전환을 잘 처리하지 못한다. 그들은 또한 교사들과 전문가들에게 매우 편안함을 느끼며, 모든 새로운 직원과 교수진이 현재 함께 일하고 있는 사람들만큼 친절하고 수용적일지 걱정하고 있다. 또한, 그들은 프레디의 언니인 알라나가 프레디가 그녀의 학교에 오는 것을 두려워하고 있다고 언급한다. 그녀는 학교에서 5학년으로 진학할 예정이며, 프레디가 학교에 오는 것에 대해 긴장하고 있다. 그녀는 프레디의 행동을 시끄럽고 이상하다고 묘사했으며, 그녀는 당황하고 싶지 않다.

당신은 부모에게 그들의 우려를 공유해 준 것에 감사하며 프레디에 대한 그들의 목적도 공유해 달라고 요청한다. 그들은 정말로 그가 어울리고, 행복하며, 친구를 사귀기를 원한다고 대답한다. 현재 목적에 대한 정보를 수집하면서, 당신은 프레디의 관심사와 강점에 대해 묻는다. 오, 그의 부모는 말한다, 그는 꽤 예술가이다! 그리고, 그는 소리가 크지 않는 한, 책을 읽어주는 것과 음악을 듣는 것을 좋아한다. 회의가 계속되면서, 당신은 프레디에게 다음과 같은 요구가 있음을 발견한다:

- 구조화된 일과
- 좋은 선택과 나쁜 선택에 대한 즉각적인 피드백
- 사회적 상호작용을 설명하고 적절한 반응을 유도할 수 있는 사람
- 지도와 과제에 집중력을 유지하는 데 도움
- 감각적 요구를 위한 무거운 작업이나 운동을 할 시간과 공간
- 교실 내 조용한 시간을 위한 공간

프레디의 요구를 적으면서 당신은 유치원 교사인 콜드웰 선생님을 생각한다. 그녀는 25년 이상 가르쳐 왔으며 교실 관리를 위한 많은 전략을 가지고 있다; 그러나, 이것은 그녀의 학급에서 첫 번째 자폐증 학생이 될 것이다. 사실, 프레디는 학교의 교육 프로그램에 완전히 포함될 첫 번째 자폐증 학생이 될 것이다. 당신은 프레디와 그의 가족이 학교로 전환하는 것을 돕기 위해 사전에 무엇을 할 수 있을지 생각하기 시작한다.

전환 계획 회의 외에도, 장애가 있는 새로운 학생을 위한 계획 및 준비는 또 하나의 중요한 과제이다. 해당 아동은 보행 보조기와 같은 신체적 요구, 처리 속도가 느린 경우와 같은 학업적 요구, 또는 주의집중의 어려움과 같은 행동적 요구를 가질 수 있다. 이러한 요구가 무엇인지 미리 알고 준비함으로써, 학교생활이 시작될 때 성공할 가능성이 더욱 높아진다. 준비에는 환경 구성, 교사와 기타 학교 지원인력, 그리고 보조교사, 급식 도우미, 버스 운전사 등 추가 인력에 대한 연수, 또는 개별 및 소집단 상담 시간 제공 등이 포함될 수 있다. 지도형 실습 활동 5.2는 사례 제시 5.4에 등장하는 프레디를 맞이할 준비를 어떻게 할 것인지에 대해 자기성찰(self-reflection)할 수 있도록 안내한다.

지도형 실습 활동 5.2

프레디를 위한 준비 (사례 5.4 참조)

사례 5.4 '프레디의 입학'을 살펴보라. 전문상담교사로서, 프레디의 유치원 전환을 원활하게 하기 위해 어떤 준비와 조정을 제공할 수 있는가? 다음을 고려하라:

- 물리적 환경
- 프레디를 위한 사회적 연결
- 부모와 형제자매를 위한 가족 연결 및 요구
- 적절한 회의
- 훈련이 필요한지, 그렇다면 누구를 위한 것인지
- 상담 프로그램의 전달 체계에서 취할 수 있는 조치

전문상담교사의 K-12(유치원~고등학교 3학년) 대상 지원

전문상담교사는 장애학생을 위한 전환계획 서비스를 개발하고 실행하는 데 필요한 요소에 대해 깊이 있는 이해를 갖고 있다(CACREP, 2009). 직접적인 서비스 활동, 지원 서비스에 대한 옹호활동, 다른 이들의 노력을 조정, 혹은 교실 내 지도, 소집단 상담, 개별상담을 통해 장애학생에게 직접 서비스를 제공함으로써, 전문상담교사는 전환기 시기의 예방 및 중재 활동을 통해 변화를 만들어 낼 수 있는 지식과 기술을 보유하고 있다(Milsom, 2007). 회의와 연수를 통해 교직원들은 특정 장애와 관련된 특성을 익히고, 목적, 전략, 조정에 대한 지식도 습득할 수 있다. 전문상담교사는 장비나 추가 공간이 필요한 경우를 대비해 물리적 환경이 준비되어 있는지 확인할 수 있다. 환경을 준비하는 것뿐 아니라, 학생 간, 학부모 간의 개인적인 상호작용을 허용하는 것은 심리적 안정을 높이고 소속감을 형성하는 데 중요한 토대를 마련해 준다. 실행 가능한 전환과업의 유형 예시는 표 5.1에 제시되어 있다.

K-12의 전 학령기에 걸쳐, 전문상담교사는 고등학교 졸업 이후 성공을 위해 필요한 기술을 가르치고 강화하는 역할을 수행할 수 있다. 자기옹호(self-advocacy), 의사결

정(decision making), 진로지도(career guidance)는 종합적 상담 프로그램(comprehensive counseling program)의 일부이며, 모든 학생에게 필수적인 요소이다.

표 5.1 전환을 준비하는 데 도움이 되는 전략*

회의	환경	사회적	훈련
구 팀과 신 팀이 함께하는 IEP 회의 개최	시작 전 학생에게 학교 견학 초대	새로운 학생을 위한 오리엔테이션 진행	장애와 조정에 대한 교직원 훈련
새 교사와의 회의 개최	휴식이나 혼자만의 시간을 위한 공간 마련	새로운 학생을 위한 소그룹 계획	목적과 전략에 대한 교사 훈련
새 보조교사와의 회의 개최	감각 활동을 위한 방 지정	다른 부모들과의 연결 주선	목적과 전략에 대한 보조교사 훈련
전문상담교사와의 약속 일정 잡기	교실에 휠체어 통행 공간 확보		행동 계획을 실행하는 방법에 대한 훈련 제공

*저자 작성

요약

학교 인력은 모든 아동이 학습할 수 있도록 보장할 책무성을 지닌다. 아동이 학교생활에서 어려움을 겪고 있을 경우, 해당 아동이 법적으로 받을 자격이 있는 서비스를 제공받을 수 있도록 하기 위한 의무화된 절차가 존재한다. 이 절차의 일부는, 아동의 학습 및 행동에 관한 다양한 전문성을 가진 학교 전문가들로 구성된 팀을 포함한다. 다학제팀(MDT)의 일원으로서, 전문상담교사는 이 절차뿐 아니라 해당 아동 및 관련 구성원들 전체를 지원할 수 있다.

전문상담교사는 자료를 수집하는 데 도움을 줄 수 있을 뿐 아니라, 그 이상을 수행할 수 있다! 적극적 경청 기술을 활용하고, 회의를 촉진하거나 중재하는 리더십 역할을 수행함으로써, 전문상담교사는 정보를 명확히 하고, 감정을 확인하고 처리하며, 모든 구성원이 참여할 수 있도록 하고, 부모가 팀의 능동적 구성원이 되도록 역량을 강화하는 데 기여할 수 있다. 절차의 모든 단계와 모든 전환기에서, 전문상담교사는 학생과 학부모가 다가오는 일들을 준비할 수 있도록 돕고, 성공을 위한 변화를 유도하는 주체로서 역할을 수행할 수 있다.

핵심사항

- 다학제팀은 아동의 강점과 약점을 이해하기 위해 많은 영역에서 아동의 기능에 관한 데이터를 수집하는 전문가 팀이다.
- 부모는 이 팀에서 중요한 역할을 하며 특수교육 과정의 모든 단계에 포함되어야 한다.
- 다학제팀이 평가한 데이터는 아동이 성공할 수 있는 적절한 교육 프로그램을 계획하기 위한 권고를 제공할 것이다.
- 전문상담교사는 특수교육 과정을 촉진하고 부모가 경청되고 확인받는다고 느끼도록 돕는 독특한 기술을 가지고 있다.

추가 자료

인쇄물

Bartlett, L., Etscheidt, S., & Weisenstein, G. (2007). *School education law and practice in public schools*(2nd ed.). Pearson Higher Education.

Fisher, G., & Cummings, R. (n.d.). *The survival guide for kids with LD (learning differences)*(Rev. ed.). Free Spirit.

Friend, M. (2010). *Special education: Contemporary perspectives for school professionals*(3rd ed.). Pearson Higher Education.

Turnbull, A., Turnbull, H., Erwin, E., Soodak, L., & Shogren, K. (2015). *Families, professionals, and exceptionality: Positive outcomes through partnerships and trust*. Pearson Higher Education.

웹 기반 자료

미국 교육부의 504 계획: 장애 학생을 위한 무상 적절 공교육: 1973년 재활법 504조에 따른 요구사항: http://www2.ed.gov/about/offices/list/ocr/docs/edlite-FAPE504.html 이 사이트는 504 계획의 자격 요건과 504 계획이 있는 사람들에게 제공 가능한 서비스에 대한 정보를 제공한다.

Education World: http://www.educationworld.com/a_special/parent_involvement.shtml 부모를 학교에 연결하기 위한 다양한 아이디어와 전략을 이 사이트에서 찾을 수 있다.

Great Schools: http://www.greatschools.org/special-education/legal-rights/666-special-educationevaluation-an-overview.gs 이 사이트는 특수교육 서비스를 위한 아동 평가의 목적, 절차 및 법률에 대한 개요를 제공한다.

IDEA: http://idea.ed.gov/ 장애인 교육법이 이 사이트에서 탐구되고 설명된다.

National Center for Learning Disabilities: http://www.ncld.org 이 사이트는 학습 장애에 대한 뉴스, 이벤트, 정보 및 자원을 제공한다.

National Dissemination Center for Children with Disabilities (NICHCY): http://www.nichcy.org 장애아동을 위한 출판물 및 훈련 커리큘럼을 제공하는 사이트

참고문헌

American School Counselor Association. (2012). *The ASCA national model: A framework for school counseling programs*(3rd ed.). Author.

Auger, R. (2006). Delivering difficult news to parents: Guidelines for school counselors. *Professional School Counseling, 10*(2), 139-145.

Center on Response to Intervention at American Institutes for Research. (2007). *Essential components of RTI—A closer look at response to intervention.* http://www.rti4success.org/essential-components-rti/universal-screening

Council for Accreditation of Counseling and Related Educational Programs. (2009). *2009 standards.* http://www.cacrep.org/wp-content/uploads/2013/12/2009-Standards.pdf

Cummings, K., Atkins, T., Allison, R., & Cole, C. (2008). Response to intervention: Investigating the new role of special educators. *Teaching Exceptional Children, 40*(4), 24-31.

Küpper, L. (2011). *Communicating with your child's school through letter writing*(Parent's Guide 9). National Dissemination Center for Children with Disabilities. http://www.nichcy.org/schoolage/steps/

Martin, D. (2012). What is a functional assessment? Alberta Council of Disability Service. http://www.acds.ca

Milsom, A. (2007). Interventions to assist students with disabilities through school transitions. *Professional School Counseling, 10*(3), 273-278.

Milsom, A., Goodnough, G., & Akos, P. (2007). School counselor contributions to the Individualized Education Program (IEP) process. *Preventing School Failure, 52*(1), 19-24.

National Center on Response to Intervention. (2010). *Essential components of RTI—A closer look at response to intervention.* http://www.rti4success.org/sites/default/files/rtiessentialcomponents_042710.pdf

National Dissemination Center for Children with Disabilities. (2014). http://www.nichcy.org

New York State Education Department. (2002). *Special education in New York State for children ages 3-21: A parent's guide*. http://www.p12.nysed.gov/specialed/publications/policy/parentguide.htm#cpse/cse

Plymouth-Canton Community Schools. (2011). *Home page: Special education—Tanger Center*. http://specialeducation.pccs.k12.mi.us/

U.S. Department of Education. (2006a). *Building the legacy: IDEA 2004*. http://idea.ed.gov/

U.S. Department of Education. (2006b). *IDEA regulations, identification of specific learning disabilities*. http://www.ideapartnership.org/index.php?option=com_content&view=article&id=844&oseppage=1

U.S. Department of Education. (2010). *Free appropriate public education for students with disabilities: Requirements under Section 504 of the Rehabilitation Act of 1973*. http://www2.ed.gov/about/offices/list/ocr/docs/edlite-FAPE504.html

U.S. Department of Education. (2014). *About ED: Office of Special Education and Rehabilitative Services*. http://www2.ed.gov/about/offices/list/osers/index.html

6장

가족 관점과 가정-학교 협력

Karen Dickinson
웨스트 체스터 대학(West Chester University)
Vicki A. McGinley
웨스트 체스터 대학(West Chester University)

> "부모로서의 가장 큰 과제는, 자녀를 향한 걱정보다 자녀를 향한 희망이 더 크도록 하는 일이다."
>
> —Ellen Goodman

모든 부모는 자녀에 대한 희망과 꿈을 가지고 있으며, 아이가 처음 태어났을 때 기대치가 높을 수 있다. 자녀에게 장애가 있다는 말을 듣는 부모들에게, 삶은 순간적으로 변화한다. 부모들이 새로운 삶의 경로를 밟게 되면서 경험할 수 있는 많은 감정들이 있으며, 예상하지 못했던 어려움이 그 여정을 예상보다 더 어렵게 만들 수 있다. 가족 내에 장애아동이 있는 것은 전체 가족 역동에도 영향을 미칠 수 있다. 이 장에서는 아동과 장애가 가족 내에서 어떻게 인식되는지, 그리고 그것이 가족과 가정-학교 관계에 어떤 영향을 미치는지 조사할 것이다.

제12장에서는 가족의 슬픔/상실감 과정에 주의를 기울인다. 이 장에서는 장애가 있는

자녀와 관련하여 부모가 학교와 교육 여정을 어떻게 인식하는지에 대해 개인적인 시각에서 접근하면서, 가족 이슈를 보다 심층적으로 탐색할 것이다. 장애가 있는 자녀를 둔 가족은 다양한 방식으로 영향을 받으며, 이러한 부모의 관점이 자녀의 교육 여정에 도움이 될 수도 있고 방해가 될 수도 있음을 살펴볼 것이다. 장애학생과 함께 일하는 학교 인력의 태도 또한 이들의 성공에 상당한 영향을 줄 수 있다. 우리는 특히 전문상담교사가 가족을 어떻게 지원하고 이 여정의 핵심적 구성원이 될 수 있는지를 살펴볼 것이다.

특히, 이 장을 읽고 나면 다음과 같은 내용을 판단할 수 있게 될 것이다:

- 부모가 자녀의 장애에 대해 느끼고 인식하는 차이를 확인한다.
- 부모와 전문상담교사 간의 협력이 아동의 성공을 촉진할 수 있는 방법을 최소 두 가지 제시한다.
- 전문상담교사가 장애아동의 부모와 형제자매를 지원할 수 있는 방법을 최소 세 가지 진술한다.

다음 절에서는 가족 구성과 역동 내의 요소들 및 그들에게 영향을 미칠 수 있는 역동성에 대해 논의한다.

가족의 역동성

학교에서 아동이 우리의 책임하에 있을 때, 그들의 가족이 그들이 누구이며, 어떻게 행동하고, 어떤 사람으로 성장해 가는지에 있어 큰 영향을 미친다는 점을 기억하는 것이 필요하다. 가족상담은 일반적으로 전문상담교사의 역할 범위를 넘어서고, 가족에 대한 정보 접근 및 참여 역시 제한되는 경우가 많다. 그렇기 때문에 전문상담교사가 해당 장애아동에 대해 가족이 어떻게 반응하고 있는지, 그들의 기대와 요구가 무엇인지를 더 많이 파악할 수 있을수록, 교육 현장에서 장애가 있는 아동을 더 효과적으로 지원할 수 있다. 이를 위한 출발점은 장애아동을 둔 가족의 세계를 들여다보는 것과, 그들이 겪는 보편적인 부담감에 대한 민감성을 갖는 것이다.

체계지향적 관점(systems-oriented way)에서 장애학생과 그 가족을 상담하는 것은 가족 구성원 간의 관계, 그리고 가족이 상호작용하는 다른 체계들과의 관계를 향상시키는 데 도움이 될 수 있다(Thomas & Ray, 2006). 전문상담교사는 학교 체계가 가족의 상황에 기여하는 것을 볼 수 있으며, 논의에 더 많은 정보를 추가하거나 감정을 판별하고 확인하거나 상황을 재구성함으로써 문제의 맥락을 변화시키는 데 도움을 주어 개입하고 지원할 수 있다. 체계 지향적 상담을 사용하는 것은 장애와 가족 상호작용에 대한 가족의 관점을 사정평가하고, 변화를 위한 전략이나 기법을 제공하는 것으로 구성된다. Belin-Blank 센터 모형, 구조적-전략적 모형(structural-strategic model), 그리고 상상적-포스트모던 모형(imaginative-postmodern model)과 같은 체계기반 모형(systems-based models)을 활용함으로써, 전문상담교사는 가족의 역동을 더 잘 이해할 수 있으며, 필요한 경우 가족상담을 위한 적절한 연계를 할 수 있다(Thomas & Ray, 2006).

부모가 자녀에게 장애가 있다는 사실을 처음 알게 되었을 때, 자녀의 발달과 미래에 대한 기존의 관점을 새롭게 마주하면서 고립감을 느끼기도 한다. 자녀에게 장애가 있다는 사실을 알게 되는 일은 일부 기대의 문을 닫게 만들거나, 혹은 삶의 여정 위에서 경로를 바꾸는 계기가 되기도 한다. 부모가 자녀의 장애를 인지하게 될 때는 수많은 감정들이 동반될 수 있으며, 부정(denial), 두려움(fear), 그리고 혼란(confusion) 등이 나타날 수 있다.

부모는 특수한 요구를 가진 자녀를 받아들일 준비가 되어 있거나, 그렇게 하는 데 큰 어려움을 겪을 수 있다(Leyser & Kirk, 2011). 미래에 대한 꿈이 변경되거나 산산조각 날 수 있다. 부모가 자녀가 다르게 배우거나 행동할 수 있다는 것을 인정하기를 주저할 때, 이는 가족에게 중압감을 주게 되고 아동에게 스트레스를 줄 수 있으며, 또한 장애의 판별과 중재를 실행하는 능력을 방해할 수 있다. 사례 6.1은 부모가 자녀의 장애를 받아들이지 않을 때 발생할 수 있는 일의 예이다.

사례 제시 6.1

듣기 싫어요!

이 예시는 부모가 장애 진단을 받아들이는 것이 얼마나 어려울 수 있는지를 보여준다. 다학제팀의 평가(MDE) 권고는 마커스가 읽기에 특정학습장애가 있다는 것이며, 다학제팀은 마커스가 특수교육을 받을 자격이 있는지 결정하기 위해 모였다. 마커스의 부모인 리타 박사와 마크 로빈스 박사가 모두 참석했다. 다음은 MDE 회의에서의 대화이다.

리타 로빈스 박사(마커스의 어머니): 보고서가 무엇을 말하든 상관없어요, 마커스는 장애가 없고 특수교육이 필요하지 않다는 것을 알고 있어요. 그는 단지 배우는 데 더 많은 시간이 필요할 뿐이에요. 그리고 그 교실에는 너무 많은 방해 요소가 있어서, 그가 집중할 수 없는 것은 당연한 거예요.

마크 로빈스 박사(마커스의 아버지): 맞아요. 특수교육을 받는 학생들이 분리된 장소에 가서 하루 종일 그들을 보지 못하는 것을 기억해요. 마커스는 사교적인 소년이고, 행동도 좋아요. 그가 학습장애를 가질 리가 없어요, 그는 똑똑해요!

상담사: 이것이 믿기 어렵고, 실망스러울 수 있겠네요. 마커스가 배우는 능력이 매우 좋다는 것은 사실입니다; 그러나, 그가 열심히 노력하고 있음에도 불구하고, 그는 좋은 진전을 보이지 않고 있습니다. 그것이 그와 여러분 모두에게 좌절스러울 것이라고 생각합니다.

마크 로빈스 박사: 물론이죠, 그는 능력이 있어요! 나는 학교에 다닐 때 영재 프로그램에 있었고, 마커스에게서 제 자신의 많은 부분을 봐요. 당신들이 그를 가르치는 방식에 무언가 잘못된 것이 있음이 틀림없어요.

리타 로빈스 박사: 그가 맞아요! 마커스의 할아버지는 인정받는 학자이고, 마커스는 그가 할아버지처럼 되고 싶다고 말해요!

학교심리사: 우리는 마커스와 여러분이 학교에서의 장기적인 성공을 위한 목적을 계속 가지기를 원합니다. 지금은 마커스가 너무 많은 어려움 없이 배우고 배운 것을 기억할 수 있는 계획을 개발하는 데 주목할 필요가 있습니다.

마크 로빈스 박사: 우리도 그것을 원해요. 그를 장애가 있다고 부르지 않고 그렇게 할 수 없나요?

이 대화는 학교 직원이 자녀와 그의 또는 그녀의 장애에 대해 논의할 때 부모에게 얼마나 민감해야 하는지 보여준다. 부모는 자녀에 대한 모든 계획이 갑자기 중단되었다고 느낄 수 있으며, 때로는 자녀에게 장애가 있다는 사실에 당황할 수 있다.

또한, 가족의 각 구성원은 가족 전체에 영향을 미친다. 따라서, 한 구성원이 특수한 요구를 가지거나 추가적인 관심이 필요할 때, 전체 가족이 영향을 받는다. 가족의 항상성이 변화되어, 대부분의 가족이 직면하는 일상적 스트레스 요인이 가중된다. 모든 부모가 자녀 양육과 교육에 관심이 있지만, 장애아동의 부모는 장애와 관련된 추가적인 의무와 관심사를 가지고 있다(Taub, 2006), 예를 들어, 직장 및 학교 일정, 가사, 활동, 그리고 약속이 있다. 이에 따라, 형제자매와 확대된 가족 구성원이 아동 돌봄에 관여하고 때때로 주 양육자 역할을 맡을 수 있다. 이러한 역할 전환은 계부모가 되는 것과 유사하게 경계와 관련하여 가족 구성원들에게 문제를 유발할 수 있다. 장애아동이 가족의 일원일 때, 수많은 추가적인 스트레스 요인이 더해질 수 있다. 예를 들어, 부모는 업무 기대와 전문가 예약에 상당한 시간을 보내야 하는 필요성 사이의 갈등에 직면할 때 시간적, 심리적, 그리고 재정적으로 스트레스를 받을 수 있으며, 이는 또한 일에 방해가 될 수 있다(Murphy, Christian, Caplin, & Young, 2006). 이러한 스트레스는 장애아동의 부모의 요청에 따라 동료와 감독자가 아동 돌봄 책임으로 인해 자리를 비울 수 없고, 대신 무감각함과 최후통첩에 직면할 경우 악화될 수 있다.

또한, 아동의 장애는 심각한 행동 및/또는 의학적 우려가 있는 아동을 가지는 것과 관련된 문제와 같은 더 넓은 방식으로 가족 생활에 영향을 미칠 수 있다.

부모의 시간과 에너지가 장애가 있는 아동에게 전념해야 할 필요가 있어, 가족의 즐거움, 형제자매의, 또는 부모의 휴식을 위한 시간이 거의 없을 수 있다. 24시간 의무에서 벗어나 휴식 돌봄을 마련하는 것과 같은 휴식을 취하는 것은 어려울 수 있다(Murphy 외, 2006). 왜냐하면 휴식 돌봄 서비스가 가족이 거주하는 지역에서 제한될 수 있거나 아동의 장애로 인한 요구 때문에 자격을 갖춘 사람을 찾는 것이 어려울 수 있기 때문이다. 일상적인 요구의 결과로, 이러한 부모들은 더 많은 소진을 경험할 수 있으며, 특수한 요구를 가진 자녀가 청소년기에 도달할 때쯤에는 교육 및 전환 문제에 전념할 에너지가 많이 남아 있지 않을 수 있다. 지도형 실습 활동 6.1은 당신이 특수한 요구를 가진 아동에 의해 가족이 어떤 영향을 받는지 개인적으로 탐색하도록 초대한다.

다음 절에서는 가족들의 목소리를 소개함으로써, 이러한 가족들이 경험할 수 있는 경험들과 장애요인들에 대해 전문상담교사의 인식을 제고하고자 한다.

지도형 실습 활동 6.1

특별한 요구가 있는 아동으로 인하여 가족은 어떤 영향을 받을까?

장애를 가진 자녀를 둔 부모를 인터뷰하시오. 자녀에게 장애가 있다는 사실을 처음 알았을 때의 감정과, 현재 자녀와 함께 살아가며 느끼는 생각과 감정을 탐색하시오. 다음의 질문들은 대화를 이끌어 가는 데 도움이 될 수 있다:

1. 자녀가 장애를 가졌다는 사실을 처음 알았을 때 어떤 생각과 감정을 느끼셨나요? 현재는 어떤가요?
2. 자녀의 장애로 인해 가족 전체가 어떤 영향을 받았다고 느끼시나요?
3. 자녀에 대해 가지고 계신 기대는 무엇인가요?
4. 자녀의 형제자매들은 장애가 있는 자녀로 인해 어떤 영향을 받았다고 생각하시나요?

이 인터뷰에서 수집한 내용을 수업 시간에 가져와, 장애를 가진 자녀의 부모들이 느끼는 다양한 감정과 그러한 자녀가 가족에게 미치는 다양한 영향을 주제로 그룹 토의를 진행하시오.

가족의 목소리

아동에게는 아동의 장애보다 훨씬 더 많은 것이 있다. 종종, 부모와 학교 팀 간의 논의는 진단에 초점을 맞춘다. 진단을 이해하는 것이 중요하지만, 부모는 학교의 다른 사람들이 단지 진단보다 더 많은 것을 그들의 아동에 대해 알고 논의하기를 원한다; 그들은 자녀에 대한 그들의 희망을 공유하고 자녀의 능력을 이해하기를 원한다(Leyser & Kirk, 2011). 이러한 요점을 설명하는, 첫 번째 공동 저자가 특수한 요구를 가진 여러 아동의 부모들과 나눈 개인적 의사소통의 몇 가지 예를 지금 공유한다.

한 부모는 설명했다: "우리는 모든 부정적인 것이나 문제 또는 '할 수 없다'는 말을 듣고 싶지 않습니다. 우리는 무엇이 효과가 있었는지, 다음에 무엇을 시도할 것인지, 그리고 당신이 우리 아이의 강점을 인식하고 있다는 것을 듣고 싶습니다"(B. Siegel, 개인적 의사소통, 2014년 1월 14일). 또 다른 부모는 강력한 호소를 했다, "네, 강점과 진전을 강조하세요!"(T. Everitt, 개인적 의사소통, 2014년 1월 20일). 이 주제는 쉽게 달성할 수 있을 것 같

지만, 시간 제약과 회의 범위 문제로 인해 학교 팀은 항상 강점과 축하로 논의를 시작하고 끝내는 시간을 갖지는 않는다. 또한, 학교에서 아동의 도전적인 행동으로 인한 일상적인 부담은 학교 직원이 긍정적인 면에 집중하는 능력을 소진시킬 수 있다; 따라서, 작은 진전의 단계가 간과될 수 있다.

다른 상황에서는, 부모가 자녀를 받아들일 뿐만 아니라, 그들은 또한 다른 부모들이 자녀가 세상에 가져올 수 있는 특별한 선물을 이해하도록 돕고 싶어 한다. 한 부모는 공유했다. "부모 관점에서, 나는 어린아이들의 다른 부모들을 안심시켜 드리고 싶습니다... 나는 그들에게 특수한 요구를 가진 자녀들이 집안일, 스포츠, 또는 과외 활동이든, 그들의 형제자매가 하는 것과 같은 일을 하도록 권장할 것입니다. 이러한 활동들은 조정이 필요할 수 있지만, 가능합니다. 우리 아이들이 일부 일을 하는 것을 배우는 데 더 오래 걸릴 수 있지만, 그들 중 많은 이들이 그것을 이해할 것입니다"(B. Siegel, 개인적 의사소통, 2014년 1월 14일).

부모가 자주 언급하는 또 다른 영역은 자녀를 보호해야 할 필요성이다. 많은 부모가 장애가 있는 자녀를 과보호할 수 있다. 그들을 보호하는 것은 단기적인 고통(예: 거부, 괴롭힘, 실패로부터)을 피할 수 있지만, 반대로, 이러한 상황을 피하는 것은 결국 그들의 발달과 삶의 도전에 대처하는 능력을 늦출 수 있다.

부모와 전문가 간의 이전 의사소통에서, 논의된 이슈들은 McGinley와 Wandry(2013)에 의해 수행된 연구에서 판별된 주제들과 유사했다. 이 연구는 가족 체계론 과정의 대학원생들이 장애가 있는 아동이 있는 주최 가족과 배치된 혁신적인 프로그램을 포함했다. 포커스 그룹 동안 주최 멘토 부모들에게 다음 질문들이 제기되었다:

- 학생과 가족이 멘토링 협력관계로부터 어떤 방식으로 혜택을 받습니까?
- 가족-교사 협력관계의 역동적 요구를 충족시키기 위해 가족과 함께 일하는 대학원 과정을 어떻게 향상시킬 수 있습니까?
- 학생들이 부모와 효과적으로 일하기 위한 제안은 무엇입니까?

앞서 언급했듯이, 이 연구에서 판별된 많은 주제들은 이전의 부모 의견을 지지했다. 이러한 주제의 예는 다음과 같다:

- 교실 밖에서 아동과 부모가 겪는 도전에 대한 노출 및 인식 증가

- 생활기능의 교육과정 내 가치에 대한 인식 증진
- 장애아동과 그 가족의 삶에 대한 총체적 이해 정립
- 가정생활과 학교에서 일어나는 일 간의 상호작용에 대한 인식

또한, 이 연구에서는 괴롭힘과 약물치료 주제를 중심으로 많은 논의가 있었는데, 이는 장애아동과 그 부모가 자주 직면하는 많은 문제의 근원이기 때문이다. 부모들은 자녀의 장애 때문에 자녀가 괴롭힘의 대상이 되었지만, 교사들이 항상 학생들의 괴롭힘 행동을 입증할 수 없었고, 부모들이 항상 정보 공개를 원하지 않았다고 공유했다. 비슷한 맥락에서, 약물 변화는 종종 자녀의 행동과 기질 변화에 기여했다. 그림 6.1에는 이 연구에서 부모들이 공유한 일부 대화가 설명되어 있다; 이러한 논의는 부모와 학교 간의 의사소통 및 협력 필요성에 대한 추가 지원을 보여주고 제공한다.

요약하면, 부모의 목소리를 듣는 것은 부모의 기대, 희망, 꿈과 함께 일하고 그들의 도전을 이해하는 것이 얼마나 중요한지 이해하게 해준다. 전문상담교사로서, 다음과 같은 것이 필수적이다:

(a) 부모의 기대를 경청하고,

(b) 다학제팀과 협력하여 그러한 부모 및 학생의 기대가 현실화될 수 있도록 돕고,

(c) 자녀의 제한이나 학교 자원의 한계로 인해 원래의 기대를 달성할 수 없는 경우, 부모가 새로운 희망과 꿈을 수용할 수 있도록 돕는 것이다. 협력관계의 학교 측면에 초점을 옮기기에 앞서, 다음 절에서는 장애학생의 형제자매가 지닌 요구를 인식하는 것 또한 중요하다.

그림 6.1 가족들의 목소리

"제 생각에 가장 중요한 부분 중 하나는, 신경학적으로 전형적인 아이들보다도 더 많이, 이 아이들에게는 실제 삶에서 사용할 수 있는 것들을 가르친다는 점을 인식하게 돕는 일이라고 생각해요. 그리고 아이들의 학교 밖 삶에 대해 진지하게 생각하는 것이죠. 그게 단순히 '읽기 평가에서 몇 점을 받았는가' 혹은 '미국 독립전쟁이 언제 일어났는가를 아는가'의 문제가 아니에요. 그보다는 예를 들어, 글로 된 지시사항을 받았을 때, 그것을 따라갈 수 있는가, 그리고 지도를 받았을 때, 그것을 해석하고 따라갈 수 있는가와 같은 문제예요. 그게 바로 삶이죠. 그리고 제 생각에 우리가 여름 동안 대학원생과 함께 있었던 것의 가장

큰 장점 중 하나는, 학생들이 직접 자신의 삶에서 특수한 요구가 있는 사람들과 함께하지 않는 이상, 이게 얼마나 광범위하게 영향을 미치는 문제인지 실제로는 잘 모른다는 점이에요. 다양한 환경 속에서 아이들을 보고, 무엇이 효과가 있고 무엇이 효과가 없는지, 그리고 아이들이 마주하는 특유의 어려움이 어떤 것들인지 살펴볼 수 있다는 것—이런 점이 대학원생들에게 아이들을 보다 전체적인 관점에서 바라볼 수 있게 해주는 요소라고 생각해요."

—지적장애아동의 부모

"나는 '아들이 진단받았을 때 어떤 느낌이었나요?'라고 물어보는 것이 완전히 적절하다고 생각합니다. 제가 생각하기에 그들이 준비해야 할 것은 이것이 매우 감정적인 주제라는 것입니다. 한 사람이 나를 울게 한 것에 대해 사과했는데, 그렇지 않습니다. 당신이 나를 울게 한 것이 아니라 기억이 나를 울게 했습니다–그래서 그들은 그것에 대비해야 합니다... 질문들 중 어느 것도 침해적이지 않았습니다... 그것들 모두 수업 맥락 내에서 완벽한 의미를 가지는 것 같았습니다..."

—지적장애아동의 부모

"부모를 자원으로 활용하세요. 왜냐하면 우리는 우리 아이들의 장애뿐만 아니라, 그들의 능력과 어떤 프로그램이 효과가 있고 어떤 프로그램이 효과가 없는지에 대한 걸어다니는 백과사전이라고 봐도 과언이 아닐 테니까요. 그래서 우리는 매우 귀중한 자원이며 항상 기꺼이 공유할 의향이 있습니다."

—난독증, ADHD, 불안을 가진 학생의 부모

"학생이 약물치료를 받고 있는지 물어보는 것은 괜찮습니다... 제 딸의 교사가 저에게 이메일을 보냈어요. '그녀가 아침에 정말, 정말 졸려 해요'라고 했고, 나는 그녀에게 답장했습니다. 그녀의 약물의 부작용 중 하나는 피로감이니, 그녀가 피곤해하는 특정 시간이 있다면 저에게 알려주시면 제가 그녀의 의사에게 말할 수 있을 것입니다."

—정서장애를 가진 학생의 부모

형제자매 영향

부모는 장애학생의 영향을 받는 가족의 유일한 구성원이 아니다. Macks와 Reeve(2007)가 수행한 연구에서는 자폐증 아동의 형제자매와 비장애아동의 형제자매의 적응을 비교 및 탐색하고 부모 보고를 탐색했는데, 결과는 환경적 위험 요인이 제한적일 때 자폐증 아동의 존재가 비장애 형제자매의 심리사회적 및 정서적 발달을 향상시키는 것으로 나타났다. 그러나, 환경적 위험 요인이 증가함에 따라 자폐증 아동의 존재는 비장애 형제자매에 대한 불리한 영향을 증가시킨다.

장애아동의 형제자매에게 일상적인 환경적 요인이 영향을 받을 수 있다; 따라서, 그들은 자신의 활동과 일정을 조정해야 할 수도 있다. 부모는 회의, 지원 서비스나 치료에 참석하거나, 아동의 일상적인 과제와 학교 과제를 도와줌으로써 장애가 있는 자녀와 관련하여 추가 시간을 할애해야 할 수도 있다. 장애가 있는 형제자매를 두고 항상 그의 행동이나 진전에 대해 듣거나, 항상 그의 약속에 따라가야 하는 상황을 상상해보라. 일반적으로 발달하는 아동의 학교 연극이나 스포츠 행사를 놓칠 수 있다. 형제자매는 어떤 느낌을 가질까?

Begum과 Blacher(2011)가 수행한 연구에서는 지적장애가 있는 청소년과 지적장애가 없는 청소년의 형제자매 관계를 부모 보고(parental report)를 통해 조사하였다. 연구 결과, 전형적으로 발달한 청소년의 경우, 어머니들은 성별이 다른 형제자매쌍(opposite sex dyads)에서 더 많은 따뜻함을 보고했으나, 형제자매가 나이가 어린 경우에는 지위나 권력 차이가 존재한다고 보고했다. 반면, 지적장애가 있는 청소년의 경우, 어머니들은 성별이 같은 형제자매쌍에서 더 많은 따뜻함을 보고했으며, 출생순위는 형제자매 관계에서의 지위나 권력 차이에 영향을 미치지 않는 것으로 나타났다.

형제자매는 장애가 있는 형제자매와 함께 사는 것에 대처하는 방법을 배워야 할 것이지만, 그들의 요구와 감정도 다루어져야 한다. 한 부모가 공유한 바와 같이, "장애가 있는 형제자매와 함께 중학교에 다니는 것은 재미있지 않습니다. 그 두 아이의 부모가 되는 것도 재미있지 않습니다. 제 딸은 다른 모든 사람들과 같기를 원했고, '특별한' 남동생이 있다는 것이 그녀를 매우 다르게 느끼게 했습니다. 다르거나 다르게 느끼는 것은 중학교의 끔찍한 재앙입니다. 그 결과, 그녀는 중학교에 있는 동안 항상 남동생을 잘 대우하지는 않았고, 그는 초등학교에서 일어났던 끝없는 포옹을 주는 대신 그녀를 피하기 시작했습니다. 이것은 모두에게 고통스러운 시간이었습니다"(B. Siegel, 개인적 의사소통, 2014년 1월 14일).

또한 부모가 장애가 있는 형제나 자매에 대한 형제자매의 긍정적인 반응을 인식하고 인정하는 것도 중요하다. 예를 들어, 한 부모는 설명했다, "제 딸이 초등학교 후반에 있고 제 아들이 1학년이나 2학년이었을 때를 기억합니다. 제 아들은 여전히 그의 누나에게 커

다란 포옹을 해주고 그녀를 볼 때마다 사랑한다고 말했습니다. 우리 딸의 친구들은 이런 모습을 보곤, 자기 남동생들은 절대 그렇게 하지 않는다며, 딸이 얼마나 운이 좋은지 이야기하곤 했어요."(B. Siegel, 개인적 의사소통, 2014년 1월 14일).

따라서, 전문상담교사의 추가적인 초점은 장애학생의 형제자매의 요구를 인식하고 다루는 것이다. 이러한 아동들을 위한 소그룹을 운영하는 것은 전문상담교사가 지원할 수 있는 이상적인 방법이다. 소그룹은 장애가 있는 형제자매에 대한 더 큰 이해와 공감을 발전시키면서, 비장애 형제자매의 감정을 확인함으로써 형제자매에게 힘을 실어줄 수 있다. Sibshops 교육과정(Meyer & Vadasy, 2008)은 장애아동의 형제자매에게 레크리에이션 형식 내에서 연결하고 또래 지원과 교육을 얻을 수 있는 기회를 제공한다. 전문상담교사에게는 구현하기 쉽고 형제자매의 요구를 해결하기 위한 훌륭한 해결책인 교육과정 가이드가 제공된다. 다음 사례 제시 6.2는 장애가 있는 형제자매가 있는 학생들에게 소규모 상담 그룹이 어떻게 도움이 될 수 있는지에 대한 예이다.

사례 제시 6.2

내 동생은 정말 짜증 나!

이 사례는 장애아동의 형제자매의 관점에 관한 예와 전문상담교사가 그룹 환경에서 감정을 반영하고 건강한 대처 기술을 장려하는 방법을 공유한다.

산토로 선생님(전문상담교사): 이번 주에 그룹에 다시 와주셔서 감사합니다. 지난주에 여러분 모두 형제자매가 어떤 장애로 도전받고 있는지, 그리고 그것이 여러분의 가족에게 어떤 영향을 미치는지 공유했습니다.

레오: 네! 제리의 치료와 약속은 우리 모두가 일정을 변경하게 만들고, 항상 그가 먼저 필요한 것이어야 합니다. 저는 항상 제 야구 연습에 갈 차편을 찾아야 합니다.

산토로 선생님: 그것은 매우 짜증 날 수 있을 것 같네요, 레오. 다른 사람도 그렇게 느끼나요?

아멜리아: 글쎄요, 나는 에디를 중심으로 일정이 돌아가는 것은 견딜 수 있지만, 그가 그렇게 내게 창피를 줘야 할까요? 그는 정말 짜증 나요! 그는 항상 사람들을 화나게 하는 말을 합니다. 그냥 조용히 있을 수 없을까요?!

벤: 맞아요! 에디가 아스퍼거 증후군이 있다고 해서 꼭 남들을 불쾌하게 만들어야 하는 건 아니잖아요, 그렇죠?

레오: 세상에, 내 친구들은 내 동생이 무엇을 할지 몰라서 우리 집에 오는 것을 좋아하지도 않아요. 우리는 가족으로서 절대 외출하지 않아요. 사실, 부모님은 전혀 외출할 기회가 없어요.

산토로 선생님: 많은 분들이 요구가 많은 가족 일정을 다뤄야 할 뿐만 아니라, 형제자매의 행동으로 인해 좌절하는 상황도 다루고 있는 것 같네요. 오늘 그룹을 이용해 형제자매의 행동에 대처하는 방법과 친구들의 반응을 다루는 방법에 대해 논의하는 것이 좋을 것 같습니다.

레오: 그거 좋겠네요!

전문상담교사는 집단 구성원들이 과거에 효과가 있었던 해결방안을 공유할 수 있도록 유도하기 위해 토의를 촉진한다. 구성원들이 자신의 좌절감을 느끼는 데 있어 혼자가 아니라는 사실을 깨닫는 것은 감정을 확인하고 정당화하는 데 도움이 되며, 대처 전략에 대한 아이디어들이 상호 지지적인 자원으로 기능하게 된다. 또한, 전문상담교사는 학생들이 가정에 가져갈 수 있도록 지역사회 자원 목록을 나누어 주는데, 이 자료에는 부모를 위한 지지 집단과 장애아동을 위한 돌봄 서비스를 제공하는 기관이 포함되어 있다.

이 논의에서, 장애아동을 둔 가족 역동성과 관점에 대한 개요를 검토했다. 이러한 반응은 다음 절에서 다루는 가정-학교 협력의 특성에 영향을 미칠 수 있다.

가정-학교 협력

개요

1975년 장애아동교육법과 1987년 추가 개정(PL 99-457)은 그 본질적 특성상 가정-학교 협력적 관계를 포함하는 입법적 노력이다. 이러한 의무화된 교육 서비스의 결과로, 부모와 학교 전문가들은 아동의 최선의 이익을 달성하기 위해 가정과 학교 간의 의사소통이 필요한 관계에 놓이게 되었다(Turnbull, Turnbull, & Wehmeyer, 2009).

효과적인 부모-전문가 협력은 장애학생의 결과를 향상시키는 것으로 나타났다(Whitbread, Bruder, Fleming, & Park, 2007). 전문상담교사가 가족 구성원과 효과적인 의사소통을 확립할 때, 그들의 상호 지식과 전문성은 아동의 성공을 증진하는 수단으로 공유될 수 있다. 장애아동의 부모와 학교 직원의 협력을 검토할 때, 신뢰는 핵심 요소이며 긍정적인 학생 성취를 확립하는 데 중요한 요소일 수 있다(Martin, 2004; Smith, Hoy, & Sweetland, 2001). 신뢰 부족은 부모가 전문가의 제안을 수용하는 데 주저함을 초래하고 잠재적으로 아동에게 충분하지 않은 서비스를 제공할 수 있다(Lake & Billingsley, 2000). 대조적으로, 긍정적인 관계는 더 많은 부모 의견을 이끌어낼 수 있으며, 이는 특히 다학제팀 회의에서 중요하다(Turnbull 외, 2009).

긍정적인 부모-전문가 관계 구축은 학생의 학교 성공과 학교 시스템 외부에서의 학생의 미래를 위해 중요하다. 예를 들어, 전환 계획은 학생이 졸업한 후 교실 외부와 일상생활에서 미래의 성공을 보장하는 중요한 단계이다. 전환 계획은 학생뿐만 아니라, 그 가족의 삶의 질을 향상시키기 위해 노력한다. 따라서, 서비스를 실행할 때 가족을 고려하는 것이 필요하다(Ankeny, Wilkins, & Spain, 2009). 전환 계획 연구에 따르면 가족 참여와 학생 자기결정은 졸업률, 취업률, 긍정적인 학교 이후 결과 달성 증가와 연관되어 있다(Mason, McGahee-Kovac, Johnson, & Stillerman, 2002; Wehmeyer & Palmer, 2003). 가능한 한 일찍 중요한 부모-전문가 관계를 발전시킴으로써, 두 그룹 모두 학생의 학업 여정 전반에 걸쳐 필요한 지원을 제공하고 더 원활한 전환 계획 과정의 기초를 마련하는 데 더 잘 갖추게 될 것이다.

앞서 논의한 바와 같이, 전문상담교사와 부모 간의 의사소통과 협력적 관계 개선은 학생의 교육적 이점과 관련이 있다(Whitbread 외, 2007). 따라서, 의사결정 과정에 효과적으로 부모를 참여시키고, 후속 조치를 취하며, 그리고 모든 당사자가 학생의 최대 이익을 위해 함께 일할 수 있도록 도울 갈등 해결 접근법을 확립하기 위한 구체적인 전략을 갖는 것이 중요하다(Martin, 2004).

이 협력의 중요성은 경험적으로 다루어졌다. 한 연구에서, 교육대학 학장들을 대상으로 한 설문조사 결과, 거의 90%가 부모-학교 협력이 중요하다고 느꼈지만, 단지 30%만이 그들의 졸업생들이 부모와 함께 일하는 데 잘 준비되어 있다고 느꼈다(Flanigan, 2005). 116개 학교, 대학, 교육학과를 대상으로 한 후속 연구에서는 대부분의 졸업생들이 부모 및 지역사회 협력관계를 성공적으로 시작하고 참여할 준비가 되어 있지 않다는 우려를 드러냈다(Epstein & Sanders, 2006). 조사에 참여한 학장 집단 역시, 졸업생들이 가족에 대해 지나치게 평가적이며, 일정 부분 자녀의 어려움을 부모의 양육 부족에 대한 책임으로 돌리는 경향이 있다고 느꼈다(Flanigan, 2005).

학생의 성공에 대한 부모-학교 협력의 중요성은 다양한 전문 및 인증 기관에 의해 더욱 지지되었다. 전문상담교사를 위한 국가 전문 조직인 미국전문상담교사협회(ASCA)는 학생의 성공을 촉진하고 지원하기 위해 부모와 협력하는 중요성을 반영하는 여러 표준을 제시했다. 예를 들어, 전문상담교사의 역할은 부모를 참여시키고 자녀의 발달에 대해 협력하도록 하는 것뿐만 아니라, 부모가 자녀를 위하여 능동적으로 행동할 수 있도록 역량을 강화하기 위해 부모와 효과적으로 협력할 수 있는 전략과 방법을 아는 것 또한 포함된다.

또한, 전문상담교사는 학생의 성공을 향상시키기 위해 설계된 부모 훈련 및 워크숍의 개발 및 수행에 있어 역량을 보여주어야 한다(미국전문상담교사협회[ASCA], 2012). 유사하게, 상담사를 훈련하는 학술 기관의 인증기관인 상담 및 관련 교육 프로그램 인증 위원회(CACREP)는 학생의 성공을 촉진하기 위한 시도로 학교 전문가와의 협력적 실천을 향상시키기 위해 부모의 참여를 요구한다. 부모의 역량 강화를 강조하는 미국전문상담교사협회(ASCA)의 사명과 유사하게, 전문상담교사 양성과정에 있는 예비상담교사들은 장애학생을 옹호할 수 있도록 부모와 지역사회 등 모든 당사자를 지원하는 중재를 학습해야 한다는 기대를 갖고 있다(상담 및 유관 교육과정 인증위원회[Council for Accreditation of Counseling and Related Educational Programs, CACREP], 2009). 예를 들어, 전문상담교사는 청각 처리 장애가 있는 아동을 돕는 장치에 대해 학교 직원과 부모를 훈련시키기 위해 의사소통 프로그램을 전문으로 하는 지역사회 기관에 연락할 수 있다. 전문상담교사는 또한 행동 관리를 위한 전략을 제공하는 워크숍을 제공하고 장애아동을 가진 부모들을 연결하여 그들이 네트워크를 형성하고 혼자라고 느끼지 않도록 부모를 지원할 수 있다.

이 절에서, 부모-학교 협력의 본질적인 특성이 강조되었다. 이 협력적 노력은 장애학생의 최대 교육적 성공 가능성을 향상시키기 위해 필요하다. 이 협력적 노력에 관련된 구체적인 사항은 다음 절에서 더 자세히 설명된다.

가족과 함께 일하기

이전 절에서는 가정-학교 협력에 대한 개요를 공유했다. 이 절에서는 전문상담교사가 장애학생의 가족을 어떻게 지원할 수 있는지에 대한 구체적인 내용을 다룬다.

앞서 언급했듯이, 부모는 자녀의 장애에 대한 인식과 이해 측면에서 스펙트럼의 서로 다른 위치에 있을 수 있다. 전문상담교사는 부모가 자녀의 장애를 이해하고 수용하도록 돕는 것으로 부모를 도울 수 있다. 이는 대부분 의료 자원과의 상담, 가능한 학교 서비스에 대한 논의, 외부 서비스에 대한 의뢰, 그리고/또는 부모 지원과의 연계를 수반한다. 또한, 부모가 다학제팀에 대해 명확히 이해하는 것이 필수적이다. 전문상담교사는 학교의 특수교육 책임자 및 학교심리사와 협력하여 이러한 노력을 도울 수 있다.

특수교육 적격성 결정 및 계획 과정과 관련하여 다양한 수준의 부모 참여가 보고되었다. 이러한 차별적 참여에는 이해 부족; 압도감, 무력감, 또는 목소리가 반영되지 않았다는 느낌 그리고/또는 자신의 문제로 인한 어려움과 같은 많은 이유가 있을 수 있다. 부모가 이 과정에 더 많이 참여할수록 더 좋다. 이러한 수준의 참여는 부모가 아동과 가족에게 무언가가 "행해지고 있다"고 느끼거나, 자신들이 옹호자를 가지고 있다고 느끼는 데에 큰 차이를 만들 수 있다(Hess, Molina, & Kozleski, 2006). 부모가 특수교육 과정에 대해 인식하고 숙지하도록 하는 것은 더 성공적인 프로그램으로 이어지는 데 도움이 될 것이다.

앞서 언급했듯이, 의사소통은 특수교육 과정을 이해하는 데 필수적이다. 이는 교육적 용어를 사용할 때 특히 중요하다. 장애아동의 한 어머니는 다음과 같이 설명했다: "특히 '특수교육 전문용어'와 관련하여 무의식적인 오해, 즉 의도하지 않은 오해를 인식하는 것을 주의하세요. 때때로 부모는 사용된 용어의 정의를 이해하지 못하며, 가능한 한 전문용어는 전체 팀 사이에 이해를 보장하기 위해 일반인의 용어로 '번역'되어야 합니다"(B. Siegel, 개인적 의사소통, 2014년 1월 14일). 이러한 방식은 용어나 전문적인 어휘를 잘 모른다는 이유로 위축되지 않고, 자연스럽게 대화와 질문이 이루어질 수 있는 환경을 조성한다. 같은 부모는 의사소통에 관해 다음과 같은 조언도 덧붙였다. "질문이 있거나 분명한 의견 차이가 있을 때는, 팀에게 행동을 구체적으로 설명해 달라고 요청하세요." 예를 들어, "타미는 이해하지 못해요"라고 말하기보다는, "타미는 연필을 두드리기 시작하고 콧노래를 흥얼거려요"라고 말하는 것이 더 도움이 된다.

부모의 의견을 유지하는 또 다른 방법은 그러한 다학제팀 회의 일정을 잡는 것이다. 부모는 이러한 회의에 대해 통보받아야 하며, 관련 학교 직원이 참석할 수 있도록 준비해야 한다. 장애아동의 아버지는 전문상담교사나 사례 관리자가 "항상 모든 사람이 회의에 대해 알고 참석할 수 있도록 하거나, 참석할 수 없는 사람들로부터 의견을 얻는다"는 사실에 만족감을 표현했다(B. Everitt, 개인적 의사소통, 2014년 1월 20일). 학생과 함께 일하는 모든 사람으로부터 의견을 얻는 것이 중요하므로, 모든 영역에서의 진전을 점검하고 새로운 목적을 설정할 수 있다. 가장 많은 팀 구성원이 참석할 수 있는 회의 시간을 확보하기 위한 모든 노력은 더 생산적인 회의를 만들 것이다. 이 부모는 "부모가 회의에 참석하고 싶어 할 수 있지만, 항상 직장에서 휴가를 내기가 어려울 수 있다"는 것을 상기시킨다. 또 다른 부모는 추가적인 통찰력을 제공했다, "특수한 요구가 있는 자녀 때문에 시간을 내는 것으로 인해 일자리를 잃는 것에 대해 부모가 스트레스를 받을 때 유연하게 대처할 의향이 있어야 합니다. 나는 자녀들의 시간 요구와 결근으로 인해 일자리를 잃은, 적어도 세 명의 사람들을 알고 있습니다"(B. Siegel, 개인적 의사소통, 2014년 1월 14일). 학교는 효과적인 양육 능력에 영향을 미칠 수 있는 고용과 같은 요구사항을 인식해야 한다(Broomhead, 2013). 회의 시간과 의사소통 및 이해에 시간을 할애하는 것과 관련하여 부모의 요구를 충족시키는 유연성은 학생과 전체 팀에게 유익할 것이다. 성장과 진전의 징후로, 그리고 학생에 대한 관심이 보이는 일화로 회의를 시작하는 것이 더 긍정적인 상호작용의 분위기를 설정하고 방어를 낮추는 데 도움이 될 것임을 기억해야 한다. 이렇게 하면 부모에게 당신이 그들의 자녀를 알고 관심을 가지고 있으며, 단지 서류 작업을 처리하는 것이 아니라는 것을 보여줄 것이다. 이전 논의에서 볼 수 있듯이, 전문상담교사는 가족과 함께 일하는 데 많은 역할을 한다. 이러한 전문가들은 또한 장애학생과 함께 일하는 데 있어 학교의 동료들에게 도움을 줄 수 있다. 이 역할은 다음 절에서 다룬다.

학교 교사 및 직원과의 협력

모든 교사가 장애가 있는 아동을 자신의 학급에 포함시키는 것에 대해 편안함을 느끼는 것은 아니다. 새로운 교육과정과 평가 체제로 인해 이미 교사들에게는 많은 요구가 주어지고 있으며, 이는 스트레스를 가중시킬 수 있다. 통합교육(inclusive education)은 종종 교사에게 추가적인 업무 부담을 야기하며, 학급 내에서 행동 문제를 초래할 수 있다. 또한, 모든 교사가 특수교육 대상 학생과 함께 일할 준비가 되어 있는 것은 아니다. 이러한 교사 교육 여부는 장애학생에 대한 교사의 반응에 밀접한 영향을 미치는 것으로 나타났다. 한 연구(Gokdere, 2012)에서는, 장애학생과 함께 일하는 교사의 태도가 특수교육에 대한 연수 경험이 있고 관련 지식이 풍부할수록 더욱 긍정적인 것으로 보고되었다. 전문상담교사는 이 영역에서, 장애에 대한 민감성과 인식을 다루는 교직원 대상의 직무연수(continuing education workshops)를 제공함으로써 지원할 수 있다.

장애학생과 그 가족을 체계 지향적인 관점을 가지고 관련 방식으로 상담하는 것은 가족 구성원 간의 관계와 가족과 가족이 상호작용하는 다른 체계 간의 관계를 개선할 수 있다(Thomas & Ray, 2006). 전문상담교사는 학교 시스템이 가족의 상황에 기여하는 것을 볼 수 있으며, 논의에 더 많은 정보를 추가하거나 감정을 판별하고 확인하거나 상황을 재구성함으로써 문제의 맥락을 변화시키는 데 도움을 주어 개입하고 지원할 수 있다. 체계 지향적 상담을 사용하는 것은 장애와 가족 상호작용에 대한 가족 구성원들의 관점을 사정평가하고, 변화를 위한 전략이나 기법을 제공하는 것으로 구성된다. Belin-Blank Center 모형, 구조적-전략적 모형, 상상적-포스트모던 모형과 같은 체계 기반 모형을 사용함으로써, 전문상담교사는 가족 역동성을 더 잘 이해하고 적절한 경우 가족 상담을 위한 적절한 의뢰를 할 수 있다(Thomas & Ray, 2006). 영재 학생들을 위해 개발되고 적용된 이 두 모형은 그들의 유연성으로 인해 장애학생 집단에 적용되어 왔으며, 발달적 관점에서 가족 시스템 문제를 바라본다.

또한, 전문상담교사는 자신의 훈련에서 얻은 지식을 바탕으로 요구사항 사정평가(need assessment)를 실시하여 장애학생을 위한 더 긍정적인 교실 환경을 조성하고, 교사에게 가능한 수정 사항과 장애에 관한 중요한 정보를 전달하기 위해 변화가 필요한 잠재적 영역을 판별할 수 있다. 관리자, 학교심리사, 그리고 사회복지사와 같은 다른 학교 직원과의 협력을 통해, 전문상담교사는 모든 학생에 대한 존중, 높은 기대, 그리고 공평한 교육 결과에 대한 관심을 표현하는 학교 정책을 수립하는 데도 도움을 줄 수 있다(Milsom, 2006).

무엇보다도, 장애아동은 어울리기를 원하며, 그들의 부모는 자녀가 받아들여지고 환영받으며 특수한 요구가 없는 아동들과 함께 배울 기회가 있는 학교 환경을 원한다(Hess 외, 2006). 한 장애학생은 다음과 같이 말했다, "나는 그저 어울리고, 친구들을 사귀고, 사람들이 저를 좋아하기를 원해요... 나는 괴롭히는 사람들 주변에 있는 것을 좋아하지 않아요"(B. Siegel, 개인적 의사소통, 2014년 1월 14일). 전문상담교사는 차이에 대한 이해를 장려하고 이름 부르기와 관계적 공격과 같은 불관용 행동을 방지하기 위한 활동을 제공하는 데 도움이 될 수 있다. 교실 심리교육 수업에서 다양성, 협력, 갈등 해결에 대해 가르침으로써, 아동들은 사람들의 차이에 대한 더 깊은 이해를 갖게 될 것이다. 부모와의 의사소통으로 돌아가면, 한 부모는 직원이 익숙하지 않은 장애를 가진 학생이 있을 때 상담사가 "전체 학교에 대한 훈련"을 제공할 것을 제안했다. 그녀는 다음과 같이 그 아이디어를 덧붙였다, "이것은 '숨겨진 장애'가 있는 경우 정말 중요합니다. 학생이 '정상'으로 보일 수 있지만 여전히 어려움을 겪고 있을 수 있습니다; 예를 들어 경미한 청력 손실, 청각 처리장애, 외상성 뇌 손상 또는 자폐스펙트럼상의 아동들과 같이요"(B. Siegel, 개인적 의사소통, 2014년 1월 14일). 한 저자가 전문상담교사로 근무하던 기간 중, 많은 부모들은 전문상담교사가 자녀의 장애에 대해 학급 발표를 함께 준비하고 진행해 주었을 때, 또래 학생들이 자녀를 이해하고 받아들이는 데 있어 매우 큰 변화가 있었다고 언급하였다.

요약

장애아동이 가족 안에 있다는 것은 여러 가지 방식으로 전체 가족에 영향을 미친다. 전문상담교사로서, 학생뿐만 아니라 부모, 형제자매, 교육자, 그리고 직원도 지원할 수 있다는 것을 기억하는 것이 중요하다. 종합적인 상담 프로그램은 자녀의 행동적, 학업적, 그리고 진로 계획에 도움이 되는 부모 훈련을 포함할 수 있다. 또한 장애학생과 형제자매를 위한 개별 및/또는 그룹 상담을 포함할 수도 있다. 추가적으로, 전문상담교사는 지역사회 지원 서비스 및 의뢰 네트워크와의 연결 구축을 지원할 수 있다.

적극적 경청(active listening) 기술을 활용하면, 부모의 우려와 바람을 들을 수 있으며, 자녀의 성공을 위해 설계된 교육 프로그램을 이해하도록 돕는 역할을 할 수 있다. 자녀의 교육 여정의 모든 단계에 부모를 참여시키는 데 시간을 들이는 것은 학교와 가정 간의 견고한 관계를 형성하는 데 도움이 된다. 특수교육의 용어와 절차는 혼란스럽고, 때로는 좌절감이나 불쾌감을 줄 수도 있다는 점을 기억해야 한다. 부모의 생각을 경청하고 감정을 확인하되, 부적절하거나 비현실적인 기대를 강화하지 않도록 주의해야 한다. 부모가 현재 논의되고 있는 내용과 계획되고 있는 사항을 명확히 이해하고 있는지 반드시 확인해야 한다. 장애가 있는 아동과 그 가족에게 환영받는 긍정적인 경험을 제공할 수 있는 기반을 조성할 수 있으며, 학교 분위기를 수용과 이해의 문화로 이끄는 데 기여할 수 있다. 그럴 때 이 여정은 의미 있고 기대되는 과정이 될 것이다.

핵심사항

- 장애아동이 있는 가족은 다양하고 여러 방면으로 영향을 받는다.
- 전문상담교사는 감정을 공감해주고 회의를 계획할 때 업무 일정을 인식함으로써 가족을 지원할 수 있다.
- 전문상담교사는 형제자매에게 그룹 상담 기회를 제공함으로써 장애아동의 형제자매를 지원할 수 있다.
- 장애에 대한 인식 제고와 장애가 가족에게 미치는 영향에 대한 이해 증진은, 전문상담교사가 학교 교직원을 대상으로 연수를 제공함으로써 지원할 수 있는 과업이다.
- 모든 다양한 학습자에 대한 수용과 관용의 분위기를 조성하는 것은 교직원과 교수진을 위한 전문성 개발 기회와 학생을 위한 발달 지도 교육과정을 통해 달성될 수 있다.

추가 자료

인쇄물

Graves, J., & Graves, C. (2014). *Parents have the power to make special education work: An insider guide*. Jessica Kingsley.

Lavoie, R., Reiner, M., Reiner, R., & Levine, M. (2006). *It's so much work to be your friend: Helping the child with learning disabilities find social success*. Touchstone.

Whiteman, N., & Roan-Yager, L. (2007). *Building a joyful life with your child who has special needs*. Jessica Kingsley.

웹 기반 자료

American School Counselor Association: http://www.schoolcounselor.org → 전문상담교사를 위한 학생 표준, 연구, 실천 자료 제공.

Family Voices: http://www.familyvoices.org → 가족의 목소리를 반영한 건강관리 정책 및 서비스 개선을 위한 자료 제공.

Federation for Children with Special Needs: http://fcsn.org/ → 특수교육 아동 가족을 위한 정보, 교육, 역량 강화 자료 제공.

National Association of School Psychologists: http://www.nasponline.org → 부모와의 협력을 위한 학교심리사 대상 자료 링크 다수 제공.

Our-Kids: http://www.our-kids.org/ → 신체적/정신적 장애 및 발달지체 아동을 둔 부모 및 돌봄자를 위한 커뮤니티.

Parenting Children with Special Needs: http://specialchildren.about.com/ → 특수교육 아동 지원을 위한 링크 및 자료 제공.

Parenting Special Needs: http://parentingspecialneeds.org/ → 특수교육 자녀 양육을 위한 실용적 자문 개입, 경험 공유, 문제해결 전략 제시.

참고문헌

American School Counselor Association. (2012). *The ASCA national model: A framework for school counseling programs*(3rd ed.). Author.

Ankeny, E. M., Wilkins, J., & Spain, J. (2009). Mothers' experiences of transition planning for their children with disabilities. *Teaching Exceptional Children, 41*(6), 26-36.

Begum, G., & Blacher, J. (2011). The siblings relationship of adolescents with and without intellectual disabilities. *Research in Developmental Disabilities, 32*(5), 1580-1588.

Broomhead, K. (2013). Blame, guilt and the needs for "labels": Insights from parents of children with special educational needs and educational practitioners. *British Journal of Special Education, 40*(1), 14-21.

Council for Accreditation of Counseling and Related Educational Programs. (2009). *Welcome to CACREP*. http://www.cacrep.org/template/index.cfm

Epstein, J. L., & Sanders, M. G. (2006). Prospects for change: Preparing educators for school, family, and community partnerships. *Peabody Journal of Education, 81*(2), 81-120.

Flanigan, C. B. (2005). *Partnering with parents and communities: Are preservice teachers adequately prepared?*Harvard Family Research Project.

Gokdere, M. (2012). A comparative study of the attitude, concern, and interaction levels of elementary school teachers and teacher candidates toward inclusive education. *Educational Sciences: Theory and Practice, 12*(4), 2800-2806.

Hess, R., Molina, A., & Kozleski, E. (2006). Until somebody hears me: Parent voice and advocacy in special education decision making. *British Journal of Special Education, 33*(3), 148-157.

Lake, J. F., & Billingsley, B. S. (2000). An analysis of factors that contribute to parent-school conflict in special education. *Remedial and Special Education,*

21(4), 240-252.

Leyser, Y., & Kirk, R. (2011). Parents' perspectives on inclusion and schooling of students with Angelman syndrome: Suggestions for educators. *International Journal of Special Education, 26*(2), 79-91.

Macks, R. J., & Reeve, R. E. (2007). The adjustment of non-disabled siblings of children with autism. *Journal of Autism and Developmental Disorders, 37*, 1060-1067.

Martin, N. R. M. (2004). *Strengthening relationships: When our children have special needs*. Future Horizons.

Mason, C. Y., McGahee-Kovac, M., Johnson, L., & Stillerman, S. (2002). Implementing student-led IEPs: Student participation and student and teacher reaction. *Career Development for Exceptional Individuals, 25*(2), 171-192.

McGinley, V. A., & Wandry, D. (2013, July). Families' views on the teacher personnel preparation curriculum. Paper presented at the IASE Conference, Vancouver, Canada.

Meyer, D. J., & Vadasy, P. F. (2008). *The Sibshop curriculum—Sibshops: Workshops for siblings of children with special needs*. Paul H. Brookes.

Milsom, A. (2006). Creating positive school experiences for students with disabilities. *Professional School Counseling, 10*(1), 66-71.

Murphy, N. A., Christian, D. B., Caplin, D. A., & Young, P. C. (2006). The health of caregivers for children with disabilities: Caregiver perspectives. *Child Care Health and Development, 33*, 180-187.

Smith, P., Hoy, W., & Sweetland, S. (2001). Organizational health of high schools and dimensions of faculty trust. *Journal of School Leadership, 11*(2), 135-151.

Taub, D. (2006). Understanding the concerns of parents of students with disabilities: Challenges and roles for school counselors. *Professional School Counseling, 10*(1), 52-57.

Thomas, V., & Ray, K. (2006). Counseling exceptional individuals and their families: A systems perspective. *Professional School Counseling, 10*(1), 58-65.

Turnbull, A., Turnbull, R., & Wehmeyer, M. L. (2009). *Exceptional lives: Special education in today's schools*(6th ed.). Merrill.

Wehmeyer, M. L., & Palmer, S. B. (2003). Adult outcomes for students with cognitive disabilities three years after high school: The impact of self-determination. *Education and Training in Developmental Disabilities, 38*(2), 131-144.

Whitbread, K. M., Bruder, M. B., Fleming, G., & Park, H. J. (2007). Collaboration in special education: Parent-professional training. *Teaching Exceptional Children, 39*(4), 6-14.

제Ⅲ부

실제 적용

7장

ASCA(미국전문상담교사협회) 전달체계

Christopher Siuta

성 보나벤처 대학교(St. Bonaventure University)

Alan Silliker

성 보나벤처 대학교(St. Bonaventure University)

> "나의 장애가 아닌, 나의 능력으로 나를 알아주세요"
>
> —로버트 M. 헨셀, 장애인 권익운동가이자 시인

미국전문상담교사협회(American School Counseling Association, ASCA)는 전문상담교사들을 대표하는 전문 기관이다. ASCA(2012)는 전문상담교사의 실제를 위한 국가모형을 명확히 제시하였으며, 이 모형은 전문상담 프로그램을 표준화하고 모든 학생에게 서비스를 제공하는 것을 촉진하기 위해 제시되었다. ASCA의 장애학생에 대한 전문상담교사의 입장문은 다음과 같다:

> "전문상담교사는 종합적 학교상담 프로그램을 통해 모든 학생의 학업, 진로, 개인/사회적 발달을 장려하고 지원한다. 전문상담교사는 장애 및 기타 특수 요구로 인한 도전에도 불구하고 모든 학생이 잠재력을 실현하고 학업 표준을 충족하거나 초과할 수 있도록 돕는 데 전념한다."(ASCA, 2013, "Position" 절, 문단 1)

이러한 ASCA의 입장문은 「장애인교육향상법(IDEIA, 2004)」과 교육환경 내에서 장애인의 지원과 서비스가 종종 충분하지 않았다는 사실을 인용하고 있다(ASCA, 2013). 「장애인교육법(IDEA, 2004, PL 108-446)」은 총 13개의 장애 범주를 명시하고 있으며, 이에 대한 자세한 설명은 본서 1장에서 확인할 수 있다: 자폐성장애, 농·맹, 발달지체, 정서장애, 청각장애(농 포함), 지적장애(구 정신지체), 중복장애, 지체장애, 기타 건강장애, 특정학습장애, 말-언어장애, 외상성 뇌손상, 시각장애(맹 포함). 이러한 장애가 있는 개인들은 특수교육 및 관련 서비스를 필요로 하며, 본 장에서는 이들에게 전문상담교사가 제공할 수 있는 서비스 유형에 초점을 맞추어 다룬다.

ASCA의 입장은 전문상담교사가 장애학생을 포함한 모든 학생을 대상으로 서비스를 제공해야 한다는 것이다. 이러한 입장은 ASCA(2013)에서 제시한 전문상담교사의 역할 진술을 통해 강화된다. 해당 역할에는 개별화교육계획(IEP)에 기반한 상담, 가족과의 협력, 다학제팀 참여, 옹호활동, 학생지원 전문가와의 협업 등이 포함된다. 나아가, 전문상담교사의 구체적 역할은 『ASCA 국가모형(2012)』 내에서 더욱 자세히 구분되어 있다. ASCA 모형은 네 가지 주제와 네 가지 구성 요소로 이루어져 있다. 네 가지 주제는 리더십, 옹호활동, 협력, 체계적 변화이며, 네 가지 구성 요소는 기초(foundation), 관리(management), 전달(delivery), 책무성(accountability)이다. 본 장의 초점은 ASCA 국가모형의 전달체계 요소에 있다.

장애학생을 위한 전문상담교사 개입에 대한 증거기반 연구 검토가 특히 요구된다. 왜냐하면 전문상담교사들은 장애학생에게 서비스를 제공하는 데 충분한 준비가 되어 있지 않다고 보고하기 때문이다(Milsom, 2002; Praisner, 2003). 또한, 이러한 학생들의 요구는 전문상담교사에 의해 종종 간과되기도 한다(Hatch, Shelton, & Monk, 2009).

전달체계는 직접 학생 서비스와 간접 학생 서비스로 구성된다. 직접 학생 서비스에는 세 가지 활동이 포함된다: 학교상담 핵심 교육과정의 지도, 개별 학생 계획의 촉진, 즉각적 학생 요구에 대한 반응. 간접 서비스는 협의(consultation)와 협력(collaboration)으로 구성된다. 이러한 모든 서비스는 학생의 요구와 연결되어야 하며, 이러한 요구와 그것을 달성하는 데 필요한 역량은 ASCA 학생 표준(2004)에서 제시된 학업, 진로, 개인-사회 영역의 세 가지 발달 영역으로 범주화된다.

모든 학생은 학교 재학 기간 동안 다양한 발달 과제를 갖게 된다. 그러나 장애학생은 학업, 진로, 개인-사회 발달에서 비범한 어려움에 직면할 수 있다. 이러한 어려움은 고용, 학습, 사회적 관계, 자기개념(Self-concept), 성적 정체감, 주거, 교통, 이동성 등 삶의 다양한 측면에 존재한다. Marshak, Dandeneau, Prezant, 그리고 L'Amoreaux(2009)는 이러한 장애가 동일한 학교상담 지원을 필요로 하지만, "증폭된(amplified)" 수준에서 제공되어야 한다고 제안하였다.

본 장의 구성은 네 가지 전달체계 각각에 대해 전체 학생을 위한 개입과 장애학생을 위한 강화된 또는 보강된 개입으로 나누어 구성되어 있다. 따라서 본 장을 읽은 후, 전달체계 서비스의 네 가지 영역에 따른 다음 목표를 독자는 달성하게 될 것이다:

1. 학교상담 핵심 교육과정에 대한 지식
2. 개별 학생 계획에 대한 지식
3. 반응적 서비스의 판별
4. 협의 및 협력에 대한 지식

직접 학생 서비스

학교상담 핵심 교육과정

ASCA(2012)에 따르면, 학교상담 핵심 교육과정 전달체계는 학업, 진로, 개인-사회 영역에서 최적의 발달을 촉진하기 위해 모든 학생에게 제공되는 교수 프로그램으로 정의된다. 이 교육과정은 학생의 발달 수준과 요구에 적절하도록 설계된다. 일반적인 전략으로는 교실 지도와 소그룹 활동이 포함된다.

학교상담 핵심 교육과정을 시행하는 것은 일부 상담교사에게는 편안한 영역 밖의 활동일 수 있다. 교실에서 교사로서의 역할을 수행하는 것은 개별상담이나 소그룹 활동과는 매우 다른 기술의 조합을 요구하기 때문이다. Cobia와 Henderson(2007)은 수업을 제공하는 데 유용한 17가지 아이디어를 제시하였다. 이 목록에 포함된 실천적 제안으로는 흥미로운 내용으로 수업을 시작하기, 수업의 기본 목적을 학생에게 제시하기, 교실 내에서 이동하기, 모든 학생이 학습에 참여하도록 유도하기, 그리고 다양한 학습 형식을 활용하기 등이 있다. 추가 자료로는 Tollerud와 Nejedlo(2004)의 상담 교육과정 설계 절차에 관한 장이 있다.

학교상담 교육과정 설계의 필수 단계 중 하나는 요구사항 사정평가(need assessment)이다. 예방적 및 발달중심 학교상담은 학생과 지역사회의 구체적인 요구를 반영할 때 가장 효과적으로 실행될 수 있다. 요구사항 사정평가는 학생, 교사, 학부모, 행정가, 지역사회 구성원 등 관련 이해당사자들과의 인터뷰를 통해 비공식적으로 수행할 수 있다. 보다 공식적인 사정평가도 존재하는데, 예를 들어 Berube와 Berube(1997)가 개발한 「학생 관심 설문조사(Survey of Student Concerns)」 등이 있다.

Rowley, Stroh, Sink(2005)는 전문상담교사들이 가장 많이 활용하는 교육과정 자료를 조사하였다. 이들의 분석에 따르면 개인-사회 영역의 수업이 가장 많았고, 학업 영역 수업은 가장 적었다. 이 연구의 주요 성과는 학교상담 교육과정 자료의 목록과 교육과정 실행을 위한 실질적 제안들을 포함하고 있다는 점이다. 그 제안은 자료 구입 시 재정 고려사항, 대학과의 협력, 교사의 수업에 상담 교육과정 통합, 학교의 학업 임무를 강화할 수 있는 교육과정 선택 등의 이슈에 초점을 맞춘다.

교재, 영상자료, 교실 학습자료 등이 상담교사들이 활용하는 교육과정 자료에 포함된다. 상담교사의 교육과정이 다루는 일반적인 학생 문제에는 학습기술, 괴롭힘, 사회기술, 자존감, 이혼, 약물/알코올 사용 등이 있다(Rowley 외, 2005). 이 연구는 다양한 교육과정이 사용되고 있음을 확인했지만, 여러 응답자가 공통적으로 사용한 프로그램은 네 가지에 불과했다. 이 네 가지는 (a) 미주리 종합적 지도 및 상담 프로그램(The Missouri Comprehensive Guidance and Counseling Program: 공식 명칭이며 미주리주 주정부에서 운영하는 대표적 학교상담 프로그램), (b) Here's Looking at You(약물남용 예방 교육 프로그램), (c) Second Step(사회정서학습[SEL] 기반 프로그램), (d) Talking About Touching(아동 성폭력 예방 교육 프로그램)이다.

학업 영역 학교상담 핵심 교육과정

상담교사의 학업 영역 수업 활동

학업 성공을 위한 교실 내 지도는 주로 조직 및 학습 기술 교육에 초점을 맞춰왔다. 여러 연구에서 교실 상담 수업이 학생의 학업 성과에 긍정적 영향을 미친다는 점이 입증되었다. 더불어, 사회정서교육에 중점을 둔 교육과정도 학업 성공과 긍정적 관계를 보인 바 있다(Zins, Weissberg, Wang, & Walberg, 2004). 예를 들어, 개인-사회 영역 수업을 포함하는 「학생 성공 기술(Student Success Skills)」 프로그램은 학생 간 학업 격차를 줄이는 데 효과적인 방안으로 주목받고 있다(Brigman, Webb, & Campbell, 2007). 이 교육과정의 수업계획안은 기억 전략, 시험 불안, 대인관계 기술, 목적 설정, 팀 기반 실천 등의 사회정서 및 학업 관련 주제를 포함한다(Brigman & Webb, 2004).

상담교사의 학업 영역 그룹 활동

학업적으로 실패하고 있는 학생들로 구성된 소그룹은 학습기술 훈련과 과목별 튜터링을 통해 혜택을 받을 수 있다. 그룹 활동을 통해 학생은 자신의 강점과 약점을 파악하고, 목적 달성 과정을 점검하며, 분노 조절 기술을 연습하고, 성공 경험을 공유할 수 있다(Brigman, Campbell, & Webb, 2010).

학업 영역의 강화된 교육과정 개입

장애학생은 타 학생에게 제공되는 학업 개입 서비스에 완전하게 접근할 수 있어야 한다. IEP는 상담교사가 장애학생 개개인에게 적합한 학업 전략을 수립할 수 있도록 해준다.

진로 영역 학교상담 핵심 교육과정

상담교사의 진로 영역 수업 활동

상담교사가 쉽게 접근하고 실행할 수 있는 진로 지향 교육과정 자료는 매우 다양하게 존재한다(Center for School Counseling Outcome Research & Evaluation, 2014). Brown과 Krane(2000)은 진로개발 개입에 대한 메타분석을 통해, 개입의 효과성과 유의미하게 관련된 다섯 가지 구성 요소를 확인하였다. 이 구성 요소들은 다음과 같다:

1. 학생이 진로 및 삶의 목적을 글로 명확히 할 수 있도록 한다.
2. 학생에게 개인화된 해석과 피드백을 제공한다.
3. 고려 중인 진로 경로의 요건과 예상 결과에 대한 최신 정보를 제공한다.
4. 효과적인 계획 및 대처 전략을 시연하는 모형을 포함한다.

5. 학생이 자신의 열망을 추구할 수 있도록 지원 네트워크를 개발할 수 있게 돕는다.

대학 및 진로 준비의 많은 부분은 의사소통 기술과 대인관계를 포함한 사회적, 정서적 역량을 포함한다. Dymnicki, Sambolt, 그리고 Kidron(2013)은 사회정서학습(SEL) 개념을 설명하고 사회정서 중심 교육과정이 어떻게 대학 및 진로 준비를 촉진할 수 있는지 보여주었다. 특히, 대학 및 진로 준비는 스트레스 관리 기술, 투지, 주의 집중, 그리고 자신의 정서를 조절하는 능력과 같은 사회정서적 강점을 포함한다. 구체적으로 진로 중심의 교육과정 자료에 관해서는, Jarvis와 Keely(2003)가 진로개발 이슈에 대한 문헌 검토를 수행했으며, 그들의 논문에 유망한 진로 지도 관련 교육과정이나 프로그램에 대한 요약을 포함했다. 매우 적은 수만 언급되었지만, 저자들은 학생 진로 구축을 위한 가치 있는 프로그램 세트로 The Real Game Series(국제적으로 통용되는 진로 교육 시리즈)를 특별히 언급했다.

전문상담교사의 진로 영역 그룹 활동

대부분의 진로 교육과정 활동은 교실과 소그룹 환경 모두에서 실행될 수 있다. 교수 활동과 마찬가지로, 전문상담교사가 쉽게 접근하고 실행할 수 있는 진로 중심 교육과정 자료에 대한 많은 자원이 존재한다(Florida Department of Education, 2014; Missouri Career Education, 2014; Vocational Information Center, 2012). 활동은 종종 진로 교육의 9가지 요소 내에서 조직된다: 진로 인식, 자기 인식, 감상, 태도/삶의 역할, 의사결정 기술, 경제적 인식, 기술 인식과 초기 역량, 취업 기술, 그리고 교육적 인식(Brown, 2012). 구체적인 진로 영역 활동에는 과목 선택과 일정 계획, 전환 계획, 진로 관심 사정평가, 직업 현장 체험, 이력서 작성 및 면접 기술, 대학수학능력평가(SAT)/미국대학입학시험(ACT) 시험 준비, 그리고 대학 방문이 포함된다.

진로 영역에서의 강화된 교육과정 개입

장애학생의 진로개발 요구는 전문상담교사에 의해 종종 간과되는 경우가 있다(Hatch 외, 2009). 다른 학생들과 마찬가지로, 전문상담교사는 고등학교 졸업 요건과 졸업 이후의 교육 및 고용 관련 선택지에 대한 정보를 공유해야 한다. 그러나 전문상담교사들은 중증 장애를 가진 학생들, 특히 통합되지 않은 학생들에 대해서는 종종 관심을 기울이지 않는다(Milsom, 2007). 장애학생들도 다른 모든 학생들이 이용할 수 있는 진로개발 활동에 접근할 수 있어야 한다. 장애학생의 진로개발을 지원하는 전문상담교사는 이들이 직면하는 특수한 요구들에 대해 민감할 필요가 있으며, 여기에는 자신감 향상, 자기옹호(self-advocacy), 그리고 물리적 접근성에 관한 건축적 장벽 등이 포함될 수 있다.

장애학생과 함께 일하는 전문상담교사는 Milsom(2007)에 의해 IEP 회의에 참석하고, 자기옹호 기술을 가르치며, 장애 서비스와 법률에 대해 논의하고, 전환 계획에 의견을 제공하는 것이 권장된다. 진로 전환을 위한 두 가지 특별한 목표는 고등교육을 위한 준비와 졸업 후 취업을 위한 전환 계획이다. 고등교육을 기대하는 장애학생을 위한 전문상담교사의 교육과정 주제는 대학 인식, 교육 옵션, 대학 입학 과정, 고등교육에서의 장애 지원 서비스, 그리고 학생 권리에 관한 법률에 초점을 맞춘다(Naugle, Campbell, & Gray, 2010). 장애학생의 가족을 교육하는 것은 전문상담교사에게 또 다른 중요한 교육과정 접근법이 될 수 있다. 그러한 접근법 중 하나는 선택된 대학에서의 특정 장애 지원 서비스를 설명하는 정보 패킷을 부모에게 배포하는 것을 포함했다(Roberts, Bouknight, & Karen, 2010). 대학 진학을 위한 전환 계획은 또한 정서적 적응 전략, 불안 감소, 시험 치르기 기술과 같은 교육과정 주제를 포함해야 한다(Dipeolu, Storlie, & Johnson, 2014).

장애학생의 졸업 후 취업을 위한 전환은 초기 역량 기술과 성공적으로 직업을 얻기 위한 접근법에 중점을 둔 주제로 구성되어야 한다. McEachern과 Kenny(2007)는 적합한 직업 찾기, 지원 과정, 면접 기술, 그리고 재정 관리와 같은 주제를 권장한다. Marriott Foundation(2008)의 Bridges 프로그램은 장애 청소년을 위한 우수한 성과 기록을 가진 학교-직장 접근법이다. Bridges 교육과정은 면접 기술, 적절한 복장, 이력서 개발, 학생의 기술과 직업 매칭, 그리고 독립적인 이동을 포함한다.

직업정보센터, Vocational Information Center(2012)는 전문상담교사와 장애학생을 위한 많은 자원을 제공한다. 그러한 자원들은 진로 탐색, 장애학생을 위한 편의, 진로상담 개입, 장애인이나 장벽이 있는 사람들을 위한 진로 자원, 특수한 요구를 가진 학생을 위한 전환, 장애인을 위한 취업 자원, 그리고 장애학생을 위한 가이드와 활동으로 분류된다.

개인-사회 영역 학교상담 핵심 교육과정

개인-사회 영역에서의 전문상담교사의 지도 활동

학교상담 교육과정은 학생의 긍정적 사회정서 발달을 촉진하는 데 효과적임이 입증되어 있다(Brigman & Campbell, 2003; Jarvis & Keeley, 2003; Sears, 2005). 나아가 사회정서학습(SEL)은 학업 성공을 촉진한다(Zinsser, Weissberg, & Dusenbury, 2013). Durlak과 Weissberg(2007)는 개인-사회 기술을 촉진하기 위해 설계된 73개의 방과 후 프로그램을 검토하였다. 이들 프로그램은 문제해결, 갈등해결, 자기통제, 자기효능감 등과 같은 긍정적 효과를 보여주었다. 일반적으로 사회정서학습은 학생의 학업 성과와 긍정적 사회 행동을 증진 및 강화하는 것으로 입증되었다(Collaborative for Academic, Social, and Emotional Learning [CASEL], 2012; Durlak, Weissberg, Dymnicki, Taylor, & Schellinger, 2011; Payton 외, 2008).

전문상담교사가 사회정서학습을 촉진하기 위한 지도 전략은 ASCA 모형 표준에서 제시한 개인-사회 영역의 주요 학생 역량과 일치한다:

1. 자기이해 및 대인관계 기술을 습득한다.
2. 의사결정 및 문제해결 기술을 활용하여 자기이해를 적용한다.
3. 또래 압력, 갈등, 부적절한 신체 접촉, 삶의 다양한 사건에 대처하기 위한 개인 안전 및 생존 기술을 습득한다(ASCA, 2012).

이러한 사회정서적 학생 이슈는 전문상담교사 양성을 위한 교육과정 표준을 제시하는 CACREP(Council for Accreditation of Counseling and Related Educational Programs, 2009)의 표준과도 일치한다.

사회정서적 지도 자료들은 CASEL(2012)에 의해 분류 및 검토되었다. 이 자료들은 약물 및 알코올, 또래 압력, 상실 및 슬픔, 대인관계 기술 등에 관한 교실 내 지도 논의에 초점을 둔다. CASEL은 자기인식, 자기관리, 사회적 인식, 대인기술, 책임 있는 의사결정이라는 다섯 가지 사회정서 역량을 강조한다(CASEL, 2014). McGinnis(2011)는 사회기술 훈련 및 사회정서학습을 위한 추가 자료로서 모델링, 역할극, 수행 피드백과 같은 전략의 활용을 강조한다.

개인-사회 영역에서의 전문상담교사의 그룹 교육과정 활동

전문상담교사는 소그룹을 활용하여 이혼, 괴롭힘, 친구관계 형성, 사회기술 발달 등의 개인-사회적 주제에 대한 지식과 기술을 증진시킨다. 개인-사회 발달을 위한 그룹 및 교실 교육과정 접근은 CACREP과 ASCA의 역량 표준 모두에서 권장된다.

개인-사회 영역의 강화된 교육과정 개입

장애학생의 개인-사회적 요구는 종종 간과된다(Hatch 외, 2009). 그러나 친구관계 기술을 가르치고 긍정적 학습 태도를 촉진하는 것은 전문상담교사에게 효과적인 전략으로 입증되었다(Hatch 외, 2009).

개별학생계획(Individual Student Planning)

ASCA 학업 영역의 국가 표준은 전문상담교사가 학생의 학교 성공을 증진하도록 안내한다(ASCA, 2004). 개별 학생 계획 서비스는 학생들이 개인적 목적과 미래 계획을 지원하기 위한 학교 상담 프로그램과 활동에 포함된 다섯 가지 영역 중 하나이다. 이러한 계획 목표는 학업, 진로, 개인-사회적 영역에서의 역량 달성; 다양한 교육 수준 간의 이동(예: 초등학교에서 중학교로; 고등학교에서 직장이나 고등교육으로)과 같은 발달적 전환; 그리고 개인적 목적 설정(예: 학습 계획, 고등학교 졸업, 또는 대학 입학)을 포함할 수 있다.

개별 계획 수립을 위한 두 가지 표준 전략은 해석적 평가(appraisals)와 지도(advisement)이다. 해석적 평가는, 전문상담교사가 학생의 강점과 약점을 파악하기 위해 수행하는 모든 형태의 측정 또는 사정평가(assessment)를 포함한다. 평가 결과의 예로는 학업 성적, 관심사, 학습 스타일, 그리고 자존감이 있다. 전문상담교사 주도의 지도는 해석적 평가 자료와 교육 및 진로 정보의 통합을 통해 학생의 향후 배치 및 목표 설정을 안내하는 것을 의미한다. 해석적 평가와 지도 모두는 학업 수행, 진로 준비, 개인-사회적 발달의 맥락에서 이루어진다. 해석적 평가에 관한 논의는 다음 장(8장)에서 더 철저하게 다루어진다. 지도와 관련하여, 예를 들어 전문상담교사는 학생들과 만나 학업 수강 계획을 세우는 경우가 많다. 이러한 상담은 짧게 이루어지는 경향이 있으며, 1년에 한 번 정도만 진행되는 경우도 있다. 대학 이후의 진로 지도와 같은 개별 계획 수립 세션은 소집단 맥락에서 이루어지기도 하며, 대부분 전문상담교사는 학생의 부모를 계획 과정에 참여시킨다. 장애학생은 비장애 또래보다 더 복잡한 생애 전환을 경험하는 경우가 많으며, 따라서 보다 강화된 개별 계획 수립 서비스 및 중재를 요구할 수 있다. 학업, 진로, 개인-사회적 영역에 관련된 다양한 유형의 개별 계획 수립 활동은 다음 절에서 더 자세히 다루어진다.

학업 영역 개별 학생 계획

학업 영역의 해석적 평가 개입

전문상담교사는 학업 성과 문제와 교과목 시간표 작성을 논의하기 위해 학생과 개별적으로 만나는 경우가 많다. 이 회의는 분기별, 연간 또는 학생의 필요에 따라 진행될 수 있다. 과목별 성적과 성취도 검사 점수는 개별 계획의 출발점이 되는 경우가 많다. 학생의 학업 능력에 대한 추가적인 측정 자료로는 교사의 수업 보고서, 학습양식, 학업적 자기개념, 학업 자기효능감, 진로 흥미 등이 고려될 수 있다. 학생의 학습양식에 대한 사정평가는 교사와 학생 모두가 학업적 강점과 약점을 판별하는 데 도움이 된다. 또 하나의 중요한 평가 초점은 학생의 동기 수준이다. 관심검사 결과는 학생의 학업 동기를 이끌어내는 데 활용될 수 있는 풍부한 자료가 된다.

학업 영역의 강화된 해석적 평가 개입

장애학생은 개별 실시 및 유연한 시간 배정을 포함한 다양한 시험 조정을 통해 혜택을 받을 수 있다. 집단검사보다 개별 성취도 검사가 장애학생에게 더 유익할 수 있다. 상담교사는 이들에게 개별적으로 검사를 시행하거나, 해당 전문 평가를 학교심리사나 기타 전문가에게 연계할 수 있다. 또한 장애학생은 과제를 완료하기 위해 더 많은 시간, 노력, 지원이 요구될 수 있다. Marshak 외(2009)는 장애학생이 또래 및 교사와의 관계 어려움으로 인해 교육환경에서 이탈되는 경향이 있음을 보고하였다. 따라서 전문상담교사는 학업 성과와 관련하여 장애학생의 사회정서적 요구를 반드시 사정해야 한다.

학업 영역에서의 지도 개입

앞서 언급한 바와 같이, 전문상담교사는 학생들과 정기적으로 만나 수강 과목을 계획하고 학업성취를 점검한다. 장래의 진로 목표와 학교 안팎의 개인-사회적 이슈도 이러한 개별 계획 수립 세션에 통합되는 경우가 많다. 특히, 미국전문상담교사협회(ASCA) 국가표준(2004)은 전문상담교사가 학생들이 학교에서의 학습을 학교 밖 삶의 경험과 연결할 수 있도록 지원해야 한다고 권장하고 있다. 학교 과제의 관련성을 이해하지 못하는 것은 교육 전반에 대한 무관심으로 이어질 수 있는 요인이 될 수 있다.

학업 영역의 강화된 지도 개입

상담교사는 장애학생의 부모에게 자녀 지원에 필요한 자원을 제공해야 한다(Milsom & Hartley, 2005). 학업 지도 개입 및 수업 시간표 작성은 부모와의 협업을 시작할 수 있는 중요한 기회다. 학습기술, 시간관리, 조직화 기술 등에 대한 논의는 모든 학생에게 적용 가능한 지도 개입 주제이다. 상담교사는 또한 장애학생을 위한 보조공학 및 교실 내 보조 자원에 대한 지도 개입을 시작할 수 있다. 지도 개입 시간은 관심, 학업 성과, 학습양식에 대한 해석적 평가 결과를 검토하고, 학생의 강점과 약점을 논의하는 시간으로도 활용될 수 있다.

진로 영역 개별 학생 계획

진로 영역의 해석적 평가 개입

전문상담교사는 학생의 진로 사정평가에 관여한다. ASCA 국가모형과 CACREP 표준은 흥미, 능력, 적성에 대한 진로 사정평가를 촉진한다(ASCA, 2012; CACREP, 2009). 대학 및 진로 준비는 최근 공통핵심기준(CCSS)에서 특히 강조되고 있는 사정평가 영역이다. 대부분의 학교에서 전문상담교사는 검사 도구의 선정, 실시, 그리고 해석에 참여한다.

진로 영역의 강화된 해석적 평가 개입

장애학생을 위한 진로 사정평가에서는 시험 조정에 대한 민감성이 특히 중요하다. 이들은 제한시간 없는 시험, 문항 읽기 및 응답 지원, 조정된 혹은 개별화된 사정 도구의 선택 등을 필요로 할 수 있다. 또한 이들에게는 능력에 대한 현실적인 사정평가가 중요하다. 종종 학생, 가족, 교직원, 지역사회 구성원은 장애나 한계에 과도하게 주의를 기울이며 강점과 능력을 간과할 수 있다.

진로 영역의 지도 개입

진로 지도 개입자로서 전문상담교사는 직업 인식, 고용 준비도, 진로 목적 설정, 목적 달성에 필요한 기술 개발을 촉진한다. ASCA(2004) 국가표준은 이러한 진로 지도 개입 범주를 강화하고 있으며, CACREP 표준(2009) 역시 학교상담 준비 과정에서 전환 프로그램, 학교-직장 연계, 고등교육 계획, 대학 입학상담 등에 대한 지식 습득을 강조한다.

진로 영역의 강화된 지도 개입

장애학생에게 지도 개입을 제공하는 전문상담교사는 이들을 위한 진로 탐색 자원을 구비해야 한다. 모든 학생이 진로 정보에서 혜택을 얻지만, 장애학생의 경우 보다 심화된 직업 정보가 요구된다. 예를 들어, 워싱턴 주는 매년 「Do-It 장애 멘토링 데이」를 통해 장애학생들이 장애를 가진 직장인 및 멘토와 만날 수 있도록 한다. Boeing과 Microsoft와 같은 기업들이 이에 참여하고 있다(University of Washington, 2013). 이러한 활동을 통한 연구에서는 장애학생이 또래보다 직업 기반 학습 경험에서 더 많은 이득을 얻는 경우가 많음을 보여주었다.

뉴햄프셔주의 Monadnock Center for Successful Transitions는 장애학생을 위한 진로탐색도 적극적으로 촉진하며, 그 과정에서 직업 현장 관찰을 활용하고 있다(Street, Bigaj, & Mahon, 2010). Monadnock Center는 장애학생과 함께 이 센터의 활동을 모방하여 실시하고자 하는 진로 지도 교사(career advisors)를 위한 안내서도 제공하고 있다. 다음 절에서는 개인-사회적 영역(personal-social domain)을 다룬다.

개인-사회적 영역의 개별 학생 계획

개인-사회적 영역의 평가 개입

모든 학생과의 개별 계획 세션은 주로 학업 수행에 초점을 맞추고, 이차적으로 진로 목적에 초점을 맞추는 경향이 있다. 개인-사회적 문제는 이러한 세션의 부수적 효과로 나타날 수 있다. 예를 들어, 학생이 가정에서 또는 또래와의 문제에 대한 이야기를 공유할 수 있다. 가정 폭력, 방임, 학교폭력과 같은 문제는 학업 수행과 진로 개발에 영향을 미친다. 실체화되는 개인-사회적 어려움은 일반적으로 상담과 같은 반응적 서비스나 다른 전문가 또는 가족과의 연계 또는 협의와 같은 간접적 서비스로의 전환을 초래한다.

개인-사회적 문제가 학업 수행에 영향을 미친다는 인식의 증가(CASEL, 2014)는 일부 학교에서 개인-사회적 문제에 대한 선제적 해석적 평가 접근법으로 이어졌다. 예를 들어, 40가지 자산 모형을 사용한 개인-사회적 자산 사정평가는 학생의 요구를 판별하는 데 사용되어 왔다(Galassi & Akos, 2004; Stevens & Wilkerson, 2010). 전문상담교사는 개별 학생에 대한 자산의 수를 쉽게 사정평가한 다음 자산을 추가하는 계획을 세울 수 있다. 개인-사회적 요구를 사정평가하는 또 다른 접근법은 행동 평가와 훈육 보고서의 사용이다. 개인-사회적 문제에 대한 이러한 측정은 학생의 요구를 판별하고 개별 계획 및 목적 설정을 촉진하는 데 사용될 수 있다.

개인-사회적 영역의 강화된 해석적 평가 개입

모든 학생과 마찬가지로, 장애학생도 미래 계획을 세우기 위해 정기적으로 전문상담교사와 만나야 한다. 장애학생의 개인-사회적 요구는 일반 대중을 반영하며 특별한 고려사항을 포함할 수 있다. 예를 들어, 자폐스펙트럼에 있는 학생들은 사회적 기술 발달에 있어 강화된 지원을 필요로 할 것으로 예상할 수 있다. 학생의 사회적 기술을 다루기 위한 그룹의 활용은 사례 제시 7.1에서 설명되어 있다.

또한, 개인-사회적 요구에 대한 사정평가는 기능적 행동 사정평가(Functional Behavior Assessment)와 같은 보다 정교한 평가를 포함할 수 있다(Trolley, Haas, & Patti, 2009).

사례 제시 7.1

브라이언(Brian)

브라이언은 통합학급에 재학 중인 10세 남학생이다. 이 학생은 IEP(개별화교육계획)가 수립되어 있으며, '학습장애(Learning Disabled)'로 분류되어 있다. 그는 교사 및 또래 학생들과 관련된 학업 및 행동 문제로 인해 전문상담교사에게 연계되었다. 처음에는 개별상담을 위해 상담실로 들어오게 되었다. 브라이언은 매일 수업 속도를 따라갈 수 없다고 말한다. 또한 그는 항상 주의가 산만하고, 다른 아이들이 계속 자신을 놀린다고 호소한다. 교사는 그가 교실 뒤쪽에 앉아 있기 때문에 이러한 상황을 보지 못한다고 한다. 브라이언은 이 사실을 교사에게 말했으나, 교사는 "네가 알아서 해결해야지"라고 답했다. 전문상담교사가 이 일이 언제부터 지속되었는지 물었고, 그는 "1년 내내요!"라고 답했다. 이 학생은 또한 부모가 이혼 중이며, 이로 인해 상황이 더욱 악화되었다고 말한다. 그는 이러한 스트레스를 제대로 감당하지 못하고 있으나, 전문상담교사의 도움은 기꺼이 받겠다고 한다. 브라이언을 위한 상담 개입은 다음과 같다:

1. 학생이 없는 상태에서 교사와 직접 문제를 논의한다.
2. 교사와 상담한 이후, 학생을 데려와 교사와 함께 문제를 논의한다.
3. 학생의 책상을 교실 앞쪽으로 이동시킨다.
4. 교사가 방과 후에 학생에게 개별 지도를 제공한다.
5. 상담교사는 매주 1회 이 학생과 개별적으로 상담을 계속 진행한다.
6. 학생은 상담교사가 진행하는 사회기술 훈련 그룹에 참여한다(총 8주 과정).
7. 가족을 초청하여 가정 문제가 학교생활에 미치는 영향에 대해 논의한다.
8. 전문상담교사는 부모에게 외부 개인 및 가족상담기관으로의 연계를 제공한다.
9. 전문상담교사와 교사는 주의력 문제를 점검하고, 개입이 효과가 없을 경우 ADHD 또는 주의력결핍장애(ADD)에 대한 외부 전문가 사정평가를 의뢰한다.

개인-사회적 영역의 지도 개입

학생들의 전환은 초등학교 입학과 이후 중학교, 고등학교, 그리고 고등교육 환경으로의 이동을 포함하여 학교생활 동안 다양한 시점에서 발생한다. 모든 학생은 다양한 학업적 도전, 또래 상호작용, 그리고 물리적 환경에 적응할 필요가 있을 것으로 예상할 수 있다. 초등학교는 집을 떠나 있는 것, 교사와 상호작용하는 것, 그리고 또래와 경쟁하는 것에 대한 첫 번째 노출일 수 있다. 중학교는 숙제 요구가 증가하고, 학생들이 여러 교사를 경험하며, 괴롭힘 가능성 증가를 포함한 또래 압력이 증가하는 환경이다. 고등학교 시기에는 이성 간의 상호작용 증가, 학교에서의 성공에 대한 압박 강화, 그리고 과외활동 선택의 폭 확대로 인해 긴장감이 더욱 고조된다. 마지막으로, 졸업 후 교육 또는 취업으로의 전환은 학생들에게 완전히 새로운 유형의 개인-사회적 과제를 스스로 관리할 것을 요구한다. 예를 들어, 근로자는 고용주-피고용인 간의 상호작용에 적응해야 하며, 또한 졸업 이후에는 처음으로 통제되지 않은 사회생활을 경험하게 되는 경우도 있다.

개인-사회적 영역의 강화된 지도 개입

장애학생의 전환은 일반적인 사람들보다 더 강렬할 수 있다. 새로운 환경, 또래, 그리고 교사나 감독자 외에도, 장애학생은 학습과 사회생활에 대한 더 높은 장벽을 경험할 수 있다. 전문상담교사는 학생들이 새로운 삶을 준비하는 데 도움이 될 수 있다. 장애학생이 직면하는 특별한 과제에는 건축적 장벽(architectural barriers), 진단 및 낙인(labeling)의 영향, 그리고 새로운 또래 관계 형성 등이 포함된다. 일부 장애학생은 차별(discrimination)이나 사회적 배제(social rejection)를 경험하기도 한다(Marshak 외, 2009).

장애학생의 중학교 전환을 위한 특별한 지도 요구에는 새로운 친구관계 발전의 도전, 새로운 지인에게 장애의 측면을 공개하는 방법, 스트레스 관리, 비장애 친구에 대한 질투 감정 다루기, 그리고 가족의 지원에 대한 의존이 포함된다(Fleischman 외, 2011).

장애학생이 성장하고 역량을 발휘할 수 있도록 돕기 위해, 전문상담교사는 장애유형의 특성이 학생의 학업 및 사회정서적 발달 수준에 미치는 영향에 대해 보다 민감해질 필요가 있다. 본 절에서는 장애학생의 학년 간 전환이 덜 불안정하게 이루어지도록 지원하고자 하는 이들 모두를 위해, 정보 제공적이면서도 체험적인 방식으로 이러한 목표를 달성하고자 한다. 이 절은 특히, 개별화교육계획(IEP)이 시행될 때 자주 발생하는 불균형적인 전환 과정을 조망하고, 그 흐름을 함께 설계하고 안내하는 데 목적을 두고 있다.

IDEA 법에 따라 자폐증, 지적장애 등과 같은 다양한 장애에 기반하여 학생의 어려움을 구별하는 것이 도움이 된다. 직원들은 그런 다음 개별적으로, 그룹으로, 또는 교실 환경 내에서 그러한 학생들에게 도달하고 지식을 전달하기 위한 실용적인 전략으로 전문상담교사를 준비시키기 위해 노력할 것이다. 더욱이, 설명된 대로 분류를 이해함으로써, 종종 전문상담교사는 서비스를 효율화하려는 노력의 일환으로 학생들의 담임교사를 지원하고 돕고 있다. 장애학생의 조력자로서 전문상담교사는 특히 고등학교로의 전환 동안 청소년들이 자신의 강점을 판별하는 것을 도울 수 있다(Hamlet, Gergar, & Schaefer, 2011). 이는 또한 이러한 학생들이 자기옹호 기술을 개발하는 것을 돕기 위한 좋은 시간이다. 다음 절에서는 ASCA 전달체계 틀에서 또 하나의 핵심 변인인 대응 서비스를 다룬다.

대응 서비스(Responsive services)

대응 서비스는 학생들의 즉각적인 요구를 해결하기 위해 설계된 활동들이다(ASCA, 2012). 이러한 학생 요구는 학업 수행, 진로 개발, 그리고 개인-사회적 문제의 세 가지 영역 내에서 분류될 수 있다(ASCA 학생을 위한 국가 표준, ASCA, 2004). 각 영역 내의 대응 서비스 활동에는 개별상담 전략, 그룹 상담, 위기 상담, 갈등 해결, 그리고 학생 지원 활동이 포함된다. 이러한 대응 서비스 중 몇 가지는 지도형 실습 활동 7.1에서 설명되어 있다.

지도형 실습 활동 7.1

샐(Sal)

샐은 고등학교 1학년인 15세 학생이다. 이 학생은 학업 과제에 대한 책임을 지려는 의욕과 의지 부족으로 인해 전문상담교사를 찾아왔다. 그는 꽤 자주 학교를 결석하고 학교 부지에서 마리화나를 피우다 적발되었다. 논의 과정에서, 학생은 자신을 좋아하지 않으며 "자살하고 싶다"고 보고한다. 그는 다른 학생들을 따라잡을 수 없었고 전혀 집중할 수 없다. 그는 이러한 문제들이 중학교에서 시작되었고 지금은 더 악화되었다고 말한다. 부모는 고학력에 부유하다. 아버지는 의사이다. 샐은 명문 대학에 전액 학업 장학금으로 막 입학한 형이 있다. 이 학생은 가족 구성원들로부터 상당한 압박감을 보고한다. 전문상담교사는 점심시간에 샐과 개별 면담을 진행한다. 대화를 통해, 샐은 학교생활이 만족스럽지 않으며 자신을 증오하고 있다고 보고한다. 자살위험성 사정(lethality assessment)이 시행되었고, 학생은 자살행동의 위험요인을 가지고 있음이 확인된다. 그중 하나는 아버지의 수면제를 모두 복용하는 생각을 한 적이 있다는 점이었다. 학생은 당일 수업에 복귀하지 않음을 교사에게 즉시 통보한다. 샐의 부모에게 즉시 연락이 이루어지고,

직접 학교에 방문하여 문제를 논의할 것을 요청한다. 대화 후, 학생은 지역 정신건강 기관으로의 연계를 받아 전면적인 상담 사정평가(full counseling assessment)를 받게 된다. 또한 해당 학년도 동안 학생을 위한 조정 조치 가능성을 논의하기 위해, 수업지원팀(Instructional Support Team)에의 연계도 이루어진다는 사실이 부모에게 안내된다. 학교와 정신건강 기관 간 협력을 위해 정보공개 동의서가 작성된다. 부모와 전문상담교사는 매주 연락을 취해 학생의 진전을 논의할 예정이며, 전문상담교사는 주 2회 샐과 개별상담을 진행하고, 자기존중감, 또래 관계, 사회적 기술을 지원하기 위한 집단상담 참여도 계획하고 있다.

장애학생

전문상담교사는 상담 담당 사례에서 IEP를 가진 학생들의 수가 증가하고 있음을 발견하고 있다(Owens, Thomas, & Strong, 2011). 장애학생의 특별한 우려 사항에는 일반적으로 발달하는 학생들이 흔히 경험하지 않는 스트레스 요인이 포함된다. 예를 들어, 그러한 우려 사항에는 부정적인 신체 이미지, 낙인, 그리고 장애가 그들의 삶의 질에 미치는 영향이 포함된다. 이러한 복잡한 문제들이 전문상담교사의 일상생활에 들어옴에 따라, 일반적으로 단기적인 다양한 정신건강 개입이 필요할 수 있다. Sink(2011)는 일부 장애 범주를 포함한 특정 내담자 문제와 관련된 이러한 접근법 중 많은 부분을 설명했다.

전문상담교사가 자신의 학생들의 요구를 인식할 때 대응적 학교 상담 개입을 향상시킬 수 있다. Livneh, Wilson, 및 Pullo(2004)는 장애인의 일반적인 요구를 열거하는 데 있어 8가지 주요 범주를 나열했다:

1. 신체적 요구(예: 이동성, 일상생활 활동, 통증 조절)
2. 심리적 요구(예: 불안과 우울의 완화, 분노 조절, 좌절감 인내)
3. 사회적 요구(예: 적절한 대인 의사소통, 주장적 행동, 낙인 관리)
4. 직업적 요구(예: 취업 훈련, 면접, 직업 유지)
5. 재정적 요구(예: 장애 혜택, 수익성 있는 고용)
6. 환경적 장벽(예: 접근성, 교통, 쇼핑)
7. 태도적 장벽(예: 부적절한 언어, 사회적 편견, 장애 관련 낙인)
8. 여가적 요구(예: 여가 시간 활동)

학교상담 전문가들은 교육구의 학생들과 일할 때 다면적 접근법을 취하는 것으로 오랫동안 알려져 왔다. 대부분은 일상적인 문제가 발생할 때 학교 건물 내에서 '도움을 구하는' 학교 교직원으로 알려져 있다. 전문상담교사가 활용할 수 있는 한 가지 측면은 장애학생과 관련하여 학교 분위기를 사정평가하고 적절한 경우 개입을 시작하거나 변화를 옹호하는 것이다(Milsom, 2006). 앞서 언급한 장애학생 분류에 기반하여, 차별과 편견으로부터 그들을 보호할 때 유의해야 할 낙인과 태도적 장벽이 있다. 전문상담교사는 개입이 필요한 영역이 있다고 판단될 때 전략을 활용하고 학교 직원을 지원하며 그러한 요구에 기초하여 대응할 수 있다.

전문상담교사는 장애가 있는 학생들과 효과적으로 일하기 위해 학술 프로그램에서 교육을 받았다. 상담사들이 그들과 함께 일하는 데 더 편안해지고 그들을 둘러싼 더 긍정적인 학교 문화를 조성하기 위한 필요성에 기반하여 대학원 프로그램 내에서 그렇게 하도록 하는 긍정적인 변화가 있었다. Praisner(2003)의 연구는 학교 직원이 장애학생에 대해 부정적인 태도를 갖게 되는 이유는 그들이 그러한 개인을 이해하는 데 도움이 되는 적절한 훈련을 받지 않았기 때문이다. 따라서 그들이 장애학생에게 효과적으로 서비스를 제공할 준비가 되어 있지 않다고 느끼기 때문임을 시사했다. Milsom(2002)이 조사한 전문상담교사들은 전문상담교사로 고용되기 전에 장애학생과 관련된 최소한의 공식 훈련을 완료했다고 보고했으며, 장애학생에게 서비스를 제공할 준비가 다소 되어 있다고 보고했다.

목적과 계획

전문상담교사가 학생들과 만날 때, 목적과 치료 계획이 최우선이 되어야 한다. 왜냐하면 목적은 상담사의 전략과 개입 선택과 직접적으로 관련되기 때문이다. 대응 서비스와 관련하여, 전문상담교사는 수립될 특정 개입에 대한 지침을 제공하기 위해 치료 계획으로 시작한다. 본질적으로, 전문상담교사가 대응적이기 위해서는 명확하고 간결하며 현실적인 학생 치료 계획이 마련되어야 한다고 배운다. 많은 교육구에서는 학생들에게 제공되는 대응 서비스를 설명하고 구체화하기 위해 '수업/치료' 계획을 학교 관리자에게 제출하도록 요구하고 있다. 이러한 계획 내의 목적은 즉각적, 중간적, 또는 장기적으로 분류될 수 있다. 이러한 목적의 조합은 치료 계획 내에 즉시 반영될 것이다. 위기에 처한 학생들과 작업할 때는 예외가 발생할 수 있으며, 이러한 목적은 본질적으로 단기간으로 반영될 수 있다. 이러한 목적이 상담사와 학생에 의해 개발되면, 치료 계획이 개발된다.

치료 계획은 종종 학생들을 위한 치료 계획 수립 과정에서 핵심 전략으로 간주되지 않고 간과되어 왔다. 비록 정신건강 사례개념화 모델(mental health case conceptualization model)과 동일하지는 않지만, 모든 학생의 성공을 위해 여전히 중요한 요소이다. 전문상담교사는 다양한 수준에서 정신병리(psychopathology)를 접하게 될 것이며, 이와 관련된 문서는 학생들이 직면하는 문제들에 대한 관점을 제공하는 역할을 한다. 치료 계획에는 다음의 네 가지 유형의 정보가 포함되어야 한다:

1. 수립된 목적
2. 학생들이 목적을 실현하는 데 도움이 될 개입의 종류
3. 성공을 달성하는 데 합리적으로 걸리는 시간의 길이
4. 개입을 전달하는 데 사용될 형식(치료 방식)

또한, 학생 특성도 전략의 결과에 영향을 미칠 수 있고 따라서 목적 달성에 영향을 미치므로, 이러한 특성은 치료 계획으로 이어지는 계획 과정의 일부가 된다. 많은 사람들은 이러한 학생 특성이 치료 결과에 영향을 미치는 가장 강력한 영향 요인이라고 믿는다.

Cormier와 Nurius(2003)는 적절한 학생 특성을 반영하는 학생 계획 준비에 있어 지침 원칙을 제공했다:

- 계획은 문화적으로 임상적으로 정통하며 학생의 문화적 정체성의 가치와 세계관을 반영한다.
- 계획은 학생 시스템 내의 모든 억압적 조건을 포함하여 학생의 사회 시스템의 요구와 영향을 다룬다.
- 가족 구조와 외부 지원 시스템과 같은 학생 삶의 중요한 하위 시스템과 자원의 역할을 고려한다.
- 계획은 학생의 문화 적응 수준과 언어 지배력뿐만 아니라 건강, 회복력, 문제해결 방법에 대한 학생의 관점을 다룬다.
- 치료 계획에서의 선호도가 포함되며, 상담사가 제안한 치료 기간이 학생이 가진 요구와 시간 관점과 일치하는지 확인한다.

이 계획이 진행 상황을 사정평가하기 위한 안내이기 때문에, 전문상담교사가 치료 계획을 수립할 때 고려해야 할 중요한 특성에 대한 추가 설명이 있다(Cormier & Nurius, 2003):

- 모든 관련 있고 잠재적으로 유용한 치료 접근법에 대한 설명
- 사용될 각 절차에 대한 근거
- 각 개입에서 상담사의 역할에 대한 설명
- 각 개입에서 학생의 역할에 대한 설명
- 개입의 결과로 발생할 가능성이 있는 불편함이나 위험
- 개입의 결과로 발생할 것으로 예상되는 이점
- 주어진 각 개입에 대한 예상 시간

전문상담교사는 이러한 계획을 학생들을 위한 네 가지 개입 범주로 나눌 수 있다. 첫 번째는 정서적 개입이다. 이러한 전략은 주로 감정과 정서를 이끌어내고 대응하며, 정서적 상태가 종종 근육계와 물리적 에너지 소비를 포함하기 때문에 신체 인식과 문제의 신체적 요소에 중점을 둔 활동을 포함할 수 있다(Zajonc, 1980). 인지적 개입은 학생들이 자신과 타인에 대해 가지고 있는 생각, 신념, 태도를 다룬다. 이러한 전략은 학생들이 학교 상황, 교사, 또래, 부모 등에 대해 다르게 생각하도록 돕는다. 행동적 개입은 학생들이 새로운 행동이나 기술을 개발하거나 비생산적인 기존 행동을 제어하거나 제거하는 데 도움이 되며, 습관, 일상, 또는 다른 사람들과의 상호작용 패턴을 수정하는 데 사용된다. 체계적 개입 전략은 교사, 또래, 부모, 또는 학생들의 개인 환경에서 상호작용하는 모든 사람을 포함하여 다른 사람, 과제, 또는 상황과의 관계 패턴을 다룬다.

학생 문제가 다차원적이기 때문에, 전문상담교사는 감정, 사고, 행동, 그리고 다른 사람들과의 상호작용의 조합을 활용할 수 있다. 의도는 선택된 개입이 학생 문제의 특정 표현에 적합할 수 있는 방법을 설명하는 것이며, 상담 과정을 지나치게 단순화하는 것이 아니라, 오히려 상담사가 특정 학생 문제와 작업할 때 가지는 대안의 범위를 제시하는 것이다.

가족 및 또래 상호작용과 개입

특수한 요구를 가진 아동은 환경에 대한 권한이나 통제력이 거의 없기 때문에 상담 관계에서 독특한 문제를 제기하며, 그들의 세계관 및/또는 자존감도 환경적 한계를 가질 수밖에 없다. 아동의 행동은 일반적으로 세상의 다른 사람들의 행동과 상호 연결되어 있으며, 가정, 학교 또는 지역사회 내에서 중요한 타인의 개입 없이는 그 환경을 변화시킬 아동의 잠재력은 기능하기 매우 어렵다. 따라서, 전문상담교사가 부모, 형제자매, 또래, 친구, 교사 등 학생을 둘러싼 사람들과 체계적인 접촉을 활용하는 것이 필수적이다. 체계적 관점은 관계 패턴과 그와 상관관계가 있는 행동적, 인지적 요소를 포함한다. 전문상담교사는 개별적으로 학생과 함께 일하고 아동을 통해 체계적 변화를 이끌어내거나, 아동 체계의 다른 참여자들을 참여시켜 체계의 상호작용 패턴의 변화를 일으키고자 할 수 있다. 문제가 주로 학습과 관련된 경우, 과정은 완전히 학교 환경 내에 국한될 수 있다. 문제가 가족과 관련된 경우, 상담사는 부모의 인식과 문제에 대한 책임을 구체화하고자 할 수 있으며, 이때 가족 상담사에게 의뢰하는 것이 필요할 것이다. 그 시점에서, 특정 학생의 요구에 따라 전문상담교사는 지역사회 상담 과정의 일부가 될 수도 있고 아닐 수도 있다. 또래 상호작용 및 지역사회 연계와 관련된 문제는 사례 제시 7.2, 그웬 편에서 강조된다.

장애가 있는 학생과 없는 학생 간의 사회적 상호작용을 촉진하기 위한 권장 사항에는 협동학습(cooperative learning) 그룹이 포함되어 있다. 이러한 그룹은 전문상담교사의 주의를 즉각적으로 끄는 우려 사항에 기반하여 장애학생에게 사회적, 그리고 학업적 혜택을 모두 제공할 수 있다. 또한, 두 그룹의 학생들을 협력적 문제해결에 참여시키는 전문상담교사는 모든 학생에게 우려되는 사항에 대한 목소리를 제공하여 자기 인식 발달과 그 인식을 구조화된 방식으로 다른 사람들에게 전달하는 데 도움을 줄 것이다.

사례 제시 7.2

그웬(Gwen)

그웬은 현재 일반교육 프로그램에 있는 6세 학생이다. 그녀는 교실에서의 이상하고 특이한 행동 때문에 전문상담교사에게 의뢰되었다. 그녀의 수행은 평균적이었지만, 그녀의 사회적 기술은 문제가 되어 왔다. 다른 학생들은 그녀가 '이상하다'고 생각하고 그녀를 찾지 않는다. 즉, 쉬는 시간, 교실에서의 자유 시간 등에서 그렇다. 그웬은 꽤 자주 혼자 말을 하고 상상의 친구들이 있는 것처럼 보인다. 그녀는 온화하고 친절하다. 어머니는 이것이 집에서도 그녀의 모습이라고 말한다. 그웬을 위한 상담 개입에는 다음과 같은 특징이 포함된다:

1. 전문상담교사는 개별상담에서 이러한 문제를 논의한다.
2. 상담사와 교사는 또래와의 관계를 돕기 위한 전략을 논의하고 개요를 작성한다.
3. 그웬은 가능한 특수교육 위원회(CSE) 검사를 위해 학교의 교수 지원 팀(IST) 위원회에 의뢰된다.
4. 그웬은 종합 사정평가를 위해 지역 정신건강 기관에 의뢰된다.
5. 어머니는 전문상담교사로부터 집에서 특이한 행동을 도울 전략을 제공받고 학년 내내 지속적으로 만날 것이다.

장애가 있는 사람들에 대한 공감과 이해가 높아지고 긍정적인 상호작용이 발생할 것이다. 이에 대한 예로, 전문상담교사가 중학교 환경에서 12명의 학생으로 구성된 6주간의 친구 그룹을 운영하는 것을 보여주며, 여기서는 일반교육과 특수교육 환경 모두에서 6명의 학생이 대표된다. 이러한 유형의 그룹은 학생들과의 직접적인 서비스 활동을 통해 의사소통, 협력, 다양성을 증진할 수 있다. 그 설계는 장애가 있는 학생과 없는 학생 간의 차이에 대한 존중과 상호작용을 향상시키는 것을 목표로 한다. 중학교 수준의 친구 그룹을 위한 주의력결핍 과잉행동장애(ADHD)에 관한 한 세션의 결과는 두 명의 다른 학생들로부터 다양성에 대한 증가된 인식을 가져올 수 있다. 한 학생은 공식 IEP 문서와 기타 건강 손상(OHI) 분류에 기반하여 이 특정 그룹에 의뢰되었으며, 다른 학생은 교사의 추천에 따라 자발적으로 그룹의 일부가 되기로 선택했다. ADHD에 관한 활동은 두 학생 모두 교실 환경 내에서 주의력과 집중력에 문제가 있다는 것을 밝혀주지만, 한 명만 공식적으로 사정평가를 받고 이러한 학습 어려움에 대한 조정을 제공받았다. 두 학생 모두 이 예를 통해 학업에 관한 한 모든 학생들이 일부 요구를 가질 수 있으며, 학생들이 다르기보다 더 비슷할 수 있다는 인식을 얻었다. 전문상담교사를 위한 또 다른 서비스 전달 대안은 통합교실 환경 내에서 이와 동일한 유형의 그룹을 운영하는 것임을 분명히 언급해야 한다. 차이점은 목적이 동시에 더 많은 학생들에게 도달하는 것이다.

Arman(2002)은 장애학생을 대상으로 한 집단상담 모형의 실제 적용 방안을 제시하였다. 회복탄력성(resiliency)을 가르치는 것은 모든 학교상담 집단의 핵심 요소가 되어야 하며, 이러한 유형의 집단상담 모형을 통해 도움을 받을 수 있는 학생들을 사전에 판별하는 것이 가장 바람직하다. 학생들 간의 민족적 배경, 사회경제적 지위, 학교 내 인기도 등의 다양성은 진정한 배려, 또래 간 지지, 개인차에 대한 존중의 기반을 형성하는 데 도움이 된다. 이러한 다양성이 확보될 때, 사회적 상황에서의 현실감 있는 학습이 가능해진다. 모집 기간 동안, 전문상담교사는 학교 내에서 흔히 '성공적'이거나 '긍정적 리더'로 간주되는 학생들뿐만 아니라, 서비스에 연계된 모든 학생들의 참여 가능성을 열어두는 태도를 가져야 한다.

이러한 유형의 그룹 상담 모형은 한 번에 6-8명의 학생들과 함께 일하기 위해 설계되었다. 그룹은 통합 및 자체 포함 학생들을 기반으로 할 수 있다. 가능하다면 부모의 지원을 얻는 것이 권장되는데, 이는 일부 그룹 과제 활동에 부모의 참여가 포함되기 때문이다. 마지막으로, 전제 조건에는 말하고 표현하려는 의지, 존중, 다른 사람 경청, 그룹에서 만든 규범 따르기, 출석을 위한 필요한 성적 유지, 그리고 기밀 유지가 포함되어야 한다.

전문상담교사의 한 역할은 학교에서 정서적 및/또는 행동적 문제를 경험하고 있는 학생들을 판별하는 것을 돕는 것이다. 다학제팀과 함께, 전문상담교사는 학습장애나 사회정서적 문제가 학생들의 학업 문제의 주요 원인인지의 여부를 사정평가할 수 있어야 한다.

전문상담교사가 장애유형의 특성이 학생의 학업 및 사회정서적 발달 수준에 미치는 영향에 대해 더 민감하게 반응할 때, 장애학생이 성장하고 역량을 발휘할 수 있도록 돕는 것이 가능하다. 이 절에서는 장애학생의 학년 간 전환이 덜 불안정하게 이루어지도록 지원하고자 하는 모든 이들을 위해, 정보 제공적이고 체험적인 방식으로 이러한 목표를 달성하고자 한다. 이는 특히, 활성화된 개별화교육계획(IEP)이 시행될 때 종종 나타나는 불균형적인 진행 과정을 지도하고 조망하기 위한 내용을 포함한다. 또한, IDEA(장애인교육법)에서 제시하는 다양한 장애 유형—예를 들어 자폐, 지적장애 등—에 따라 학생의 어려움을 구분하여 이해하는 데 도움이 된다.

이 절의 목적은 전문상담교사가 이와 같은 학생들을 개별로, 집단으로, 또는 교실 상황 내에서 효과적으로 지원하고 교육할 수 있도록 실천 전략을 갖출 수 있도록 하는 것이다. 나아가, 이러한 장애 분류에 대한 이해를 통해, 전문상담교사는 교실 수업을 담당하는 교사들을 지원하고 협력함으로써 서비스가 보다 체계적으로 이루어지도록 하는 역할도 수행하게 된다. 다음 절인 간접 학생 지원 서비스(Indirect Student Services)에서는 전달체계 모형(delivery system model)의 또 다른 핵심 영역을 다룬다.

간접 학생 서비스

자기옹호(Self-advocacy)

앞서 언급했듯이, 전문상담교사는 학교 시스템의 모든 수준에서 학생들을 옹호하는 데 있어 비교적 독특한 역할을 가지고 있다. 이를 수행하는 한 가지 방법은 장애학생이 학교 학년 수준 간 그리고 고등교육 또는 진로로의 전환을 성공적으로 할 수 있도록 자기옹호 훈련을 제공하는 것이다(Hatch 외, 2009).

자기옹호 훈련은 학습자가 미래의 노력을 위해 자신의 장애를 객관화하고 강점을 내면화하는 것과 밀접한 관련이 있다. 학생들은 학교에서의 개별화교육계획(IEP) 회의에 적극적으로 참여함으로써 이러한 기술들을 학습할 수 있다. 전문상담교사는 학생이 자신의 강점과 약점을 효과적으로 전달하여 교사, 상담교사, 행정가 등으로부터 학교생활에 필요한 지원을 받을 수 있도록 훈련시킬 수 있다. 이러한 훈련은 학생이 졸업 후 대학이나 직장에서 자신의 요구를 전달하는 데에도 도움이 된다. 그러나 장애학생의 대학 진학률은 27%에 불과한 반면, 비장애학생은 68%가 진학한다는 점은 주목할 만하다(Hatch 외, 2009). 대학에 진학한 장애학생들 역시 비장애 또래와 비교할 때 학위과정을 완수하기보다는 2년제 대학이나 직업학교에 등록하는 비율이 더 높다. 공립학교 체제를 졸업한 이후에는 IDEA(장애인교육법)의 보호를 더 이상 받지 못하며, 고등학교 수준에서 받던 조정을 동일하게 적용받기 위해서는 학생 스스로 서비스를 요청해야 한다. 전문상담교사는 자기

옹호 훈련을 통해 학생들이 이러한 과제를 수행할 수 있도록 준비시키고, 그에 필요한 자기주장 기술을 습득하도록 도울 수 있으며, 이는 많은 장애학생들이 학교를 조기에 중도탈락하게 되는 것을 예방하는 역할을 할 수 있다. 이러한 기술은 개인이 어떤 진로를 선택하든지 성공적으로 성인기로 전환하기 위한 필수 역량으로 간주된다. 이 기술에는 고등학교 시기에 습득되어야 할 지식, 태도, 기술이 모두 포함된다. 장애학생들이 자신의 IEP에 더 적극적으로 참여하고, 자신의 장애에 대한 충분한 정보를 이해하며, 학습상의 강점과 약점을 파악하고, 자신과 관련된 질문을 하는 방법과 이에 응답하는 전략 등을 훈련받았을 때, 그들은 이후 삶에서 본질적으로 더 높은 성공 가능성을 보였다.

이 연구는 특수교육프로그램국(Office of Special Educational Programs, OSEP)의 지원을 받은 School Counseling and Disabilities Grant라는 보조금을 통해 수행되었다. 이 보조금은 2004년부터 2008년까지 고빈도 장애를 가진 중학교 3학년 학생 200여 명에게 상담 서비스를 제공하기 위해 전문상담교사 훈련생 48명의 활동을 지원하였다. 이 보조금의 목적은 고등학교 재학 기간 동안 자기옹호 훈련을 지원하는 것뿐만 아니라, 고등학교 졸업 이후의 삶을 준비시키는 데에도 있었다. 중학교 3학년부터 고등학교 3학년까지의 학생 중 활성화된 개별화교육계획(IEP)을 가진 138명을 대상으로 한 설문조사는, 대학 진학 준비 및 자기옹호 영역에서의 태도, 지식, 기술에 대한 학생들의 요구를 보여주었다. 응답자 중 78%는 대학에 진학할 계획이 있다고 보고했으나, 자신이 대학에서 성공할 수 있다고 "믿는다"고 응답한 비율은 58%에 불과하였다. 또한, 대학 내에서 자신이 이용할 수 있는 장애 관련 지원 서비스에 대해 알고 있는 학생은 단 13%에 불과하였다. 자기옹호와 관련하여, 응답 학생의 46%만이 자신의 IEP 회의에 참석한다고 응답했으며, 그 중 35%만이 회의에 적극적으로 참여한다고 하였다. 즉, 54%의 학생은 자신의 개별화교육계획 회의에 전혀 참여하지 않았으며, 참석한 학생 중에서도 65%는 회의 내에서 어떠한 방식으로든 IEP 팀과 의사소통하거나 참여하지 않았다는 결과가 나타났다.

보조금(grant) 팀은 학생들과 만나, 대학 및 졸업 후 선택지에 대한 지식 격차를 해소하기 위해 특정 훈련 영역들에 참여시켰으며, 그중 하나는 '요구 기반 옹호(request advocacy)'라고도 불리는 자기옹호(self-advocacy) 훈련이었다. 이는 학생이 자신에게 필요한 적절한 조정을 요청하는 데 있어 주도적인 태도를 보이는 것을 의미한다. 해당 훈련은 일대일 또는 소집단 지도, 모델링, 역할극 시나리오 등으로 구성되며, 학생들이 교실 내, IEP 회의, 그리고 일상생활에서 스스로를 옹호하는 데 필요한 기술을 습득할 수 있도록 설계되어 있다. 학생이 IEP 형식 내에서 자신의 의견을 표현하는 것은 때때로 학생 주도형 IEP 회의라고 불린다. 학생들은 자기주장, 공격적, 소극적 표현 방식의 차이를 학습하였고, 이를 통해 적절하고 효과적인 의사소통 방식에 대한 이해를 증진하였다. 위의 연구에서는 Why Try 교육과정(Why Try Curriculum)이 활용되었으며, 이 교육과정은 서사적 상담 및 해결중심상담(solution-focused counseling) 기법을 촉진하기 위한 것이었다. 그 목적은 학생들로 하여금 자신에 대한 학습자 정체성을 재구성하고, 의사결정 및 선택에 대한 책임을 스스로 지게 하며, 자기 삶을 스스로 주도하도록 돕는 데 있다. "딱지 떼기(Tearing Off Your Label)"라는 활동에서는, 학생들이 학교, 가정, 지역사회에서 자신이 부여받은 다양한 낙인이나 고정관념을 인식하도록 유도되었다. 학생들은 그러한 딱지를 '떼어내는' 상징적 행위를 통해, 자신을 고정관념(stereotypes)으로부터 분리하는 경험을 하였다. 이 활동과 교육과정은 학생들이 자신의 교육과 졸업 후 전환계획에 있어 적극적인 참여자가 될 수 있도록 기초를 마련하는 데 목적이 있다.

이 정책의 핵심 구성 요소는 학생들이 자신을 학습자로 보는 방식을 변화시키는 데 도움을 주었는데, 여기서 그들은 장애를 외재화하고 강점을 내재화하도록 격려받았다. 첫 번째 단계는 합격 성적, 성적표의 교사 의견, IEP 회의 노트, 출석 및 행동 기록과 같은 과거 학교 과제에서 도출된 학업적 성공과 긍정적인 피드백을 강조하는 자료를 수집하는 것이었다. 이 모든 것은 학생의 과거에 대한 역동적인 서술로서 취합되었다. 리더들은 학생에게 성공적인 학생이 되기 위해 생각하는 인식과 자질에 대해 물어봄으로써 수업을 시작했다. 그런 다음, 이름이 변경된 학생에 관한 이야기가 학생에게 제시되었다. 이 특성화된 학생이 어떤 유형의 사람이어야 하는지에 대한 반성이 이루어졌다. 그런 다음, 실제 이름을 사용하여 이야기가 학생에게 다시 전해졌으며, 여기서 등장인물의 진정한 정체성은 서술적 스케치(이야기 형태의 인물 묘사)를 통해 학생 자신임이 드러났다. 그런 다음 학생에게 자신의 '성공' 이야기 개발을 계속하는 데 관심이 있는지 물었다.

대학 진학 준비(College readiness)

전문상담교사가 학생들에게 제공할 수 있는 또 하나의 예방적 및/또는 간접 지원 서비스는 교실 내 지도활동을 활용한 대학 진학 준비 프레젠테이션이다. 이 영역의 요구를 충족하기 위해, 수업에서는 다음과 같은 주제를 중심으로 구성될 수 있다: 고등학교 졸업 요건, 대학 입학 요건, 졸업시험 요건, 졸업 후 선택지, 그리고 해당 학교에서 개최되는 대학 및 진로 정보의 밤 홍보 등이다. 예를 들어, 교실 지도 프레젠테이션은 중학교 3학년 학생들을 대상으로 영어 수업 시간에 진행될 수 있다. 또한, 특수교육 대상 학생들을 위해 동일한 주제에 대한 두 번째 프레젠테이션을 다시 제공함으로써, 해당 주제—즉, 졸업 후 선택지에 관한 중요한 세부사항과 이해를 보장할 수 있다(Hatch 외, 2009).

부모의 옹호활동(Parental advocacy)

학내 환경에서 부모의 옹호를 지원하는 것 역시 전문상담교사가 수행할 수 있는 중요한 역할이다. 학교에서 제공할 수 있는 대학 및 진로 정보의 밤을 보완하기 위해, 이러한 행사에서 부모가 자녀를 어떻게 지지하고 옹호할 수 있는지를 교육하는 요소 또한 중요하다. 전문상담교사는 지역 대학의 입학 담당자나 관계자들을 초청하여, 입학 절차 및 특수교육 대상 학생을 위한 지원 서비스에 대한 정보를 제공할 수 있다. 예를 들어, 대학 장애지원센터의 센터장이 직접 와서, 학생이 자신의 장애와 필요한 조정을 언제, 어떻게 해당 부서에 자기고지(self-disclosure)할 수 있는지에 대해 설명할 수 있다.

요약

전문상담 실천은 상담 및 유관 교육과정 인증위원회(CACREP, 2009)의 교육 준비 표준과 미국전문상담교사협회(ASCA, 2012)의 국가모형 실천 표준(ASCA National Model practice standards)에 의해 형성된다. CACREP과 ASCA는 모두 전문상담교사가 학생의 학업, 진로, 개인-사회적 발달을 증진하기 위한 노력과 역량을 갖출 것을 강조한다. 전문상담교사는 네 가지 전달체계를 통해 학생들에게 서비스를 제공한다. 첫 번째 전달체계(delivery system)는 학교상담 핵심 교육과정이며, 전문상담교사는 이 체계에서 학생들에게 역량을 가르치는 발달적이고 예방적인 역할을 수행한다. 두 번째는 개별 계획 수립(individual planning)으로, 전문상담교사는 학생과 정기적으로 만나 미래 계획과 목적 설정을 돕는다. 세 번째는 대응 서비스로, 전문상담교사는 학생의 즉각적인 요구에 대응하며, 개별 및 집단상담, 갈등 해결, 위기상담 등의 전략을 사용한다. 마지막으로, 전문상담교사는 연계

(referral), 협력(collaboration), 그리고 협의(consultation)를 통해 간접적인 방식으로 학생에게 서비스를 제공한다. 전문상담교사는 이러한 서비스들을 개별, 집단, 교실 환경에서 시행할 수 있으며, 장애학생을 지원하려는 교사의 사명을 뒷받침하는 역할도 수행할 수 있다. 따라서, 전문상담교사는 다양한 장애 범주에 대한 충분한 이해와, 각 장애에 적절한 기본적인 상담 및 교수 전략을 갖추는 것이 필수적이다. 이러한 역량은 장애학생에게 직접 서비스를 제공할 때뿐만 아니라, 다른 학교 전문가, 학부모, 지역사회 서비스 전문가들과 효과적으로 소통하여 간접 서비스를 제공하는 데에도 필수적이다.

핵심사항

- 전문상담교사를 위한 미국전문상담교사협회 국가모형 전달체계에 대한 지식은 중요하다.
- 전문상담교사가 장애학생의 학업적 요구를 다룰 수 있는 방법이 논의되었다.
- 장애학생에게 진로 중심 서비스를 제공할 수 있는 방안에 대한 지식이 제시되었다.
- 전문상담교사는 장애학생의 사회·정서적 발달을 증진시킨다.
- 학교 환경 내에서 제공되는 직접 및 간접 서비스의 구분이 필요하며, 각 서비스를 실행하는 예시가 중요하다.
- 장애학생 대상 서비스 전달과 관련된 수업계획서 및 개입계획서의 중요성을 이해하는 것이 핵심이다.
- 장애학생에게 자기옹호(self-advocacy) 기술을 가르치는 것은 학교상담의 주요 전략이다.

추가 자료

인쇄물

Baumberger, J., & Harper, R. (2007). *Assisting students with disabilities: A handbook for school counselors*(2nd ed.). Corwin.

Dollarhide, C., & Saginak, K. (2012). *Comprehensive school counseling programs: K-12 delivery systems in action*(2nd ed.). Pearson.

Hatch, T., Shelton, T., & Monk, G. (2009). Making the invisible visible: School counselors empowering students with disabilities through self-advocacy training. *Journal of School Counseling*, 7(14).

Romano, D., Paradise, L., & Green, E. (2009). School counselors' attitudes towards providing services to students receiving section 504 classroom accommodations: Implications for school counselor educators. *Journal of School Counseling*, 7(37).

웹 기반 자료

ASCA Delivery System Worksheet: http://www.asca-web.org/New Folder/PA%20Companion%20Guide/Delivery%20System.pdf

ASCA National Model: Delivery systems: http://www.ascanationalmodel.org/delivery-system

Toolkit on teaching and assessing students with disabilities: https://www.osepideasthatwork.org/toolkit/index.asp

미국 교육부 특수교육국 IDEA 사이트: http://idea.ed.gov/explore/home

참고문헌

American School Counselor Association. (2004). *ASCA national standards for students*. Author. http://ascamodel.timberlakepublishing.com/files/NationalStandards.pdf

American School Counselor Association. (2012). *ASCA national model: A framework for school counseling programs*(3rd ed.). Author.

American School Counselor Association. (2013). *The professional school counselor and students with disabilities*. http://www.schoolcounselor.org/asca/media/asca/PositionStatements/PS_Disabilities.pdf

Arman, J. F. (2002). A brief group counseling model to increase resiliency of students with mild disabilities. *Journal of Humanistic Counseling, Education, and Development, 41*(2), 120-128.

Berube, E., & Berube, L. (1997). Creating small groups using school and community resources to meet student needs. *The School Counselor, 44*, 294-302.

Brigman, G., & Campbell, C. (2003). Helping students improve academic achievement and school success behavior. *Professional School Counseling, 7*, 91-98.

Brigman, G., Campbell, C., & Webb, L. (2010). *Student success skills: Group counseling manual*. Atlantic Education Consultants.

Brigman, G., & Webb, L. (2004). *Student success skills: Classroom manual*. Atlantic Education Consultants.

Brigman, G., Webb, L., & Campbell, C. (2007). Building skills for school success: Improving the academic and social competence of students. *Professional School Counseling, 10*(3), 279-288.

Brown, D. (2012). *Career information, career counseling, and career development*(10th ed.). Allyn and Bacon.

Brown, S. D., & Krane, N. E. R. (2000). Four (or five) sessions and a cloud of dust: Old assumptions and new observations about career counseling. In S. D. Brown & R. W. Lent (Eds.), *Handbook of counseling psychology*(3rd ed., pp. 740-766). Wiley.

Center for School Counseling Outcome Research & Evaluation. (2014). *Resources for counselors*. http://www.umass.edu/schoolcounseling/resources-for-counselors.php

Cobia, D. C., & Henderson, D. A. (2007). *Developing an effective and accountable school counseling program*. Pearson Education.

Collaborative for Academic, Social, and Emotional Learning. (2012). *2013 CASEL guide: Effective social and emotional learning programs—Preschool and elementary school edition*. Author.

Collaborative for Academic, Social, and Emotional Learning. (2014). *Social and emotional learning core competencies*. https://casel.squarespace.com/social-and-emotional-learning/core-competencies

Cormier, S., & Nurius, P. S. (2003). Building your foundation as a helper. In *Interviewing and change strategies for helpers*(5th ed., chap. 2). Brooks/Cole.

Council for Accreditation of Counseling and Related Educational Programs. (2009). *Welcome to CACREP*. http://www.cacrep.org/template/index.cfm

Dipeolu, A. O., Storlie, C., & Johnson, C. (2014). Transition to college and students with high functioning autism spectrum disorder: Strategy considerations for school counselors. *Journal of School Counseling, 12*(11). http://www.jsc.montana.edu/articles/v12n11.pdf

Durlak, J. A., & Weissberg, R. P. (2007). *Full report: The impact of after-school programs that promote personal and social skills*. Collaborative for Academic, Social, and Emotional Learning.

Durlak, J. A., Weissberg, R. P., Dymnicki, A. B., Taylor, R. D., & Schellinger, K. B. (2011). The impact of enhancing students' social and emotional learning: A meta-analysis of school-based universal interventions. *Child Development, 82*(1), 405-432.

Dymnicki, A., Sambolt, M., & Kidron, Y. (2013). *Improving college and career readiness by incorporating social and emotional learning*. American Institutes for Research, College & Career Readiness and Success Center.

Fleischman, K., Smothers, M. K., Christianson, H. F., Carter, L., Hains, A. A., & Davies, W. H. (2011). Experiences of adolescents with Type 1 Diabetes as they transition from middle school to high school. *Journal of School Counseling, 9*(4). http://www.jsc.montana.edu/articles/v9n4.pdf

Florida Department of Education. (2014). *Career and adult education*. http://www.fldoe.org/workforce/dwdframe/

Galassi, J. P., & Akos, P. (2004, March). Developmental advocacy: Twenty-first century school counseling. *Journal of Counseling and Development, 82*, 146-158.

Hamlet, H. S., Gergar, P. G., & Schaefer, B. A. (2011). Students living with chronic illness: The school counselor's role. Professional School Counseling, 14, 202-210. https://doi.org/10.5330/PSC.n.2011-14.202

Hatch, T., Shelton, T., & Monk, G. (2009). Making the invisible visible: School counselors empowering students with disabilities through self-advocacy training. *Journal of School Counseling, 7*(14). http://www.jsc.montana.edu/articles/v7n14.pdf

Individuals with Disabilities Education Improvement Act of 2004, Pub. L. No. 108-446, 118 Stat. 2647. http://www.gpo.gov/fdsys/pkg/PLAW-108publ446/html/PLAW-108publ446.htm

Jarvis, R. S., & Keeley, E. S. (2003, April). From vocational decision making to career building: Blueprint, real games, and school counseling. *Professional School Counseling, 6*, 244-250.

Livneh, H., Wilson, L., & Pullo, R. (2004, February 1). Group counseling for people with physical disabilities. *Focus on Exceptional Children*. http://www.highbeam.com/doc/1G1-136701477.html

Marriott Foundation. (2008). *Bridges: From school to work*. http://www.bridgestowork.org/

Marshak, L. E., Dandeneau, C. J., Prezant, F. P., & L'Amoreaux, N. A. (2009). *The school counselor's guide to helping students with disabilities*. Jossey-Bass.

McEachern, A., & Kenny, M. (2007). Transition groups for high school students with disabilities. *The Journal for Specialists in Group Work, 32*(2), 165-177.

McGinnis, E. (2011). *Skill streaming the adolescent: A guide for teaching prosocial skills*(3rd ed.). Research Press.

Milsom, A. (2002). Students with disabilities: School counselor involvement and preparation. *Professional School Counseling, 5*(5), 331-338.

Milsom, A. (2006). Creating positive school experiences for students with disabilities. *Professional School Counseling, 10*(1), 66-72.

Milsom, A. (2007). School counselor involvement in postsecondary transition planning for students with disabilities. *Journal of School Counseling, 5*(23). http://www.jsc.montana.edu/articles/v5n23.pdf

Milsom, A., & Hartley, M. T. (2005, June). Assisting students with learning disabilities transitioning to college: What school counselors should know? *Professional School Counseling, 8*, 436-441.

Missouri Career Education. (2014). *Guidance and counseling grade-level expectations*. http://www.missouricareereducation.org/doc/guidegle/GLE_Career_GrK-2.pdf

Naugle, K., Campbell, T. A., & Gray, N. D. (2010). Post-secondary transition model for students with disabilities. *Journal of School Counseling, 8*(40). http://www.jsc.montana.edu/articles/v8n40.pdf

Owens, D., Thomas, D., & Strong, L. (2011). School counselors assisting students with disabilities. *Education, 132*(2), 235-241.

Payton, J. W., Weissberg, R. P., Durlak, J. A., Dymnicki, A. B., Taylor, R. D., Schellinger, K. B., & Pachan, M. (2008). *Positive impact of social and emotional learning for kindergarten to eighth-grade students: Findings from three scientific reviews (Executive summary)*. Collaborative for Academic, Social, and Emotional Learning.

Praisner, C. L. (2003). Attitudes of elementary school principals toward inclusion of students with disabilities. *Exceptional Children, 69*(2), 135-145.

Roberts, L. A., Bouknight, T. M., & Karen, O. C. (2010). The school counselor's role on behalf of college bound special education students. http://counselingoutfitters.com/vistas/vistas10/Article_79.pdf

Rowley, W. J., Stroh, H. R., & Sink, C. A. (2005, April). Comprehensive guidance and counseling programs' use of guidance curriculum materials: A survey of national trends. *Professional School Counseling, 8*, 296-304.

Sears, S. (2005). Large group guidance: Curriculum development and instruction. In C. A. Sink (Ed.), *Contemporary school counseling: Theory, research, and practice*(pp. 189-213). Houghton Mifflin.

Sink, C. (2011). *Mental health interventions for school counselors*. Brooks/Cole.

Stevens, H., & Wilkerson, K. (2010). The developmental assets and ASCA's national standards: A crosswalk review. *Professional School Counseling, 13*, 227-233. https://doi.org/10.5330/PSC.n.2010-13.227

Street, B., Bigaj, S., & Mahon, S. (2010). *Build partnerships for career exploration using job shadows to explore the world of work*. http://www.ivrs.iowa.gov/Transition/BuildPartnershipsforCareerExploration.pdf

Tollerud, T. R., & Nejedlo, R. J. (2004). Designing a developmental counseling curriculum. In A. Vernon (Ed.), *Counseling children and adolescents*(3rd ed., pp. 391-423). Love.

Trolley, B. C., Haas, H. S., & Patti, D. C. (2009). *The school counselor's guide to special education*. Corwin.

University of Washington. (2013). *Do-It Disability Mentoring Day*. http://www.washington.edu/doit/Programs/dmd.html

Vocational Information Center. (2012). *General career information and guidance resources*. http://www.khake.com/page95.html

Zins, J. E., Weissberg, R. P., Wang, M. C., & Walberg, H. J. (Eds.). (2004). *Building academic success on social and emotional learning: What does the research say?*Teachers College Press.

Zinsser, K. M., Weissberg, R. P., & Dusenbury, L. (2013). *Aligning preschool through high school social and emotional learning standards: A critical and doable next step*. Collaborative for Academic, Social, and Emotional Learning.

8장

사정평가(Assessment), 평가(Evaluation) 그리고 계획(Plans)

Megyn Shea & Carol Dahir

뉴욕공과대학교(New York Institute of Technology)

Carolyn Stone

노스플로리다 대학교(University of North Florida)

"ASCA 회원 여러분, 힘드실 때, 좌절감을 느끼거나 압도당할 때마다 여러분의 숭고한 노력이 만들어 내는 놀라운 파급 효과를 기억해 주십시오. 그것은 현실입니다. 여러분이 변화시키는 모든 아이들의 삶뿐만 아니라, 그 아이가 키울 가정, 그 아이가 일할 기업, 그리고 그 아이가 헌신할 공동체에 미치는 영향력을 생각해 주십시오."

- 미셸 오바마 영부인, 미국학교상담협회 전국 콘퍼런스 기조연설, 2014

이 장 전체에서, 모든 학생을 위한 서비스가 강조될 것이다. 상담 서비스가 공평해야 한다는 점은 아무리 강조해도 지나치지 않다. 미국전문상담교사협회(ASCA)의 전문상담교사 윤리 표준(2010)에 따르면, '데이터를 사용하여 성취 격차와 기회 격차를 좁히는 데 도움을 줌으로써 모든 학생들에게 공평한 학업, 진로, 고등교육 접근 및 개인/사회적 기회를 보장하는 것'이 우리의 의무이다(p. 2). 일반교육 학생과 특수한 요구를 가진 학생 모두 학교 상담 프로그램에서 충분한 서비스를 받지 못하는 경우를 발견하는 것은 흔한 일이다. 독자들이 모든 학생들이 서비스를 받아야 한다는 신념 체계를 갖는 것뿐만 아니라, 이 대상들의 요구를 더 잘 해결하기 위해 학교 상담 프로그램을 개선하기 위해 적극적으로 노력할 것을 희망한다. 특수 요구를 가진 학생들은 모든 학생들과 마찬가지로, 그들이 성장하는 데 도움이 될 상담 서비스를 받을 자격이 있다. '전문상담교사는 종합적 학교 상담 프로그램의 범위 내에서 장애학생을 포함한 모든 학생들이 자신의 잠재력을 최대한 발휘할 수 있도록 지원하기 위해 노력한다'(ASCA, 2013, p. 1).

ASCA의 초안인 「학생 성공을 위한 마음가짐 및 행동(2014)」은 전문상담교사가 모든 학생, 즉 장애학생을 포함하여 함양해야 할 5가지 마음가짐을 제시한다. 마음가짐은 학생이 자신에 대해 가지는 태도와 신념으로, 학업 성공에 상당한 영향을 미칠 가능성이 높다.

본 장을 읽은 후, 독자는 다음을 정의할 수 있을 것이다:

1. 장애학생과 관련하여 활용되는 사정평가 방법
2. 이러한 학생에게 사용되는 추가적인 특정 표준화 및 비표준화 측정
3. 행동적으로 정의된 목적 및 평가 및 자료 방법

사정평가(Assessment)

전문상담교사는 학생의 진로, 학업, 사회 정서적 발달 요구를 다룬다(ASCA, 2014). 학교상담 핵심 교육 과정이라고도 하는 교실 지도, 집단 상담, 개인 상담을 활용하여 모든 학생이 학교상담 프로그램의 혜택을 받도록 한다. 사정평가는 전문상담교사가 학생의 개별적인 요구를 해결하는 데 도움이 된다. 이 절에서는 전문상담교사가 사정평가를 사용하여 장애학생을 포함한 모든 학생의 진로, 학업, 사회정서적 요구를 해결하는 방법에 대한 정보를 제공할 것이다. 또한 모든 학생을 위한 개인 및 프로그램 목적 개발에 도움이 될 수 있는 정보를 제공할 것이지만, 특수교육 대상 학생과의 협력에 중점을 둘 것이다.

개요

사정평가를 제대로 다루기 위해서는 먼저 사정평가의 정의를 명확히 하는 것이 중요하다고 생각한다. 놀랍게도 상담 분야 전반에 걸쳐 이 용어의 정의에는 상당한 차이가 있다. 또한 사정평가(assessment), 검사(test), 해석적 평가(appraisal), (검사)도구(instrument)

및 평가(evaluation)는 종종 같은 의미로 사용되지만, 일부는 이러한 용어가 서로 다른 의미를 갖는다고 믿는다. 여기서는 대체 정의를 제시하고 학교상담 분야에 가장 적합하다고 생각하는 정의를 제시하고자 한다. 미국상담협회(ACA)는 사정평가를 "협력적인 상담 및 서비스 제공 과정을 안내할 종합적인 계획을 개발하기 위해 개인에 대한 심층적인 정보를 수집하는 과정"이라고 정의한다(ACA, 2014, p. 20). Whiston(2013)은 사정평가를 "임상적 의사결정을 촉진하고, 고객에게 정보를 제공하거나, 평가 목적으로 사용되는 고객 정보 수집 절차"라고 정의한다(p. 392). 검사는 "평가에 초점을 맞춘 개별 도구"이다(Whiston, 2013, p. 397). 미국전문상담교사협회(ASCA)와 상담 및 교육 평가 협회(AACE)의 공동위원회는 1998년에 전문상담교사를 위한 사정평가 및 평가 역량(ASCA & AACE, 1998)을 개발했다. ASCA-AACE 역량에 따르면 내용은 다음과 같다:

> 사정평가는 개인, 집단, 프로그램 또는 프로세스에 대한 의사결정을 위해 정보를 수집하는 것이다. 사정평가 대상에는 능력, 성취도, 성격 변인, 적성, 태도, 선호도, 관심사, 가치관, 인구통계 및 기타 특성이 포함된다. 사정평가 절차에는 표준화된 시험 및 비표준화된 시험, 설문지, 목록, 체크리스트, 관찰, 포트폴리오, 수행 평가, 평정 척도, 설문조사, 인터뷰 및 기타 임상 측정 도구가 포함되지만 이에 국한되지는 않는다.
>
> 평가는 개인, 프로그램 또는 프로세스에 대한 판단을 내리고 의사결정 및 향후 행동으로 이어지도록 정보를 수집하고 해석하는 것이다.(ASCA & AACE, "용어 정의" 절, 1998)

이 개념에 대한 독자의 이해를 돕기 위해, 지도형 실습 활동 8.1이 제시된다.

지도형 실습 활동 8.1

표 8.1 사정평가의 정의

정의	출처
개인에 대한 종합적 계획을 수립하여 협력적 상담 및 서비스 제공 과정을 안내하기 위해 심층적인 정보를 수집하는 과정	미국상담협회(ACA), 『윤리강령(Code of Ethics)』, 2014, p. 20
임상적 의사결정을 촉진하거나 내담자에게 정보를 제공하거나, 평가 목적을 위해 활용되는 내담자 정보 수집 절차	Whiston, 2013, p. 397
개인, 집단, 프로그램, 과정에 대한 의사결정을 위한 정보 수집. 사정평가 대상에는 능력, 성취도, 성격 변인, 적성, 태도, 선호, 흥미, 가치, 인구통계학적 특성 등 포함. 사용되는 사정평가 절차에는 표준화 및 비표준화 검사, 질문지, 목록형 검사, 체크리스트, 관찰, 포트폴리오, 수행 평가, 평정척도, 설문조사, 면담, 기타 임상 측정 도구 등이 있다.	미국전문상담교사협회(ASCA) & 상담교육사정협회(AACE), 『전문상담교사를 위한 사정평가 역량(Competencies in Assessment and Evaluation)』, 1998
사람, 프로그램, 사물의 특성을 측정하기 위해 사용되는 모든 방법	APA, NCME, AERA, 『교육 및 심리검사 표준』, 1999, p. 2

1. 개별 활동

표 8.1에는 사정평가의 몇 가지 정의가 제시되어 있다. 가장 타당하다고 생각하는 정의는 무엇인가? 그 이유는 무엇인가?

____

____

____

____

2. 소그룹 활동

반 전체 혹은 소그룹으로, 학교, 직장, 기타 환경에서 자신이 사정평가를 받았던 모든 방식을 브레인스토밍해보자.

____

____

____

____

이 장의 목적을 위해, 본 장에서는 미국교육연구협회(AERA), 미국심리학회(APA), 국가교육평가위원회(NCME)로 구성된 공동위원회에서 개발한 『교육 및 심리검사 표준(Standards for Educational and Psychological Testing, 1999)』에 수록된 정의를 사용하고자 한다. 사정평가란 "사람, 프로그램, 또는 사물의 특성을 측정하기 위해 사용되는 모든 방법"이다(APA, NCME, & AERA, 1999, p. 2). 이 정의는 간결함, 명확성, 그리고 학술 문헌에서의 광범위한 활용 측면에서 선택되었으나, 이 장에서 제시된 모든 정의는 사정평가가 무엇인지 명확히 이해하는 데 유익할 것이다.

정의에 대한 다양한 견해와 달리, 전문상담교사들은 학생을 보다 효과적으로 지원하기 위해 사정평가를 사용해야 한다는 데는 직업적 합의가 일치한다. 사정평가는 전문상담교사가 특정 상담 요구를 판별하고 목표화하는 데 도움이 되는 것으로 여겨진다. 『전문상담교사를 위한 윤리표준(Ethical Standards for School Counselors, ASCA, 2010)』에서는 평가, 사정평가, 그리고 해석에 관한 지침을 제공하고 있다. 이 문서에서는 전문상담교사는 다음을 실천해야 한다고 명시되어 있다:

a. 사정평가 도구의 선택, 실시, 해석에 관한 모든 전문 표준을 준수하고, 전문상담교사의 실무 범위 내에서 사용이 허용되고 적절한 훈련과 역량이 있는 사정평가 도구만을 사용한다.

b. 평가적 혹은 사정평가적 도구 및 전자 기반 프로그램을 사용할 때에는 비밀보장 문제를 고려한다.

c. 사정평가 실시 이전에, 학생의 발달 연령, 언어 능력, 역량 수준을 고려한다.

d. 사정평가 및 평가 도구의 성격, 목적, 결과, 잠재적 영향에 대한 해석을 학생이 이해할 수 있는 언어로 제공한다.

e. 사정평가 결과 및 해석의 사용을 점검하고, 다른 사람이 해당 정보를 오용하는 것을 방지하기 위해 합리적인 조치를 취한다.

f. 특정 도구의 규준집단(norm group)에 포함되지 않은 집단에 대한 사정평가 기법 사용, 평가, 해석 시 주의를 기울인다.

g. 성취 격차(achievement gap), 기회 격차(opportunity gap), 달성 격차(attainment gap) 해소 노력을 포함하여, 자신의 프로그램이 학생의 학업, 그리고 진로, 개인·사회성 발달에 미친 영향을 책무성 지표를 통해 평가한다. (ASCA, 2010, "A.9. 평가, 사

정평가 및 해석(Evaluation, Assessment and Interpretation)" 항목)

Ekstrom, Elmore, Schafer, Trotter, 그리고 Webster(2004)는, 전문상담교사가 표준화된 성취도 검사의 점수를 해석하는 것이 일반적인 일이라고 언급하였다.

전국진로개발협회(National Career Development Association, NCDA)와 상담 및 교육사정평가협회(Association for Assessment in Counseling and Education, AACE; AACE, 2010 참조)에 따르면, 사정평가는 학생 대상 진로상담에 있어서도 필수적인 요소로 간주된다. 또한, 상담 및 유관 교육프로그램 인증위원회(Council for Accreditation of Counseling and Related Educational Programs, CACREP, 2009)는 사정평가를 학생의 요구, 학습 장벽을 판별하고, 학업, 진로, 그리고 사회정서 발달의 평가수단으로 인정한다. 특정 사정평가 유형에 대해 논의하기에 앞서, 다음 절에서는 전문상담교사의 사정평가 활용과 관련된 몇 가지 기초적인 고려사항을 살펴본다.

사정평가 고려사항(Assessment Considerations)

전문상담교사가 사정평가를 활용함에 있어 고려해야 할 여러 측면이 존재한다. 전문상담교사는 표준화 검사와 비표준화 검사 모두에 대해 익숙하고, 그 사용과 해석에 능숙해야 한다. 한 연구에 따르면, 전문상담교사들은 관찰과 면담을 주된 사정평가 기법으로 사용하는 경향이 있다고 보고하였다(Blacher, Murray-Ward, & Uellendahl, 2005). 또한, 반드시 다루어야 할 윤리적 고려사항이 존재한다. 특히 규준집단에 근거하지 않은 검사 도구의 선택, 실시, 해석과 관련된 윤리적 주의가 필요하다(ACA, 2014). 이는 장애학생과의 상담 장면에서 더욱 중요한 문제이다. 예컨대, 특정 표준화 검사가 17~24세 일반 인구를 표준으로 규준화되어 있음에도 불구하고, 이를 학습장애가 있는 고등학교 1학년 학생에게 실시하고자 할 때는, ACA 윤리강령(2014)에서 제시한 표준을 반드시 준수해야 한다:

> E.7.a.상담자는 표준화된 조건 아래에서 사정평가를 실시해야 한다. 장애를 가진 내담자에게 필요한 조정 조건 아래에서 사정평가를 실시하거나, 검사 중 비정상적인 행동 또는 이례적인 상황이 발생한 경우에는 그 조건을 해석 시 명시해야 하며, 그 결과는 유효하지 않거나 타당성에 의문이 있는 것으로 간주될 수 있다.(ACA, 2014, p. 11)

이와 같은 윤리 원칙은 다음의 지도형 실습 활동 8.2에 잘 나타나 있다.

지도형 실습 활동 8.2

컴퓨터 기반 사정평가(Computerized Assessments)

당신은 ABC 중학교에서 3년간 전문상담교사로 근무하고 있다.

전문상담교사의 업무 중 하나는 신입생을 대상으로 한 개별 계획 수립이며, 이때 학생의 과목 선호도, 강점, 과거의 학교 경험 등을 논의하고 수강 계획표를 작성한다. 올해, 교육구의 방침에 따라 학교는 수학 및 읽기 과목 배치를 위한 새로운 전략을 도입하였다. 모든 신입생은 15~20분 분량의 컴퓨터 기반 수학 사정평가, 그리고 20~30분 분량의 읽기 사정평가를 응시해야 하며, 이 결과를 바탕으로 해당 학생이 수강하게 될 수학 및 읽기 수업의 수준이 결정된다. 같은 교육구 내에서 전입한 학생의 경우에는 이 사정평가와 함께 기존 과목 성적, 과거 수년간의 주(state) 표준화 평가 결과가 함께 고려된다. 그러나 타 교육구에서 전학 온 학생의 경우, 신입생 첫날에 응시한 컴퓨터 사정평가 외에 다른 자료는 확보되어 있지 않다. 누적기록부(cumulative folder)는 며칠 뒤에야 도착하기 때문이다. 심지어 504 계획이나 IEP(개별화교육계획)도 확보되지 않은 상태가 많다. 간혹 이전 학교와 즉시 연락이 되어 관련 서류를 팩스로 받을 수 있을 때도 있으나, 항상 그렇게 빠르게 진행되지는 않는다. 대부분의 신입생은 첫날 긴장되고 불안한 모습을 보이며, 이러한 정서가 사정평가 점수에 어떤 영향을 줄지 당신은 고민하게 된다. 몇 달이 지나면서, 또 다른 문제가 눈에 띄기 시작한다. 컴퓨터 기반 사정평가 결과가 주(state) 표준화 평가 결과와 일치하지 않는 경우가 빈번하게 발생한다. 이에 따라, 당신은 이 컴퓨터 기반 사정평가의 타당도와 신뢰도에 대한 조사를 시작한다. 검사 제작 회사는 “검사는 타당하고 신뢰도도 보장됨”이라고 주장하지만, 심리측정학적 속성에 대한 구체적 정보는 제공하지 않는다. (참고: 이 시나리오는 실제 사례에서 각색되었음.)

소그룹 활동

1. 이 장에서 앞서 제시된 윤리 표준 중, 컴퓨터 기반 사정평가를 받는 모든 학생에게 적용되어야 할 표준은 무엇이라고 생각하는가? 또한, 504 계획 또는 IEP를 갖는 학생에게 특히 적용되어야 할 표준은 무엇인가?

____

____

____

____

2. 이 시나리오에서 제시된 상황에 비추어, 향후 신입생과의 계획 수립 시 사용할 전략을 구상해 보자. 일반교육 대상 학생과 특수 지원이 필요한 학생에 따라 접근 방식에 차이를 둘 것인가?

____

____

____

____

3. 마지막으로, 현재의 배치 방식 변경을 위한 옹호 전략을 구상해보자. 누구와 이야기해야 할까? 어떤 근거 자료를 제시할 수 있을까?

____

____

____

____

출처: 미국상담협회(2014). ACA 윤리강령. 미국심리학회, 교육측정국가위원회, 미국교육연구협회(1999). 미국전문상담교사협회 & 상담사정협회(1998). Whiston, S. C. (2013). 상담에서의 사정평가의 원리와 실제(제4판). 브룩스/콜, 센게이지 러닝, 벨몬트, 캘리포니아.

활용될 수 있는 다양한 유형의 사정평가가 다음 절에서 더 자세히 논의된다. 전문상담교사는 자신이 숙련되게 선택하고, 실시하며, 그리고 정확히 해석할 수 있도록 훈련받은 사정평가만을 사용해야 한다는 점은 충분히 강조될 수 있다(AACE, 2003). 다음으로 고려해야 할 영역은, 이러한 다양한 형태의 사정평가가 정확히 무엇인지에 대한 것이다.

사정평가 유형(Assessment Types)

다양한 유형의 사정평가가 존재한다. 앞서 언급한 바와 같이, 전문상담교사가 이용 가능한 모든 사정평가 도구에 대해 훈련을 받거나 이를 직접 실시하지는 않더라도, 존재하는 다양한 유형과 형식에 대해 익숙해지는 것은 필수적이다.

발달적 사정평가(Developmental)

표준화된 사정평가와 비표준화 사정평가 각각은 중요한 목적을 가지며, 전문상담교사가 개별 학생, 집단, 또는 전체 학급의 상담 요구를 판별하는 데 도움을 줄 수 있다. 표준화 검사는 검사 실시, 채점 및 관리의 일관성을 의미한다. 이러한 검사는 피검사자 집단의 표본에 대해 규준화되어 있다. 표준화 검사에서 활용된 규준화 집단(standardization group)의 적절성은 고려되어야 한다. Groth-Marnat(2009, pp. 10-11)는 이 적절성을 판단함에 있어 다음 세 가지 질문을 해야 한다고 제안하였다:

1. 규준화 집단은 검사를 받을 대상 집단을 대표하는가?
2. 규준화 집단의 표본 크기는 충분한가? 표본 크기가 작을 경우, 사정평가의 신뢰도와 타당도에 대한 확신이 낮아진다.
3. 검사는 하위 집단 규준을 가지고 있는가? 하위 집단의 예로는 서로 다른 인종 집단, 연령대, 사회경제적 수준, 교육 수준 등이 있다. 하위 집단 규준은 다양한 학생들이 검사를 받을 때 검사 결과와의 비교에 있어 더 높은 확신을 제공한다.

표준화된 사정평가는 일반적으로 상담교사가 위의 질문들에 대한 답변을 찾을 수 있도록 매뉴얼을 포함하고 있다. 이 매뉴얼은 또한 검사 실시를 위한 절차(protocol)를 개요로 제시한다. 검사 조건은 가능한 한 표본 집단의 검사 조건과 유사하게 설정되어야 한다. 이는 표본 집단의 검사 조건을 재현함으로써 가장 높은 타당도와 신뢰도를 확보하고자 하는 데 목적이 있다.

표준화 사정평가의 예시는 다음과 같다:

1. **미군 군 복무 직업적성검사**(Armed Services Vocational Aptitude Battery, ASVAB): 현재의 능력과 향후 학업 및 직업 성공 가능성을 측정하는 다역량 적성검사
2. **청소년용 벡 우울척도**(Beck Depression Inventory for Youth): 정신건강 상담자들이 일반적으로 사용하는 청소년용 우울증 척도
3. **개인지능검사**(Individual Intelligence Assessments): 일반적으로 학교심리사가 실시하고 해석하는 개인 지능검사
4. **성격유형검사**(Personality Inventory): Myers-Briggs 성격유형지표(MBTI)
5. **주 학업 성취도 검사**(State Achievement Tests): K-12의 읽기, 쓰기, 수학 및 기타 학문 분야의 성취도를 측정하는 종합 성취검사
6. **대학수학능력평가**(The SAT): 대학에서의 학업 성공을 예측하기 위한 적성 사정평가
7. **표준화 체크리스트**(Standardized checklists): 중학생용 진로계획 체크리스트(http://

www.educationplanner.org/students/career-planning/checklists/middle-school.shtml); 중·고등학생용 학생 지원 체크리스트(http://www.educationplanner.org/students/paying-for-school/student-aid-checklists/middle-school.shtml, http://www.educationplanner.org/students/paying-for-school/student-aid-checklists/high-school.shtml)

8. **스트롱 진로 흥미검사**(Strong Interest Inventory): 진로 흥미 사정평가
9. **ACT 대학입학시험**(The ACT Test): 교육과정 및 표준에 기반하여 대학 학업 성공을 예측하기 위한 사정평가

표준화 사정평가 외에도, 다수의 비표준화 사정평가가 존재한다. 비표준화 사정평가는 개인의 능력이나 수행을 살펴보지만, 표준화된 사정평가처럼 응시자 간 결과를 비교할 수 있는 근거를 제공하지는 않는다.

비표준화 사정평가의 예시는 다음과 같다:

1. **진로 자기사정평가도구**(Career Self-Assessment Inventory): 진로 유전도(Career Genogram), Holland Party Game
2. **체크리스트와 평정척도**(Checklists and rating scales): 진로, 학업, 또는 사회·정서적 발달을 다루는 도구들을 개발하거나 찾을 수 있다.
3. **요구사항 사정평가**(Needs assessments): 보통 체크리스트나 평정척도 형식으로 구성되며, 학교 구성원(예: 학생, 학부모, 교직원)의 구체적인 요구를 판별하는 데 목적이 있다. 이러한 요구 사정평가는 학교상담협회 웹사이트에서 찾을 수 있으며, 검색 엔진에 "school counselor needs assessment"라고 입력하면 확인할 수 있다.
4. **면담**(Interviews): 진로, 학업, 또는 사회·정서적 발달과 관련될 수 있으며, 사전 정해진 질문을 동일하게 제시하는 구조화된 면접 방식이나, 보다 상호작용적인 방식의 비구조화된 면접 방식이 사용될 수 있다.
5. **교과 영역별 검사**(Subject area tests): 주로 교사가 개발하는 검사이다.

독자가 존재하는 다양한 유형의 사정평가에 대해 더 익숙해질 수 있도록 지도형 실습 활동 8.3이 제공된다.

다음 절에서는 전문상담교사가 일반적으로 사용하는 특정 유형의 사정평가, 즉 진로상담과 관련된 사정평가에 대해 논의한다.

지도형 실습 활동 8.3

사정평가의 유형(TYPES OF ASSESSMENTS)

활동 1에서 조별로 작성한 사정평가 목록으로 돌아가자. 각 조에서 해당 사정평가들이 표준화된 사정평가(standardized)인지 비표준화 사정평가(nonstandardized)인지 판별하라.

진로 사정평가

학생들의 졸업 후 및 진로 결정을 지원하는 것은 전문상담교사가 수행하는 가장 중요한 과업 중 하나라고 볼 수 있다. 진로개발 활동과 상담은 초등학교 시기부터 시작되어 고등학교까지 지속되어야 한다. 많은 학군에서는 K-12 전 학년에 걸쳐 발달단계에 맞게 진로개발 개념을 가르치는 학군 차원의 학교상담 프로그램을 운영하고 있다. 이러한 학군 단위 학교상담 프로그램은 모든 학생이 지도와 상담을 받을 수 있도록 보장하기 때문에 이상적이다. 진로개발 수업에는 진로, 학업, 사회정서적 영역의 사정평가가 통합되어야 한다. 예를 들어, 성취도 검사는 학생의 강점과 흥미 분야를 파악하는 데 도움을 줄 수 있다. 또한, 교과 영역별 검사는 학습 습관, 성취 수준, 진로 선택과의 연관성 속에서 논의될 수 있다.

장애학생이 제외되어서는 안 된다; 그들은 진로개발 및 상담 활동에 참여할 수 있어야 한다. 일부 경우에는 이러한 학생들이 진로 의사결정 과정에 기여하는 사정평가를 완료할 수 있도록 편의를 제공하는 것이 필요할 수 있다. 같은 편의가 유사한 장애를 가진 모든 학생에게 효과적일 것이라고 생각하는 것은 추정에 불과할 것이다(Osborn & Zunker, 2006). 다음은 Whiston(2013)이 특정 장애를 가진 학생들을 위해 개략적으로 제시한 널리 사용되는 조정 사항의 예시이다; 그러나 앞서 언급했듯이, 각 학생에게 가장 효과적인 방법에 대하여 선입견 없이 개별적으로 접근할 필요가 있다.

- **시각장애 학생.** 학교는 종종 학생들을 위해 사정평가를 소리 내어 읽어주는 지원인력을 사용한다. Whiston(2013)은 낭독자의 어조와 속도가 시험 결과에 영향을 미칠 수 있다고 주의를 줬다. 기타 널리 사용되는 편의에는 인쇄물 변경(즉, 확대, 점자) 또는 시험 완료 시간 증가가 포함된다.
- **청각장애 학생.** 읽기를 덜 요구하고 그림을 더 많이 사용하는 사정평가를 사용하는 것은 청각장애 학생들에게 때때로 좋은 옵션이다. "청각은 언어 습득과 직접적인 연관이 있다"(Whiston, 2013, p. 339). 따라서 읽기는 크게 영향을 받을 수 있다. 이 장은 그림 기반의 몇 가지 검사나 사정평가를 나열하지만, 결코 목록이 철저한 것은 아니다. 상담사는 그림을 더 자주 사용하는 비표준화된 사정평가를 찾거나 만들 수 있다.
- **운동장애 학생.** 사정평가나 그룹 활동을 선택하고 설계할 때, 전문상담교사는 항상 운동장애가 있는 사람들을 수용하기 위한 계획을 포함해야 한다. 가능한 조정에는 그림 사정평가 사용, 시험 시간 증가, 또는 컴퓨터 보조공학 사용이 포함된다.
- **인지장애 학생.** 전문상담교사가 인지능력 검사를 실시하는 것은 부적절하다. 그러나, 전문상담교사는 진로, 학업, 사회정서적 사정평가를 실시할 때 인지장애가 있는 학생들을 고려해야 한다. 이 장은 인지 기능이 낮은 학생들을 대상으로 하는 몇 가지 진로 사정평가를 나열한다.

인지 능력은 학생 인구 분포 내에서 매우 다양할 것이기 때문에, 장애학생 인구에 익숙한 학교 지원과 상담하는 것이 좋다. 예를 들어, 학교심리사는 가능한 수정 사항에 대해 많은 통찰력을 제공할 수 있다. 전문상담교사는 수업을 설계할 때 학교 내의 특수교사와도 상담하지 않는다면 소홀히 하는 것이다. 전문상담교사를 위한 또 다른 좋은 자원은 장애학생을 위한 진로 자원으로 그들을 도울 수 있는 지역 재활 상담사이다.

Osborn과 Zunker(2006)는 특수한 요구를 가진 대상에게 적절할 수 있는 그러한 진로 사정평가를 검토했다. 그들이 검토한 많은 사정평가는 전체 학교 학생들에게 적절할 수 있지만, 다른 일부는 특정 학생들에게만 적절할 수 있다. 전문상담교사는 특정 학생들의 요구를 판별한 다음 그러한 요구를 해결할 사정평가를 선택해야 한다. 다음은 Osborn과 Zunker(2006)가 검토한 몇 가지 사정평가이다:

- **광범위 흥미-의견 검사**(Wide Range Interest-Opinion Test, WRIOT II): WRIOT은 중도 인지장애가 있는 개인을 위해 개발된 진로흥미 검사(career interest inventory)이다.
- **직업전환검사**(Transition to Work Inventory, TWI): 장애학생의 직무 조정 요구를 파악하기 위해 설계된 도구이다.
- **사회 및 직업 전 정보검사-개정판**(Social and Prevocational Information Battery-Revised, SPIB-R): SPIB-R은 학생이 지역사회 생활로의 전환 시 필요한 삶의 기술을 판별하는 데 유용하다.
- **그림 진로검사**(Pictorial Inventory of Careers, PIC): PIC는 문장 대신 그림을 활용하여 학생들이 진로흥미를 탐색할 수 있도록 돕는 도구이다.

사례 제시 8.1은 이 자료를 적용하는 데 도움이 될 것이다.

사례 제시 8.1

전문상담교사: 특수교육 학생의 과잉 판별 감소

당신은 XYZ 고등학교의 신임 전문상담교사이다. XYZ 고등학교의 전문상담교사들은 일반교육 학생 전체를 대상으로 진로 및 졸업 후 상담과 지도를 제공하고 있다. 전문상담교사들은 교실에 들어가 학생들이 진로흥미 검사, 진로 및 졸업 후 정보 탐색, 그리고 평정척도를 실시하도록 한다. 또한 각 학생과 연 2회 개별 면담을 진행하며, 그 자리에서 학생의 흥미를 사정평가하기 위해 면접을 활용한다. 그러나 안타깝게도, 전문상담교사들은 특수교육반 교실에 들어가거나, 특수교육 대상 학생들과 개별적으로 만나는 활동은 수행하지 않고 있다.

활동

1. 이 시나리오에서 어떤 법적 그리고 윤리적 문제를 판별할 수 있는가?
2. 이 상황을 어떻게 처리해야 하는가?
3. 특수교육 대상 학생들에게 더 나은 서비스를 제공하기 위한 간략한 계획을 개요로 작성해 보시오.

특수교육 사정평가

진로 사정평가 외에도, 전문상담교사는 종종 위기(즉, 특수한 요구를 가진)에 처한 학생에게 특화된 다양한 사정평가를 수행하는 팀의 일부이다.

기능적행동사정평가(Functional Behavioral Assessment, FBA). FBA의 목적은 학생이 보이는 문제행동에 대해 다양한 사정평가를 통해 정보를 수집함으로써 해당 행동에 대한 가장 명확한 이해를 도출하는 것이다. 이러한 FBA는 전문상담교사, 학교심리사, 교사로 구성된 팀이 함께 수행하는 경우가 많다. 이 팀은 사정평가를 통해 수집된 정보를 바탕으로 행동 개선 및/또는 학업 성과 향상을 위한 중재(intervention)를 도출한다(Kampwirth & Powers, 2012). 이들 저자는 FBA에서 사용되는 구체적인 사정평가방법 또한 명시하였는데, 이는 대개 교사 면담, 학생 누적기록 검토, 보호자 면담, 학생 면담, 평정척도, 교실 내 관찰 등을 포함한다. 기능적행동사정평가(FBA) 외에도, 전문상담교사는 중재반응모형(Response to Intervention, RTI)과 관련된 활동에도 참여한다.

중재반응모형(RTI). 중재반응모형은 낮은 수행을 보이는 학생 및/또는 특수 요구를 가진 학생들을 위한 학교의 일반적인 관행이 되었다. 중재반응모형 국가센터(2010)는 다음과 같은 정의를 제공한다:

> RTI는 학생 성취를 최대화하고 행동 문제를 줄이기 위해 다단계 예방 시스템 내에서 사정평가와 중재를 통합한다. RTI를 통해, 학교는 데이터를 사용하여 학습 결과가 부진할 수 있는 위기에 처한 학생을 판별하고, 학생 진전도를 점검하며, 증거 기반 중재를 제공하고, 학생의 반응성에 따라 그러한 중재의 강도와 특성을 조정하며, 학습장애나 기타 장애를 가진 학생을 판별한다. (p. 2)

중재반응모형(Response to Intervention, RTI) 체계는 세 개의 수준(level)으로 구성되어 있다: 1차 수준(primary level), 2차 수준(secondary level), 3차 수준(tertiary level). RTI 체계의 핵심 개념은 1차 수준의 중재를 넘는 추가적인 중재가 필요한 학생들을 판별하는 것에 있다. 전문상담교사는 자신의 진로, 학업, 사회정서적 중재 활동을 RTI 체계와 연결시키는 것이 바람직하다. RTI 체계에서 1차 예방 수준(primary level of prevention), 또는 1단계(Tier 1)는 학업 및 사회정서적 발달 요구 영역에서 모든 학생을 대상으로 증거기반 중재(evidence-based interventions)를 제공하는 단계이다. 전문상담교사는 이 수준을 전교생을 대상으로 한 교실 지도 수업의 제공으로 이해할 수 있다.

2차 수준(secondary level), 또는 2단계(Tier 2)는 보다 강도 높은 중재가 필요한 일부 학생들을 대상으로 한다. 이 수준은 가장 '위기에 처한(at-risk)' 학생들을 대상으로 한다(중재반응모형 국가센터, 2010). 전문상담교사는 이 수준의 학생들을 위해 증거기반 소집단 중재를 제공하는 것이 적절하다. 2차 예방 중재 대상자는 사정평가 결과를 기반으로 판별된다.

3차 수준(tertiary level), 또는 3단계(Tier 3)는 개별화된 계획이 필요한 소수의 학생들을 대상으로 한다. 이 수준의 학생들은 2차 수준의 중재에 의해 충분한 개선을 보이지 않는 경우이다(중재반응모형 국가센터, 2010). 전문상담교사는 이러한 고강도 상담 서비스가 필요한 학생들을 위해 학교 및 지역사회 자원을 연계하는 것을 고려해야 한다. 3차 수준 학생들은 사정평가 자료의 모니터링을 통해 판별된다. 종합적인 사정평가가 완료된 후, 전문상담교사는 학교 기반 전문가들과 가족과 협력하여, 개별 학생 및 학생 집단 모두의 성공을 위한 다음 단계를 결정할 수 있다. 이러한 다음 단계는 개별화교육계획(IEP) 또는 504 계획의 형태로 정리되며, 이는 다음 절에서 다루어진다.

개별화교육계획(IEP) 및 504 계획

이 주제는 전문상담 분야 내에서 일정 부분 논쟁의 여지가 있는 사안이다. 전문상담교사가 IEP 및 504 계획의 수립 및 사례관리에 어느 정도까지 관여해야 하는지는 기관에 따라 상이하다. 전문상담교사의 역할에 대해 통일된 목소리를 갖는 것이 중요하다고 판단되므로, 장애학생을 대상으로 한 전문상담교사의 역할에 관한 ASCA의 입장문을 다시 참조하고자 한다. 전문상담교사는 학생의 특수한 요구를 이해하고 이를 지원하기 위한 조정 및 수정을 이해하기 위해, 교직원 및 가족과 협의하고 협력할 전문적 책무가 있다(ASCA, 2013, p.1).

IEP 및 504 계획의 개발 및 실행 과정 전반에서 다학제팀의 협의자로서 전문상담교사가 역할을 수행하는 것은 타당하다. 많은 경우, 상담 서비스를 IEP 또는 504 계획에 명시하는 것이 적절하지 않을 수 있으나, "적절한 경우 단기적이고 목적중심적인 상담을 제공하는 것은 고려될 수 있다"(ASCA, 2013, p.2). 협력적 협의자(collaborative consultant)로서의 역할은 적절할 뿐 아니라, 매우 전문적인 역할로 간주된다.

행정적 및 감독적 책임은 전문상담교사의 직무 범위를 벗어나는 것으로 간주되는 경우가 많으며, IEP 및 504 관련 역할에서도 동일하게 적용된다. ASCA는 다음과 같은 직무들이 전문상담교사에게는 부적절하다고 명확히 규정하고 있다:

- 배치 또는 유급(재적)에 대해 단독으로 결정하는 행위
- IDEA의 시행과 관련하여 슈퍼바이저 역할을 수행하는 행위
- IEP 작성을 위한 팀에서 학군 대표로 참여하는 행위
- 공공법 93-112의 섹션 504에 속하는 특정 계획에 대하여 조정, 작성, 그리고 슈퍼바이저 역할하는 행위
- IEP의 실행에 대하여 조정, 작성 또는 슈퍼바이저 역할을 하는 행위
- 장기 치료를 제공하는 행위 (ASCA, 2013, p.2)

IEP 및 504 계획에 대하여 슈퍼바이저 역할을 하거나 행정적으로 관리하는 활동은 부적절한 것으로 간주되지만, 개별 계획 수립 및 목적 설정과 같은 활동은 매우 중요한 역할이다. 다음 절에서는 전문상담교사가 부적절한 직무 영역을 침범하지 않으면서도, 학생의 개별적 요구를 충족시키기 위해 어떻게 효과적으로 협력할 수 있는지에 대해 다룬다. 장애학생을 위한 목적 설정은 IEP 또는 504 계획에 명시된 내용을 성취할 수 있도록 정기적으로 점검되는 측정 가능한 목표의 개발을 포함하며, 이에 대해서는 다음 절에서 논의된다.

특수교육 학생을 위한 목적 설정

지속적인 목적 설정과 학생의 성장 및 발달에 대한 평가는 모든 특수교육 학생 교육의 필수적인 구성 요소이다. IEP 검토와 수정은 특수교육 학생들이 관리 가능하고 달성 가능한 학습 및 행동 목적을 갖도록 보장하는 하나의 구성 요소이다. 전문상담교사는 계획 회의와 IEP 검토에 참여함으로써, 그리고 가족 구성원과 교사가 특수 요구가 있는 학생과 없는 학생 모두에 대해 이러한 목적 획득을 적극적으로 점검하도록 보장함으로써 이러한 목적 개발에 역할을 할 수 있다. 가장 중요한 것은, 목적 설정과 계획 과정을 통해 우리 학

생들 각자가 오늘의 학교생활과 나중의 진로 및 직업 만족도 사이의 연관성을 이해한다는 것이다. ASCA(2010)에 따르면:

> 전문상담교사는 학생들이 중등교육을 마친 후 선택할 수 있는 다양한 선택지 중에서 자신의 권리를 행사할 수 있도록 지원하는 상담 계획을 옹호한다. 이러한 계획은 학생이 정보에 입각한 결정을 내릴 수 있도록 필요한 핵심 정보를 지속적으로 제공하기 위해 정기적으로 검토된다. (ASCA, 2010, "A.3.b." 조항)

전문상담교사는 IEP 계획의 법적 의무를 넘어서 우리 학생들이 미래의 성공을 이끌 계획을 갖도록 보장해야 하는 윤리적 의무가 있음을 인식해야 한다. 전문상담교사는 복잡하고 때로는 위압적인 규정과 책임의 미로에서 어떤 역할을 하는가? 이 장에서 앞서 우리는 전문상담교사가 IEP 개발에서 수행하는 역할에 대해 언급했다. 이 섹션에서는 목적 개발과 평가 문제가 더 구체적으로 상세히 설명될 것이다.

목적 설정 과정

개별화교육계획(IEP)이 학생의 학습과 특정 행동 결과를 모두 주도하도록 규정되어 있는 것처럼 보이는 특수교육 맥락에서, 목적 설정은 무엇을 의미하는가? ASCA 국가모형(ASCA National Model, 2005, 2012)에 부합되도록, 특수교육 대상 학생들의 개인 및 집단을 위한 다양한 관점에서의 목적 설정 과정을 살펴보고자 한다. 이 과정은 학교상담의 기본 원칙에 근거하며, 학생들이 ASCA 학생 국가표준(ASCA National Standards for Students, 2004) 및 ASCA 초안: 「학생 성공을 위한 마인드셋과 행동(ASCA Draft: Mindsets and Behaviors for Student Success, 2014)」에서 제시된 학업, 진로, 사회정서적 기술 및 태도 영역의 역량을 습득하는 데 도움을 줄 것이다. 이러한 목적에 대응하는 구체적인 서비스 제공 방식은 다음 절에서 다루어진다.

직접적 학생 서비스 제공

일반교육과 특수교육 모두에서 성공적인 학생들은 자신의 학업 및 정의적(affective) 학습과 발달에 대해 책임을 지는 법을 배운 이들이다. 전문상담교사는 학생들이 학업적 및 개인적 목적을 설정하고 미래 계획을 개발할 수 있도록 지원하기 위한 지속적이고 체계적인 활동을 조정한다. 개별 학생 계획(ISP)은 전문상담교사가 집단, 교실, 또는 개별적 환경에서 제공하는 직접 서비스이며, 학생이 개인적 목적을 수립하고 미래 계획을 개발해 나가는 과정에서 자신의 진전을 계획, 점검, 그리고 평가할 수 있는 지식과 기술을 제공한다.

특수교육 대상 학생들 또한 자신의 학습에 대한 책임을 지는 것을 학습해 가는 과정에서, 자신의 진전을 계획하고, 점검하며, 평가하는 능력을 배워야 한다. 전문상담교사는 모든 학생의 학업, 진로, 개인-사회적 발달을 지원하기 위해 긴밀히 협력하며, 개별 학생 계획에는 행동, 교육, 또는 진로/전환 계획 목적의 수립이 포함될 수 있다. 전문상담교사는 학업, 진로, 개인-사회 영역의 세 가지 영역에 걸쳐 학생들의 역량을 효과적으로 개발하기 위한 태도, 지식, 그리고 기술을 보유하고 있다. 개별 학생 계획은 지속적인 체계적 활동으로 구성되며, 다음과 같은 기회를 포함할 수 있다:

- 개별/소그룹에 대한 해석적 평가: 학생들은 전문상담교사, 가능하면 교사와 가족 구성원과 함께 그들의 능력, 관심사, 적성, 성취에 대해 논의한다. 검사 결과, 진로 조사, 과외 활동, 성적, 취미는 행동, 교육, 진로 목적을 포함할 수도 있는 서면 계획의 개발을 돕는 데 사용되는 자원 및 데이터의 예이다.
- 개별/소그룹 세션: 전문상담교사는 학생들이 단기 및 장기 행동, 교육, 진로 목적을 계획하는 데 도움이 되는 개인-사회적, 교육적, 진로-노동 시장 정보를 사용하여 학생들과 함께 일할 수 있다.
- 학생 점검: 전문상담교사는 각 학생과 긴밀히 협력하여 진전도를 점검하고 진전도를 사정평가하며 그리고 필요에 따라 새로운 지원과 개입을 판별하고 개발하는 데 도움을 준다.
- 연계(referral)/배치(placement): 전문상담교사는 학년에서 학년으로, 학교 수준에서 학교 수준으로, 학교에서 훈련 프로그램, 취업, 또는 고등교육 및 대학 기회로의 전환 계획을 지원하기 위해 학생, 교사, 그리고 가족 구성원과 협력한다.

이러한 학업 또는 교육계획 및 목적 설정 영역은 다음 절에서 더 자세히 설명된다.

학업/교육 및 행동 계획과 목적 설정

학생들의 요구는 다양하며, 대부분의 경우 명확하게 설정되고 측정 가능한 목적(goal)은 학생 개개인과 그들의 개별화교육계획(IEP)에 명시된 목적에 따라 고유하다. 전문상담교사는 특수학급이나 통합학급에서 담임교사와 협력하여, 목적 설정 활동을 수행할 수 있다. 이러한 활동에는 사정평가 자료를 학업 계획, 졸업 후 계획, 과목 선택과 의미 있게 연계하여 이해하고 적용하는 과정이 포함된다.

개별 계획 과정을 통해 학생은 교육적 또는 학업적 목적을 설정하고, 그 목적을 달성하기 위한 구체적인 전략을 도출할 수 있다. 개별 계획은 특정 역량의 성취를 문서화하며, 이는 궁극적으로 모든 학생이 ASCA 초안: 「학생을 위한 마인드셋과 행동(Student Mindsets and Behaviors for Students, 2014)」과 IEP 목적을 달성하도록 지원하는 기반이 된다.

개별 교육 및 학업 계획에는 가족 또는 학부모의 참여가 포함되어야 하며, 교육 경험을 개인적인 것으로 만들 수 있는 다양한 기회를 제공해야 한다. 학업성취 향상을 위한 개별 학생의 목적 예시는 다음과 같다: 학습 기술을 습득하고 연습하기, 시간 관리 및 계획 수립 기술 향상하기, 시험 전략 사용법 익히기, 과제를 체계적으로 정리하기, 도움이 필요할 때 지원을 요청할 수 있는 계획 수립하기, 그리고 관심사에 부합하는 선택 과목을 선택하기 등이다.

학업 및 교육 문제와 관련하여 설정된 목적 외에도, 이 과정은 행동 계획 및 변화에도 매우 중요하다. 학습 또는 정서적 장애가 있는 특수교육의 학생들은 지속적이고 집중적인 수정을 요구하는 행동을 보일 수 있다. 개별학생계획(ISP)은 또한 좌절감 점검, 분노 관리, 자신감 획득, 또래 압력 대처, 자기 통제 및 자기 규율과의 친숙함을 통해 행동 목적 설정을 도울 수 있다. 교사와 전문상담교사가 IEP 목적을 점검함에 따라, 행동 문제를 둘러싼 개별학생계획은 학생들이 자기 행동에 대한 책임을 지는 데 동참하도록 돕는 전략을 판별할 수 있다. 이 목적 설정 과정이 진로 계획에 어떻게 적용되는지는 다음 절에서 다룬다.

진로 계획 및 목적 설정

특수교육이든 일반교육이든 모든 학생에게 고유한 것은, 자신의 꿈을 실현해 나가는 과정이라는 점이다. 진로 계획은 학업적 및 교육적 목적과 불가분의 관계에 있으며, 이를 학생의 동기, 장벽과 도전을 극복하려는 회복탄력성(resiliency), 그리고 각 학생이 미래의 목적에 집중할 수 있도록 돕기 위해 노력하는 전문상담교사와 결합할 때, 역동적인 결과를 낳을 수 있다. 개별학생계획(ISP)은 진로 및 전환 계획의 필수 구성 요소이다. 전문상담교사는 특수교육 대상 학생들이 자신의 미래 계획과 해당 목적을 달성하기 위한 경로를 연결할 수 있도록 돕기 위해 노력한다. 학생마다 능력, 이전 경험, 요구, 성격 등에서 모두 다르기 때문에, 성공적인 진로 및 전환 계획을 수립하기 위해서는 전문상담교사가 교사 및 가족과 긴밀히 협력하여, 학생이 자신의 선택이 미래의 역할과 목적에 미치는 중요성을 이해할 수 있도록 하는 것이 필요하다. 개별학생계획(ISP)과 목적 설정의 중요성은 지도형 실습 활동 8.4에서 제시된다.

지도형 실습 활동 8.4

개별학생계획(ISP)

당신과 당신의 동료들(교사, 전문상담교사, 학생지원인력)이 학교 내 특수교육 대상 학생들과 함께 개별 계획을 활용할 수 있는 네 가지 방법을 판별하시오.

SMART 목적

SMART 목적 형식(Doran, 1981)은 전체 프로그램 목적을 개발하고 작성하는 데 자주 사용된다. SMART는 다음에 대한 약어이다:

S – 구체적, 전략적
M – 측정 가능한
A – 달성 가능하고 모두가 동의한
R – 결과 지향적
T – 시간 제한적

SMART 목적은 학교 전체 또는 프로그램 목적을 판별하고 특정 과제를 달성하는 데 필요한 다음 단계를 개발하는 데 사용된다. 전문상담교사가 특정 학교 기반 문제를 판별하기 위해 데이터를 자주 사용하는 것과 마찬가지로, SMART 목적은 전체 학교 개혁에 초점을 맞출 수 있는 행동 계획의 한 형태이다. SMART 목적은 성취도, 출석, 규율 또는 행동 문제를 점검하기 위해 개발될 수 있다. 이러한 목적은 학교 데이터에 기반하며 개선이 필요한 영역을 다루어야 한다.

예시: SMART 목적 개발

다음 제시문들은 특수교육 대상 학생들의 학교 내 성공을 지원하기 위해 SMART 목적을 설정할 때, 고려해야 할 구체적인 과제를 판별하는 데 도움이 될 수 있다.

- 학년도 말까지 우리 학교 특수교육 대상 학생들의 졸업률은 55%에서 65%로 증가할 것이다.
- 학년도 말까지 중학교 2학년부터 고등학교 3학년까지의 모든 특수교육 대상 학생은 다음 학년도에 대비한 교육 및 진로 계획을 수립하게 될 것이다.
- 학년도 말까지 초등학교 특수교육 대상 학생 중 징계 사건이 발생한 학생의 비율은 10% 감소할 것이다.

특수교육 학생들의 졸업률을 증가시키는 SMART 목적의 단계를 통해 생각해보자. 먼저, 다음 질문에 답하시오:

- 우리 학교의 자료에 근거할 때, 구체적인 쟁점(Specific issue)은 무엇인가?
- 중재의 효과는 어떻게 측정할 것인가?
- 그 목적이 실현 가능하며 모두가 동의한 것인가? 달성 가능하면서도 도전적인 결과는 무엇인가? 사용할 전략은 무엇이며, 누가 참여해야 하는가?
- 성과는 어떻게 점검할 것인가? 그 목적은 과정 자료, 인식 자료, 성과 자료와 같은 결과 지향적 자료로 보고되는가? 해당 목적은 언제 달성될 예정인가?
- 시간적 범위(Time frame)는 무엇인가?

이제 위의 모든 질문에 답했으니, 위의 정보에 기반하여, 아래에 단일 목적 진술문을 작성하시오.

예시: 학년도 말까지, 특수교육 학생들의 졸업률이 55%에서 65%로 증가할 것이다.

이전 절에서는 이러한 사정평가, 목적, 계획, 그리고 중재의 평가 과정과 관련된 쟁점들이 다루어졌다.

평가

책무성의 측정

전문상담교사는 책무성 조치를 통해 자신의 중재 및 프로그램이 학생의 성공에 미치는 영향을 평가할 수 있다. 책무성은 향상된 결과를 입증하기 위해 핵심 자료 요소를 체계적으로 수집, 분석, 활용하는 것을 요구한다(Stone & Dahir, 2011). 인구통계학적 자료와 성과 자료를 검토함으로써, 정책과 실제가 형평성 문제에 어떤 영향을 미치는지를 파악하고, 성과를 확인하며, 의사결정을 위한 정보를 제공할 수 있다.

자료는 학생의 진전과 결과를 살펴보고, 전문상담교사의 사고방식을 점검하고 도전하게 하며, 체계적 변화의 필요성을 판단하고, 진전 상황을 확인하며, 학생 성취의 부족한 부분을 드러내는 데 도움을 준다(Stone & Dahir, 2011).

MEASURE는 측정(Measure), 요소(Elements), 분석(Analyze), 이해관계자 연합(Stakeholders-Unite), 결과(Results), 교육(Educate)의 약어이다. MEASURE는 초보자와 경험 많은 전문상담교사에게 책무성 작업을 위한 간단한 6단계 모형을 제공한다(Stone & Dahir, 2011). MEASURE는 전문상담교사가 미국전문상담교사협회(ASCA)의 국가모형(ASCA, 2005, 2012)에서 요구하는 대로 학교의 목적에 연결하기 위한 틀을 제공한다. 전문상담교사는 한두 개의 학교 개선 목적을 취하고 긍정적인 결과를 향해 데이터를 이동시키는 데 있어 매년 그들의 프로그램을 위한 주요 초점을 개발한다. 전문상담교사는 그들이 이동시키려는 중요한 데이터 요소에 대해 그들의 전략(소그룹, 개별 상담, 교실 지도, 부모 접촉, 지역사회 자원, 학교 전체 행동 관리 프로그램) 대부분을 적용한다. 다음은 미국 전역의 학교에서 실제 문제의 가상 사례에 대한 MEASURE의 적용이다.

매년 미국 교육부 산하 특수교육프로그램국(Office of Special Education Programs, OSEP)은 「장애인교육법(IDEA) 시행에 관한 연례 의회 보고서(Annual Report to Congress)」를 작성하며, 여기에는 특수교육 배치 현황에 대한 자료가 포함되며, 인종 및 성별에 따른 분석도 포함된다. (참고: 2004년부터 IDEA는 공식적으로 장애인교육향상법(IDEIA: Individuals with Disabilities Education Improvement Act)으로 명칭이 변경되었다.) 2011년 기준, 6세부터 21세까지의 학생 중 8.4%가 IDEA 제B편(Part B)에 따라 특수교육을 받았다. 이 집단 내에서, 아프리카계 미국인 학생들의 특수교육 과잉 대표(overrepresentation) 현상이 나타났다. 아프리카계 미국인 학생들은 거주 인구(6~21세 기준) 대비 11.2%의 비율로 IDEA 서비스를 제공받았으며, 이는 평균보다 높은 수치이다. 특히 몇몇 주에서는 그 비율이 매우 높게 나타났다: 아이오와(Iowa) 18.9%, 미네소타(Minnesota) 17.0%, 위스콘신(Wisconsin) 16.3%, 오리건(Oregon) 15.8%, 뉴햄프셔(New Hampshire) 15.1% 등이다. 반면, 미시시피(Mississippi) 9.0%, 하와이(Hawaii) 8.9%, 조지아(Georgia) 8.3%는 상대적으로 낮은 비율을 보였다. 인종별 비교를 보면, 백인(White)과 라티노/히스패닉(Latino/Hispanic) 학생들은 각각 8.1%와 8.0%의 비율로 IDEA에 따른 서비스를 받을 가능성이 더 낮았다. 또한, 정서·행동장애(emotional-behavioral disturbance)의 비율은 아프리카계 미국인 학생 집단에서 전국 평균의 약 두 배 수준으로 높게 나타났다.

이 문제는 새롭게 언급된 것이 아니라, 상당 기간 동안 논쟁의 주제였다. 2001년 10월 4일, 미국 하원 교육 및 노동위원회 앞에서 장애학생의 과잉 판별에 관한 청문회가 실시되었다. 청문회에서 제기된 우려 사항에는 특수교육 서비스를 위한 소수 민족 학생들의 과잉 판별, 특히 아프리카계 미국인인 남학생들이 포함된다.

특수교육을 받는 아프리카계 미국인 남학생의 고등학교 졸업률은 단 27%에 불과하다(Kunjufu, 2009). Kunjufu는 다음과 같이 지적한다. "특수교육은 행동 및 정서 문제에 대한 자동적 대응 수단으로 사용되어 왔으며, 이러한 문제들은 다양한 방식으로 접근·해결될 수 있고 또 그렇게 되어야 한다"(Kunjufu, 2009, p. 1). 이 저자에 따르면, 이상적인 학생상이란 조용하고, 오랜 시간 집중하며 앉아 있을 수 있고, 독립적으로 작업할 수 있으며, 수동적인 특성을 가진 학생을 말한다. 그러나 이러한 특성은 많은 남학생의 학습 양식이나 아프리카계 미국인 아동들의 문화와 반드시 일치하지는 않는다. 훌륭한 교사는 전통적인 교실 환경에 학생을 무조건 적응시키려 하기보다는, 학생의 학습 양식에 맞게 자신의 교실을 조정할 수 있어야 하며, 이는 티크먼(Tichman) 초등학교의 실천 사례에서도 볼 수 있다. 이 프로그램의 세부 내용은 그림 8.1에 제시되어 있다.

그림 8.1 MEASURE 예시

사명(Mission), 요소(Element), 분석(Analyze), 이해관계자 통합(Stakeholders-Unite), 결과(Results), 교육(Educate), 전문상담교사를 위한 6단계 책무성 절차

학교명 및 주소: 티크먼 초등학교(Tichman Elementary School)

캘리포니아 주 패터슨 시(Paterson City, California)

교장: 라샨다 먼로(LaShanda Monroe)

이 과제를 주도하는 전문상담교사: 헤라 로렌자(Hera Lorenza)와 제니스 컨버스(Janice Converse)

학생 수: 1,404명

학교 인구통계학:

백인/비히스패닉: 30.7%

원주민: 0.7%

흑인: 46.5%

아시아계: 4.3%

히스패닉: 17.7%

여학생: 50.45%

남학생: 49.55%

무상 및 감면 급식: 79.00%

1단계: 사명(MISSION)

2단계: 요소(ELEMENT)

- 요소: 정서장애(Emotional Disturbance)로 인한 서비스를 받고 있는 흑인 또는 아프리카계 미국인 남학생 수
- 기초선(Baseline): 지난 학년도에 흑인 또는 아프리카계 미국인 남학생 322명 중 35명(11%)이 정서장애 판별을 받고 서비스를 이용 중이었다. 이는 해당 인종 및 성별 집단에 대해 비율적으로 과도하게 나타나는 수치이다.
- 목적: 정서장애 서비스를 과도하게 이용하고 있는 흑인 또는 아프리카계 미국인 남학생의 수를 35명에서 30명 이하로 줄이는 것이다. 이 숫자 30명에는 올해 학년도에 새롭게 특수교육 정서장애 서비스 대상이 된 학생도 포함된다.

3단계: 분석(ANALYZE)

어떤 학생들이 성공에 도달하고 있는지 또는 도달하지 못하고 있는지를 더 잘 이해하기 위해 자료를 집계하고 세분화하여 분석한다. 성별, 인종, 민족성 또는 다양한 방식으로 세분화하여 학생 집단을 살펴볼 수 있다. 이 단계는 "내 학생들을 돕고 이러한 격차를 해소하기 위해 기초선 자료에 대해 무엇을 더 알아야 하는가?"라는 질문에 답한다.

세분화되어 분석된 기초선 자료는 다음과 같은 결과를 보여준다:

흑인 또는 아프리카계 미국인 남학생 322명 중 35명(11%)이 정서장애 학급에서 서비스를 받고 있음.

학년별 분포:

유치원~1학년: 8명

2~3학년: 13명

4~5학년: 14명

서비스 이용 기간:

1개월~2년: 22명

3년~4년: 11명

5년~6년: 2명

4단계: 이해관계자 연합(STEP FOUR: STAKEHOLDERS-UNITE)

이해관계자 연합(Stakeholders-United)-자료 요소의 변화를 위해 전략을 개발하고 일정 계획을 세우기 위해 연합한다.

시작일: 2013년 8월

종료일: 2014년 6월

이해관계자	전략
전문상담교사	• 분노를 완화하고 문제를 해결하기 위한 역할극을 포함한 교실 지도 수업 실시 • 학생들이 문제를 비폭력적으로 해결한 역사적 인물에 대해 읽고 글을 쓰는 활동 등 교사를 위한 후속 쓰기 수업안 제공 • 학교 성공에 초점을 둔 소집단 상담 실시 • 개별 상담 제공 • 자원 관리 및 특수교육 판별 위험이 있는 학생을 위한 외부 기관 연계 • 학생들이 학교 내에서 수행할 수 있는 봉사 프로젝트를 위해 학부모 조직화 • 위기학생이 조력자 또는 수혜자가 되는 또래조력자 프로그램 개발
관리자	• 사전 연계 개입 과정(Pre-Referral Intervention Process) 시행 및 지원 • 정서장애 학생을 도전적인 학생들과의 작업을 즐기며 성공적인 경험이 있는 우수 교사에게 특별 배치 • 흑인 또는 아프리카계 미국인(AA) 학생들과 보다 성공적으로 작업하는 방법에 대한 전 교직원 연수 지원 • 정학을 대체하기 위한 교내 프로그램 승인 • 징계조치가 가장 많이 발생한 세 학년 각 학년에 단일 성별 수업(single gender classroom) 설치 및 승인

이해관계자	전략
교사	• 사전 연계 개입 과정에서 확인된 행동중재 방안을 실행 • 교실을 조직적이고, 안전하고, 쾌적하고, 구조화된 공간으로 만들기 위해 노력 • 학습 차이에 적응 • 보다 구조화된 움직임을 허용하기 위해 교실 구조 조정
학생	• 소집단 프로그램, 행동중재 프로그램, 개별 상담 프로그램에 참여 • 위기학생이 다른 학생을 위한 또래조력자 역할 수행 • 위기학생이 봉사 프로젝트에 참여
학부모	• 전화, 대면, 이메일 교류 등을 통한 주간 연락에 동의
학부모회	• 행동중재 프로그램을 위한 자료 및 시상물 제공 • 주간 시상식에 필요한 인력 및 음식 제공
학교심리사	• 사전 연계 개입 과정에서 확인된 상담 전략 시행
사회복지사	• 교사의 해결 노력이 실패한 교실 내 문제행동을 보이는 학생 및 가족을 대상으로 조기개입 계획의 일환으로 개입 제공
지역사회 기관 구성원	• 학부모가 원하는 주제를 선택하여 참여할 수 있는 워크숍을 제공하는 행사 진행
대학 및 대학교	• 주 1회 소집단, 개별상담, 교실지도수업을 보조할 수 있는 학교상담 실습생 2명 파견 • 대학 교수진이 '부모역할을 떠맡은 아동(parentified youth)'에 대한 워크숍 진행
수업보조교사	• 문서 작업 보조 등 전문상담교사 지원 • 일시적으로 어려움을 겪거나 특별한 상황에 처한 학생에 대해 전문상담교사에게 정보 제공
기타 시원인력 (교무실, 시설관리, 급식 등)	• 상담사 또는 실습생에게 학생이 힘든 하루를 보내고 있다는 것을 즉시 알려 중재 개입 가능하도록 함
학교개선팀	• 정서장애로 인한 흑인/아프리카계 미국인 학생의 과잉 판별을 억제하려는 전문상담교사의 노력에 대해 구두로 지지 제공

5단계: 결과

결과: 기초선 데이터를 다시 진술하시오. 당신의 데이터는 현재 어디에 있는가? 당신의 목적을 달성했는가?

예 X ______________ 아니오____________________________

이전 데이터(기초선): 흑인 또는 아프리카계 미국인 남성 322명 중 35명, 즉 11%가 정서장애 학급을 위한 서비스를 받고 있다.

현재 데이터: 학년말에 30명의 흑인 또는 아프리카계 미국인 남성이 정서장애 학급을 위한 서비스를 받고 있다. 여기에는 해당 연도의 새로운 직원 배치 2건과 정서장애 학급에서 나간 6명의 학생이 포함된다. 한 학생이 이사하여 연말 최종 수는 30명이다. 두 명의 학생이 상태 변경을 기다리고 있으며 다음 학년도가 시작되기 전에 직원 배치가 철회될 것이다.

결과를 검토하고 MEASURE를 수정할 때 고려할 질문:

어떤 전략이 데이터에 긍정적인 영향을 미쳤는가?

행동수정 프로그램의 일부였던 일일 체크인과 주간 보상 활동이 가장 강력했던 것으로 보인다. 프로그램에서 나간 6명의 학생들은 행동수정 프로그램과 모든 이해관계자들의 추가 지원으로 잘하고 있다. 학생들이 특수교육 상태에서 제외되는 것을 꺼렸던 교사들은 이제 학교 개입이 제자리에 있고 잘 작동하는 것으로 보이기 때문에 정규 교육으로 재분류될 수 있는 다른 학생들을 더 면밀히 살펴보고 있다.

어떤 전략을 대체, 변경 또는 추가해야 하는가?

모든 이해관계자가 사용한 모든 전략이 MEASURE의 성공에 기여한 것으로 보인다. 내년에 모든 1학년, 4학년, 5학년 학급을 포함하도록 확대되고 더 널리 복제될 전략은 주간 보상 활동과 함께 하는 일일 행동 수정 프로그램이다. 학생들은 일일 체크인과 그들의 진전이 추적되는 것을 볼 수 있는 구체적인 방법에 가장 잘 반응하는 것으로 보였다.

배운 것을 기반으로, 어떻게 네 번째 단계인 “이해관계자 연합”을 수정할 것인가?

내년에는 지역사회 구성원들과 신앙 기반 공동체를 더 많이 포함시킬 필요가 있다. 또한, 학생들이 학교와 더욱 연결되어 있다고 느낄 수 있도록, 등교 전 시간대에 학교 내에서 운영되는 동아리 활동을 마련하는 것도 필요하다. 학교개선팀(school improvement team)은 이러한 계획이 실현될 수 있도록 노력하고 있다.

당신의 MEASURE는 학교 및/또는 지역사회의 체계적인 변화에 어떻게 기여했는가?

교사들은 특수교육을 위한 문서 작업과 절차에 즉각적으로 의존하는 경향이 적어졌다. 세 학년 각각에서 가장 많은 징계 사안이 발생했던 학급에 단일 성별 학급(single gender classroom)을 도입한 결과, 징계 조치 건수의 감소에 상당한 영향을 미쳤다. 교사들은 문제행동에 대해 보다 긍정적인 행동지원(positive behavior support)을 기꺼이 실행하려는 태도를 보이고 있다.

6단계: 교육하기(EDUCATE)

자료를 활용하고자 한 당신의 노력을 다른 사람들에게 알리시오. 전문상담교사의 업무가 학교의 교육 사명 및 학생의 성공과 어떻게 연계되는지를 보여주는 성과 보고서를 개발하라. 아래의 SPARC는 성과 보고서의 한 예이다.

교장 의견

Hera Lorenza와 Janice Converse는 내가 7년 전 교장이 된 이래로 목격한 가장 어려운 도전 중 하나에 과감히 뛰어들었다. Hera와 Janice는 견고한 전략들을 실행하며 일반학급 배치에 대한 태도와 신념을 변화시키고, 효과적인 중재와 특수교육 배치를 통해 실제 변화를 만들어가고 있다. 두 사람은 학교 내외의 다양한 사람들과 협력하여 학생들에게 유리한 여건을 조성하고, 필요한 지원을 찾아내었다. 매년 아프리카계 미국인/흑인 학생뿐 아니라 타 인종의 학생들 중 특수교육 배정 인원이 증가하고 있었으나, 이들이 적용한 전략은 아프리카계 미국인/흑인 학생의 특수교육 배치를 긍정적으로 감소시켰을 뿐 아니라, 전체 배정 수 자체를 크게 줄이는 데 기여하였다. 비록 이번 MEASURE의 주제는 아니었지만, 정서장애 특수학급 배치 수는 24% 감소하였다. 추가로 징계조치도 줄어들었다.

—LaShanda Monroe, 교장

성과

해당 학년도 말 기준으로, 정서장애로 인해 서비스 대상이 된 아프리카계 미국인 남학생 수는 35명에서 30명으로 감소하였다. 이 수치는 해당 연도 중 새로 배치된 학생 2명과 정서장애 학급에서 해제된 학생 6명을 포함한 것이다. 한 명은 전학을 갔고, 두 명은 차기 학년도 시작 전 배치 변경 예정 상태이다.

체계적 변화

특정 학년에 성별 단일 학급(single-sex classroom) 운영
징계 중심 중재보다는 긍정적 행동지원 프로그램의 빈도 증가
전체 학교가 공통의 문제에 집중하고 협력하는 문화 조성

학교 개선 관련 이슈

핵심자료요소(Critical Data Element): 지난 학년도에 322명의 아프리카계 미국인 남학생 중 35명(약 11%)이 정서장애로 지정되어 특수교육 서비스를 받고 있었음. 이는 이 집단 및 성별에 대해 불균형적으로 높은 비율을 나타냄.

참여 이해관계자

전문상담교사: 교실지도 수업과 소집단 프로그램을 운영하고, 문제해결능력 증진을 위한 활동들을 실시함. 행동수정 프로그램 및 또래도움 프로그램을 개발하고 실행함. 학생들이 특수교육에서 벗어날 수 있도록 다양한 이해관계자를 연계하고 자원을 조정함.

행정가: 사전연계 개입과정을 지원하고, 학생의 개인적 요구에 기반한 교사 배치를 시행함. MEASURE 목적에 부합하는 전문성 개발 기회를 제공하고, 효과적인 학교 외 징계 프로그램을 운영함. 성별 단일 학급 운영을 지지함.

교사: 행동수정 노력을 실천하며, 다양한 학습 및 행동 특성에 적절히 대응하는 교수법을 학습하기 위한 연수에 참여함.

자료 이면의 이야기: 학생 Josh 사례

Josh는 지난 4년 동안 정서장애 특수학급에 배치되어 있었다. 우리는 그가 일반학급으로 전환할 수 있도록 시범 기간을 운영하였다. 그는 정서적 변동성이 큰 학생들을 잘 지도할 수 있는 수석 교사가 담당하는 단일 성별 학급에 배치되었다. 또한, 한 명의 교육실습생(student intern)이 해당 학급에 배정되어 Josh에게 또 하나의 긍정적 역할 모델이 되어 주었다. Josh는 눈에 띄게 성장하였다. 그는 체스에 관심 있는 반 친구들을 위한 동아리를 시작하였고, 유치원생 세 명을 위한 또래 튜터(peer tutor)가 되었다. 그는 매우 책임감 있게 행동하며, 자신이 맡은 튜터 역할을 빠지지 않기 위해 6마일(약 10km)을 걸어 등교하기도 했다. Josh는 말한다. “그 아이들을 실망시키고 싶지 않았어요. 그 아이들이 저를 기다리고 있었거든요.” Josh는 더 이상 이전 해에 보였던 분노에 가득 찬 청소년의 모습이 아니다. 그의 징계 건수는 작년 18건에서 올해 4건으로 놀랍도록 감소하였다. 그 4건의 사례에서도 그는 진정된 후, 자신의 행동이 왜 적절하지 않았는지를 설명할 수 있었다. 이는 단 6개월 사이에 일어난 큰 변화였다. 교사들은 Josh에게 내년에 학생 안전순찰(safety patrol)에 대한 시범 배정(trial period)을 제안하였다. Josh는 사람들이 그의 진로 포부와 교육적 성취 수준을 높이기 위해 노력하고 있는 가운데, 이번 여름에 대학 캠퍼스를 방문할 예정이다.

비고

“Educate” 단계는 캘리포니아 주 교육청(California Department of Education) 및 로스앤젤레스 카운티 교육청(Los Angeles County Office of Education)에서 공동으로 개발한 지속적 개선 문서인 SPARC에서 저작 허가를 받아 각색되었음.

출처: *Carolyn Stone 작성

MEASURE 개념은 지도형 실습 활동 8.5를 통해 더욱 구체적으로 적용될 수 있다.

지도형 실습 활동 8.5

MEASURE

위에 제시된 MEASURE 단계를 참고하여, 특수교육 대상 학생의 학교생활 성공에 대해 우려되는 사항이 있다면 이를 기반으로 MEASURE를 작성해보자. 하나의 자료 요소를 선택하고 아래 항목을 채워보자.

Mission (사명):______________________________

Element (자료 요소):__________________________

Analyze (분석):______________________________

Stakeholders-Unite (이해관계자 연합):____________

Results (결과):______________________________

Educate (교육):______________________________

요약

사정평가는 각 학생의 고유한 역량과 요구를 규명하고, 최선의 실제에 기반한 중재를 설계하기 위한 핵심 도구이다. 본 논의를 통해 확인할 수 있듯이, 전문상담교사가 특수교육 대상 학생을 위한 학교 내 사정평가의 주체는 아니지만, 다양한 수준에서 중요한 역할을 수행한다. 즉, 진로 사정평가를 수행하고, 특수교육팀과 협력하여 사정평가에 참여하며, 자료를 수집하고, 사정평가에서 도출된 목적에 대한 후속 조치를 취하고, 학업·진로·개인-사회적 성공을 도모하기 위해 학부모, 교사, 지역사회와 협력한다. 특히 중요한 점은 전문상담교사들이 학생들과 강한 관계를 형성하고 있다는 것이다. 이로 인해 표준화된 도구로는 확인되지 않는 학생 행동의 미묘한 측면을 팀에 공유할 수 있으며, 이 연결점은 사정평가 결과를 설명하고 소통하는 데 있어 학생과 가족에게 실질적 도움이 된다. 이러한 평가방법을 통해 수집된 자료는 특수교육 대상 학생을 지원하는 전문상담교사의 역할 중요성을 입증할 수 있다. 나아가, 특수교육 대상 학생에게 공정한 서비스를 제공하는 전문상담교사의 역할은 절대로 과소평가되어서는 안 된다.

핵심사항

- 전문상담교사는 장애학생의 사정평가 과정에서 능동적인 역할을 수행하며, 표준화 도구와 비표준화 도구 모두를 포함하는 다양한 평가 도구에 대한 인식이 필요하다.
- 사정평가와 관련된 주요 윤리적 고려사항은 다음 두 가지이다: 전문상담교사의 연수 범위 내에서 검사를 실시해야 한다는 점 그리고 사용되는 검사가 적용 대상 집단과 유사한 집단을 표집하여 규준화되었는지를 고려해야 한다는 점
- 전문상담교사는 진로 사정평가를 자주 수행하며, 기능적행동사정평가(FBA), 개별화 교육계획(IEP), 중재반응모형(RTI) 평가 등에도 특수교육팀의 일원으로 참여한다.
- 전문상담교사는 특수교육 대상 학생을 위한 명확한 목적을 설정하고, 책무성 자료를 수집할 수 있는 역량을 갖추어야 한다. MEASURE 모형(Measure, Elements, Analyze, Stakeholders-Unite, Results, Educate)은 이 과정을 지원하기 위해 고안된 6단계 전략이다.

추가 자료

인쇄물

American School Counselor Association. (1997). *Executive summary: The national standards for school counseling programs*. Author.

Barona, A., & de Barona, M. (2006). School counselors and school psychologists: Collaborating to ensure minority students receive appropriate consideration for special educational programs. *Professional School Counseling, 10*(1).

Elmore, P. (1998). *Competencies in assessment and evaluation for school counselors*.

Elsner, D., & Carey, J. (n.d.). *School counseling program implementation survey*.

Lehr, C., & Thurlow, M. (2003). *Putting it all together: Including students with disabilities in assessment and accountability systems*.

Milsom, A. (2006). Creating positive school experiences for students with disabilities. *Professional School Counseling, 10*(1).

Mynatt, B. S., & Gibbons, M. M. (2011). *Preparing students with disabilities for their future careers*.

Roessler, R., Hennessey, M., Hogan, E. M., & Savickas, S. (2009). Career assessment and planning strategies for postsecondary students with disabilities. *Journal of Postsecondary Education and Disability, 21*(3), 126-137.

Scarborough, J. L. (2005). The School Counselor Activity Rating Scale: An instrument for gathering process data. *Professional School Counseling, 8*(3), 274-283.

웹 기반 자료

Center for Parent Information and Resources: Assessment and Accommodations http://nichcy.org/research/ee/assessment-accommodations

AACE: Competencies in Assessment and Evaluation for School Counselors http://aac.ncat.edu/documents/atsc_cmptncy.htm

EzAnalyze - 학교상담자를 위한 자료 수집 도구 http://www.ezanalyze.com

ERIC Database: New Assessment Measures for School Counselors http://ericae.net/db/edo/ED388888.htm

PBIS: 기능행동사정(FBA) 양식 자료 http://www.pbis.org/common/cms/files/pbisresources/EfficientFBA_FACTS.pdf

Survey Monkey - 설문조사 도구 제공 https://www.surveymonkey.com

The Education Trust - 유아부터 대학까지 고학업성취 촉진 http://www.edtrust.org

The National Career Development Association - 장애학생 진로개발 자원 http://www.ncda.org/aws/NCDA/pt/sp/interests_disabilities#list_disabilities-I850-NCDA

참고문헌

American Counseling Association. (2014). *ACA code of ethics*. Author. http://www.counseling.org/resources/aca-code-of-ethics.pdf

American Psychological Association, National Council on Measurement in Education, & American Educational Research Association. (1999). *Standards for educational and psychological testing*. American Educational Research Association.

American School Counselor Association. (2004). *ASCA national standards for students*. Author.

American School Counselor Association. (2005). *The ASCA national model: A framework for school counseling programs*. Author.

American School Counselor Association. (2010). *Ethical standards for school counselors*. http://www.schoolcounselor.org

American School Counselor Association. (2012). *The ASCA national model: A framework for school counseling programs*(3rd ed.). Author.

American School Counselor Association. (2013). *The professional school counselor and students with disabilities*. Author.

American School Counselor Association. (2014). *Draft: Mindsets and behaviors for student success*. Author.

American School Counselor Association, & Association for Assessment in Counseling and Education. (1998). *Competencies in assessment and evaluation for school counselors*. Author. http://aac.ncat.edu/documents/atsc_cmptncy.htm

Association for Assessment in Counseling and Education. (2003). *Responsibilities of users of standardized tests (RUST; 3rd ed.)*. http://aac.ncat.edu/documents/rust.html

Blacher, J. H., Murray-Ward, M., & Uellendahl, G. E. (2005). School counselors and student assessment. *Professional School Counseling, 8*(4), 337-343.

Council for Accreditation of Counseling and Related Educational Programs. (2009). *2009 standards for accreditation*. Author.

Doran, G. T. (1981). There's a S.M.A.R.T. way to write management's goals and objectives. *Management Review, 70*(11), 35-36.

Ekstrom, R. B., Elmore, P. B., Schafer, W. D., Trotter, T. V., & Webster, B. (2004). A survey assessment and evaluation activities of school counselors. *Professional School Counseling, 8*, 24-30.

Groth-Marnat, G. (2009). *Handbook of psychological assessments*(5th ed.). Wiley & Sons.

Kampwirth, T. J., & Powers, K. M. (2012). *Collaborative consultation in the schools*(4th ed.). Pearson Education.

Kunjufu, J. (2009). *Black boys and special education—Change is needed!http://www.teachersofcolor.com/2009/04/black-boys-and-special-education-change-is-needed/*

National Center on Response to Intervention. (2010). *Essential components of RTI—A closer look at response to intervention*. U.S. Department of Education, Office of Special Education Programs, National Center on Response to Intervention.

Osborn, D. S., & Zunker, V. G. (2006). *Using career assessment results for career development*(7th ed.). Thomson Brooks/Cole.

Stone, C., & Dahir, C. (2011). *School counselor accountability: A measure of student success*(3rd ed.). Pearson Education.

Whiston, S. C. (2013). *Principles and applications of assessment in counseling*(4th ed.). Brooks/Cole, Cengage Learning.

9장

통합교육 고려사항

Domenico Cavaiuolo
이스트 스트라우즈버그 대학교(East Stroudsburg University)

> "통합교육, 그것이 곧 교육을 의미한다."
>
> —저자

통합교육은 이해하기 어려운 개념이 될 수 있고, 실행하기에는 더욱 어려운 실천이 될 수 있다. 전문상담교사의 역할은 대부분 학생들에게 조언을 제공하는 것이었지만, 많은 이들이 다양한 교육 수준에서 장애학생들과 함께 일하는 추가적인 책임을 부여받는다. 전문상담교사의 역할과 기능은 단지 학생들의 정서적 및/또는 사회적 요구나 학교에 대한 그들의 동기를 사정평가하는 것뿐만 아니라, 오늘날 일부는 교육과정 실행, 학생 통합을 위한 전략, 또는 사회적 기술 발달을 돕기 위한 그룹 세션 진행과 같은 다양한 교육 영역에서 교사들을 촉진하고 지원하도록 요청받고 있다(Friend & Bursuck, 2013). 교육 수준(초등, 중등, 또는 고등학교)에 따라, 전문상담교사의 역할은 교사들에게 지시적이거나 협력적일 수 있다. 주와 교육구에 따라, 전문상담교사는 다른 역할을 수행하거나 다른 책임을 가질 수 있음을 유의해야 한다. 그럼에도 불구하고, 전문상담교사는 특히 그들의 교육 계획과 통합교육의 실행에 있어 장애학생들의 삶에서 중요한 기능을 수행할 수 있다. 전문상담교사는 장애학생의 통합에 있어 단지 방관자가 아니라, 교사들이 학생들의 요구와 능력에 대한 더 큰 이해를 얻고 최소제한환경(Least Restrictive Environment, LRE)에서의 배치를 위한 가능한 해결책을 제공할 수 있도록 돕는 촉진자이다.

이 장은 전문상담교사에게 통합교육의 법적 및 철학적 입장에 대한 이해와 함께 모든 교육 수준에서 통합적 실천을 지원하기 위한 전략과 프로그램을 제공할 것이다. 이 장의 끝에서, 독자는 다음을 분별할 수 있을 것이다:

1. 최소제한환경(LRE)과 실행 과정을 명확히 정의한다.
2. 장애가 있는 학생과 없는 학생 모두를 통합교육을 위해 어떻게 준비시키는지 이해한다.
3. 장애학생에 대한 징계 조치와 통합적 실천에 대응하는 법적 개념을 이해한다.
4. 학교에서 통합적 실천을 지원할 수 있는 다양한 조정과 전략을 이해한다.
5. 최소제한환경에서 다양한 장애를 가진 학생들의 요구를 어떻게 지원하는지 이해한다.

특수교육의 현재 쟁점

장애학생을 위한 통합교육은 일관성 없는 실천이었다(미국 교육부, 2012). 주 내에서 이렇게 다양한 범위의 실천이 존재하는 이유는 명확하지 않다. 아마도 통합교육의 명확한 정의와 최소제한환경 의무 간의 관계가 명확하지 않기 때문일 것이다. 또는 통합교육과 LRE를 실행 배치로 바라보는 관점 때문일 수도 있다. 다른 요인으로는 교육구가 통합교육을 실천하고 실행하기 위한 리더십, 경험, 훈련, 그리고 역량의 부족이 포함될 수 있다. 이유가 무엇이든 간에, 통합적 실천은 일관되게 실행되거나 이해되지 않고 있다.

제3장에서 논의된 PL 94-142의 시작 이후, 통합교육은 다르게 인식되어 왔다(미국 교육부, 2012). 또한, 장애학생들이 초등학교에서 중학교로, 그리고 최종적으로 고등학교 교육과정을 거치면서, 이러한 환경에서의 통합 양상도 달라진다(Steere, Rose, & Cavaiuolo, 2007). 통합교육과 관련하여 고려해야 할 더 중요한 요인은 학생의 장애 수준이다. 통합교육에 대한 실용적 고려사항을 탐색할 때, 장애학생과 그 가족이 교육 시스템에 동등하게 접근할 수 있도록 하기 위한 법적 요구사항이 무엇인지 이해하는 것이 중요하다. 특수교육에서 중요한 한 가지의 쟁점은 LRE의 법적 요구사항이다.

최소제한환경(LRE)

논쟁의 여지가 있지만, 최소제한환경 의무가 장애학생을 위한 통합적 환경을 설정하기 위한 지침을 제공한다고 말할 수 있다. 법적 정의는 다음과 같이 명시한다:

> 가능한 최대한의 범위에서, 공공이나 사립 기관 또는 기타 돌봄 시설에 있는 아동을 포함한 장애아동은 비장애아동들과 함께 교육받아야 한다. 또한 특수학급, 분리교육, 또는 장애아동을 정규 교육 환경에서 분리하는 기타 조치는 보조적 지원과 서비스를 활용한 정규 학급에서의 교육이 아동의 장애 특성이나 심각성으로 인해 만족스럽게 이루어질 수 없는 경우에만 발생해야 한다." (IDEIA 2004 LRE 의무, 20 U.S.C § 1412(a)(5)(A))

이 의무를 자세히 검토해보면 특수교육 계획 팀은 먼저 학생이 성공할 기회를 가질 수 있도록 보조적 지원을 통한 정규 교육 환경에서의 배치를 고려해야 함을 나타낸다. 인지적, 정서적, 및/또는 신체적 장애와 같은 학생의 장애에 따라, 일반교육 교실에서 학생 배치를 지원하기 위해 보조적 지원이 제공된다. 따라서, 학생이 특수교육 대상자로 간주되고 개별화교육 프로그램(IEP)이 개발될 때, 팀은 먼저 어떤 보조적 지원이 그 학생이 같은 나이의 또래와 함께 일반교육 교실 내에서 참여하고 기능하는 데 도움이 될지 결정해야 한다. 보조적 지원을 사용한 후에도 학생이 교실에 적합하지 않다면, 대안적 배치가 고려될 수 있다. 도식 9.1은 IEP 과정 동안 LRE가 어떻게 고려되어야 하는지를 보여준다.

도식 9.1 특수교육에서의 LRE

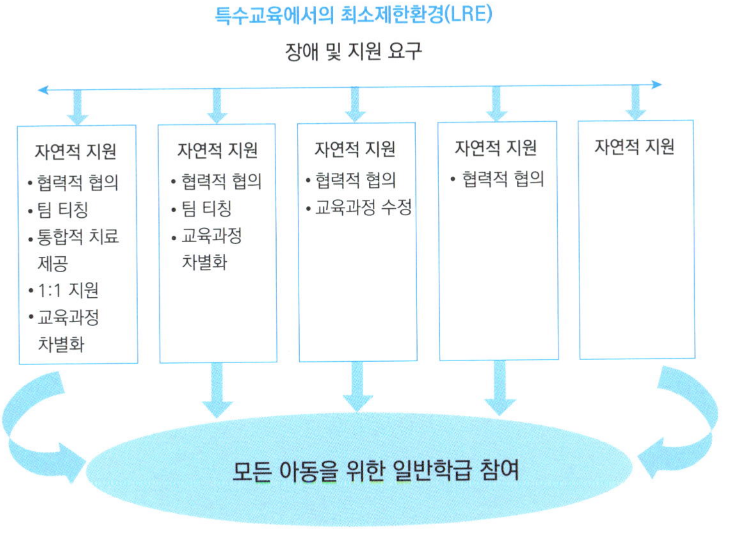

교육 연속체 개념(The Continuum of Education Concept)

학생의 교육적 배치는 1975년 「장애아동교육법(Education for All Handicapped Children Act, EHA)」이 제정된 이래 지속적으로 논쟁의 대상이 되어 온 문제이다. 이러한 혼란을 가중시키는 요인 중 하나는, 특수교육 관련 법령이 '서비스의 연속체(continuum of services)'를 허용하고 있다는 점일 수 있다. 이 개념은 장애학생이 배치될 수 있는 다양한 교육 환경 수준이 존재할 수 있음을 전제한다. 앞 절에서 논의한 바와 같이, 최소제한환경(LRE)의 요구는 보조 지원을 활용한 일반학급 배치를 우선적으로 고려해야 하며, 그 배치가 효과적이지 않은 것으로 판단될 경우에만 대안 배치를 검토해야 한다. 교육적 배치의 효과성을 판단하는 근거는 학생이 교육적 진전을 보이고 있는지의 여부이다. 그러나 연속체 모델은 학생의 지원 요구가 아니라 장애 범주에 따라 학생을 배치하는 방식이다. 즉, 학생의 배치를 결정할 때, 장애 자체가 어디에 배치할지를 결정하는 요소가 되는 것이다. 예를 들어, 자폐스펙트럼장애(autism spectrum disorders, ASD)가 있는 학생은 자폐지원학급(autistic support classrooms)에, 지적장애가 있는 학생은 생활기술 학급(life skills classrooms)에 배치되는 경우가 이에 해당한다. 만약 배치 결정이 학생의 개별성과 고유한 요구를 고려하지 않고 단지 장애 범주만을 기준으로 이루어진다면, 통합교육은 실현되기 어렵다. 도식 9.2는 연속체 배치 접근법에 대한 시각적 개요를 제시한다.

이러한 혼란은 전문가들이 해결해야 할 문제일 수 있다. 즉, 최소제한환경(LRE: Least Restrictive Environment)이 대안 배치를 고려하기 전에 시범 기간을 요구하는 절차적 실행 전략인지, 아니면 단순히 배치 모델인지에 대한 문제이다. 장애학생의 부모는 LRE, 통합교육의 개념, 또는 자녀를 통합학급에 배치했을 때의 잠재적 이점을 이해하지 못할 수 있다(Gyamfi, P., Walrath, C., Burns, B., Stephens, R., Gen, Y., & Stambaugh, L., 2010). 만약 부모들의 이러한 인식이 부족할 경우, 학생의 배치는 학교 관리자나 전문가들에 의해 결정된다. 그리고 만약 학교 관리자나 전문가들이 통합교육의 철학적 가치, 자원, 혹은 법적 적용의 중요성을 인식하지 못한다면, 연속체 배치 모델(continuum placement model)이 일반적인 관행이 되어, 장애학생들이 분리된 학급(segregated classrooms)에 배치되는 결과를 낳게 된다. 장애학생의 배치는 장애 자체가 아니라 학생의 요구에 기반하여 결정되어야 하며, 이는 매우 중요한 원칙이다.

도식 9.2 서비스 연속체와 배치 접근법

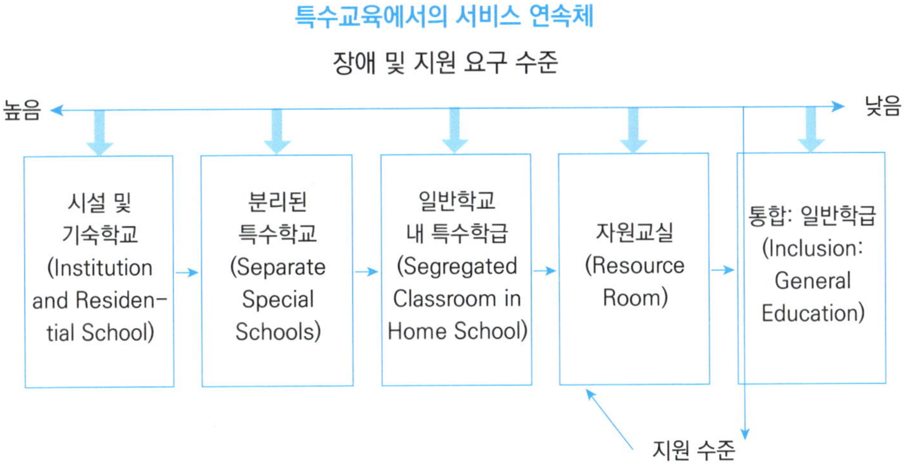

질문은, 학교가 가족들이 LRE의 법적 실행을 이해하고 통합교육을 위한 선택지를 제시받도록 보장할 책임이 있는가이다.

교실에 장애학생을 포함시키는 것에 대한 논쟁은 그들이 일반교육 교실에 있어야 하는지에서 학생이 포함되도록 돕기 위한 가장 적절한 전략이 무엇인지로 바뀌었다(Soukup, Wehmeyer, Bashinski, & Bovaird, 2007). 많은 연구들이 장애학생에 대한 통합교육의 긍정적 효과를 보여주었고(Downing & Peckham-Hardin, 2007; Downing, Spencer, & Cavallaro, 2004), 다른 연구들은 비장애 학생들에 대한 효과에 초점을 맞추었다(Carter & Hughes, 2006). 또한, 일반교육 교실에서 중도 및 최중도 장애를 가진 학생들이 극적으로 증가했다(미국 교육부[USDOE], 2006); 이는 부모들이 자녀를 일반교육 환경에 배치하도록 요청하는 부모 옹호에 기인할 수 있다(Downing & Peckham-Hardin, 2007). 또한 장애학생이 그들의 교실에 포함될 때 교사에게 미치는 이점을 보여준 여러 연구가 있다는 점도 주목해야 한다(Carter & Hughes, 2006; Copeland, S. R., Hughes, C., Carter, E. W., Guth, C., Presley, J. A., Williams, C. R., & Fowler, S. E., 2004). 예를 들어, 특수교사와 일반교사 간의 더 큰 협력, 더 많은 교수 책임의 공유 확대, 그리고 중도 장애학생에 대한 더 큰 관심이 보고되었다. 이러한 이점은 사용되는 교육과정 유형과 그것이 어떻게 전달되는지에 영향을 미치는 통합교육 실제를 실행한 결과로 나타난다.

교육과정의 특성

학생에게 적합한 교육과정의 유형은 학생의 장애와 요구 수준에 따라 다양할 것이다. 학생의 학교 이후 기대는 모든 수준에서 학생을 위한 학교의 교육 서비스가 어떻게 제공될 것인지에 주요한 영향을 미칠 것이다(Steere, Rose, & Cavaiuolo, 2007). 과거에, 학생의 교육프로그램이 학업적이어야 하는지 기능적이어야 하는지에 대한 문제는 일반적으로 학생의 장애에 기초해왔다. 예를 들어, 학습장애가 있는 학생들은 일반적으로 잠재적인 고등교육을 위한 학업적 성공을 향한 전략을 개발하는 데 도움이 되는 학습 지원 서비스를 받는다. 중도 장애가 있는 학생들은 생활 기술 교육 프로그램을 받을 수 있다(Steere, Rose, & Cavaiuolo, 2007). 장애 수준에 관계없이 학생 교육의 다양한 수준을 고려할 때, 학생들은 학업적 및 기능적 기술 발달의 균형 잡힌 교육과정을 사용하여 함께 포함될 수 있다(Wehman & Kregal, 2012). 이는 학생이 14세가 되는 중간 수준에서도 발생할 수 있다. 학생이 고등학교에 있거나 18세 이후에도 특수교육을 계속 받는 경우, 그들은 취업과 지역사회 생활의 학교 이후 결과로 이어질 전환 기반 서비스를 받아야 한다(Steere 외, 2007).

지난 10년 동안, 자폐증과 자폐스펙트럼장애(ASD)의 학생 인구는 우리 공교육 시스템 전반에 걸쳐 크게 증가했다(질병통제센터, 2014). 이러한 학생들 중 많은 수에게 교육의 어떤 수준에서도 통합교육을 달성하는 것은 쉽지 않았다(미국 교육부, 2012). 아마도 이것은 이 인구의 독특성과 그들에게 적절한 교육이 무엇인지 고려하는 데 있어서의 어려움 때문에 학교에게 도전적이었을 것이다. 문제를 더 복잡하게 만드는 것은, 아스퍼거 증후군이 있는 학생들이 학업적으로나 기능적으로 모두 지원해야 할 독특한 인구로 등장했다는 점이다. '전형적인' 자폐 학생과 달리, 스펙트럼의 고기능 쪽에 있는 개인들은 평균에서 높은 수준의 지능뿐만 아니라, 조기에 언어를 발달시키는 모습을 보인다(Montgomery, Stoesz, & McCrimmon, 2012); 이러한 학생들은 일반적으로 언어적 어려움이 없다. 이러한 학생들 중 많은 수가 지원 여부와 상관없이 학교에서 학습하고 고등학교를 수료하고 졸업장을 받기 위한 필수 졸업 학점을 취득할 학업적 능력을 가질 수 있지만, 대학에 다니기 위해 필요할 수 있는 독립적으로 생활할 기능적 기술과 능력이 없을 수 있다(Gobbo & Shmulsky, 2014). 자폐 연속체에 있는 많은 학생들은 사회적 기술과 의사소통 기술의 부족으로 인해 도전을 받고 행동 문제(Friend & Bursuck, 2013)뿐만 아니라, 실행 기능 기술

(executive functioning skills)에서도 어려움을 겪는다(Gobbo & Shmulsky, 2014). 이러한 이슈들은 사례 제시 9.1에서 강조된다.

사례 제시 9.1

"이상한 아이 옆에 앉지 않아도 되면 좋겠어"

자신에 대한 자신감이 부족하고 부끄러움을 타는 학생을 상상해보라. 그녀는 지적이고 수학 개념을 이해하지만, 자신의 능력에 대한 자신감이 부족하다. 수학 문제에 관한 질문을 받았을 때, 수학 문제를 풀 수 있고 답을 알고 있음에도 불구하고, 그녀는 긴장하고 불안해한다. 그녀는 책상을 내려다보며 "모르겠어요"라고 소리친다. 그녀의 급우들은 그녀를 보고 이상하다고 생각한다; 그들은 그녀와 어울리지 않는다. 급우들에게 그녀는 "이상한 아이"이다. 그녀의 교사들은 그녀가 상냥하고 친절한 사람이라고 생각하지만, 그들은 또한 그녀를 의사소통을 좋아하지 않고, 어색한 사회적 기술을 가지고 있으며, 과제가 논의되고 마감일이 다가올 때 불안해하는 학생으로 본다. 그러나 실패에 대한 두려움에도 불구하고, 그녀는 매우 열심히 일하며 수업에서 A와 B를 받는 것처럼 보인다. 그녀는 자폐스펙트럼장애—아스퍼거 증후군을 가진 학생이다.

연속체의 고기능 쪽에 있는 학생들이 학업적 목적을 달성할 수 있지만, 이러한 학생들의 기능적 기술 발달은 그렇게 명확하지 않다. 질문은, 모든 학업적 요구사항을 충족하지만 지역사회에서 성공적으로 기능할 수 없는 ASD 학생이 고등학교를 졸업해야 하는가가 된다. 대부분의 일반교육 학생들은 그들의 학습을 실용적인 생활 기술로 일반화할 수 있지만, ASD-아스퍼거가 있는 많은 학생들은 이러한 기술을 학습하기 위해 맥락 관련 직접 지도가 필요하지만, 종종 그들은 이러한 유형의 지도를 받지 못한다. 앞서 언급한 중요한 질문은 ASD-아스퍼거가 있는 학생들의 많은 부모들에 의해 제기되고 있다. 전문상담교사는 이 매우 중요한 질문을 평가하고 답하는 데 도움을 줄 수 있다. 가족들의 우려는 그들의 자녀가 사회적 및/또는 기능적 기술에서 극심한 결함을 보일 때이다—이러한 기술이 없으면 고등교육에서의 성공 가능성은 불확실해진다. 학생이 대학 캠퍼스나 직장에서 독립적으로 기능하는 데 어려움이 있다면, 이는 그 사람의 학업 수행에 부정적인 영향을 미칠 수 있다. 고등교육으로 진학하는 데 관심이 있는 ASD 학생들의 경우, 전문상담교사는 학생들이 자신의 장애에 대한 인식을 발전시키고 대학 생활로의 전환을 위한 적절한 계획으로 이어질 수 있는 자기결정과 자기옹호 기술을 가르침으로써 도울 수 있다. 공교육의 목적이 모든 학생들이 지역사회에 기여하는 구성원이 되도록 돕는 것이지만, 장애가 있는 학생들은 성인 생활로의 전환을 돕기 위해 직접적인 교수적 접근이 필요하다. (미국 정신의학협회의 2013 정신질환 진단 및 통계 편람 제5판에서는 이제 모든 형태의 자폐증을 포함하는 자폐스펙트럼장애(ASD)라는 하나의 범주가 있음을 주목해야 한다; 아스퍼거는 더 이상 별도의 범주가 아니다.)

특수교육에서의 전환

학교에서 성인 생활로의 전환은 경도 장애를 가진 학생들과 더 중도의 장애를 가진 학생들에게 다르게 인식된다. 앞서 언급했듯이, 일부 학생들은 학업 교육과정에서 이익을 얻을 것이고, 다른 학생들은 기능적 교육과정에서 가장 큰 이익을 얻을 것이다. 학생이 16세에 도달하면, 이는 전환 계획을 위한 연방 요건(2004년 IDEA)으로, 장애 수준에 관계없이 전환에 대해 논의되어야 한다. 그러나 대학 진학 가능성이 있는 학습장애와 같은 일부 장애학생들의 경우, 전환 계획이 간과될 수 있다(Steere 외, 2007). 마찬가지로 중요한 것은 학업 과정에 있는 ASD-아스퍼거 학생들에게 전환이 강조되지 않을 때이다. 학생이 학업 트랙에 있다고 간주될 때, 종종 IEP의 고등교육 이후 성과 진술은 일반적으로 "학생은 고등학교 이후 대학에 진학할 계획이다"가 된다. 학생이 대학 진학을 앞두고 있다고 보일 때 전환 계획이 강조되지 않는 것으로 보인다. 이러한 제한된 범위의 전환 계획은 특히 ASD-아스퍼거가 있는 학생들에게 문제가 될 수 있다.

ASD-아스퍼거가 있는 일부 학생들의 근심이 되는 영역은 교사나 전문상담교사가 쉽게 판별할 수 없어 눈에 띄지 않고 결과적으로 해결되지 않을 수 있다(Sciutto, Richwine, Mentrikoski, & Niedzwiecki, 2012). 이런 일이 발생하면, IEP가 완전하지 않으며, 전환의 중요한 영역은 계획되지 않은 상태로 남는다. IEP가 장애학생의 전환을 다루기 시작할 수 있는 한 가지 방법은 작업 기술을 개발하는 방법으로 시간제 취업을 얻도록 학생들을 격려하는 것이다. 초점이 학생이 지역사회에서 생활하고 기능할 수 있게 하는 영역에서의 적은 지도나 지도 없이 순전히 학업에만 맞춰질 때, 학생의 교육은 학생의 삶에서 거의 관련성이 없게 될 것이다. 전문상담교사는 이러한 중요한 우려 사항을 인지하고 학생 IEP를 점검함으로써 이 문제를 해결하는 데 도움을 주어야 한다. 그러나 중도 장애가 있는 학생들의 경우, 전환 계획은 중요하다고 간주되기 때문에, 일반적으로 걱정되는 사항은 아니다. 전환 계획의 측면은 사례 제시 9.2에서 다루어진다.

사례 제시 9.2

고등교육 및 직업으로의 전환

라티샤는 대학에 진학하여 간호사가 되기를 꿈꾸는 조용한 소녀이다. 그러나 그녀는 학습장애로 판별된 초등학교 때부터 모든 과목에서 어려움을 겪었다. 4학년부터 그녀는 전문화된 읽기 지원뿐만 아니라, 다른 과목 영역에서도 지원을 받았다. 그녀는 같은 학년의 또래들보다 뒤처져 있었지만 학습하기 위해 동기부여되어 있었고 열심히 공부했다. 중학교 동안, 그녀는 학습장애에 대한 학업 지원을 계속 받았다. 중학교 2학년 초, 14세가 되었을 때, 특수교육 계획 팀은 라티샤와 그녀의 부모에게 고등학교 진학 시 과목과 4년 계획을 고려하기 위해 만나기를 요청했다. 고등학교 진로 상담사도 회의에 참석했다. 라티샤와 그녀의 부모는 그녀가 대학에 진학하기를 원한다는 것을 분명히 했다. 언니가 대학에 다니고 있었기 때문에, 그녀는 뒤처지기를 원하지 않았다. IEP의 전환 계획의 일부로, 이제 그녀를 대학에 준비시키는 목적으로 고등학교를 통한 서비스를 계획하는 것이 중요했다. 상담사는 학생이 대학에 진학할 자격을 갖출 수 있는 전형적인 4년 프로그램을 제시했다. 그녀와 그녀의 부모에게 제시된 과목들이 매우 도전적으로 보였지만, 그녀는 열심히 일할 동기가 있었다. 상담사는 라티샤에게 그들의 특별한 도전에 대해 이야기하고 그러한 도전을 극복하기 위한 전략을 공유하기 위해 학습장애를 가진 다른 학생들의 지원 그룹에 참여할 것을 권장했다. 상담사는 또한 그녀의 진행 상황을 점검할 것을 제안했고, 때가 되면 대학이 그녀가 필요로 하는 지원(조정)의 유형을 제공할 것이라고 말했다; 이러한 것들이 그녀에게 제공될 것이기 때문에, 그녀는 성공할 수 있는 최고의 기회를 제공하는 대학을 선택할 수 있을 것이다.

전환 계획 단계에 있는 또 다른 학생은 중요한 시석 및 신체적 장애(뇌성마비)를 가진 중학교 2학년 학생인 라몬이다. 학교 첫날부터 그는 가족뿐만 아니라, 교사와 또래들로부터 강한 지원 시스템이 필요할 것이라는 것이 분명했다. 그는 정기적으로 물리치료, 작업치료, 언어치료를 받고 있으며, 교육구의 수업을 듣기 시작했을 때부터 그러했다. 라몬이 중도 장애를 가지고 있지만, 그의 가족은 그가 친구를 사귀고 학교와 지역사회에 포함될 기회를 갖도록 확실히 하고 싶어 했다. 그의 가족은 그가 많은 지역사회 체육 팀에 참여하도록 했으며, 일부는 장애인만을 위한 것이었고 다른 일부는 그렇지 않았다. 그는 교회의 활발한 구성원이며 매주 일요일 예배가 끝날 때 게시판을 나눠준다. 라몬은 대부분의 교육 기간 동안 활동과 정규 수업에 포함되어 왔으며, 이제 그가 고등학교에 입학하려고 하기 때문에, 가족과 IEP 팀은 그의 학교 이후 생활에 대한 결정을 내려야 한다. 생활 기술 수업이 라몬에게 성인으로서 지역사회에서 기능하고 생존하는 데 필요한 기능적 기술을 제공할 것이라고 제안되었다. 가족은 관심이 있었지만 그가 초등학교 때부터 그를 알아온 또래들과 함께 있지 않을 것을 걱정했다. 라몬을 담당하고 있던 상담사는 회의에 참석하여 그가 또래와의 관계를 유지할 수 있는 많은 과외 활동에 계속 참여할 수 있다고 제안했다. 라몬은 스포츠와 사진에 관심이 있었기 때문에, 사진 동아리에 가입하고 스포츠 매니저 역할을 수행하는 방안이 제안되었다. 그는 동아리 활동이나 스포츠 행사에서 자신을 지원해 줄 또래와 짝을 이루어 활동할 수 있도록 연계될 수 있었다. 또한, 지역사회 기반 교수와 직업 탐색을 시작할 것도 함께 제안되었다. 전문상담교사는 라몬을 위해 4년제 고등학교 교육 계획을 제안하였으며, 이는 소비자 과학(consumer science), 진로 계획(career planning), 체육과 같은 과목에서 기능적으로 관련 있는 기술을 가르치는 교실 수업을 균형 있게 포함하는 것이었다. 라몬은 일반교육 대상 학생들을 위한 수업에도 일부 참여할 수 있으며, 하루 시간의 일부는 일반학급, 일부는 삶의 기술(life skills) 학급, 일부는 지역사회 기반 학습에 배정될 수 있었다. 전문상담교사는 또한 라몬이 18세가 되어 또래들이 졸업할 때, 함께 졸업식에 참여할 수 있으며, 이후 21세가 될 때까지 특수교육 서비스를 계속 받을 수 있다는 점도 설명하였다. 학교 마지막 몇 년 동안에는 지역사회 중심의 전일제 학습을 통해 직업 탐색에 초점을 맞춘 교육을 받을 수 있으며, 일과의 대부분은 학교 건물 밖에서 이루어질 수 있다. 전문상담교사는 라몬의 가족이 전환 계획의 선택지를 이해하고, 라몬이 성인이 되었을 때 무엇을 기대할 수 있는지를 이해하는 데 핵심적인 역할을 하였다. 또한 전문상담교사는 성인 서비스 체계에 대한 정보를 가족에게 제공하였고, 라몬을 위한 사회보장 혜택, 지역 발달장애 서비스 및 주 직업재활청을 통한 장애 서비스 신청을 도왔다. 라몬은 결과 지향적 성과(results-oriented outcome)를 향한 전환 계획을 갖게 되었다.

통합교육을 증가시키고 향상시키기 위한 전략

통합교육은 증거기반실제(Evidence-Based Practice)로도 알려진 최선의 실제 사용에 기초해야 한다. 이러한 실제는 종종 특수교육자들이 학습에서 학생들을 지원하고 그들을 교실에 포함시키기 위한 보조적 지원으로 사용하는 도구이다. 특수교육가와 전문상담교사는 아이디어를 제공하고, 전략을 제안하며, 심지어 직접적인 중재에 참여하는 것을 제안함으로써 통합교육을 촉진할 수 있다. 이 절에서는 장애학생들의 통합교육을 향상시킬 수 있는 이러한 전략들 중 일부를 제공할 것이다.

장애가 있는 학생과 없는 학생의 준비

장애학생을 포함시키기 위한 준비는 그들이 아동일 때, 조기 중재 서비스를 받을 때 시작된다. 이 초기 단계에서, 부모들은 장애를 가진 아이들을 갖는 것과 서비스에 관한 결정을 내려야 하는 것의 도전을 경험한다. 서비스가 치료적 성격일 수 있지만, 이것은 그들의 아이의 요구와 그것이 그들의 삶뿐만 아니라, 가족의 미래에 어떤 영향을 미칠지 이해하는 첫 단계이다. 장애아동이 처음으로 비장애 아동과 상호작용하기 시작할 때, 이러한 경험은 부모가 옹호자로서의 역할을 인식하게 되는 계기가 된다. 이러한 과정을 통해, 부모는 자녀의 장애에 대해 이해하고, 교육체계를 효과적으로 활용하고 협상하는 방법을 배우는 데 도움이 되는 지원 집단과도 연결될 수 있다.

모든 학생들이 인종, 종교, 색상, 민족성, 및/또는 성적 지향과 관련하여 개인적 차이를 수용하도록 준비하는 것처럼, 이러한 수용은 또한 장애인을 포함한다. 많은 개인적 차이가 있는 세상에서, 장애를 가진 급우를 수용하고 환영하도록 장애가 없는 학생들을 준비시키는 것은 매우 중요하다. 적절한 전략을 통해, 장애가 없는 학생들은 장애를 가진 급우를 더 잘 수용할 준비가 될 수 있다.

장애가 있는 또래들과 유아교육 프로그램 등에서 조기에 상호작용을 경험한 학생들은 보다 긍정적인 경험을 할 가능성이 높다(Raver, 2009). 어린 시기에 함께 상호작용하고, 놀고, 배우는 경험은 개인차에 대한 더 큰 수용성으로 이어질 수 있다. 그러나 많은 학생들은 초기 교육 시기에 장애가 있는 또래들과 함께할 기회를 갖지 못한다. 학생들이 유아교육과 초등학교에 입학할 때, 장애가 있는 사람들과의 경험이 제한되어 있는 경우, 이들의 통합적 만남은 촉진될 필요가 있다. 교사들은 학생들에게 통합적 경험을 촉진하기 위해 사용할 수 있는 여러 선택지를 가지고 있다.

아동 문학

유아교육은 아동에게 장애 이슈와 장애를 가진 또래들을 소개하기에 훌륭한 출발점이다(Raver, 2009). 유치원부터 초등학교 5학년(혹은 그 이후)까지의 초기 시기에는 교사와 전문상담교사가 문학 작품을 통해 학생들에게 장애를 소개할 수 있다. 다양한 유형의 장애를 가진 아동을 주제로 한 아동 문학은 매우 풍부하다(Prater, 2000). 책은 개인의 경험과는 다른 세계를 보여주고, 타인의 관점을 볼 수 있는 기회를 제공한다. 유치원부터 초등학교 5학년 수준의 아동에게 적절한 책들이 많이 있으며, 이 책들을 통해 장애에 대한 인식과 수용을 배울 수 있다(Prater & Dyches, 2008).

1980년대 이전까지는 장애인을 사악하고 위협적인 인물로 묘사하는 경향이 있었으나(Blaska & Lynch, 1998), 오늘날 사회는 통합을 강조하며 장애인을 바라보는 시각을 변화시켜 왔다(Prater & Dyches, 2008). 미디어에서도 텔레비전과 영화에서 장애인을 계속해서 다루고 있으며, 이들이 긍정적으로 묘사될 경우, 그러한 이미지가 사회의 인식을 형성하는 데 도움이 될 것이다. 아동 문학은 단순한 관용을 넘어서 '수용'을 교육하는 자원으로 사용할 수 있다(Prater & Dyches, 2008). 초기 연구에서는 책을 읽는 것이 아동의 태도를 긍정적으로 변화시키는 데 효과가 있다는 점이 입증되었다(Sawyer & Comer, 1991).

인종적, 문화적 다양성을 다루는 책이 그에 대한 이해를 촉진하는 것처럼, 장애인을 주제로 한 책들은 학생들이 장애가 있는 반 친구들에 대한 이해와 인식을 형성하도록 도울 수 있다(Blaska & Lynch, 1998). 아동 문학을 활용하여 학생들의 인식과 수용을 개발하는 것은, 장애인에 대한 긍정적 이미지를 형성하고 그것을 학교생활 전반과 성인기까지 유지하게 하는 전략으로 매우 효과적이다. 전문상담교사는 학생들에게 이야기를 읽어주고 그 주제를 논의하며, 다른 학생들에게 모범이 되는 방식으로 이 실천을 촉진할 수 있다. 또 다른 전략으로는 유아기 및 초등교육 단계에서 장애인에 대한 또래 소개를 가능하게 하는 '또래친구모임(Circle of Friends)'이 있다.

또래친구모임(Circle of Friends)

또래친구모임은 학생의 수용성과 학급 내 통합을 증진할 수 있는 개념이다(Jorgensen, Schuh, & Nisbet, 2006). 이 과정을 통해 학생들은 장애가 있는 학생을 중심으로 친구 관계망을 구성하는 법을 배우게 된다. 이는 일련의 원과 도형을 활용한 시각적 과정이다. 첫 단계에서는 학생들이 자신의 친구관계와 인간관계를 탐색하도록 한다. 이는 중심인물(focus person)을 가운데에 두고, 원을 그리며 시각적으로 표현한다:

1. 가장 안쪽 원은 가장 친밀한 친구들로, 가족을 포함한다.

2. 다음 원은 가까운 사람들, 예를 들면 같은 반 친구, 이웃, 친척 등을 포함한다.
3. 그다음 원은 스포츠 팀 동료나 이름만 아는 사람처럼 지인(acquaintance)을 나타낸다.
4. 가장 바깥 원은 교사, 전문상담교사 등 도움을 제공하는 사람들 또는 유급 전문가를 의미한다.

더 나은 이해를 위하여 아래의 그림을 참조하라:

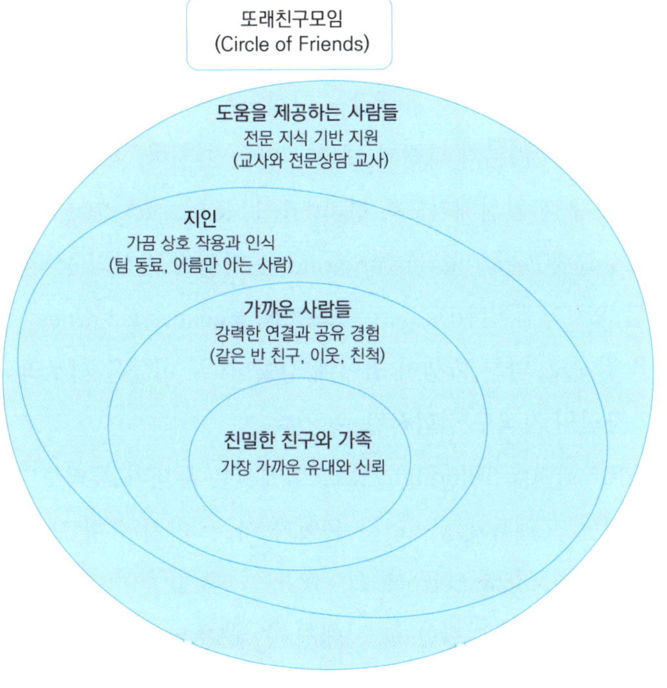

출처: 독자들의 이해를 돕기 위해 역자가 직접 Napkin 앱을 사용하여 작성함.

이 활동의 목적은 학생들이 자신의 삶 속에 관계 맺고 있는 사람들이 얼마나 많은지를 인식하게 하는 것이다. 이는 사회적 자본(social capital)이라고 불린다(Condeluci, 2010). 이 과정을 장애학생과 함께 다시 수행하면, 일반적으로 친구 수의 차이를 명확히 드러낸다. 학생들이 이러한 차이를 인식한 뒤, 그들은 중심 인물의 또래친구모임에 적극적 구성원으로 참여하도록 요청받는다. 기대되는 바는, 처음에는 적은 수의 아동이 친구 모임에 포함되어 있더라도, 시간이 지나면 이 학생들이 다른 친구들을 초대하여 점차 사회적 네트워크를 확장시킨다는 것이다. 전문상담교사는 이러한 활동을 촉진하고, 장애학생과 또래학생 간의 상호작용을 관찰 및 조정할 수 있다. 예를 들어, 매주 점심시간에 '런치 버디

모임(lunch buddy meeting)'을 운영하여 만남을 지속하고, 일주일간 발생한 문제를 함께 해결할 수도 있다. 전문상담교사는 이 전략을 통해 학생의 통합에 직접적 영향을 미칠 수 있을 뿐 아니라, 지속 가능한 또래 간 사회적 관계를 구축하도록 돕는 데에도 기여할 수 있다.

또래친구모임은 장애학생과 비장애 또래 간의 관계 및 사회적 기술을 발달시키기 위한 접근 중 하나이다. 전문상담교사가 이를 촉진자 역할로 실행할 수 있다. 이 외에도 장애학생과 비장애학생 간 친구관계를 촉진하기 위한 전략들이 존재한다.

예를 들어, Special Friends 프로그램은 초등학생을 주 대상으로 하여 학생의 교육 경험을 증진하고 학교와 학생 간의 유대감을 강화하는 데 목적이 있다. 이 프로그램의 지도자는 12~14주간 매주 30분씩 학생과 개별 시간을 가지며, 학생이 소중히 여겨지고 학교 및 성인과의 관계가 더 밀접해지도록 한다(Friend & Bursuck, 2013).

또래튜터링 프로그램(Peer Tutoring program)은 학생이 자신의 능력에 따라 서로 도울 수 있도록 설계된 프로그램이다(Harper, Maheady, Mallette, & Karnes, 1999). 예를 들어, 한 학생이 수학을 잘하고, 다른 학생이 영어에 강할 경우, 이들은 서로의 강점을 활용하여 개념을 이해하고 자신의 지식도 심화시킬 수 있다.

연령차 튜터링(Cross-Age Tutoring) 프로그램에서는 튜터가 튜티보다 나이가 많다. 그러나 일부 문헌에서는 '또래튜터링'이라는 용어가 이 두 가지 유형 모두를 포괄하는 개념으로 사용되기도 한다(Friend & Bursuck, 2013).

그 외에도, 공통 관심사에 기반한 학생 매칭, 즉 공통된 관심을 가진 학생들을 짝지어 자연스럽게 친구가 되도록 유도하는 방법도 있다(Friend & Bursuck, 2013). 또 다른 접근으로는 장애학생도 참여할 수 있도록 활동 자체를 수정하는 방법이 있다. 예를 들어, 음악 의자 게임에서 의자는 제거하되, 참가자들은 게임에 계속 참여하도록 하는 방식이 있다(Turnbull, Pereira, & Blue-Banning, 2000). 물론, 교사는 학생들이 서로에게 긍정적인 행동을 보일 때 이를 강화하는 방식으로 상호작용을 유도할 수 있다. 교사는 사회적 개입 및 친구관계 형성을 수업에 통합할 수 있으며, 장애가 있는 또래와의 상호작용을 어떻게 해야 하는지를 직접 시범 보이기도 할 수 있다. 교사의 시범은 협동학습(cooperative learning) 전략을 통해서도 구현될 수 있다. 사례 제시 9.3은 학교 현장에서 또래친구모임 전략이 어떻게 적용될 수 있는지를 보여준다.

사례 제시 9.3

또래친구모임(Circle of Friends)

조슈아는 심각한 지체장애 및 지적장애를 가진 학생이다. 그는 현재 1학년 일반학급에 통합 배치되어 있다. 조슈아는 또래친구모임(Circle of Friends) 접근법을 통해 학급 친구들에게 소개되고 있다. 전문상담교사는 학급 전체에 또래친구모임의 개념을 소개하고, 조슈아의 상황을 예시로 사용하여 설명을 시작한다. 전문상담교사는 조슈아의 가장 안쪽 원(inner circle)에 속하는 친구로서 그의 어머니, 아버지, 형, 그리고 양가 조부모를 지목한다. 두 번째 원에는 개인보조원(personal care attendant), 교사, 그리고 치료사(물리치료사, 작업치료사, 언어치료사)가 포함된다. 그다음 원에는 그의 여러 의사들과 매일 학교로 통학을 담당하는 버스 운전기사가 포함된다. 이 모든 관계들은 학급 전체가 볼 수 있도록 대형 포스터에 기록된다. 전문상담교사는 학생들에게 이러한 사람들이 자신들이 생각하는 친구나 놀 친구에 해당하는지 질문한다. 전문상담교사는 학생들과 토론을 이끌며, 학생들은 조슈아는 가족을 제외하면 가까운 친구가 많지 않다는 결론에 도달한다. 이후, 전문상담교사는 자원자를 받아 또래친구모임 활동을 계속한다. 호세가 자원하여 자신의 인생에서 맺고 있는 관계들에 대해 학급 친구들에게 이야기하기 시작한다. 그는 많은 가족 구성원, 친척, 친구, 이웃을 언급했고, 전문상담교사는 그가 언급하는 모든 사람의 이름을 적는다. 곧 네 개의 원은 수많은 이름, 관계, 사람들로 가득 채워진다. 전문상담교사는 학급 친구들에게 조슈아의 또래친구모임과 호세의 또래친구모임을 비교해 보도록 요청한다. 이러한 시각적 비교를 통해 학급 학생들은 왜 조슈아에게는 친구가 없는지 질문하기 시작한다. 전문상담교사는 조슈아가 이 반에 새로 편입하여 아직 친구를 사귈 기회가 없었다는 사실을 설명한다. 전문상담교사는 학생들에게 조슈아를 도와 점심시간에 식당으로 데리고 가서 함께 앉아 식사할 사람을 자원해 달라고 요청한다. 전문상담교사는 조슈아가 스포츠를 좋아하고 큰 개를 키우며 의사소통 보조기기를 사용한다는 정보를 제공한다. 이 기기에는 가족, 반려견, 그리고 그가 관람한 다양한 스포츠 행사에서 찍은 사진들이 들어 있다. 몇몇 학생들은 그의 개에 관심을 보였고, 다른 학생들은 그가 관람한 스포츠 행사에 흥미를 가졌으며, 또 다른 학생들은 그의 의사소통 기기에 큰 흥미를 나타냈다. 이후 학생들은 점심시간과 쉬는 시간에 조슈아와 함께 앉아 대화하고 교류하도록 초대되었다. 학생들은 점차 조슈아에 대해 더 알아가고자 하는 관심을 보였다. 학년이 지나면서, 조슈아는 생애 처음으로 친구의 생일파티에 초대받게 되었고, 그의 생일이 되었을 때는 학급의 모든 친구들이 그의 생일파티에 참석하였다.

협동학습(Cooperative Learning)

협동학습은 협력적 기술을 가르치면서 동시에 학생 간 학습과 상호작용을 보장하는 탁월한 접근법이다. 협동학습은 다양한 학습자, 즉 민족적으로 다양한 학생들과 학업 수준이 다양한 학생들을 함께 모아, 공동의 목적을 향해 학습하고 상호작용할 수 있도록 하는 환경을 조성한다(Friend & Bursuck, 2013). 협동학습의 효과에 대한 연구들은 학업성취 향상(Johnson, Johnson, & Cary, 2010), 개인차 수용, 그리고 장애학생을 포함한 다양한 학생들과의 관계 형성에서 긍정적인 결과를 보여주었다(Putnam, Markovchick, Johnson, & Johnson, 1996).

협동학습은 다섯 가지 핵심 요소에 의해 특징지어진다(Brown & Ciuffetelli, 2009; Siltala, 2010). 협동학습의 주요 다섯 요소는 다음과 같다:

(a) 긍정적 상호의존성(Positive Interdependence): 집단 내 각 구성원이 목적 달성을 위해 필요한 역할과 책임을 갖는다.

(b) 대면 상호작용(Face-to-Face Interaction): 학생들이 과제나 수업에 대한 자신의 이해를 서로 설명한다.

(c) 개별 및 집단 책무성(Individual and Group Accountability): 각 학생은 자신의 학습과 과업에 대해 책임을 진다.

(d) 사회적 기술(Social Skills): 성공적인 협력 수행을 위해 필요한 대인관계 기술을 가르친다. 이 요소는 협동기술을 학생들에게 가르치기 위해 촉진자의 지원이 필요할 수 있다.

(e) 집단 과정(Group Processing): 학생들이 집단으로서의 효율성과 시너지 효과를 향한 진행 상황을 평가하는 과정을 의미한다.

전문상담교사는 학생 간 기술 향상 및 사회적 관계 증진을 지원함으로써 협동학습에서 중요한 역할을 할 수 있다. 전문상담교사는 집단 기능을 촉진하고, 모범을 보이며, 학생들이 서로를 이해하고 차이를 존중할 수 있도록 도울 수 있으며, 더 나아가 사회적 기술 개발을 장려할 수 있다. 전문상담교사의 역할은 집단이 발전해 나가는 과정을 지원하면서 학생들과 교사를 동시에 지원하는 것이다. 또한 협동학습을 포함할 수 있는 또 다른 통합교육 전략은 협력교수(Co-Teaching)이다.

협력교수(Co-Teaching)

협력교수는 통합교육 실천에서 매우 인기가 높은 접근법이 되었다(Friend & Bursuck, 2013). 이 전략은 두 명 이상의 교사 또는 전문가가 한 교실 안에서 공동으로 지도하고 수업을 제공하는 상황을 의미한다. 협력교수가 매우 효과적일 수는 있으나, 자원, 예산, 그리고 협력교수에 대한 개방성 여부에 따라 그 실행 가능성이 영향을 받을 수 있음을 주목해야 한다. Friend와 Bursuck(2013)이 제시한 바에 따르면, 협력교수에는 여러 가지 접근방식이 존재한다. 협력교수에 참여하는 교사 및 전문가는 일반교육 교사, 특수교사, 그리고 언어치료사나 전문상담교사 같은 특수분야 전문가일 수 있다. 이들은 교육 내용 전달과 학생 학습 지원에 대한 책임을 공유할 수 있다. 협력교수 모형의 일환으로, 전문상담교사는 특히 의사소통 기술, 사회적 기술, 긍정적 상호작용 촉진과 같은 구체적인 목표를 다루는 데 관여할 수 있다. 교실 내에서 학생들과 함께 활동하는 것은 매우 중요한 '교육 가능한 순간'을 제공하는데, 이때 전문상담교사는 학생들의 개별화교육계획(IEP) 목적에 포함된 의사소통 기술, 사회적 기술, 긍정적 상호작용 목표를 촉진할 수 있다. 지금까지 전문상담교사가 통합교육을 촉진할 수 있는 전략들을 제공하였지만, 장애학생들과 함께 일하는 데는 여전히 많은 도전 과제가 존재한다. 통합적 과정에 대해서는 지도형 실습 활동 9.1에서 다루어진다.

지도형 실습 활동 9.1

통합교육 실천(Inclusive Practices)

학년이 진행되는 동안, 이 장에서 논의된 통합교육 분야의 모범적 실천(best practices) 전략들을 관찰하여 목록을 작성하시오. 예를 들어, 다양한 학습양식에 맞추기 위해 수업 조정(accommodations)을 사용하는 교사의 유형과 방법을 판별하라. 또한, 자폐스펙트럼장애(ASD)나 지적장애와 같이 다양한 능력과 장애를 가진 학생들을 수용하기 위해 수업을 차별화하는 교사의 유형과 방법을 확인하시오.

- 일반교육 교사와 특수교사가 학생의 요구에 따라 협력하고 있는가?
- 교사들은 어떤 방식으로 협력하고 있는가? (예: 회의, 이메일, 전화 통화 등)
- 교직원 회의는 규정 준수(compliance)를 위한 시간인가, 아니면 문제 해결(problem-solving)을 위한 기회인가?
- 학생들이 형식적 학습 환경과 비형식적 학습 환경 모두에서 사회적 기술을 개발하고 교류할 수 있는 기회가 존재하는가?
- 교사들은 학생 간의 사회적 상호작용을 촉진하고 있는가? 그렇다면, 구체적으로 어떻게 촉진하고 있는가?
- 학교 내에서 통합교육 실천의 발전과 유지를 위해 관찰할 수 있는 추가적인 영역을 스스로 발굴하라.
- 학년이 끝나는 시점에, 작성한 목록을 검토하고, 자신이 관찰한 바람직한 실천 사례를 강조하여 표시하라.
- 또한, 통합교육 실천을 증진하기 위해 노력한 교사들의 노고를 인정하고 격려하라.
- 만약 학교 내에서 통합교육 실천을 강화하는 실제가 부족했음을 발견했다면, 이 정보를 바탕으로 교사 연수일(in-service days) 동안 필요한 연수 주제를 판별하는 데 활용하라.

특수교육 대상 학생을 지원하는 전문상담교사가 직면하는 구체적 도전과제

기대(Expectations)

장애학생에 대한 기대는 학생의 성공뿐만 아니라 학교 및 사회에서의 통합에도 결정적인 영향을 미칠 수 있다. 장애를 가진 학생들에 대한 기대는 다양한 출처로부터 비롯되며, 전문상담교사가 이를 극복하는 데 있어 도전 과제가 될 수 있다. 학생에 대한 기대와 관련된 일부 도전 과제는 학부모와 교사로부터 발생한다.

학부모 기대(Parental Expectations)

학교에서의 학생 성공과 통합에 영향을 미칠 수 있는 변수 중 하나는 학부모 기대이다(Doren, 2012). 학부모의 기대는 자녀의 장애 유형, 경제적 지위, 그리고/또는 소수집단

(minority) 지위에 따라 달라질 수 있다(Doren, 2012). 만약 학부모가 자녀에게 있어 통합교육이 가져올 수 있는 잠재적 이점을 인식하지 못한다면, 기대 수준이 낮아질 수 있다. 많은 연구들은 장애학생에 대한 통합교육의 긍정적 효과를 입증해 왔다. 이는 다음과 같은 여러 영역에서의 학업성취 향상으로 나타난다:

- 개별화교육계획(IEP) 목적 달성 수준 향상
- 과제집중 행동(on-task behavior) 증진
- 학습 동기 향상(Downing & Peckham-Hardin, 2007; Downing et al., 2004)

IEP 관련 고려사항에 대해서는 지도형 실습 활동 9.2에서 다루어진다.

지도형 실습 활동 9.2

IEP 회의

IEP 회의에 참석할 때, 가족과 전문인력 간의 상호작용 및 회의 진행 방식을 관찰하고, 다음 사항들도 함께 관찰하고 고려하시오.

- 현재의 학업 수행 수준이 논의될 때, 학생의 결손과 장애가 주요 논의 대상이 되는가, 아니면 학생의 고유한 특성이 주요 초점이 되는가?
- 다른 대체 배치 대안보다 먼저 일반교육 환경이 첫 번째 배치 옵션으로 고려되고 있는가?
- 학생 배치 요구를 지원하기 위해 수업 조정 및/또는 교육과정 수정이 지원 옵션으로 제시되고 있는가?
- 학부모가 의사결정 과정에 참여하고 의견을 제시하도록 권장되고 있는가?
- 학생에 대한 결정 및 IEP 방향 설정에 있어 학부모의 피드백 및/또는 의견이 요청되고 있는가?
- 학부모가 IEP 과정을 충분히 인식하고 이해하고 있는가?
- 회의 중 사용되는 언어가 명확하며, 학부모가 이해하기 어려운 전문용어로 가득 차 있지는 않은가?
- 만약 학생이 전환 연령(transition age; 만 14세 또는 16세 이상)이라면, 학부모가 IEP와 전환 목적 설정을 위해 필요한 졸업 후 성과 진술을 작성하도록 요청받았는가?
- 학생이 회의에 초대되어 참석하여, 졸업 후 기대 사항을 논의하였는가?

장애가 없는 학생들의 장애학생에 대한 태도에 있어서도, 통합교육이 긍정적 효과를 가져온다는 연구 결과들이 있다. 즉, 양 집단 간 상호작용이 증가하였으며, 학업 수행에 방해가 되지 않는 것으로 나타났다(Carter & Hughes, 2006). 특히 중도장애를 가진 학생들의 통합교육에 대한 수요는 학부모들에 의해 더욱 강하게 요구되고 있다(Downing & Peckham-Hardin, 2007). 학부모들은 자녀에게 가능한 미래를 상상하면서, 통합교육이 장애학생과 비장애학생 모두에게 혜택을 주는 모범적 실천으로 자리를 잡고 있다는 점을 인식하게 되었고, 이에 따라 통합교육이 장애학생 학부모들에게 선호되는 선택지가 되어가고 있다. 그러나, 심각한 장애를 가진 아동의 경우, 학부모의 기대는 다를 수 있다. 예를 들어, 중도장애아동의 부모들은 자녀가 지역사회 안에서 살아가고, 일하며, 기능할 수 있도록 배우기를 원할 수 있다(Doren, 2012). 반면, 다른 부모들은 자녀가 학업적으로 준비되어 고등교육으로 진학하기를 기대할 수도 있다. 자녀에 대한 긍정적 부모 격려와 높은 기대는 자녀가 학교에서 성공을 거두는 데 있어—그것이 고등교육 진학이든 취업이든—중요한 요인이다. 부모들은 종종 다른 부모들로부터 지원을 받음으로써, 교육 이슈와 기대할 수 있는 가능성에 대한 인식을 확장할 수 있다(Turnbull, Turnbull, Erwin, Soodak, & Shogren, 2011). 부모들은 부모 지원 및 옹호 조직에 참여함으로써, 교육체계에 대한 통찰을 얻을 수 있다. 많은 전국적 조직들이 있으며, 이들은 부모가 거주하는 주 내에서 옹호 및 지원 단체를 찾을 수 있도록 안내해준다. 그림 9.1은 여러 전국 장애 관련 단체들과 그들의 웹사이트 목록을 제공하고 있다.

그림 9.1 전국 장애 옹호 단체 목록

자폐(Autism)

- 미국 자폐 협회(National Autism Association): www.nationalautismassociation.org
- 자폐 학회(Autism Society): www.autism-society.org
- 자폐증 스픽스(Autism Speaks): www.autismspeaks.org
- 자폐 자기-옹호 네트워크(Autistic Self Advocacy Network, ASAN): www.autisticadvocacy.org

지적장애(Intellectual Disabilities)

- 미국 아크 협회(The Arc of the United States): www.thearc.org

- 미국 지적·발달장애 협회(American Association on Intellectual and Developmental Disabilities): www.aaidd.org
- 전국장애아동정보센터(National Dissemination Center for Children with Disabilities): www.nichcy.org (※ 참고: NICHCY는 과거 미국 교육부 산하에서 운영되었으나, 2014년 9월부로 운영이 종료되었으며, 현재 그 자료는 대부분 Center for Parent Information and Resources [CPIR]에서 제공되고 있다. → https://www.parentcenterhub.org)

학습장애(Learning Disabilities)

- 미국 학습장애 협회(National Learning Disabilities of America): www.idaamerica.org
- 학습장애 전국센터(National Center for Learning Disabilities): www.ncid.org

신체 및 신경학적 장애(Physical and Neurological Disabilities)

뇌성마비(Cerebral Palsy)

- 미국 뇌성마비 협회(United Cerebral Palsy Association): www.ucp.org
- 마치 오브 다임스(March of Dimes): www.askus@marchofdimes.com
- 이스터실즈(Easter Seals): www.info@easterseals.com

외상성 뇌손상(Traumatic Head Injury)

- 미국 뇌손상 협회(Brain Injury Association of America): www.braininjuryinfo@biausa.org
- 국가 장애 및 재활 연구소(National Institute on Disability and Rehabilitation Research): www.ed.gov/about/offices/list/osers/nidrr.com

정신건강/정신질환(Mental Health/Mental Illness)

- 미국 정신질환 연합(National Alliance on Mental Illness, NAMI): www.nami.org
- 정신건강 옹호 네트워크(Mental Health Advocacy): www.mhaadvocacy.org

독립생활센터(Center for Independent Living)

- 미국 독립생활 전국협의회(National Council on Independent Living): www.ncil.org
- 미국 독립생활 네트워크(Independent Living: USA): www.ilusa.com
- 독립생활센터 목록(Centers for Independent Living): www2.ed.gov/programs/cil/index/html

학부모 조직은 정보와 훈련을 제공하여 학부모들이 IEP 회의에 옹호자를 동반할 수 있는 권리와 적절한 교육에 대한 법적 권리 등에 대해 더 잘 인지할 수 있도록 지원한다. 예를 들어, 캔자스 대학교의 비치 장애 센터(Beach Center on Disability)는 수년간 출판물과 프로그램을 통해 가족들에게 훈련을 제공해 왔다. 특히 부모-대-부모(Parent-to-Parent) 프로그램은 학부모들이 유사한 상황에 있는 다른 학부모로부터 정서적, 정보적 지원을 받을 기회를 제공한다(Santelli, Turnbull, Marquis, & Lerner, 1997). 경험 있는 학부모와 자녀를 위한 옹호를 막 시작하는 학부모를 연결함으로써, 경험 있는 학부모는 스트레스를 줄일 수 있는 정보와 안내를 제공할 수 있다. 캔자스 대학교의 비치 센터는 학부모들을 위한 많은 자원과 함께 부모-대-부모 프로그램을 시작하기 위한 지침 목록을 제공한다(www.beachcenter.org). 이러한 학부모 프로그램의 성과는 자녀의 교육적 및/또는 생활기술 미래에 대한 긍정적 기대를 형성하는 데 도움이 될 수 있다.

전문상담교사는 학부모들이 자녀에게 미치는 영향을 인식하도록 도움으로써 학생에 대한 기대치를 향상시킬 수 있다(Doren, 2012). 또한 중등교육 교사와 전환 전문가들이 학생들의 기능적으로 관련된 기술과 자기결정 기술을 개발하도록 지원하고, 졸업 후 취업에 대한 지원이나 접근성을 제공할 수 있다. 예를 들어, Carter, Austin, Trainor(2012)는 장애가 있는 자녀가 고등학교 졸업 후 취업할 것이라는 학부모의 기대가 있을 때, 그 자녀는 다른 장애 학생들보다 취업 가능성이 5배 높다는 것을 발견했다. 학부모의 높은 기대는 자녀의 교육적 동기부여뿐만 아니라 지역사회 생활로의 긍정적인 전환을 위해 필수적이다(Francis, Gross, Turnbull, & Parent-Johnson, 2013).

이러한 연구들과 Doren(2012)의 연구 결과에 기반하면, 학부모의 기대는 학생 성공의 주요 요인으로 간주될 수 있다. Doren(2012)의 연구는 전문상담교사가 학생, 가족, 교사를 지원하는 방법으로 고려할 수 있는 몇 가지 중요한 시사점을 강조한다: (a) 학부모가 경험에 기반한 자녀에 대한 명확한 기대치를 갖도록 돕기, (b) 성공적인 학교 이후 결과로 이어질 수 있는 교육적 조정과 가용 서비스에 대한 정보를 학부모에게 제공하기, (c) 긍정적인 학교 이후 결과로 이어질 자기결정과 독립성을 증진하도록 돕기. 첫 두 가지 사항은 정보제공 세션이나 개별 세션 형태로 학부모에게 제공될 수 있으며, 세 번째 사항은 학생들과의 집단 교육 세션으로 제공될 수 있다. 이러한 중요한 요소들은 학교에서 장애학생의 통합을 개선할 수 있다.

교사의 기대

학부모의 기대가 중요한 만큼, 교사의 기대도 동등하게 중요하다. Doren(2012)에 의하면 학부모의 기대는 교사의 기대에 의해 변화하고 영향을 받을 수 있다. 교사와 학부모가 장애학생에게 높은 기대를 갖는 것은 그들의 교육뿐만 아니라, 성인으로서의 성공을 위한 중요한 요소일 수 있다. 그러나 교사는 학생들이 실패할 정도로 너무 엄격하지 않으면서도, 장애가 있는 학생들이 학업적으로나 정서적으로 성장할 수 있도록 충분히 도전적인 과제를 제시해야 한다. 교사의 장애학생통합 의지에 상당한 영향을 미칠 수 있는 한 가지 요인이 있을 수 있다. 다른 요인으로는 학생에 대한 기대, 장애학생에 대한 태도, 그리고 통합교육에 대한 가치관이 있다(Cross, Traub, Hutter-Pishgahi, & Shelton, 2004). Cross 등(2004)의 연구에서는 성공적으로 구현된 통합학교를 달성하기 위한 중요한 요소로 여러 가지가 제시되었으며, 그중 하나는 교직원의 긍정적인 태도였다. 그들의 연구 결과는 견고한 학부모-전문가 관계 구축, 학생의 요구를 반영하는 치료적 중재 제공, 그리고 특정한 적응 방법을 갖는 것이 통합학교를 위한 중요한 요소임을 시사했다. 이러한 요소들이 결실을 맺기 위해서는 교육구의 행정부가 통합교육에 대한 철학을 갖추고 단위학교 교장들이 이를 지원하는 것이 필요하다고 볼 수 있다. 통합을 향한 학교를 이끌 강력한 리더십과 함께 교사에게 훈련과 지원을 제공하겠다는 약속이 있을 때, 통합의 결과는 더 성공적이기 쉽다(DiPaola, Tschannen-Moran, & Walther-Thomas, 2004). 관리자, 교사 및 기타 전문가들이 통합 실천을 구현하기 위해서는 통합의 메시지가 모든 이해관계자들에게 효과적으로 전달되어야 한다. 효과적인 의사소통은 학교에서의 모든 변화나 정책구현에 중요하다.

의사소통

개요

효과적인 의사소통은 교사와 전문상담교사가 학부모, 학생, 동료들과 상호작용할 때 필요한 필수적인 자질이다. 의사소통은 말하기, 듣기, 갈등 해결을 포함한다(Dettmer, Thurston, & Dyck, 2005). 교사, 학부모, 학생과의 의사소통은 메시지와 아이디어를 전달하는 데 필요할 뿐만 아니라, 효과적인 의사소통은 모든 이해관계자 간의 협력적 관계를 촉진하고 신뢰를 구축한다. 반대로, 부적절한 의사소통은 장벽을 만들고 전문가, 학생, 학부모 간의 관계를 방해할 수 있다. 효과적인 의사소통은 동료, 학부모, 학생 간의 협력을 위한 기반을 제공한다(Dettmer et al., 2005). 긍정적인 의사소통 관계는 통합교육의 성공에 중요하다.

전문상담교사는 학생들이 고통을 느끼거나, 교육과정의 엄격함에 도전받거나, 괴롭힘을 당하거나, 외로움을 느낄 때 찾아가는 첫 번째 사람들 중 하나이다. 결과적으로, 이러한 문제들은 교실에서 학생들의 학업에 부정적인 영향을 미칠 수 있다. 학부모들은 자녀의 학습 어려움, 행동, 또는 미래에 대한 방향에 관해 문의하며 전문상담교사에게 연락할 것이다. 마찬가지로 교사들은 정서적으로나 행동적으로 어려움을 겪고 있는 학생에 대한 지원이 필요할 때 전문상담교사를 찾을 수 있다. 각 이해관계자와의 효과적인 의사소통은 학생의 성공과 긍정적인 통합 경험을 위해 중요하다(Semke, Garbacz, Kwon, Sheridan, & Woods, 2010). 의사소통은 현재의 기술과 소셜 미디어(이메일, 트위터, 문자, 페이스북 등)를 고려할 때, 많은 양식을 통해 공식적으로나 비공식적으로 발생할 수 있으며, 기술은 그 어느 때보다 의사소통을 더 쉽게 만들었다.

전문적인 상호작용과 동료와의 의사소통이 항상 쉬운 것은 아니다. 이해관계자와 효과적으로 의사소통하는 방법은 정규 교사 양성 프로그램에서 충분히 다루어지지 않았지만, 때로는 전문성 개발 훈련을 통해 제공될 수 있다(Dettmer et al., 2005). 효과적인 의사소통의 기술뿐만 아니라, 의사소통의 장벽을 이해하는 것은 이 장의 범위를 넘어서기 때문에, 추가 탐색을 위한 요점만 제시될 것이다. Dettmer 등(2005)에 따르면, 두 명 이상의 사람들 간의 긍정적인 의사소통 결과를 위한 기술은 다음과 같은 요소를 가질 수 있다: 라포 형성, 대응적 경청, 주장 기술, 갈등 관리, 협력적 문제 해결 기술. 이러한 특성들은 성공적인 의사소통에 중요하다. 라포 형성의 요소는 서로에 대한 신뢰를 구축하는 과정이다. 사람들은 좋아하지 않고 신뢰하지 않는 사람보다 좋아하고 신뢰하는 사람의 아이디어를 더 쉽게 받아들인다. 효과적인 의사소통은 대응적 경청 또는 적극적 경청으로도 알려진 듣기와 더 많은 관련이 있다. 적극적 경청은 상대방의 의견과 메시지에 대한 진정한 관심을 보여준다. 주장 기술은 대화 상대와의 관계에 부정적인 영향을 미치지 않으면서 메시지를 전달할 수 있는 능력을 포함한다. 신뢰와 유대감이 형성되고 메시지를 명확히 들은 후에는 자신의 생각과 의견을 존중하는 방식으로 주장할 때이다. 의사소통의 마지막 두 요소는 갈등 관리와 문제 해결에 대한 통찰력을 제공한다. 문제 해결은 긍정적인 결과로 이어질 수 있는 많은 다른 전략을 취할 수 있다. 『성공하는 사람들의 7가지 습관』의 Stephen Covey(1989)는 "항상 윈-윈을 생각하라"고 말한다. 이러한 요소들이 효과적인 의사소통으로 이어질 수 있는 것처럼, 의사소통의 장벽은 부정적인 결과로 이어질 수 있다.

모든 형태의 의사소통에 대한 장벽을 피하는 것이 중요하다. 장벽은 비언어적 형태로 나타날 수 있다. 예를 들어, 상호작용 중의 신체 언어는 관심이 없거나 상대방에 대한 존중이 부족하다는 징후를 보일 수 있다. 변경하기 어려운 또 다른 비언어적 의사소통 장벽은 사람들이 서로 상호작용하는 방식에 영향을 미칠 수 있는 개인적 태도와 다양한 가치관이다. 중요한 것은 교사와 다른 전문가들이 다른 사람에 대한 개인적 태도를 인정하는 방법이며, 그것이 그들의 반응에 영향을 미칠 수 있지만, 다른 사람들에 대한 결정과 상호작용에서 공정하다는 것이다. 예를 들어, 대화 스타일은 다양한 집단에서 다르게 볼 수 있다(Palawat & May, 2012). 일부 문화 집단은 침묵, 화자의 근접성, 눈 맞춤, 얼굴 표정, 손 제스처, 또는 음성의 억양을 사용하여 그들의 의사소통을 반영한다. 상대방의 의사소통 의도를 잘못 해석하면 관계를 방해하고 불신의 감정을 유발할 수 있다(Salend & Duhaney, 2005). 예를 들어, 직접적인 눈 맞춤을 하지 않는 아시아계 미국인 학부모와 만날 때, 눈 맞춤 부족이 저항, 관심 부족, 또는 협력 부족의 징후라고 가정해서는 안 된다. 이것은 미국 문화적 규범과 일치하지 않는 문화적 행동일 수 있다. 이러한 문화적 행동을 오해하면 불신과 존중 부족의 감정으로 이어질 수 있다. 문화적으로 민감하게 대응하는 것은 학교가 점점 더 다양해짐에 따라 모든 전문상담교사에게 중요하다. 효과적인 의사소통은 전문상담교사가 동료, 학부모, 학생들을 다루는 데 더 효과적인 방법을 제공하는 신뢰, 배려, 그리고 존중을 전달한다.

학부모

학부모와의 의사소통이 항상 도전적일 필요는 없다. 장애학생 가족과의 의사소통에 있어 특정 전략은 전문상담교사와 교사가 학부모가 자녀 교육의 파트너가 되기 위한 노력을 지원하는 데 도움이 될 수 있다. Edwards와 Da Fonte(2012)는 효과적인 의사소통을 통해 장애학생 가족과의 성공적인 파트너십을 조성하기 위한 다섯 가지 계획을 강조했다. 이 다섯 가지 요점은 효과적인 의사소통을 달성하기 위한 앞서 언급된 논의를 지원하는

전략이다: 요점 1, 긍정적이고, 사전 예방적이며, 해결 지향적이 되라; 요점 2, 자녀의 삶에서 가족의 역할과 문화적 배경을 존중하라; 요점 3, 일관되게 의사소통하고, 가족의 우려 사항을 경청하며, 함께 일하라; 요점 4, 학생의 개별적 요구를 충족시키는 단순하고 자연스러운 지원을 고려하라; 그리고 요점 5, 학생의 전체적 요구 맥락에서 지식과 참여 기회로 가족에게 권한을 부여하라. 예를 들어, 교사와 전문상담교사는 요점 1에 대해, 학생에 관한 부정적인 의견보다 긍정적인 의견을 더 많이 공유하도록 확실히 해야 한다; 요점 2에 대해서는, 지역사회와 가족을 더 잘 알기 위해 학생들이 사는 지역사회 내 기능에 참여할 수 있다; 요점 3에 대해, 교사는 학부모와 의사소통 일정을 설정할 수 있다; 요점 4에 대해, 교사는 교육적 조정과 다른 전략에 유연하게 대응하고 변경 사항을 가족에게 확실히 전달할 수 있다; 요점 5에 대해, 교사는 가족이 검토하고 결정을 내릴 수 있도록 지역사회 기관과 서비스에 대한 정보를 제공할 수 있다. 이는 전문상담교사와 교사가 가족과 의사소통하고 협력할 때 따라야 할 우수한 제안이다.

학생

장애학생과의 의사소통은 전문상담교사에게 독특한 과제를 제시할 수 있으며, 특히 학생이 기능적 또는 기질적 의사소통 장애로 인한 결함을 가지고 있는 경우 더욱 그러하다(Anderson & Shames, 2006). 세 번째 의사소통 과제는 보완대체의사소통(Augmentative Alternative Communication, AAC)을 사용하는 학생과의 의사소통이다. 보완대체의사소통은 생각, 요구, 욕구, 아이디어를 표현하는 데 사용되는 모든 형태의 의사소통(구두 발화 이외)을 포함한다. 우리 모두는 얼굴 표정이나 제스처를 만들거나, 상징이나 그림을 사용하거나, 글을 쓸 때 AAC를 사용한다. 심각한 언어나 발화 문제가 있는 사람들은 기존 발화를 보완하거나 기능적이지 않은 발화를 대체하기 위해 AAC에 의존한다. 그림과 상징적 의사소통 보드 및 전자 장치와 같은 특수 보완 도구는 사람들이 자신을 표현하는 데 도움이 된다. 이는 사회적 상호작용, 학교 성과, 자기가치감(self-worth)을 증가시킬 수 있다. 이러한 장치는 신체적 장애가 있는 학생이나 자폐스펙트럼장애(ASD)가 있는 학생이 사용할 수 있다. 여기서 중요한 것은 전문상담교사와 학생 간의 성공적인 관계를 위해 학생에 대한 존중과 신뢰를 전달하는 것이다. 존중을 보여주고 신뢰를 구축하는 데 도움이 될 장애학생과의 의사소통에 있어 몇 가지 중요한 고려사항이 그림 9.2에 요약되어 있다.

의사소통에 관한 이 논의는 통합에 대한 메시지를 포함한 정보가 공유되는 방식이기 때문에 중요하다. 메시지가 보내지고, 전달되고, 수신되는 방식은 교사, 학부모, 학생에게 정보를 제공할 때 통합의 성공에 큰 영향을 미친다. 예를 들어, 통합이 교사와 학생에게 어떻게 이익이 되는지에 관한 정보를 공유하면, 그 철학 배후에 자리를 잡고 있는 근거에 대한 더 나은 이해를 만들 수 있다.

그림 9.2 장애학생과의 의사소통을 위한 조언

1. 휠체어를 사용하는 사람과 대화할 때, 화자의 얼굴이 휠체어에 앉아 있는 사람의 얼굴과 같은 높이가 되도록 신체 수준을 낮춘다.
2. 말하는 사람의 말에 집중하여 듣고, 메시지가 명확하지 않을 경우, 동의하는 척하며 실제로 그 사람이 말한 내용을 이해하지 못하기보다는 이해하지 못했음을 화자에게 알린다.
3. 의사소통하는 사람에게 인내심을 가지고 말할 시간을 주거나, 기술을 사용할 때 의사소통할 시간을 준다. 그 사람이 말하고자 하는 바를 전달하는 데 오랜 시간이 걸리더라도 그 사람에게 주의를 기울인다.
4. 그 사람이 말하는 동안 방해하지 않는다; 당신이 그들이 말하려는 것을 알고 있더라도 그들이 말하고자 하는 것을 마칠 수 있도록 한다.
5. 그 사람이 의사소통할 수 있도록 하는 기술이 어떻게 작동하는지 학습하고 기술이 고장 났을 때 무엇을 해야 하는지 알아둔다. 백업 의사소통 형태를 갖춘다.

출석 문제

학교에서의 출석 문제는 두 가지 광범위한 영역의 기능일 수 있다; 첫째, 자신의 삶과의 관련성 부족으로 인해 학교에 대한 관심을 잃은 학생들, 둘째, 열악한 사회경제적 조건(빈곤)에서 살거나 지원이 부족한 학생들이다(Hughes, 2013). 학교와의 연결성 부족, 가정 내 문제에 대한 우려, 가정에서의 돌봄 역할, 그리고 괴롭힘을 당하는 것은 학교 관심 및/또는 출석 문제에 영향을 줄 수 있는 다른 요인들이다. 빈곤의 영향을 받는 학생들이 모두 특수교육 학생인 것은 아니지만, 저소득 가정 출신의 많은 학생들이 특수교육을 받고 있다(Hughes, 2013). 빈곤과 장애의 관계는 간과할 수 없다. 빈곤은 실업, 직업 상실, 학교 중퇴, 약물 및 알코올 남용, 수감 등에 기여하는 아동과 가족에게 막대한 영향을 미친다(Hughes, 2013). 장애가 있는 아동의 4분의 1 이상이 이 나라에서 빈곤 수준 이하의 가정에서 살고 있다(Parish, Rose, & Andrew, 2010). 또한, 빈곤 속에서 살고 있는 이러한 장애 학생 대부분은 소수민족으로 – 백인 10%와 비교하여 아프리카계 미국인과 히스패닉계 미국인을 합쳐 약 27%이다(U.S. Census Bureau, 2011). 소수민족이 특수교육에서 과잉 대표되고 있다는 것은 널리 알려져 있으며(Salend & Duhaney, 2005), 이러한 추세는 주로 세금 수입이 학교에 충분히 지원되지 않고 인력이 부족한 지역에 집중되어 있는 것으로 보인다(Orfield, 2009). 이러한 과잉 대표는 하나 또는 여러 요인의 복합적인 결과일 수 있으며, 여기에는 특정 문화 집단에 대한 편향, 가족에게 제공되는 자원의 부족, 사회경제적으로 낙후된 지역에 거주, 부모의 관심 부족, 그리고 이용 가능한 의료 서비스의 부족 등이 포함된다. 이러한 사실을 이해하는 것은 미국 내 모든 사람에게 교육의 형평성이 보장되고 있는가에 대한 우려를 불러일으킨다. 또한, 이는 우리 사회의 복잡성과 특수교육의 복잡성을 상기시킨다. 고성취 학교와 저성취 학교 간의 경쟁, 그리고 고부담 시험(high-stakes testing) 체제는 소수집단과 빈곤층이 밀집한 지역의 학교들이 학생의 학업 동기를 높이기 어렵게 만드는 고유한 문제를 초래한다(Hughes, 2013).

건강 손상 및 의료 문제

특수교육에서 학생들의 학교 결석은 특별 건강 관리 요구(special health care needs)로 알려진 의료 문제이다(Bryan, Stiles, Burstein, Ergul & Chao, 2007). 이 용어는 많은 학생들에게 영향을 미치는 만성적인 의료 문제를 의미한다. 이는 신체적 문제, 인지적 문제, 발달 지체, 행동-정서적 상태를 포함하며(Bryan et al., 2007), 특수교육 및 관련 서비스를 받는 학생들은 학습을 방해하는 신체적 장애, 만성적 의료 문제, 또는 건강 손상을 가지고 있다(Friend & Bursuck, 2013). 신체적 장애가 있는 학생들은 보행에 제한이 있을 수 있으며, 내부 신체 기능에도 문제가 있는 개인이다. 이러한 장애는 척추 이분증(spina bifida), 척수 손상(spinal cord injury), 그리고 근이영양증(muscular dystrophy)을 포함하며, 이 모든 것은 학교 간호사의 주의나 의료적 주의가 필요할 수 있다. 예를 들어, 척수수막류로 알려진 심각한 형태의 척추 이분증이 있는 일부 학생들은 다양한 정도의 다리 약화와 장이나 방광을 통제할 수 없는 상태, 그리고 다른 신체적 장애를 가질 것이다(Turnbull, Turnbull, Shank, & Smith, 2010). 근이영양증이 있는 학생들은 점진적으로 약화된 근육을 가지고 있어 걷기 어려움이 있을 수 있으며 이동성을 위해 휠체어가 필요할 수 있다. 두 예시 모두, 의료 약속, 감염 회복, 또는 단순히 약화된 상태로 인한 휴식 필요성으로 인해 학생 결석이 일반적으로 발생할 수 있다. 결석이 과도하여 학생이 과도한 수의 학교 일수를 놓치면, 가정 학습이 필요할 수 있다. 그러나 가정 학습은 학생들의 사회적 연결 능력과 또래와의 교류에 영향을 미칠 수 있다.

학생의 IEP의 일부로 의료적 주의가 필요할 수 있는 다른 손상은 발작(seizures), 천식(asthma), 주의력 장애 또는 주의력결핍 과잉행동장애(attention disorders or attention-deficit hyperactivity disorders, ADHD), 당뇨병(diabetes), 심장 상태(heart conditions), 백혈병(leukemia), 그리고 겸상적혈구 빈혈(sickle-cell anemia)이나 암(cancer)과 같은 상태로, 이 모든 것은 학생의 결석으로 이어질 수 있다. 예를 들어, 겸상적혈구 빈혈은 관절의 극심한 부종과 극도의 피로를 유발한다; 이러한 학생들은 학교를 결석할 가능성이 더 높으며 놓친 수업을 보충하는 데 도움이 필요할 것이다. 낭포성 섬유증(Cystic fibrosis)은 폐에 점액이 축적되어 만성 호흡기 감염과 가능한 폐렴으로 이어질 수 있는 또 다른 손상이다. 전문상담교사는 이러한 상태의 심각성에 대해 학생과 그들의 또래를 지원할 준비를 할 수 있도록 잠재적으로 문제가 될 수 있는 상태의 학생들을 파악하는 것이 중요하다.

행동문제

행동-정서적 상태를 가진 학생들 또한 학교 결석의 위험이 있을 수 있다. 1997년 장애인교육법(IDEA)에서의 정서적 장애 정의는 (a) 지적, 감각적, 또는 다른 건강 요인으로 설명되지 않는 학습 불능; (b) 또래 및 교사와 만족스러운 대인관계를 구축하거나 유지할 수 없음; (c) 정상적인 상황에서 부적절한 유형의 행동이나 감정; (d) 불행이나 우울의 일반적인 광범위한 기분과 개인 또는 학교 문제와 관련된 신체적 증상이나 두려움을 발전시키는 경향(조현병 포함)으로 특징지어진다(Pratt, Gill, Barrett, & Roberts, 2013). (주의, 2004년부터 IDEA는 IDEIA, 장애인교육향상법으로 알려져 있다.) 이 정의는 심리적 및/또는 의학적 중재의 필요성을 명확히 나타낸다. 행동-정서적 문제가 있는 학생들의 결석은 학생들이 실제로 심리적 붕괴를 경험하고 있을 때 학교 직원에 의해 관심 부족, 학교에 대한 동기 부족, 또는 부모의 방임으로 오해될 수 있다. 우울증, 불안, 강박 관념, 또는 강박 행동(Turnbull et al., 2010)과 같은 정서적 상태는 눈에 띄지 않을 수 있다. 비극적으로, 이러한 내재화된 행동 중 일부, 특히 우울증은 자살로 이어질 수 있다. 자살은 10세에서 24세 사이의 사람들의 사망 원인 중 세 번째로 높은 원인이며(U.S. Department of Health and Human Services, 2012), 매년 거의 5,000명이 사망한다. 이 숫자가 특수교육 서비스를 받는 학생들만을 나타내는 것은 아니지만, 일부 학생들이 그 숫자에 포함되어 있다. 진단을 받았다면 서비스를 받을 자격이 있었을 많은 사람들이 눈에 띄지 않았을 수 있다. 전문상담교사는 그 경고 신호를 인식하고 이러한 비극을 방지하기 위한 개혁과 프로그램을 만들어야 한다. 이 나라 청소년의 정신건강은 점점 더 우려되고 있으며, 이러한 우려를 해결하는 것은 우리 학교와 사회 복지에 중요하다(U.S. Department of Health and Human Services, 2012).

행동-정서적 도전을 가진 학생들의 통합은 매우 느린 과정이다. 2002년에는 행동-정서적 장애를 가진 학생들이 2009년의 동일한 학생들보다 일반교육 학급에 포함될 가능성이 낮았다(미국교육부, National Center for Educational Statistics, 2012). 그러나 별도의 학교, 별도의 주거 시설, 가정 학습, 교정 시설과 같은 학교 외부 시설에 이러한 학생들을 배치하는 것이 약간 증가했으며, 계속해서 자신의 지역 교육구 외부에 배치되는 가장 큰 학생 그룹으로 남아있다(미국교육부, National Center for Educational Statistics, 2012). 자신이 다니는 학교의 행동-정서적 장애를 가진 학생들을 포함시키는 지원 부족이 그들의 통합에 가장 큰 장벽일 수 있다(Turnbull et al., 2010). 학교에서 행동-정서적 장애를 가진 학생들을 지원하는 데 사용되는 한 가지 접근법은 래핑어라운드 서비스(wraparound services)이다(Turnbull et al., 2010). 래핑어라운드는 복잡한 요구를 가진 개인(대부분 아동, 청소년 및 그들의 가족)과 교류하는 집중적이고 전체적인 방법으로, 그들이 자신의 가정과 지역사회에서 살고 희망과 꿈을 실현할 수 있도록 한다. 치료적 지원 직원과 전문상담교사의 지원으로, 이러한 학생들은 통합될 가능성이 더 높을 것이다. 그러나 이 학생 그룹은 계속해서 포함하기 가장 어려운 그룹 중 하나이다. 일부는 학교가 종종 제공하지 않는 집중적인 치료적 중재가 필요할 것이다; 결과적으로, 대안 학교는 이러한 학생들을 위한 권장 배치이다. 도전적인 행동과 철저한 사정평가의 필요성을 둘러싼 문제는 사례 예시 9.4에서 다루어진다.

사례 제시 9.4

당신이 첫 IEP 회의에 참석한 학부모라고 상상해 보시오

당신이 자녀의 첫 IEP 회의에 참석한 학부모라고 상상해보라. 당신의 딸의 1학년 교사와 함께 교육구의 특수교육 책임자, 언어치료사, 작업치료사, 그리고 특수교육 협의 교사 모두가 테이블 주위에 앉아 있다. 당신은 딸 멜라니를 대표하기 위해 혼자 여기에 왔다. 테이블 주위의 모든 사람들이 자신을 당신에게 소개하고, 그들 모두 멜라니의 교육을 지원하기 위해 있다고 말한다. 회의가 시작되면서, 당신은 문서를 받고 특수교육에서의 학부모 권리를 받았다는 서명을 요청받는다. 당신은 그 문서가 정확히 무엇인지 확실하지 않지만, 받았다는 서명을 한다. 특수교육 책임자는 테이블 주위의 각 교사와 전문가들에게 멜라니에 대한 평가를 제공하도록 요청하면서 시작한다. 멜라니는 자폐스펙트럼장애를 가진 학생이라는 데 동의한다. 그들이 보고서를 제공한 후, 멜라니가 배치되어야 할 곳에 대한 권고를 제공한다. 그들 모두 그녀가 자폐 지원 교실이라고 불리는 그녀와 유사한 학생들과 함께 교실에 배치되어야 한다고 제안한다. 당신은 듣지만, 그들이 멜라니를 이름으로 부르지 않고 장애로 언급하고 있다는 사실에 낙담한다. 회의에서 아무도 멜라니를 일반교육 1학년 교실에 배치하는 것에 대해 언급하지 않았다. 교사들과 다른 전문가들은 그들이 방금 당신의 딸에 대해 권고한 것에 대한 당신의 의견을 묻지 않고 계속한다. 당신은 마치 기차를 타고 있고 다른 기차들이 고속으로 지나가면서 무슨 일이 일어나고 있는지 혼란스럽게 느낀다. 회의 중 잠시 소강상태에서, 당신은 "왜 멜라니가 어린이집 친구들과 함께 1학년으로 가지 않는 거죠?"라고 말한다. 특수교육 책임자는 자폐 지원 교실의 배치가 멜라니에게 가장 적절한 장소이며 그녀가 두려워할 것이 없다고 말한다. 교사들과 다른 전문가들은 당신의 의견에 매우 주의를 기울이지 않았다. 그들은 당신이 말한 것에 적극적인 청취자가 아닌 것 같았다. 그들의 응답은 멜라니가 좋은 교육을 받지 못하거나 그녀가 친구들을 보지 못하고 배우지 못할 것이라는 당신의 두려움을 해소시켜주지 않는다. 당신은 전체 경험에 대해 충격을 받고 혼란스러우며, 아무도 당신이 말한 것을 듣지 않는 것 같다.

통합교육을 위한 특별 고려사항

만성 또는 급성 질환을 지닌 학생들은, 이전에 논의된 바와 같이 집중적인 의료 및 치료적 중재가 요구되는 경우, 학교 환경 내에서 충분한 지원을 제공받지 못할 수도 있다. 그러나 전문상담교사는 이러한 학생들의 요구와 도전에 대해 학교와 의료 직원과 함께 조정을 제공할 수 있다. 이러한 상태의 학생들은 또한 학교 출석일수를 놓칠 수도 있으며, 이는 가정 학습을 필요로 할 수 있다. IEP 팀은 이러한 가능성을 논의하고 학생들의 요구에 기반한 교육을 위한 대안 전략을 설계해야 한다. 행동-정서적 장애를 가진 학생들은 학교 관리자와 전문상담교사에게 독특한 도전을 제시하지만, 효과적인 교사 훈련, 행동 중재, 심리적 지원을 통해 학생들은 최소제한환경에서 교육받을 기회를 갖게 될 것이다.

중재

행동적 도전에 대응하는 것은 오늘날 학교가 직면한 가장 큰 우려 중 하나이다(Westling & Fox, 2009). 행동적 도전을 보이는 학생들은 자폐스펙트럼장애(ASD)를 가진 학생을 포함할 수 있다. 현실에서는 장애가 있든 없든 모든 학생에게서 행동 사건이 발생할 수 있으며, 그들의 행동은 스트레스가 많은 생활 조건이나 아동 학대와 같은 환경적 요인뿐만 아니라, 학교에서의 또래 거부나 괴롭힘과 같은 요인에 기인할 수 있다(Turnbull et al., 2010). 학생들의 행동은 공격적, 학대적, 및/또는 자해적인 것부터 손 흔들기, 반향어(echolalia), 과도한 몸 흔들기와 같은 상동적인 것까지 다양할 수 있다. 이러한 행동들은 사회적으로 부적절하게 여겨지며 학생들의 학습 능력을 방해할 뿐만 아니라, 특히 행동이 자해적이거나 공격적인 개인의 경우 잠재적 의료 합병증으로 이어질 수 있다. 30년 전만 해도 행동은 학생에게 그 행동이 어떤 기능을 하느냐에 대한 고찰 없이 단순히 제거되어야 할 것으로 보았지만(Cooper, Heron, & Heward, 2007), 오늘날 이 분야는 개인에게 어떤 행동의 기능을 제공하는지를 고려하고, 부정적인 행동을 적절하고 수용 가능한 대안 행동으로 대체하는 작업을 통해 발전했다. 오늘날에는 학생의 행동문제를 다루는 일반적인 접근 방식으로 긍정적 행동지원(PBS)이 널리 적용되고 있다(Honer 외, 1990).

긍정적 행동 지원(Positive Behavior Support)

PBS의 개념은 행동 자체뿐만 아니라, 행동을 둘러싼 요인들, 그리고 행동의 목적이나 기능도 고려한다. 즉, 실무자들은 행동이 발생하는 맥락의 환경을 포함하여 개인의 삶의 모든 측면을 고려한다. 또한, 초점은 부정적인 행동을 변화시키는 데만 관심이 있는 것이 아니라 환경을 변화시킴으로써 개인의 삶의 질을 향상시키려는 시도도 포함한다

(Westling & Fox, 2009). 변화하는 환경은 더 제한적인 환경에서 적절한 행동을 배울 수 있는 긍정적인 역할모형이 있는 통합 교실과 같은 덜 제한적인 환경으로 이동하는 것일 수 있다. 또한, 부적절한 행동을 수정하기 위해 작업할 때 두 가지 중요한 개념이 있다. 첫째는 개인이 보이는 많은 행동이 의사소통의 한 형태라는 것을 고려하는 것이다; 무언가를 전달하려는 시도가 있다. 일부는 효과적인 의사소통 수단(즉, 구두 또는 보완적)이 없을 수 있기 때문에, 그들이 주의를 받을 수 있는 유일한 방법은 비정상적으로 행동하는 것일 수 있다. PBS에 대한 두 번째 중요한 고려사항은 중재가 문제행동을 줄이기 위해서만 설계된 것이 아니라, 그 의사소통의 맥락을 이해하고 적절한 친사회적 행동으로 대체하려는 시도라는 것이다(Carr et al., 2002). 개인의 일탈 행동을 다루기 위해 이 두 개념을 적용하는 것은 친사회적 행동의 유지를 위해 극히 중요하다.

PBS의 개념은 보조적 지원으로서 통합에 큰 중요성을 가진다. 이는 학교 관리자와 전문상담교사에게 특별히 관심이 있어야 한다. IDEA(Turnbull, Wilcox, Stowe, & Turnbull, 2001)를 준수하고 최소제한환경(LRE) 명령을 충족시키기 위해, 행동 문제로 일반교육 환경에서 학생을 배제하는 어떤 조치를 취하기 전에, 기능적행동사정평가(FBA)가 완료되고 행동지원계획(BSP)이 실행되어야 한다; BSP는 보조적 지원으로 간주된다. 학생의 행동이 더 심각한 행동의 결과인 경우, IDEA(Turnbull et al., 2001)의 수정안은 명확한 지침을 제공했다. IDEA(Turnbull et al., 2001)는 (a) 학생이 최대 10일 동안 학교에서 정학을 고려할 때; 그리고 (b) 학생의 행동이 다른 사람들 또는 자신의 학습을 방해할 때 FBA와 지원 계획이 시행되어야 한다고 요구한다(Turnbull et al., 2001). 학생들의 권리가 침해되지 않도록 교육구와 행정 직원, 전문상담교사를 포함하여 절차를 인식하는 것이 중요해진다. 그림 9.3은 고려되어야 할 절차의 시각적 표현을 제공한다.

그림 9.3 **행동중재 실행 절차**

교사가 판단한 학생 행동

↓

교사가 행동수정을 위한 학급 계획 실행

↓

기능적행동사정평가(FBA) 실시(학급 계획이
효과적이지 않은 것으로 판단될 경우)

↓

긍정적 행동지원계획(PBSP) 수립

↓

계획의 효과성 점검 및 사정평가

↓

계획이 효과적이지 않을 경우, 기능행동사정평가를
재실시하거나 대체 배치를 고려

PBS는 행동적 문제를 다루기 위한 개별 중재 접근법이지만, 모든 학생을 위한 긍정적이고 안전한 학습 환경을 조성하기 위한 학교의 계획에서 첫 번째 대응일 필요는 없다. 2004년 장애인교육향상법(IDEIA)(PL 108-446)에 설명된 중재반응모형(RTI)은 학교 건물 전체의 학생들에게 친사회적 행동을 장려하는 학교 전체 프로그램으로 시작하는 중재 단계가 있는 모형을 제공한다. 중재반응모형은 학습에 어려움을 겪거나 행동적 도전을 겪는 아동에게 조기에 그리고 체계적 지원을 제공하는 데 사용되는 학업 중재 방법으로 정의된다. RTI는 조기 중재, 빈번한 진행 측정, 계속해서 어려움을 겪는 아동을 위한 점점 더 집중적인 연구 기반 교수적 중재를 통해 학업 실패와 행동적 문제를 예방하고자 한다. RTI는 필요에 따라 조정되고 수정되는 학생 지원을 위한 다층 접근법이다.

학교 차원의 긍정적 행동지원(School-Wide Positive Behavior Supports)

개별지원계획(ISP) 외에도, 학교 차원의 긍정적 행동지원(SW-PBS)은 초등학교와 중등학교 모두에서 효과적으로 사용되었다(Horner, Sugai, & Anderson, 2010; Bradshaw, Mitchell, & Leaf, 2010). 학교 차원의 PBS 시스템은 예방적 접근법이다. 이는 학교의 사회적 문화를 고려하고 행동 문제를 예방하면서 사회적 및 학업적 성공을 모두 달성하기 위한 적절한 계획과 일치시킨다(Horner et al., 2010). 학교 전체 접근법이 행동을 통제하기 위한 학생의 요구를 충족시키지 못할 때 필요에 따라 개별 지원이 학생들에게 제공된다. SW-PBS 성공의 핵심 요소 중 하나는 학교 환경 내에서 특정 결과를 달성하기 위한 개별 인정이나 집단적 보상을 통해 강화하면서 적절한 사회적 행동과 기술을 가르치는 것이다(Horner & Sugai, 2005). 예를 들어, 학교는 "좋은" 또는 "친절한" 것으로 간주되는 긍정적인 상호작용, 행동, 또는 보여준 행위에 대해 학생들에게 보상 티켓을 줄 수 있다. 그 후 티켓은 식당이나 학교 상점의 물품과 교환될 수 있다. 전문상담교사와 관리자는 학생 진행 상황을 점검하고 인정함으로써, 학교에서 이러한 관행을 확립하는 데 매우 도움이 될 수 있다. SW-PBS와 개별 PBS의 목적은 사전 예방적이고 예방적인 전략으로서 모든 학생에게 안전한 학습 환경을 제공하는 것이다.

교육과정 적응(Curricular Adaptations)

이 장에서 우리가 언급했듯이, 학교에서 장애 학생의 통합을 지원하는 많은 전략과 교육과정에 문제가 있다. 일부 경우에는, 좋은 교수 기술, 자료, 그리고 개별 학습 스타일에 대한 주의가 장애학생들이 학습하고 성공적으로 포함되기 위해 충분할 수 있다. 그러나 다른 장애학생들의 경우, 교육과정에 대한 수정이나 교육적 조정이 필요할 수 있다(Friend & Bursuck, 2013). 학생의 장애 특성에 따라, 교육적 수정(modification)이나 조정(accommodation)이 학생의 통합과 학습 요구를 지원하기 위해 사용된다. 먼저, 학생이 수정이나 교육적 조정이 필요한지, 그리고 이 두 용어가 어떻게 다른지 결정되어야 한다: 수정은 교육과정의 기대 결과를 변경하는 반면 교육적 조정은 그렇지 않다. 예를 들어, 심각한 장애가 있는 학생들은 기능적 교육과정이 필요할 수 있다; 이는 학업 프로그램이 아니라 독립적인 생활 기술을 다루기 때문에 수정된 교육과정이다. 다른 장애학생들의 경우, 수정된 교육과정은 단지 소소한 내용 변경만을 요구할 수 있다(즉, 시험의 가능한 답변 수를 네 개에서 세 개로 줄이거나 10개가 아닌 8개의 수학 문제 풀기).

학습장애와 같은 경미한 장애가 있는 학생들은 교육과정 내용을 크게 변경하지 않는 적응된(adapted) 교육과정을 받을 수 있다. 적응된 교육과정은 내용을 변경하지 않고 학생에게 어떻게 지도되는지만 변경한다. 일반적으로 적응(adaptation)은 학생의 선호하는 학습 요구와 일치하며 모든 학생에 대한 기대 결과는 동일하다. 예를 들어, 읽기 처리 어려움이 있는 학습장애 학생들은 CD와 같은 오디오 버전으로 읽기 자료를 제공받을 필요가 있을 수 있다. 교육과정의 내용은 변경되거나 수정되지 않고 단순히 다른 방식으로 학생들에게 제공된다.

교육적 조정(accommodation)이 제공되는 경우, IEP가 필요하지 않으며 504 계획이 제공된다(Friend & Bursuck, 2013). 전문상담교사는 일반적으로 IEP가 필요하지 않을 때 학생을 위한 504 계획을 작성하는 책임이 있다.

교육적 조정(Accommodations)

위에서 언급한 바와 같이, 교육적 조정은 교육과정의 내용을 변경하거나 수정하지 않으며 504 계획은 법적으로 교육적 조정을 제공하기에 충분하다. 효과적인 교육적 조정의 중요한 특징은 다음과 같다: (a) 학생의 학습 스타일 결정, (b) 교사가 교실에서 사용하는 교수 방법 결정, 그리고 (c) 교사의 교수 접근법과 학생의 선호하는 학습 요구 간의 차이를 결정하고 어떤 교육적 조정이 학생의 내용 학습 능력과 가장 잘 일치할지를 결정한다(Gartner & Kerzner-Lipsky, 2002). 이 저자들은 학생과 교사를 사정평가하고 학생에게 적절한 교육적 조정을 결정하는 방법을 개발했다. 이 접근법은 개별화되고 학생의 요구에 특화되어 있다. 전문상담교사는 학생 학습 스타일 및/또는 교사 교수 방법을 사정평가하는 데 매우 도움이 될 수 있다. 학생의 선호하는 학습 스타일에 대해 얻은 정보로부터, 교사는 자신의 교수 방법이 학생과 일치하는지 결정할 수 있다. 교사들도 사정평가를 받고 자신의 교수 방법에 대한 피드백을 받을 수 있다. 이 정보로부터, 전문상담교사는 수업이 학생에게 이익이 되는 방식으로 제시되는지 결정할 수 있다. 다중 교수 전략 사용의 개념은 다음 절에서 논의될 보편적 설계의 개념과 일치한다. 교육적 조정은 학생들에게 학습과 학교에서의 성공을 위한 동등한 기회를 제공함으로써 매우 중요할 수 있다.

보편적 설계(Universal design)

개별 교육적 조정은 보편적 설계, 또는 보편적 교수설계(Universal Design for Instruction)라고도 알려진 개념으로 대체되고 있다. 이 개념은 장애학생을 포함한 모든 학생이 접근할 수 있는 학습 원칙을 사용하는 교육적 적용이다(Meyer, Rose, & Gordon, 2014). 보편적 교수설계는 접근 가능하게 만들어질 때, 모든 학생이 교수로부터 이익을 얻을 수 있게 한다(Hitchcock, Meyer, Rose, & Jackson, 2002). 이 접근법은 학생들을 특별히 구별하지 않고 학생들의 개별 학습 스타일에 대한 교육적 조정을 다루는 데 초점을 맞춘다. 이 개념은 경미한 장애부터 심각한 장애를 가진 학생을 포함한 모든 학생을 포함하는 데 중요한 의미를 가진다(Westling & Fox, 2009). 이 저자들은 또한 UDI의 개념이 각각 고유한 학습 능력을 가진 이질적으로 다양한 학습자로 구성된 교실을 인식한다고 언급했다; 또한 그들은 UDI의 활용에서 긍정적인 학업 성과가 나타났음을 강조했다. 보편적으로 설계된 교육과정에서, 모든 교수 자료, 목적, 방법, 그리고 사정평가는 모든 학습자와 능력 범위를 수용하기 위해 유연하다(Rose, 2000).

보편적 설계는 경미한 장애(즉, 학습장애)가 있는 학생들에게만 유익한 것이 아니다; 그것은 또한 심각한 장애가 있는 학생들에게 효과적인 방법으로 여겨져 왔다. Dymond 등(2006)은 장애가 없는 학생, 경미한 장애, 그리고 심각한 인지적 장애가 있는 학생들로 구성된 이질적인 그룹이 있는 고등학교 교실에서 보편적 설계의 원칙을 사용했다. 연구 결과는 교사와 학생 모두의 변화에 대한 증거를 제공했다. 교사의 경우, 특수교사와 일반교사 간의 더 큰 협력, 더 많은 공유된 교수 책임, 그리고 심각한 장애가 있는 학생에 대한 더 큰 관심이 있었다. 저자들은 또한 심각한 장애가 있는 학생들과의 교사의 더 큰 상호작용과 장애가 있는 학생과 없는 학생 간의 더 많은 학생 참여를 언급했다. 보편적 설계의 원칙은 사례 제시 9.5에 설명되어 있다.

사례 제시 9.5

보편적 설계의 원칙

모스 교사는 5학년 도심지역 교실에서 다양한 학습자들로 구성된 학급을 담당하고 있다. 특수교육 서비스가 필요하다고 분류된 학생들뿐만 아니라, 서비스 적격성은 갖추지 못했지만 사회적 조건과 준비도로 인해 학습상의 어려움을 겪는 학생들이 있다. 모든 학생들이 이 5학년 학급에 통합되어 있다. 모스 선생님은 모든 학생의 학습 능력 수준과 학습 스타일에 유리한 학습 환경을 만드는 데 관심이 있었다. 각 학생에 대해 별도의 수업을 만들려고 시도하는 대신, 그녀는 보편적 교수설계(UDI) 접근법을 구현하기로 결정했다. 그녀는 연구를 시작했고 UDI 수업을 계획하고 설계하는 데 도움이 되는 여러 웹사이트를 찾았다(www.cast.org, www.udlcenter.org, 그리고 http://udl-irn.org.). 먼저, 그녀는 학생들이 어떻게 가장 잘 배우는지 알고 싶었고 전문상담교사에게 학생 학습 스타일을 사정평가하는 데 도움을 요청했다. 그녀는 또한 IEP가 있는 학생들의 학생 기록과 IEP를 검토했다. 다음으로, 그녀는 전문상담교사에게 그녀의 교수 접근법과 강의를 하는 빈도, 실습 프로젝트, 그룹 작업, 또는 독립적인 시간과 비교하여 피드백을 제공해 달라고 요청했다. 그녀는 또한 학생들을 어떻게 사정평가하고 시험하는지 검토했다. 이 모든 정보를 얻은 후, 그녀는 교수를 위한 보편적 전략을 설계하기 위한 한 수업을 계획하기 시작했다. 강의를 위해, 그녀는 PowerPoint 슬라이드에 이미지, 비디오 클립, 그리고 애니메이션을 추가했다; 다른 수업 요소를 위해, 그녀는 개념을 시연하기 위한 유형의 아이템을 추가하고, 주제에 대한 어휘를 미리 가르치고, 의미에 대한 학생 이해를 돕기 위해 이미지를 보여주었다; 학생들에게 그래픽 조직자(graphic organizer)와 개념도(concept map)를 제공했다; 게임, 토론 그룹, 컴퓨터 프로그램과 같은 학습을 위한 여러 옵션을 제공했다; 또래 교수를 사용했다; 그리고 학생들이 강점, 관심사, 그리고 선호도에 기반하여 자신의 학습 경험을 만들 수 있게 허용했다. 사정평가 전략을 결정할 때, 그녀는 토론, 프로젝트, 발표, 그리고 필기시험을 통해 학생 지식을 시험하기로 결정했다. 이것은 모스 선생님이 계획하고 구현하는 데 많은 시간이 필요했지만, 결국에는 성과를 얻었다. 그녀는 학생들이 더 참여하고 관심을 보이는 것을 알아차렸고, 교실 관리에 더 적은 시간을 소비했으며, 사정평가에서 학생 수행이 향상되었다. 그녀는 새롭게 발견한 보편적 교수설계 방법을 사용하여 가르치는 것을 즐겼다.

적용 활동

1. 학교의 통합 정책과 프로그램을 분석하라. 장애학생들이 어느 정도로 학업 수업이나 다른 과외 활동에 포함되어 있는가?

2. 중등학교 단계에서 근무한다면, 특수교육에서 성인 서비스로의 전환 계획이 해당 교육 구에서 어떻게 처리되는지 파악한다. 전문상담교사로서 전환 계획 과정에서 어떤 역할을 하고 있거나 할 수 있는가?
3. 학교 전체 긍정적 행동 지원 시스템을 분석하고 결정하라. 이 시스템이 학교 내 개별 교사가 사용하는 교실 전체 행동 지원 시스템과 어떻게 연결되는가? 만약 학교에 학교 전체 긍정적 행동 지원 시스템이 없다면, 학교 전체 프로그램 설계의 시작이 될 수 있는 두 가지 아이디어를 나열하라.
4. 만약 당신이 유아기나 초등학교 단계에서 일한다면, 장애가 있는 개인에 대한 이해와 수용을 설명하는 네 권의 책을 확인하라(즉, 자폐스펙트럼장애, 지적장애, 신체적 장애—예를 들어, 휠체어를 사용하는 사람, 감각 장애가 있는 개인). 학급에서 책을 읽고 책에 있는 수용 문제를 논의하기 위한 수업 계획을 개발하라.

수정(Modifications)

심각하고 중증의 장애를 가진 많은 학생들에게는 보편적 설계가 적절하지 않은 경우, 교수적 수정이 필요할 수 있다. 수정은 연방 및 주 표준의 영향을 받는 교육과정의 변화이다. 예를 들어, 중증 장애가 있는 학생에게 덧셈을 가르치기 위해 UDI를 사용하는 것은 유익하지 않을 수 있는 반면, 화폐 인식과 같은 기능적 수업이 더 적절할 것이다. 그것은 교육과정의 내용이나 학생에 대한 기대 결과의 변화일 수 있다(Price & Nelson, 2007). 수정은 경미하거나 중요할 수 있다; 예를 들어, 지리 수업 중에, 모든 학생들이 같은 주제를 배우고 있지만, 수업은 다른 난이도 수준으로 가르쳐질 수 있다, 예를 들어, 대부분의 학생들이 미국 지도에서 주요 도시를 찾고 있는 반면, 특별한 요구가 있는 한 학생은 자신의 마을에서 거리를 찾는 작업을 하고 있다. 수정의 또 다른 예는 목표의 기준을 줄이는 것이다. 예를 들어, 교사는 퀴즈에 대한 답변을 더 적게 받아들이거나 학생들이 학급의 다른 학생들보다 더 적은 수학 문제를 완료하게 할 수 있다. 세 번째 수준의 수정은 학생들이 독립적인 생활과 직업 기술과 같은 기능적으로 관련된 정보를 배우는 다른 내용을 가르치는 것일 수 있다. 교육과정이 다른 수준에서 변경되는 이 수정 접근법은 다양한 장애를 가진 학생들이 일반 교육 환경에 참여할 기회를 제공할 수 있는 접근법이다.

일반 교육 교실에서 경미한 장애부터 중도 장애를 가진 학생들의 참여를 증가시키기 위해 교육과정을 수정하는 것은 모든 학생들이 함께 교육받아야 한다는 철학에서 시작한다—Brown, Nietupski, Hamre-Nietupski(1976)에 의해 처음 소개되었다. 학업 교육과정이 중요한 요구가 아닐 때 학생들에게 관련 있는 기술을 가르치는 아이디어는 수년 동안 많은 논의와 논쟁을 불러일으켰다. 중도 장애를 가진, 학생들을 포함시키기 위한 저자들의 지침에도 불구하고, 이러한 학생들은 일반적으로 장애가 없는 또래들과 분리되어 교육을 받았다(미국교육부, 2012). 이 접근법의 이점에 대한 입증된 모범 사례와 연구에도 불구하고, 경미한 장애부터 중도 장애를 가진 학생들의 통합은 이해하기 어려운 개념이었다(Downing, 2005; Friend & Shamberger, 2008; Villa, Thousand, Nevin, & Liston, 2005). 통합적이고 기능적인 교육과정을 만드는 아이디어는 어려운 과정이 아니어야 한다. 일반교육 교육과정의 맥락 내에서 학생들이 알아야 할 것을 가르치는 균형 잡힌 접근법을 설계할 수 있다(Wehman & Kregal, 2012). 나중에, 학생들이 초등학교에서 중학교로 이동할 때, 강조점은 학급 내 교수에서 지역사회 기반 교수로 바뀔 수 있다(Westling & Fox, 2009). 중도 장애를 가진 학생들의 경우, 지역사회 기반 학습 환경에서 발견되는 것과 같은 "실제" 환경에서의 학습이 필요하므로 학업 교수에 비해 적절하다. 경미한 장애부터 중도 장애를 가진 학생들이 전환 연령에 도달하면, 교육과정은 학생들이 자신의 능력 수준에 상응하여 지역사회에서 살고, 일하고, 기능할 수 있도록 준비시켜야 한다(Steere et al., 2007).

또한, 수정을 고려할 때 LRE 교리를 염두에 두어야 한다. 수정은 학생의 요구와 능력에 기반한 지원 수준으로 보아야 한다. 장애학생을 위한 과제를 수정할 때, 활동이 다른 학생들의 활동과 다를 수 있지만, 일반교육 교육과정과 계속 일치해야 한다(Friend & Bursuck, 2013). Udvari-Solner(1992)에 의해 처음 소개된 바와 같이, 교육과정 수정은 학생의 교수적 그룹화, 교수 형식, 환경 조건, 교육과정 목적 또는 결과, 교수 자료, 또는 제공되는 개인적 지원의 수준이나 유형의 변화를 통해 발생할 수 있다; 또는 앞서 언급한 전략이 효과적이지 않을 때 대안 활동을 만드는 것을 통해 발생할 수 있다. 이러한 전략들은 일관되게 효과적인 것으로 입증되었으며, 교사들이 장애학생들의 최대한의 통합을 허용하기 위해 수업과 자료를 수정할 때 여전히 가치가 있다. 예를 들어, 교수적 그룹화를 고려할 때, 이전에 논의된 협동 학습 전략은 다양한 학습자를 가르치는 좋은 방법이다(Johnson & Johnson, 2009). Udvari-Solner(1992)의 제안과 일치하여, 교육과정 수정은 교수 형식의 변화에서 발생할 수 있다. 예를 들어, 이러한 유형의 수정은 공동 교수 전략의 사용일 수 있다(Friend & Bursuck, 2013). 또 다른 고려사항은 환경 조건의 변화일 수 있다. 예를 들어, 전환 연령의 학생들의 경우, 가장 현장 맥락에 적합한 지원 조건은 지역사회 기반 교수를 포함할 수 있다(Bambara, Browder, & Koger, 2006). 또 다른 제안은 제공되는 개인적 지원의 수준이나 유형을 변경하는 것일 수 있다. 여기서의 전략은 또래 교수(peer tutoring)나 또래 매개 교수(peer-mediated instruction)일 수 있다(Bryant, Bryant, Gersten, Scammacca, & Chavez, 2008). 모든 보조적 지원과 서비스가 소진되었을 때, 마지막 LRE 연속체의 단계가 적용될 수 있으며, 대안 배치가 고려될 수 있다.

기술(Technology)

장애학생의 통합교육을 지원하는 또 하나의 중요한 보조 지원(supplementary aid)은 기술(technology)을 통한 것이다. 기술은 장애인에게 있어 가장 중요한 기여 중 하나일 수 있으며, 그 영향력은 교실 환경을 넘어 장애인의 삶 전반에 걸쳐 자립성과 생산성을 여러 측면에서 향상시켜 왔다. 한 동료는 IBM 홍보물에 실린 다음과 같은 중요한 문구를 언급하였다: “기술은 대부분의 사람들에게 삶을 더 쉽게 만들어주지만, 장애인에게 기술은 가능성을 만들어준다(개인적 의사소통, 2014년 4월 18일).” 기술의 활용 범위는 전통적이고 기초적인 형태(예: 컴퓨터, 노트북)부터, 학생이 교실에서 참여하고, 의사소통하며, 기능할 수 있도록 지원하는 고차원적 형태에 이르기까지 다양하다. 기술은 교사에게도 SMART 보드, 전자책(e-books), 컴퓨터 기반 또는 웹 기반 학습, 온라인 튜토리얼 및 수업과 같은 추가적인 교수 도구를 제공해 왔다(Friend & Bursuck, 2013). 특히 특수교육에서의 기술 활용은 연방 차원의 입법적 지원을 받아 왔으며, 이는 장애인교육법(IDEA)의 개정 조항들과도 관련되어 있다.

1988년 「장애인을 위한 기술 관련 지원법(Technology-Related Assistance for Individuals with Disabilities Act, 공법 100-407)」을 시작으로, 수년간 여러 연방 법률이 제정되었으며, 이후 1994년의 개정 법률(공법 103-218)도 포함된다. 또한, 1998년의 「보조공학법(Assistive Technology Act, 공법 105-394)」과 1997년 및 2004년의 장애인교육법(IDEA) 개정안에는 특수교육 대상 학생을 위한 보조공학기기 및 보조공학 서비스에 관한 조항이 포함되었다. 보조공학(Assistive Technology, AT)이라는 용어는 장애아동의 기능적 역량을 향상, 유지, 또는 개선하기 위해 사용되는, 상업적으로 구매되었거나, 수정되었거나, 맞춤화된 모든 물품, 장비, 혹은 제품 시스템을 지칭한다(IDEIA, 2004). 2004년 장애인교육향상법(IDEIA) 개정안은 IEP 내에서 학생의 요구와 서비스를 결정할 때 보조공학의 필요성을 반드시 고려하도록 요구하였다. IEP 과정에서 보조공학의 필요성은 세 가지 시점에서 고려되어야 한다(Parette & Peterson-Karlan, 2007): 첫째, 현재 수행 수준 논의 시, 보조공학이 학생의 성취에 영향을 미치는지를 판단해야 하며, 둘째, 목적과 목표를 설정할 때, 그리고 셋째, 학생의 배치를 결정할 때, 보조공학이 다양한 환경에서 학생에게 어떤 영향을 미치는지를 검토해야 한다.

기술은 다양한 장애를 지닌 학생들에게 유익할 수 있는 광범위한 적용 가능성을 가지고 있다. 보조공학기기(AT device)는 비교적 단순한 저기술(low-technology) 항목일 수도 있고, 보다 복잡한 고기술(high-technology) 항목일 수도 있다. 보조공학의 필요성은 먼저 학생의 이점과 요구를 판별하는 사정평가에서 시작되며, 그 후 필요한 보조공학기기를 선정하는 과정이 이어진다(Best, Reed, & Bigge, 2005). 많은 교육청에서는 학생을 위한 적절한 기술을 사정평가하고 추천할 수 있는 보조공학 전문가를 확보하고 있다. 또한, 여러 주에서는 보조공학 대여 도서관을 운영하여, 특정 기기를 추천받은 개인이 그 기기가 학생에게 적합한지를 확인할 수 있도록 기기를 대여할 수 있도록 하고 있다. 학교는 자신이 속한 주의 교육청에 문의하여, 해당 주의 보조공학 대여센터 및 제공기관 목록을 확인하는 것이 권장된다. 한편, 학교 현장에서 지속적으로 우려와 논쟁을 불러일으켜온 쟁점 중 하나는 보조공학기기의 비용과 해당 기기에 대한 소유권 문제이다. 많은 교육구는 학생을 위한 적절한 기술을 사정평가하고 추천할 수 있는 AT 전문가에 대한 접근 권한을 가질 것이다. 또한, 많은 주에는 특정 유형의 장치를 권장받은 개인이 그 장치가 학생에게 적절한지 확인하기 위해 장치를 빌릴 수 있게 하는 AT 대여 도서관이 있다. 학교가 자신의 주에 있는 AT 대여 도서관 센터와 제공자 목록을 위해 주 교육부에 연락하는 것이 제안된다. 학교에서 우려와 논쟁을 불러일으킨 한 가지 문제는 AT 장치의 비용과 그 장치에 대한 권리를 누가 소유하는가이다. AT 장치에 대한 재정적 책임은 이슈였다. Wehmeyer(1999)는 지적장애를 가진 사람들이 AT 장치를 받지 못하는 한 가지 이유가 비용 때문이라는 것을 발견했다. 그러나, IDEA(2004)는 IEP 팀이 무료 및 적절한 교육의 일부로 학생의 AT 필요성을 결정하도록 요구한다(Parette & Peterson-Karlan, 2007). 결과적으로, AT 장치의 필요성이 학생이 적절한 교육을 받기 위해 IEP 팀에 의해 필요하다고 결정된다면, 학교는 학생 및/또는 가족에게 비용 없이 장치를 제공해야 한다. 그러나 해당 기기를 가정에서도 사용할 수 있다는 명시가 없는 한, 기기 지원 예산은 학교 내 사용에만 제한될 수 있다(Westling & Fox, 2009). 가족은 학생이 보조공학기기(AT device)를 가정에서도 사용할 수 있도록 IEP에 해당 내용을 포함시켜 요청할 수 있다. 일부 보조공학기기의 재정 지원이 문제가 될 수 있기 때문에, 1998년 「장애인을 위한 기술 관련 지원법(Technology-Related Assistance for Individuals with Disabilities Act, PL 100-407)」은 주 정부가 보조공학 프로그램 필요를 충족할 수 있도록 장기적인 연방 재정 지원을 받을 수 있는 기회를 제공한다. 전문상담교사, 전문가, 학부모는 보조공학기기 지원이 다음과 같은 연방 프로그램을 통해 가능하다는 사실을 인식해야 한다: 메디케이드(Medicaid) 프로그램, 주 발달장애 서비스국(State Developmental Disabilities Offices), 주 직업재활청(State Vocational Rehabilitation Offices), 일부 민간 보험 등. 전문상담교사와 관련 전문가들은 보조공학기기를 필요로 하는 학생에게 가장 적절한 지원 방안을 판별하는 데 도움을 제공해야 한다.

요약

이 장에서는 전문상담교사가 통합교육의 철학과 실질적 적용을 지원하는 데 도움이 되는 전략과 아이디어를 제시했다. 우리는 철학적 관점에서 법적 명령에 이르기까지 통합교육의 여러 측면을 논의했다. 통합교육을 위한 전략과 함께 장애가 있는 학생과 없는 학생들이 통합 환경에 참여하도록 준비하는 방법 및 통합 향상에 대한 도전 과제가 제시되었다. 통합의 이점과 인식 및 이해를 높이는 방법에 대해 동료 및 학부모와 의사소통하는 것이 제시되었다. 마지막으로, 교육적 조정과 보편적 설계 전략이 적절한 교육을 지원하는 데 있어 기술의 중요성과 함께 제시되었다. 장애학생과 중등 이후 교육에 대해 한 가지 마지막 요점을 언급해야 한다. 분명히, 학습장애가 있는 학생들과 자폐스펙트럼장애(ASD)가 있는 많은 학생들은 중등 이후 교육에서 성공할 수 있다. 전문상담교사가 중등 이후 교육 선택과 관련하여 이러한 장애가 있는 학생들을 안내하고 계획할 때, (자격을 갖춘 학생이 요청할 경우 기관에 의해) 학생들은 계속해서 교육적 조정을 받을 수 있다.

학생들이 중등교육과정을 마치고 중등 이후 또는 고등교육에 진입하면, IDEA 권리는 더 이상 적용되지 않는다. 학생들은 그들의 장애에 기반하여 교육적 조정 적격성이 결정되어야 한다. 중등 이후 교육이 학생들에게 교육적 조정을 제공해야 하지만, 학생들에 대한 교수를 수정할 필요는 없다는 점에 주목하는 것이 중요하다. 또한, 고등교육 기관은 지원이나 교수 보조, 치료적 중재, 또는 컴퓨터와 같은 필요한 장비 구매를 제공할 책임이 없다. 그러나, 주 직업 재활 기관은 그들의 서비스에 적격하다고 간주하는 학생들을 위한 장비를 구매할 수 있다. 학생들이 서비스를 받기 위해서는 자기 판별 및 자기 옹호를 할 수 있어야 한다. 고등교육과 지역사회 고용 및 생활로 이어지는 한 가지 측면은 재활법과 미국 장애인법의 504조이다. 학생들이 자신의 장애와 교육적 조정 요구를 이해하고 필요한 곳에서 요청할 수 있도록 하는 것이 중요하다. 따라서, 학생들이 자신의 장애가 미치는 영향과 어떤 교육적 조정이 가장 효과적인지 이해하도록 돕는 것이 중요하다. 일부 경우에는, 중등 이후 교육에서 학생의 지속적인 수준이나 필요성을 결정하기 위해 가능한 경우 교육적 조정의 사용을 점차 줄여야 한다. 중등 이후 교육 준비의 일환으로, 학생들은 재활법과 미국 장애인법의 504조에 따른 권리에 대해 교육받아야 한다. 학생들이 자기 옹호 능력과 필요한 교육적 조정을 요청하는 자기결정 기술을 가지는 것이 중요하다. 다음 웹사이트는 중등 이후 교육에서 제공되는 교육적 조정과 자격 취득 방법에 대한 정보를 제공할 수 있다: http://Eric.ed.gov/?id=ED370293.

전문상담교사는 학생 요구, 법적 명령, 그리고 모든 학생을 위한 통합을 향상시킬 수 있는 전략을 이해함으로써 모든 교육 수준에서 다양한 장애를 가진 학생들의 통합에 영향을 미칠 수 있다. 이제, 이 중요한 결과에 참여하고 통합교육 과정을 촉진하는 것은 전문상담교사의 몫이다.

핵심사항

- 전문상담교사는 특히 교육 계획과 통합교육 실행과 관련하여 장애 학생들의 삶에서 중요한 역할을 한다. 따라서, 그들은 LRE의 원칙과 통합교육 과정을 이해해야 한다.
- 전문상담교사는 장애학생에 대한 징계 조치와 통합교육 실제와 관련하여 존재하는 법적 명령과 지침을 인식해야 한다.

- 전문상담교사는 장애가 있는 학생과 없는 학생들이 통합교육 환경에 참여하도록 준비하기 위해 최선의 실제 통합교육 전략을 인식할 필요가 있다.

추가 자료

인쇄물

Brownell, M. T., Smith, S. J., Crockett, J. B., & Griffin, C. C. (2012). *Inclusive instruction: Evidence-based practices for teaching students with disabilities.* Guilford.

Dettmer, P., Knackendoffel, A. P., & Thurston, L. P. (2013). *Collaboration, consultation, and teamwork for students with special needs*(7th ed.). Pearson/Allyn & Bacon.

Friend, M. (2014). *Special education: Contemporary perspectives for school professionals*(4th ed.). Merrill/Pearson.

Rose, D., Meyer, S., & Hitchcock, C. (2005). *The universally designed classroom: Accessible curriculum and digital technologies*. Harvard Education Press.

Turnbull, A., Turnbull, R., Erwin, E. J., Sookak, L. C., & Shogren, K. A. (2011). *Families, professionals, and exceptionality: Positive outcomes through partnerships and trust*(6th ed.). Merrill/Pearson.

웹 기반 자료

- CAST: 보편적 설계 전략(보편적 학습설계: Universal Design for Learning, UDL)
  웹사이트: www.cast.org/udl/
  UDL 전략은 특수교육 대상 학생뿐만 아니라, 모든 학생을 위한 교수 목적, 방법, 자료, 평가를 설계하기 위한 접근이다. 이는 '모두에게 동일한' 해결책이 아니라, 개별적 요구에 맞추어 조정되고 맞춤화된 유연한 접근을 의미한다.
- Beach Center on Disabilities
  웹사이트: www.beachcenter.org
  장애인의 학교부터 지역사회 생활까지 전 생애 영역에서 삶의 질에 영향을 주는 실천법에 대해 부모와 전문가에게 개입, 지원, 출판물, 연수를 제공한다.

• 긍정적 행동지원 기술지원센터(Technical Assistance Center on Positive Behavioral Interventions and Supports) (미국 교육부 특수교육국(OSEP) 설립)
웹사이트: www.pbis.org

• ERIC 데이터베이스
웹사이트: http://eric.ed.gov/?id=ED370293
고등교육 단계에서 자격 요건을 갖춘 학생들에게 제공되는 수업 조정(accommodations)에 대한 정보를 제공한다.

• Think College: 지적장애 학생을 위한 통합형 대학 기회 목록
웹사이트: www.thinkcollege.net

• 국가 종단 전환 연구 2차(National Longitudinal Transition Study-2, NLTS2)
웹사이트: www.nlts2.org
중등교육 이후 성인기로 이행한 학생들의 결과에 관한 국가 수준의 문서 및 연구를 제공한다. NLTS2는 미국 교육부(Department of Education)에서 지원한다.

참고문헌

American Psychiatric Association. (2013). *Diagnostic and statistical manual of mental disorders*(5th ed.). Author.

Anderson, N. B., & Shames, G. H. (2006). *Human communication disorders*(7th ed.). Allyn & Bacon.

Bambara, L. M., Browder, D. M., & Koger, F. (2006). Home and community. In M. E. Snell & Brown (Eds.), *Instruction of students with severe disabilities*(6th ed., pp. 526-568). Merrill/Pearson Education.

Best, S. J., Reed, P., & Bigge, J. L. (2005). Assistive technology. In S. J. Best, K. Wolff Heller, & J. L. Bigge (Eds.), *Teaching individuals with physical or multiple disabilities*(5th ed., pp. 179-226). Pearson/Merrill.

Blaska, J. K., & Lynch, E. C. (1998). Is everyone included? Using children's literature to facilitate the understanding of disabilities. *Young Children, 53*(2), 36-38.

Bradshaw, C., Mitchell, M., & Leaf, P. (2010). Examining the effects of schoolwide positive behavioral interventions and support on student outcomes: Results from a randomized controlled effectiveness trial in elementary schools. *Journal of Positive Behavior Interventions, 12*(3), 133-148.

Brown, H., & Ciuffetelli, D. C. (Eds.). (2009). *Foundational methods: Understanding teaching and learning*. Pearson Education.

Brown, L., Nietupski, J., & Hamre-Nietupski, S. (1976). Criterion of ultimate functioning. In A. Thomas (Ed.), *Hey, don't forget about me!*CEC Information Center.

Bryan, T., Stiles, N., Burstein, K., Ergul, C., & Chao, P.-C. (2007). "Am I supposed to understand this stuff?" Youth and special health care needs readiness for transition. *Education and Training in Developmental Disabilities, 42*(3), 330-338.

Bryant, D. P., Bryant, B. R., Gersten, R., Scammacca, N., & Chavez, M. M. (2008). Mathematics intervention for first and second grade students with mathematics difficulties. The effects of tier 2 intervention delivered as booster lessons. *Remedial and Special Education, 29*(1), 20-32.

Carr, E. G., Dunlap, G., Horner, R. H., Koegel, R. L., Turnbull, A. P., Sailor, W., . . . Fox, L. (2002). Positive behavior support: Evolution of an applied science. *Journal of Positive Behavior Intervention, 4*(1), 4-16.

Carter, E. W., Austin, D., & Trainor, A. A. (2012). Predictors of postschool employment outcomes for young adults with severe disabilities. *Journal of Disability Policy Studies, 23*(1), 50-63.

Carter, E. W., & Hughes, C. (2006). Including high school students with severe disabilities in general education classes: Perspectives of general and special educators, paraprofessionals, and administrators. *Research and Practice for Persons with Severe Disabilities, 31*(2), 174-185.

Centers for Disease Control. (2014). *Autism spectrum disorder (ASD)*. Retrieved from https://www.cdc.gov/ncbddd/autism/data.html

Condeluci, A. (2010). *Social capital—The real route to inclusion*. Retrieved from http://www.bianc.net/docs/Family%20Conference/Condeluci%20TASH_article.pdf

Cooper, J. O., Heron, R. E., & Heward, W. L. (2007). *Applied behavior analysis*(2nd ed.). Pearson.

Copeland, S. R., Hughes, C., Carter, E. W., Guth, C., Presley, J. A., Williams, C. R., & Fowler, S. E. (2004). Increasing access to general education: Perspectives of participants in a high school peer support program. *Remedial and Special Education, 25*(6), 342-352.

Covey, S. R. (1989). *The seven habits of highly effective people*. Simon and Schuster.

Cross, A. F., Traub, E. D., Hutter-Pishgahi, L., & Shelton, G. (2004). Elements of successful inclusion for children with significant disabilities. *Topics in Early Childhood Special Education, 24*(3), 169-183.

Dettmer, P., Thurston, L. P., & Dyck, N. J. (2005). *Consultation, collaboration, and teamwork for students with special needs*(5th ed.). Pearson.

DiPaola, M., Tschannen-Moran, M., & Walther-Thomas, C. (2004). School principals and special education: Creating the context for academic success. *Focus on Exceptional Children, 37*(1), 1-12.

Doren, B. (2012). The relationship between parent expectations and postschool outcomes of adolescents with disabilities. *Exceptional Children, 79*(1), 7-23.

Downing, J. E. (2005). Inclusive education for high school students with severe intellectual disabilities: Supporting communication. *Alternative and Augmentative Communication, 21*(2), 132-148.

Downing, J. E., & Peckham-Hardin, K. D. (2007). Inclusive education: What makes it a good education for students with moderate to severe disabilities? *Research and Practice for Persons with Severe Disabilities, 32*(1), 16-30.

Downing, J. E., Spencer, S., & Cavallaro, C. (2004). The development of an inclusive charter elementary school: Lessons learned. *Research and Practice for Persons with Severe Disabilities, 29*(1), 1-24.

Dymond, S. K., Renzaglia, A., Rosenstein, A., Jung Chun, E., Banks, R. A., Niswander, V., & Gilson, C. L. (2006). Using a participatory action research approach to create a universally designed inclusive high school science course: A case study. *Research and Practice for Persons with Severe Disabilities, 31*(4), 293-308.

Education for All Handicapped Children Act of 1975, 20 U.S.C. §1400 et seq.

Edwards, C. C., & Da Fonte, A. (2012). The 5-point plan: Fostering successful partnerships with families of students with disabilities. *Teaching Exceptional Children, 44*(3), 6-13.

Francis, G., Gross, J., Turnbull, R., & Parent-Johnson, W. (2013). Evaluating the effectiveness of the family employment awareness training in Kansas: A pilot study. *Research and Practice for Persons with Severe Disabilities, 38*(1), 44-57.

Friend, M., & Bursuck, W. D. (2013). *Including students with special needs: A practical guide for classroom teachers*. Allyn & Bacon.

Friend, M., & Shamberger, C. (2008). Inclusion. In T. L. Good (Ed.), *Twenty-first century education: A reference handbook*(Vol. 2, Pt. 11, chap. 64, pp. 124-131). Sage.

Gartner, A., & Kerzner-Lipsky, D. (2002). *Inclusion: A service, not a place, a whole school approach*. Dude.

Gobbo, K., & Shmulsky, S. (2014). Faculty experience with college students with autism spectrum disorders: A qualitative study of challenges and solutions. *Focus on Autism and Other Developmental Disorders, 29*(1), 13-22.

Gyamfi, P., Walrath, C., Burns, B., Stephens, R., Gen, Y., & Stambaugh, L. (2010). Family education and support services in systems of care. *Journal of Emotional and Behavioral Disorders, 18*(1), 14-26.

Harper, G. F., Maheady, L., Mallette, B., & Karnes, M. (1999). Peer tutoring and the minority child with disabilities. *Preventing School Failure, 43*(2), 45-51.

Hitchcock, C., Meyer, A., Rose, D., & Jackson, R. (2002). Providing new access to the general curriculum. *Teaching Exceptional Children, 35*(2), 8-17.

Horner, R. H., Dunlap, G., Koegel, R. L., Carr, E. G., Sailor, W., Anderson, J., . . . O'Neill, R. E. (1990). Toward a technology of "nonaversive" behavioral support. *Journal of the Association for Persons with Severe Handicaps, 15*(3), 125-132.

Horner, R. H., & Sugai, G. (2005). School-wide positive behavior support: An alternative approach to discipline in schools. In L. Bambara & L. Kern (Eds.), *Positive behavior supports*(pp. 359-390). Guilford Press.

Horner, R. H., Sugai, G., & Anderson, C. (2010). Examining evidence base for school-wide positive behavior support. *Focus on Exceptional Children, 42*(8), 1-14.

Hughes, C. (2013). Poverty and disability: Addressing the challenge of inequality. *Career Development and Transition for Exceptional Individuals, 36*(1), 37-42.

Johnson, D., Johnson, R., & Cary, R. (2010). Cooperative learning in middle schools: Interrelationships and relationships and achievement. *Middle Grade Research Journal, 5*(1), 1-18.

Johnson, D. R., & Johnson, F. P. (2009). *Joining together: Group theory and group skills*(10th ed.). Merrill/Pearson Education.

Jorgensen, C. M., Schuh, M. C., & Nisbet, J. (2006). *The inclusion facilitator's guide*. Brookes.

Meyer, A., Rose, D. H., & Gordon, D. (2014). *Universal design for learning: Theory and practice*. CAST Professional.

Montgomery, J. M., Stoesz, B. M., & McCrimmon, A. (2012). Emotional intelligence, theory of mind and executive functions as predictors of social outcomes in young adults with Asperger syndrome. *Focus on Autism and Other Developmental Disabilities, 28*(1), 4-13.

Orfield, G. (2009). *Reviving the goal of an integrated society: A 21st century challenge*. The Civil Rights Project/Proyecto Derechos Civiles at UCLA. http://www.civilrightsproject.ucla.edu/

Palawat, M., & May, M. E. (2012). The impact of cultural diversity on special education provision in the United States. *Journal of the International Association of Special Education, 13*(1), 58-63.

Parette, H. P., & Peterson-Karlan, G. R. (2007). Facilitating student achievement with assistive technology. *Education and Training in Developmental Disabilities, 42*(4), 387-397.

Parish, S. L., Rose, R. A., & Andrew, M. E. (2010). TANF's impact on low-income mothers raising children with disabilities. *Exceptional Children, 76*(2), 234-253.

Prater, M. A. (2000). Using juvenile literature with portrayals of disabilities in your classroom. *Intervention in School and Clinic, 35*(3), 167-176.

Prater, M. A., & Dyches, T. T. (2008). *Teaching about disabilities through children's literature*. Libraries Unlimited/Teacher Ideas Press.

Pratt, C. W., Gill, K. J., Barrett, N. M., & Roberts, M. M. (2013). *Psychiatric rehabilitation*(3rd ed.). Elsevier Academic Press.

Price, K. M., & Nelson, K. L. (2007). *Planning effective instruction: Diversity responsive methods and management*(3rd ed.). Thomson Higher Education.

Putnam, J., Markovchick, K., Johnson, D., & Johnson, R. (1996). Cooperative learning and peer acceptance of students with learning disabilities. *Journal of Social Psychology, 136*(6), 741-752.

Raver, S. A. (2009). *Early childhood special education—0-8 years: Strategies for positive outcomes*. Merrill/Pearson Education.

Rose, D. H. (2000). Universal design for learning. *Journal of Special Education Technology, 15*(1), 67-70.

Salend, S. J., & Duhaney, L. M. (2005). Understanding and addressing the disproportionate representation of students of color in special education. *Intervention in School and Clinic, 40*(4), 213-221.

Santelli, B., Turnbull, A., Marquis, J., & Lerner, E. (1997). Parent-to-parent programs: A resource for parents and professional. *Journal of Early Intervention, 21*(1), 73-83.

Sawyer, S., & Comer, D. E. (1991). *Growing up with literature*. Delmar.

Sciutto, M., Richwine, S., Mentrikoski, J., & Niedzwiecki, K. (2012). A qualitative analysis of the school experiences of students with Asperger syndrome. *Focus on Autism and Other Developmental Disabilities, 27*(3), 177-188.

Semke, C. A., Garbacz, S., Kwon, K., Sheridan, S. M., & Woods, K. E. (2010). Family involvement for children with disruptive behaviors: The role of parenting stress and motivational beliefs. *Journal of School Psychology, 48*(4), 293-312.

Siltala, R. (2010). *Innovativity and cooperative learning in business life and teaching*. University of Turku.

Soukup, J. H., Wehmeyer, M. L., Bashinski, S. M., & Bovaird, J. A. (2007). Classroom variables and access to the general education curriculum. *Exceptional Children, 74*(1), 101-120.

Steere, D. E., Rose, E., & Cavaiuolo, D. (2007). *Growing up: Transition to adult life for students with disabilities*. Allyn & Bacon.

Turnbull, A., Turnbull, R., Erwin, E. J., Soodak, L. C., & Shogren, K. A. (2011). *Families, professionals, and exceptionality: Positive outcomes through partnerships and trust*(6th ed.). Merrill/Pearson.

Turnbull, H. R., Turnbull, A., Shank, M., & Smith, S. J. (2010). *Exceptional lives: Special education in today's schools*(4th ed.). Pearson.

Turnbull, H. R., Wilcox, B., Stowe, M., & Turnbull, A. (2001). IDEA requirements for use of PBS. *Journal of Positive Behavior Interventions, 3*(1), 11-18.

Turnbull, P., Pereira, L., & Blue-Banning, M. (2000). Teachers as friendship facilitators. *Teaching Exceptional Children, 23*(5), 66-70.

Wehman, P., & Kregal, S. (2012). *Functional curriculum for elementary and secondary students with special needs*. Pro-Ed.

Wehmeyer, M. L. (1999). Assistive technology and students with mental retardation: Utilization and barriers. *Journal of Special Education Technology, 14*(1), 48-58.

Westling, D. L., & Fox, L. (2009). *Teaching students with severe disabilities*(4th ed.). Pearson Education.

Villa, R. A., Thousand, J. S., Nevin, A., & Liston, A. (2005). Successful inclusive practices in middle and secondary schools. *American Secondary Education, 33*(3), 33-50.

U.S. Census Bureau. (2011). *Income, poverty, and health insurance coverage in the United States: 2010*. Author. http://www.census.gov/prod/2011pubs/p60-239.pdf

U.S. Department of Education (USDOE). (2006). *Twenty-eighth annual report to Congress on the implementation of the Individuals with Disabilities Education Act*. Author.

U.S. Department of Education. (2012). *29th annual report to Congress on the implementation of the Individuals with Disabilities Education Act, 2007*. Author.

U.S. Department of Education, National Center for Educational Statistics. (2012). *Inclusion of special-needs students*. http://nces.ed.gov/nationsreportcard/about/inclusion/asp

U.S. Department of Health and Human Services. (2012). *2012 national strategy for suicide prevention: Goals and objectives for action*. Author. https://www.surgeongeneral.gov/library/reports/national-strategy-suicide-prevention/index.html

Udvari-Solner, A. (1992). Curricular adaptations: Accommodating the instructional needs of diverse learners in the context of general education [Monograph]. *ERIC Database*. (ERIC No. ED354685)

10장

전환의 기본 원리

Donna Wandry

펜실베니아 웨스트 체스터 대학(West Chester University of Pennsylvania

> "전환 그 자체가 문제가 아니라, 그 어려움에 얼마나 잘 대처하느냐가 관건이다!"
>
> —Jim George, 기독교 작가 및 강연가

교육 시스템 내에서 학생들의 단계별 전환은 불가피한 현상이다. 전환은 사회적, 학문적, 그리고 절차적 경계를 넘나드는 일시적인 과정으로 간주될 수 있다(Tilleczek, 2008). Bronfenbrenner(1979)의 기념비적인 연구에 따르면, "모든 전환은 발달 과정의 결과이자 촉매제"이다(p. 27).

전환 시점은 매우 다양하며, 각 시점에서 전환 경험에 영향을 미치는 요인의 수는 상당하다. 장애학생을 포함한 모든 학생들이 이러한 통과 지점을 성공적으로 헤쳐나가도록 돕는 것은 모든 학교 구성원의 과제이며, 특히 전문상담교사의 중요한 역할이 될 수 있다.

본 장을 읽은 후, 독자들은 다음 목표를 달성할 수 있을 것이다:

1. 조기중재 서비스에서 초등학교, 초등학교 및 중학교에서 고등학교, 고등학교에서 고등 교육기관에 이르기까지 각 전환 시점에서 장애 청소년이 직면하는 주요 전환

과제를 최소 한 가지 이상 판별한다.

2. 장애인의 전환 이동을 규정하는 특수교육 또는 장애 관련 법률의 최소 세 가지 사항을 판별한다.
3. 성공적인 학생 전환을 촉진하는 데 있어 특수교육과 협력하는 전문상담교사의 참여 지점을 최소 다섯 가지 이상 판별한다.

전환 대 다양한 전환

전환의 정의

전환이라는 용어는 하나의 상태, 단계, 주제, 또는 장소에서 다른 곳으로의 이동으로 정의된다(Transition, n.d.). 이는 모든 개인의 생애 주기가 각각 고유한 특성과 도전이 있는 다수의 전환 지점을 포함한다는 것을 의미한다. Tilleczek(2008)은 이 과정이 아동기에서 성인기로의 전환; 학교, 지역사회, 가족을 통한 성공으로 가는 경로를 따라 이루어지는 전환; 그리고 학년에서 학년으로의 전환을 포함하는 "중첩된 전환"(p. 68)의 일부라고 주장했다. 학교 직원은 일반적으로 모든 학생, 특히 장애가 있는 학생들을 위한 전환 지점의 다양성과 복잡성을 이해하는 것이 유익하다.

모든 학생을 위한 수평적 전환과 수직적 전환

수평적/횡적 전환

학생들은 삶을 살아가면서 많은 전환을 경험한다. 그중 일부는 예측 가능하지만, 다른 일부는 개인의 상황에 따라 독특하다. Clark과 Patton(2006)은 이러한 전환을 수직적 전환(예: 생애와 관련된 예측 가능한 전환) 또는 수평적 전환(개인의 상황에 따라 독특한 전환)으로 설명했다. 수평적 전환은 한 상황 또는 환경에서 다른 상황 또는 환경으로의 이동을 의미한다. 학생들의 삶에서 이는 같은 학년 수준을 유지하면서 학교나 교사가 바뀌는 것을 의미할 수 있다.

수직적/종적 전환

생애와 관련된 (즉, 수직적) 전환은 학교 입학, 초등학교 졸업, 나이 들어감과 같은 예측 가능한 인생 사건과 관련되어 있지만, 시기와 기대치 측면에서 문화 내에서 차이가 있을 수 있다. 이러한 전환에 대한 조정된 계획은 발생할 수 있는 불안감을 최소화하고 전환을 더욱 원활하게 만들 수 있지만, 실제로 대부분의 개인의 삶에서는 포괄적인 계획이 거의 이루어지지 않는다(Wehmeyer & Patton, 2012).

장애학생을 위한 추가적인 수평적 전환 및 수직적 전환

장애학생의 경우, 가장 일반적인 수평적 변화 중 하나는 배치 또는 서비스 패턴의 변화 형태일 수 있다. 가장 중요하고 자주 논의되는 수평적 전환 중 하나는 분리된 환경에서 보다 통합적인 환경으로의 이동이다.

더 작은 범위에서 이는 특수교육팀이 학생의 최대 성장을 달성하기 위해 적절한 수준의 지원을 받을 수 있는 최소제한환경(LRE)에 대한 결정을 내릴 때, 장애학생의 학년 중에 이루어지는 변화를 의미할 수 있다. 더 큰 범위에서 이는 연령 특정적이지 않은 전환의 예이며, 이러한 이동 기회는 장애인의 생애 전반에 걸쳐 이용할 수 있다(Wehmeyer & Patton, 2012).

장애인교육법(IDEA) 규정에 의해 지원되는 장애학생을 위한 두 가지 주요 수직적 전환 영역은 (a) 조기 중재에서 취학 전 서비스로의 이동, 그리고 (b) 중등 이후에서 성인 역할로의 이동이다. (주의, 2004년부터 IDEA는 현재 IDEIA, 장애인교육향상법으로 알려져 있다.) 본질적으로, K-12 기간 동안 다른 전환이 발생하지만, 특수교육 적격성의 시작과 끝에서의 전환은 법률에 의해 가장 명확하게 정의된 두 가지이다.

Part C에서 Part B로

만 3세까지의 자격이 있는 아동은 IDEA의 Part C에 의해 보호된다. Part C는 가족이 아동의 발달적 요구(예: 앉기, 걷기 또는 말하기 배우기)를 충족하도록 돕는 데 중점을 둔다. 이러한 서비스는 “조기중재서비스”라고 불린다. 일반적으로 아동의 가정이나 보육 환경과 같은 자연스러운 환경에서 제공되는 이러한 서비스와 아동 및 가족을 위한 결과는 개별화가족서비스계획(Individual Family Service Plan, IFSP)에 정의되어 있다. 만 3세에 자격이 있는 아동은 IDEIA의 Part B로 이동함에 따라 지원 및 서비스가 변경되며, Part B는 3세에서 22세 사이에 서비스를 제공한다. 유치원 서비스는 Part B의 절 619에 포함되어 있다. Part C에서 Part B 서비스로 이동할 때 IFSP는 개별화교육계획(IEP; PACER, 2012)으로 대체된다.

학교에서 성인 역할로의 전환

중등교육에서 성인기로의 전환은 장애 청소년들이 독립성 확립, 중등 이후 교육이나 훈련 참여, 사회적 네트워크 개발, 직업 선택, 지역사회 참여, 의료 및 재정 관리 등을 포함하는 다양한 책임과 변화하는 역할에 직면하는 시기를 나타낸다(Wehmeyer & Webb, 2012). 특수교육 자격이 있는 학생들은 IDEA 보호하에 22세까지 서비스를 받을 수 있다. 그 시점에서 그들은 자격에서 "나이로 인해 제외"된다. 다른 학생들은 졸업을 통해 또래와 함께 학교를 떠날 수 있으며, 이는 선택적으로 학교 서비스와의 연계를 종료하는 것이다. 안타깝게도, 또 다른 학교를 떠나는 방법은 중퇴인데, 이 역시 학생이 복귀를 선택하지 않는 한 학교 서비스와의 연계를 종료한다. 장애 비율에 관한 통계는 장애 유형과 인종 소속과 같은 다른 요인과의 상호작용에 따라 변동적이다. Wilkins와 Huckabee(2014)가 수행한 문헌 메타분석에 따르면, 일반 학생의 졸업률은 약 75%이지만, 특수교육 서비스를 받는 학생의 경우 약 50%에 불과하다. 특정 장애 범주의 학생들은 특히 높은 중퇴율을 보인다; 정서장애가 있는 학생들은 모든 장애 그룹 중 가장 높은 중퇴율(40%)을 보였다. 특정학습장애(21%), 기타 건강장애(20%), 지적장애(20%)가 있는 학생들의 중퇴율도 높았다. 장애가 있는 아프리카계 미국인과 히스패닉/라틴계 학생들의 졸업률은 특히 낮다(각각 40%와 48%).

어떤 경우에도 IDEA에 따라 만 22세 이상은 서비스를 받을 수 없다. 따라서 학교 졸업 후, 다양한 수준의 지원이 필요하다는 점을 충분히 인식하여 IDEA는 장애학생이 고등교육, 직장, 가정 및 지역사회 환경에서 학교 졸업 후 역할로 성공적으로 전환할 수 있도록 계획하고 실행하는 절차를 의무화하고 제공한다.

2004년 장애인교육법(IDEA) 재인가에서는, 특수교육 서비스를 받는 만 16세 이상의 모든 학생에 대해 전환 서비스를 고려하도록 요구하였다. 다만, 여러 주의 계획에서는 해당 연령을 만 14세로 설정하고 있다. 이 법에서는 전환 서비스를 다음과 같이 정의하였다:

전환 서비스란, 장애 아동을 위한 조정된 일련의 활동(coordinated set of activities)으로서, 다음의 특성을 갖는다:

- 결과 지향적 과정(results-oriented process) 안에서 설계되어 있으며, 장애아동의 학업적 및 기능적 성취를 향상시켜, 학교에서 졸업 후 활동으로의 이동을 촉진하는 데 초점을 맞춘다. 이 활동에는 고등교육, 직업교육, 통합고용(지원고용 포함), 성인 및 평생교육, 성인 서비스, 자립생활, 그리고 지역사회 참여가 포함된다.
- 아동 개인의 요구에 기반하며, 아동의 강점, 선호, 그리고 흥미를 고려한다. 교육, 관련 서비스, 지역사회 경험, 고용 및 기타 졸업 후 성인생활 목표의 개발, 그리고 필요시 일상생활 기술 및 기능적 직업 평가의 획득을 포함한다. 출처: [34 CFR § 300.43(a)], [20 U.S.C. §1401(34)]

장애학생의 전환 과정에 수반되는 어려움

수직적이든 수평적이든, 전환은 학업, 사회성, 자기옹호, 의사결정 과정 등 다양한 영역에서 어려움을 야기한다. Turner(2007)에 따르면 교육자들은 전환이 학생들의 긍정적인 발달을 촉진할 수 있는 기회를 제공하지만, 제대로 관리되지 않으면 학습과 관계에 영향을 미치는 불안이나 스트레스를 초래할 수 있다는 점을 인지하고 있다. 그러나 학교상담 프로그램이 효과적인 전환을 촉진할 때, 그 결과는 더 높은 졸업률과 소외 계층 학생들의 고급 과정 참여 증가로 나타날 수 있다(North Carolina Department of Public Instruction [NCDPI], 2007). 모든 학생은 정도의 차이는 있지만 전환기의 어려움에 직면하므로, 모든 학생이 다양한 전환 시점에서 직면할 수 있는 고유한 어려움을 논하고, 장애학생이 직면하는 추가적인 어려움을 구체적으로 다루는 것이 유용하다.

유아교육부터 중학교 2학년까지의 시기

일반 사항

이 절에서는 유아교육부터 초등학교 및 중학교 과정에서 학생들이 학년 내 또는 학년 간 이동을 겪으면서 경험할 수 있는 학교 전환의 수평적, 수직적 사례를 모두 설명한다. 학생들이 유아교육부터 초등교육 단계를 거치면서 직면할 수 있는 잠재적인 어려움에는 학급 교체 및 학년 변화가 포함된다.

모든 교과목을 동일한 교사와 함께하는 데 익숙한 학생들에게는 수업 시간에 늦지 않게 도착하고 사물함과 교실을 찾는 전통적인 어려움 외에도 학급 교체는 숙제를 기억하고 교사의 수업 시작에 적응하는 데 어려움을 초래할 수 있다(Black, 2008). 학부모는 성적표 점수만큼이나 이러한 어려움이 초래할 수 있는 스트레스와 자녀의 사회적, 정서적 적응에 미치는 영향에 대해 걱정할 수 있다.

전문상담교사는 학년 변화를 촉진하는 데 필요한 전문 지식을 갖추고 있지만, 학교 전문가에 의해 그 실행이 제대로 이루어지지 않을 수 있다(Augst & Akos, 2009). 특히 유아교육에서 유치원으로의 수직적 전환에서는 학급 규모, 부모 참여, 학업 요구, 사회적 관계, 그리고 행동 기대치에 극적인 변화가 발생한다(McIntyre, Eckert, Fiese, Reed, & Wildenger, 2010; Pianta & Kraft-Sayre, 2003).

장애학생의 경우, 장애와 관련된 추가적인 어려움이 유아교육 - 초등교육 단계에서 나타날 수 있다.

장애학생에게 나타나는 이러한 어려움의 예는 사례 제시 10.1에 제시되어 있다.

사례 제시 10.1

유아교육부터 중학교 2학년까지의 시기, 마이크

마이크는 10세의 초등학교 3학년 학생으로 학습장애 진단을 받았다. 3학년에 유급된 후, 학업 및 사회성 측면에서 현저한 발전을 이루었다. 그의 어머니는 지난 한 해 학년 동안 아들의 성장에 매우 만족하고 있지만, 여전히 아들의 장애를 받아들이는 데 어려움을 겪고 있다. 이자벨 씨는 아들이 특수학급에 배치되는 것을 원치 않았고, 일반학급에 남도록 하기 위해 적극적으로 노력했다.

마이크의 어머니는 아들에게 매우 헌신적이며, 아들을 소년소녀클럽에 등록시켜 주당 2~3회 참여시키고 있다. 가족은 주말에 함께 쇼핑, 영화 감상, 볼링, 짧은 여행, 요리 및 제빵 등 다양한 활동을 한다. 마이크는 케이크를 굽고 장식하는 것을 즐기며, 언젠가 요리 학교에 가서 케이크 디자인을 배우고 싶어 한다. 그는 어머니와 함께 집에서 제빵을 하며, 부엌에서 함께 시간을 보내는 것을 좋아한다고 말한다.

마이크는 학교와 소년소녀클럽에서 친구들과 함께 노는 것을 즐긴다. 그는 지난 2년 동안 학교생활이 훨씬 더 즐거워졌다고 말했으며, 특히 새로운 친구들, 교사들, 그리고 모든 교과목 성적이 향상된 점을 만족스럽게 느끼고 있다. 마이크는 체육 수업을 별로 즐기지 않는다고 보고했는데, 특히 수업 중 운동 활동 부분을 좋아하지 않는다고 하였다. 그러나 그는 체육 수업 중 스포츠 활동 부분에는 훨씬 더 흥미를 느끼는 경우가 많다고 한다.

또한, 마이크는 매우 쾌활하고 예의 바르며, 친구들에게 인기가 많다. 학업적으로 그는 모든 과목에서 최선을 다하려고 노력하며, 그림 그리기에 창의적이다. 마이크는 또한 특수학급에 가는 것을 좋아하지 않는데, 그 이유는 과제가 지루하고(예: 끝없이 반복되는 단순한 문제지) 수업에서 빠지는 것을 좋아하지 않기 때문이다. 마이크는 사회성 및 행동 기술에서 큰 개선을 보였다(예: 자신의 감정을 더 잘 다루고 좌절감과 감정을 통제함). 모든 것을 자신의 뜻대로 즉시 가질 수 없다는 것을 받아들이면서 그는 친구들에게 인기가 많은 학생이 되었고, 다른 학생들이 본받을 만한 존재가 되었다.

마이크의 가장 큰 학업적 어려움은 철자, 읽기 기술 기초, 작문 표현, 읽기 이해력에 있으며, 읽기, 이해, 그리고 쓰기가 포함된 내용 영역에서 지원과 도움이 필요하다. 또한, 그의 정리 정돈 기술을 개선해야 한다. 그는 일반적으로 과제에 집중하지만, 과제가 너무 어려우면 딴생각하거나 책상 내용물과 가방을 뒤적거리거나 다른 학생들이 수업 과제를 하는 동안 방해하는 경향이 있다.

비판적 사고를 위한 질문

1. 마이크는 내년에 중학교로 전환할 준비를 하고 있다. 학업, 학교생활 구조, 그리고 사회적 상호작용 측면에서 마이크가 직면할 수 있는 전환상의 도전과제는 무엇이라고 생각하는가?
2. 마이크가 중학교로 진학하면서 자기옹호(self-advocacy) 활동에 참여할 수 있는 기회는 어떤 것이 있을까? 전문상담교사로서 이러한 자기옹호 기회를 어떻게 촉진할 수 있을까?
3. 마이크가 현재 시점에서 개발할 수 있으며, 고등학교 및 고등학교 졸업 이후 환경에서도 도움이 될 수 있는 기술(skills)은 무엇이라고 생각하는가?

이 장에서 앞서 언급했듯이, IDEA에 따라 자격이 있는 장애 학생은 출생부터 22세까지 서비스를 받을 수 있다. 출생부터 2세까지의 서비스를 안내하는 IDEA의 특정 섹션은 Part C이며, 3세부터 22세까지의 학생을 위한 서비스는 법안의 Part B에 따라 제공된다. Part C에서 Part B로 전환하는 시점에서, 법률은 3세 생일까지 유아교육과정 및 기타 적절한 지역사회 서비스로의 아동 전환을 지원하기 위해 특정한 시기적절한 전환 계획 조치를 취할 것을 요구한다. 이러한 조치에는 (a) 전환 단계 및 서비스가 포함된 개별화가족서비스계획(IFSP) 개발; (b) 아동이 잠재적으로 Part B에 적격한 경우 교육구에 통지; 그리고 (c) 아동이 잠재적으로 Part B에 적격한 경우 전환 회의 구성이 포함된다(Montana Office of Public Instruction, 2013).

이 시점에서 중요한 결정이 이루어지는데, Part C 서비스에 대한 적격성이 자동적으로 Part B 서비스에 대한 적격성을 보장하지는 않기 때문이다. 이 전환계획 단계에서, 학부모는 향후 12개월 이내에 자녀가 만 3세가 된다는 사실을 교육구에 통보하는 것에 대해 '거부를 선택(opt out)'할 권리를 가진다. 이 통지는 Part B 서비스에 대한 적격성 결정이 다음 단계가 될 것이라는 알림이므로, 거부 선택은 본질적으로 아동이 3세가 될 때 특수교육 서비스를 중단시켜 자녀를 위한 특수교육 서비스의 잠재적 혜택을 제거한다. 그러나 학부모는 3세 이전 언제든지 참여 거부를 선택하는 결정을 철회할 수 있으며, Part C 서비스 제공자는 수신 교육구에 지연 통지를 하는 데 도움을 줄 것이다. 이 중요한 결정은 IFSP의 전환 단계 계획에서 핵심 논의 사항이 되어야 한다.

Part B 적격성을 추구하기로 결정한 경우, 전환 단계에는 (a) Part B 및 C 절차 및 안전장치에 대한 설명, (b) 가족 및 교육구와의 프로그램 옵션 및 다음 단계 논의, (c) 의뢰 및 평가를 위한 동의 획득, 그리고 (d) 모든 현재 평가 및/또는 사정평가가 교육구에 제공되었는지 확인하기 위한 검토가 포함되어야 한다. 이는 장애가 있는 적격 아동을 위해 출생부터 2세까지의 서비스와 3세부터 22세까지의 서비스 사이에 원활한 이전이 이루어지도록 보장한다.

앞서 언급했듯이, 학교에 입학한 후에는 덜 제한적이고 더 통합적인 환경을 향한 수평적 이동이 교육적 요구를 충족시키는 데 있어 먼저 고려되어야 하는 장애학생을 위한 중요한 대안이다. 이 더 제한적인 환경에서 덜 제한적인 환경으로의 전환 단계는 일반교육 요구사항에 대한 적응과 교사의 수용성 측면에서 문제가 될 수 있다. 일반교육 교사들은 추가적인 업무 부담, 통합의 효과, 예비 및 현직 전문성 개발의 적절성, 그리고 관리자 지원에 대해 강한 우려를 가질 수 있다(Shade & Stewart, 2001). 마찬가지로, 학교장들은 통합 실제에 대해 매우 불확실한 경향이 있다(Praisner, 2003). 따라서, 통합 환경으로 이동하는 장애학생들은 학업적 및 사회적 도전뿐만 아니라, 통합교사 및 관리자의 불확실성도 경험할 수 있다.

반대로, 더 제한적인 환경으로의 이동도 학생의 전환적 요구에 대한 전문적 관심을 필요로 할 수 있다. 예를 들어, 행동적 요구를 해결하기 위해 일반 학교에서 대안 배치로의 이동은 그 자체의 전환적 도전을 가진다. 전통적 환경의 관련 직원은 예정된 이동에 대해 통보받고 새로운 환경에서 지원 네트워크 구축을 돕는 것이 좋다(Young, 2007); 이 조언은 더 제한적인 환경에서 덜 제한적인 환경으로의 배치 변경에도 긍정적인 의미를 가진다.

모든 학년 변화에 있어서, 전환은 학생과 학부모 모두에게 어려운 과정일 수 있다. 그러나 특수한 요구를 가진 학생의 학부모 걱정은 장애가 없는 학부모의 걱정을 초과한다. McIntyre와 그의 동료들(2010)은 유치원으로 전환하는 장애가 있는 아동과 없는 아동의 학부모를 대상으로 한 연구에서, 특수한 요구를 가진 아동의 학부모의 걱정이 모든 영역에서 그들의 상대보다 초과했지만, 특히 지시 따르기, 다른 사람에게 요구를 알리기, 행동 문제, 그리고 화장실 훈련 영역에서 유의미한 차이를 보였다는 것을 발견했다. 이 발견은 특히 흥미로운데, 이러한 학생들이 이미 IEP와 가족 중심 서비스를 통해 취학 전 수준에서 많은 지원을 받았기 때문이다; 새로운 학급 도전에 비추어 서비스가 변경되거나 비효과적일 것이라는 두려움이 있었을 수 있다.

중등교육 단계

청소년기의 한 시점에서, 학생들은 초등에서 중등(초등에서 중학교, 또는 중학교에서 고등학교를 포함할 수 있음) 환경으로 진행한다. 중학교에서 고등학교로의 전환은 중대한 전환기로, "인생의 두 번째 맞는 십 년의 발달을 규정하는 요인들 중 하나"라고 불린다(Barber & Olsen, 2004, p. 3). 이러한 상태는 청소년기의 격동적 "sturm und drang"에 관한 Hall(1904)의 중대한 연구에서 볼 수 있다. 그는 "질풍노도"가 청소년들이 부모에게 의문을 제기하고 반박하는 경향, 기분 장애, 그리고 무모하고 반사회적 행동에 대한 성향에서 나타난다고 가정했다. 그의 이론이 대부분의 현대 심리학자들에 의해 보편적이고 불가피한 것으로 받아들여지지는 않지만(Arnett, 1999), 청소년들이 초등학생보다 불안, 불안정, 우울증의 증상과 같은 문제를 더 많이 가질 가능성이 있다는 것은 검증되었다. 이러한 성향이 새로운 환경에서의 전환적 도전과 맞물릴 때, 그 효과는 학생들에게 엄청날 수 있다. 이러한 불안감은 학생들이 고등학교로 진학할 때 더욱 악화될 수 있는데, 이곳에서는 교사와 학생 모두 중학교에 비해 고립감이 증가할 수 있다(Ellerbrock & Kiefer, 2013). 연구자들은 중학교 3학년 수준에서 실패와 중퇴율이 증가하는 반면 성취도는 감소하고(Allensworth & Easton, 2005; Tilleczek, 2008), 정학과 퇴학을 초래하는 행동 문제가 크게 증가할 수 있다고 확인했다(Jerald, 2006). 장애학생의 중퇴율은 이 장의 앞부분에서 인용되었다; 또한, 중퇴자의 평균 연간 소득은 4인 가족 빈곤 수준인 연간 약 $25,000에 불과하다(Department of Health and Human Services [DHHS], 2012).

많은 교육구는 대학 검색 및 진로지도와 같은 중등교육 이후 계획 과정에서 학부모와 학생을 교육하는 상담 프로그램에 투자해왔다. 또한, 모든 학생을 위한 개별학습계획(Individual Learning Plan, ILP)의 사용은 새롭게 등장하는 실제이다. ILP는 특정 학생의 강점, 도전, 관심사, 그리고 학습 스타일을 판별한 다음, 그 프로필을 주어진 교실 환경 내에서 학습 잠재력을 최대화할 수 있는 자원과 도구에 일치시킨다. 이 자원과 기록은 학생들이 성장하고 성숙함에 따라 그들을 따르며, 공식적인 교육과정을 넘어 전문적이고 개인적인 삶의 모든 측면으로 확장된다(Parent Driven Schools, n.d.). 따라서, 이 계획 과정은 청소년의 효과적인 중등교육 이후 전환을 지원하는 또 다른 경로가 될 수 있다.

장애가 있는 학생들에게는 중등교육 이후 전환이 주요 초점이 되는 시기에 추가적인 도전이 더 있다. 장애학생들에 대한 이러한 도전의 예는 사례 제시 10.2에 묘사되어 있다.

장애학생들이 중등교육 단계에서 학년에서 학년으로 이동함에 따라, 지원 시스템의 변화가 발생할 수 있다. 예를 들어, Thurlow(2001)는 사정평가 조정이 중학교나 고등학교 수준보다 초등학교 수준에서 더 많은 비율의 학생들에 의해 사용되며, 이것이 불행하게도 학생이 나이가 들면서 제공되는 교수적 및 교육적 조정의 감소된 양과 상관관계가 있을 수 있다고 주장했다. 특별히 고안된 교수(SDI)의 일부로서 이렇게 감소된 교육적 조정은 학생의 수행뿐만 아니라, 그 결과로 나타나는 학생과 학부모의 반응에도 영향을 미칠 가능성이 높다.

사례 제시 10.2

중등교육 단계, 지미(Jimmy)

지미는 경도 지적장애가 있는 17세 학생이다. 지능검사 결과는 언어적 수행과 단기 기억에 상당한 결함이 있음을 나타낸다. 그는 학교 출석률이 저조한 이력이 있으며 학교에서 미성숙하고 부적절한 행동을 보인다. 지미는 저녁에 제빙 공장에서 얼음을 포장하는 파트타임으로 일하고 있으며, 현재 일반 도우미로서 지역사회 현장실습 경험에 등록되어 있는데, 그곳에서 그는 선반과 자판기에 물건을 채우고, 식료품을 포장하며, 자판기에서 돈을 수금한다. 그는 학교에서 각 작업장으로 이동된다. 그는 현재 선택 과목(자동차 정비)을 제외한 모든 과목에서 독립된 특수교육 교실에 배치되어 있으며, 교육적 조정이 있음에도 불구하고 현재 그 수업을 통과하지 못하고 있다.

졸업 후, 지미는 대부분 경쟁적으로 고용될 것이다. 그의 교사들과 직업 코치는 그가 성공적인 고용에 필요한 일부 필수적인 일반 직업 기술이 부족하다고 보고한다. 또한, 그는 학교가 끝났을 때 추구할 수 있는 직업이나 지역사회 기반 고용 훈련 환경에 대해 알지 못한다고 강하게 느낀다.

지미는 학교가 끝나면 아파트에서 친구들과 함께 살고 싶다는 바람을 표현했음에도 불구하고 대부분 친척들과 함께 살 것이다. 그는 현재 돈 관리, 요리, 세탁과 같은 개인 관리와 일상적인 업무를 처리하는 기술이 부족하다는 점을 고려할 때 어떻게 이것을 실현할 수 있는지 이해하지 못한다. 현재 파트타임 직업에 도달하기 위해 대중교통 시스템을 사용하고 있지만, 일반적인 경로에서 벗어날 때 종종 어려움에 직면한다.

지미는 그의 지역사회에서 이용 가능한 다양한 레크리에이션 자원과 서비스에 매우 제한적으로 노출되어 있다. 그는 레크리에이션 활동을 제공하는 많은 지역사회 기반 프로그램을 사용하지 않는 경향이 있다.

지미는 적극성, 선택하기, 결정하기, 목적 설정과 같은 강한 자기결정 기술 세트를 개발하지 못했다. 그는 자신의 강점과 약점에 대한 이해와 관련하여 거짓된 자신감을 가지고 있다. 그는 종종 다른 사람들과 잘 지내는 데 어려움을 겪으며 때때로 부적절한 행동을 보인다. 그 결과, 그는 강하고 의미 있는 관계를 발전시키지 못했다.

비판적 사고를 위한 질문

1. 지미가 학교 졸업을 향해 나아감에 따라 지원이 필요한 영역은 무엇인가?
2. 상담 전문가로서 지미의 IEP 개발에서 당신은 어떤 역할을 할 수 있다고 생각하는가?
3. 지미가 학교를 떠난 후, 어떤 유형의 지역사회 기관 지원으로부터 혜택을 받을 수 있을까? 현재 어떤 유형의 학교 기반 관련 서비스가 그에게 도움이 될 수 있을까?

또 다른 관련 도전 과제는 장애가 있는 중등교육 단계 학생들의 성장하는 독립성을 장려하는 관점에서 볼 수 있다. 이 장에서 후에 자기결정으로 더 깊이 논의될 것처럼, 학생들은 필요한 교육적 조정을 이해하고, 수용하며, 그리고 옹호하는 법을 배워야 할 것이다. 실제로, 학생들이 나이가 들면서 제공되는 교육적 조정의 양이 감소한다면, 학생들이 자신의 지원 요구를 옹호하는 것이 점점 더 중요해진다. 교사, 전문상담교사, 그리고 다른 전문가들이—목적을 결정하는 과정에 학생들을 참여시키고 학부모와 다른 이들이 어떤 교육적 조정이 그들이 이러한 목적을 달성하는 데 가장 도움이 될지에 대한 그들의 의견을 존중하도록 돕는 것은—그들을 가치 있는 참여자로 인식하는 것이며, 이는 궁극적으로 그들의 교육에서 통제력과 책임감이 증가하는 느낌으로 이어질 수 있다(Thurlow, Thompson, Walz, & Shin, 2001).

유아교육부터 중학교 2학년까지의 시기 수준에서 나타나는 프로그램과 학급 및 교사 변화와 그 내재된 도전이 장애학생들을 위한 중등 환경에서 반복될 수 있지만, 중등교육 단계에서는 새로운 유형의 전환적 도전이 나타난다. 이 도전은 이 장에서 앞서 언급했듯이, IDEA가 의무화한 중등 이후 계획 형태로 나타난다.

이 과정의 중요성은 여러 영역에 걸쳐 장애인들의 성공률이 낮다는 데이터에서 명백하다. 미국 교육부 특수교육 프로그램 사무소가 후원한 특수교육 학생의 국가 종단 전환 연구(NLTS)는 1983년에 시작하여 2010년에 완료된 여러 단계에서 8,000명 이상의 장애 청소년의 성인 결과에 관한 데이터를 제공했다(Newman, Wagner, Cameto, Knokey, & Shaver, 2010). 이 종단 연구는 가중 표본을 사용하여 전국의 장애 청소년에게 일반화했다. 연구 결과는 장애학생의 중등교육 단계 이후 교육 등록이 비장애 또래의 절반에 불과하고, 그들이 비장애 또래보다 유의미하게 낮은 비율로 낮은 수준의 직업에서, 더 짧은 평균 시간 동안, 그리고 유의미하게 낮은 급여로 고용되었음을 나타낸다. 일치하는 데이터는 비장애 성인의 고용률이 76%인 반면, 장애가 있는 성인의 고용률은 30%에 불과하다는 것을 보여준다(U.S. Department of Labor, 2013). 또한, 장애가 있는 청소년들은 성인 역할로 이동함에 따라 비장애 또래보다 독립적으로 살 가능성이 현저히 낮았는데, 이는 부분적으로 그들의 낮은 수입 능력 때문이기도 하지만, 또한 부분적으로는 이 과정에 필요한 필수적인 일상생활 및 자기결정 기술이 개발되지 않았기 때문이다.

IDEA 의무에 따라, 학생이 16세가 되는 시점에 IEP의 교육 조항으로 반드시 포함되어야 하는 전환 계획의 시작에 관한 특별한 새로운 논의가 이루어져야 한다(대부분의 주는 1997년 재승인에서 설정된 이전 일정을 따르므로 14세부터 시작한다). 이 전환 계획은 다음과 같은 영역을 포함한다:

- 고용, 지역사회 접근, 개인-사회적 기술 등 성인 영역 전반에 걸친 요구, 선호도, 관심사를 파악하기 위한 적절한 사정평가 실시;
- 이러한 사정평가에 기반하여 개별화된 학교 졸업 후 목적을 위한 최적의 준비를 지원할 IEP 계획 및 교육과정 결정; 그리고
- 이러한 목적 추구에 있어 원활한 서비스 제공 체계를 구축하기 위한 학교 졸업 후 서비스 제공자와의 협력적 관계 형성.

이 세 가지 요소는 법이 요구하는 대로 학생 요구에 기반한 적절한 교육을 제공한다는 공통된 맥락을 가지고 있지만, 각각 별도로 설명될 것이다.

전환 사정평가

연령에 적합한 사정평가는 성공적인 전환 계획의 중요하고 의무적인 구성 요소이다. 전통적인 심리측정 기법은 특히 전환교육과 관련된 영역에서 학생 성취도를 평가하는 데 제한된 유용성을 가지기 때문에 대안적 접근법이 필요하다. 한 가지 대안은 체계적이고 표준화된 방식으로 관련 과제에 대한 학생 수행을 직접 관찰하는 것이다. 기술은 학생들을 다른 학생들과 비교하기보다 자기 자신과 비교함으로써 가장 잘 측정될 수 있다. 이는 장애학생을 평가할 때 특히 중요한데, 그들의 진전이 다른 청소년들에게서 일반적으로 기대되는 성장을 반영하지 않을 수 있기 때문이다.

중등 전환 평가는 표준 기반 방식으로 가장 효과적으로 이루어지며, 비공식 사정평가(인터뷰, 설문지, 직접 관찰, 상황 사정평가, 교육과정중심평가) 또는 공식 평가(적응행동척도, 특정적성검사, 자기결정평가, 관심사 및 직업 가치 검사)를 포함할 수 있다. 종합적인 평가의 목적은 개별화교육계획에서 계획과 서비스를 정의하는 것이다(Sitlington, Neubert, Begun, Lombard, & Leconte, 2007).

IEP에서의 전환 계획

교육과정 결정은 사정평가 결과뿐만 아니라, 이러한 사정평가에 기반한 교육적 요구를 설정하기 위한 IEP의 전환 계획의 결과이기도 하다. 따라서 먼저 전환 계획의 핵심 요점을 이해하는 것이 중요하다. 전환 계획은 고용, 중등 이후 교육, 그리고 적절한 경우 일상생활 기술 영역을 포함해야 한다. 평가 결과는 IEP의 현재 학업 및 기능적 수행 수준 진술서의 필수적인 부분이 되어야 하며, 이 계획은 이를 기반으로 해야 한다. 학업 수행의 의미는 명확하다. '기능적 수행'이라는 용어에 관해서, 미국교육부는 이 용어가 일반적으로 학업적이지 않거나 아동의 학업성취와 관련이 없는 기술이나 활동을 지칭하며, 일상생활의 일상적인 활동 맥락에서 자주 사용된다고 설명한다(Academic achievement, 2006, 71 Fed. Reg. at 46661). 따라서, "일상생활의 일상적인 활동"은 다음과 같은 일상생활 기술을 의미할 수 있다:

- 자기관리 및 가정 관리;
- 친구 사귀기, 다른 사람들과 의사소통하기, 자기결정에 참여하기와 같은 사회적 기술;
- 다양한 환경에서 적절히 행동하는 방법을 아는 것과 같은 행동 기술; 그리고
- 걷기 및 자신의 환경을 탐색하는 것과 같은 이동성 기술.

기본 기술 세트가 결정되면, 이들은 예상되는 학교 졸업 후 목적의 맥락에서 검토된다. 이는 학생이 여러 영역(가정, 학교, 직장, 지역사회)에 걸쳐 학교 졸업 후 역할로 성공적으로 이동하는 데 필요한 기술을 체계적으로 구축할 수 있도록 하는 IEP 목적을 설정하는 데 도움이 된다. 전환 계획을 위한 IEP 목적은 다른 IEP 목적과 마찬가지로 행동, 조건, 관련 교육 제공을 위한 표준에 충분한 주의를 기울여 똑같은 중요성과 엄격성을 가지고 개발되어야 한다.

학업과정 결정

Bridgeland, Dilulio, Morrison(2006)은 학생들이 고등학교를 중퇴하는 주요 이유는 그들이 수강하는 교과목의 관련성과 중요성을 인식하지 못하기 때문이라고 밝혔다. IEP 팀이 학생들의 중등 이후 목적과 직접 관련된 교과목을 더 구체적으로 판별할수록, 학생들이 교육을 완료하도록 동기부여될 가능성이 높아진다. 학업과정은 학생들이 성인 생활

을 위해 적절하게 준비하는 데 필요한 교과목 및 기타 교육 경험에 접근할 수 있도록 보장하기 위한 장기 계획을 나타낸다(Storms, O'Leary, & Williams, 2000).

학업과정 설계를 위한 권장 사항에는 (a) 학생들을 그들의 학업과정 개발에 의미 있게 참여시키기, (b) 학생들의 중등 이후 목적에 기반한 교과목 선택, (c) 학생들이 고등학교 교과목을 고려하는 즉시 학업과정 개발하기, 그리고 (d) 교과목 및 기타 교육 경험의 전략적 선택을 통해 해결할 수 있는 요구를 판별하기 위해 학생들의 현재 학업 및 기능적 수행 수준(PLAAFP) 진술서 검토하기가 포함된다.

학업과정은 학생의 현재부터 예상 졸업 연도까지의 교과목에 대한 다년간의 설명으로, 학생이 원하는 학교 졸업 후 목적을 달성하도록 돕기 위해 설계된다. 학업과정은 중등교육 단계 이후 목적과 일치해야 한다. 학업과정은 IEP 갱신 과정의 일부로 매년 검토되어야 한다. 이는 학생이 16세가 되는 시점(또는 IEP 팀이나 주 규정에 의해 적절하다고 판단되는 경우 더 어린 나이)에 시행될 첫 IEP부터 모든 교과목과 교육 경험을 명시하는 교육프로그램 및 계획을 반영해야 한다. 고용, 일상생활, 개인-사회적 기술과 관련된 목적을 충족시키기 위해서는 표준 학업 교과목을 넘어 관련 교육 경험을 판별하는 것이 필요할 수 있다는 점을 염두에 두어야 한다. 구체적으로, 학업과정 결정은 학생들이 원하는 측정 가능한 중등교육 단계 이후 목적을 달성하는 것과 관련되어야 하며, 단 한 해가 아닌 여러 해의 수업과 교육 경험을 명시해야 한다.

제공자와의 협력적 관계

장애학생들은 학교 이후 목적을 충족시키는 데 적절한 교수(instruction)로부터 혜택을 받지만, 중등 전환 계획의 개념은 팀 노력이라는 전제에 의존한다. 2004년 IDEA는 모든 장애아동이 그들의 독특한 요구를 충족시키고 "추가 교육, 고용 및 독립적 생활을 위해 준비하도록 설계된 특수교육 및 관련 서비스를 강조하는 무료의 적절한 공교육"을 이용할 수 있도록 보장하는 임무에서 명확하다(§300.1). 불행히도, Bruce와 Bridgeland(2012)는 상담사의 1/3 미만(고등학교 32% 및 중학교 30%)이 진로 및 대학 준비를 지원하기 위해 외부 조직과 협력한다고 보고했으며, 이는 전문상담교사가 장애 학생들을 위한 전환 계획의 이 측면에 완전히 기여할 수 있도록 개선이 필요함을 나타낸다.

법률은 또한 전환 서비스가 "결과 지향적 과정 내에서 설계된 조정된 활동 세트"라는 점에서 그 임무를 명확히 한다(Individuals with Disabilities Education Improvement Act (IDEIA) of 2004, 34 CFR 300.43 (a) 20 U.S.C. 1401(34)). 활동은 무엇이 발생할 것인지, 누가 책임이 있는지, 그리고 전환 활동이 언제 이루어질 것인지를 명시해야 한다. 조정된다는 것은 전환 활동 계획과 활동 완료에 대한 책임이 공유된다는 것을 의미한다. 학교와 외부 기관은 학생이 원하는 측정 가능한 중등 이후 목적을 달성하도록 돕는 데 필요한 모든 활동을 그들 자신만으로는 할 수 없다. 학생이 측정할 수 있는 중등 이후 목적을 달성하려면 활동은 모든 당사자 간에 잘 계획되고 공유된 노력이어야 한다.

또한, 전문상담교사는 IEP 계획 팀의 필수 구성원이 학생과 학부모임을 기억해야 한다. 효과적인 전환 사정평가, 계획 및 실행에 참여하는 사람들이 여러 분야와 시스템 구조에 걸쳐 있지만, 장애인을 위한 전체 서비스 스펙트럼 전반에 걸쳐 그렇듯이, 주요 초점은 주요 소비자인 청소년과 주변적으로는 가족의 개별적 요구를 충족시키는 데 있어야 한다. 간단히 말해, 효과적인 전환 프로그램은 생산적인 학부모 및 학생 참여가 높은 정도를 가진다(Kohler & Field, 2003; Zhang, Ivester, Chen, & Katsiyannis, 2005). 가족 구성원은 전환 기간 동안 경제적 및 심리적 지원의 주요 출처로 남아 있다(Glidden & Jobe, 2007). 그들은 또한 자원 탐색, 목적 설정, 그리고 독립생활 기술의 교육 및 강화를 도움으로써 청년들이 이 생활 변화를 협상하는 것을 돕는다(Sitlington, Clark, & Kolstoe, 2000).

IEP 팀이 전환 서비스를 설계할 때, 학생들에게 서비스를 제공하는 관련 서비스 인력은 학생들의 성인 생활 적응을 지원하는 서비스를 제공할 필요성을 고려해야 한다. 학생이 교육 시스템을 떠날 때 주요 지원 역할을 맡을 수 있는 독립생활, 직업, 그리고 치료 전문가와 같은 공공 및 민간 지역사회 서비스 제공자의 IEP 참여는 중요하다.

자기결정

장애학생들이 학교 졸업 후 역할을 준비하면서, 자기 옹호 능력은 단순히 바람직한 행동일 뿐만 아니라, 실용적인 능력이 된다. 학생들이 K-12 시스템을 떠나면, 더 이상 지원이나 교육적 조정이 필요한 사람으로 시스템에 의해 찾아지고 판별되는 혜택을 받지 못한다. 따라서, 그들은 중등교육 단계 이후 학교, 직장, 거주지, 지역사회 환경에서 적절하게 자신의 장애를 공개하고 교육적 조정을 요청하는 기술을 개발해야 한다. 그러나 장애인의 절반 미만만이 고용이나 중등 이후 교육에서 자신의 장애를 공개하거나 지원을 요청하는데, 이는 부분적으로는 그렇게 해야 한다는 인식 부족과 부분적으로는 낙인 및/또는 이후 고용주나 강사의 부당한 대우에 대한 두려움 때문이다(Madaus, 2008; von Schrader, Malzer, & Bruyere, 2013).

자기옹호(self-advocacy)를 포함하는 자기결정(self-determination)은 다음과 같이 정의된다: 자기결정이란 목적지향적이고 자기조절적이며 자율적인 행동을 가능하게 하는 일련의 기술, 지식, 신념의 결합이다. 자신의 강점과 한계를 이해하고, 자신이 유능하고 효과적인 존재라는 믿음을 가지는 것은 자기결정에 필수적이다. 이러한 기술과 태도를 바탕으로 행동할 때, 개인은 자신의 삶을 더욱 주체적으로 통제할 수 있으며, 우리 사회에서 성공적인 성인으로서의 역할을 수행할 수 있는 역량을 갖추게 된다(Field, Martin, Miller, Ward, & Wehmeyer, 1998, p. 2).

표 10.1 부록 C: 전환 활동 영역

다음은 중등 전환계획을 수립할 때 고려해야 하는 영역을 포함한 표이다. 영역별로, 해당 영역에 포함될 수 있는 기술을 최소 세 가지 이상 나열하라. 그리고 각각의 영역과 관련하여 학생의 기술 수준을 측정할 수 있는 사정평가 유형을 제시하라. 마지막으로, 전문상담교사로서 각 영역 중 하나 이상에서 사정평가를 실시하고, 교수계획을 수립하고, 교수/개입을 제공하는 데 자신이 맡을 수 있는 역할을 정의하라.

전환의 주요 영역

- 취업
- 교육/훈련
- 독립생활/일상생활 기술

추가 고려 영역

- 지역사회 참여
- 여가 활동
- 신체적 및 정서적 건강
- 개인적 책임 및 대인관계

자기결정 행동을 실행할 수 있는 구성은 장애인이 자신의 강점과 요구를 알고 이해하며, 자신의 요구를 적절히 표현하고, 자신의 자기옹호 효과를 평가하기 위한 문제 해결에 참여할 수 있어야 한다. 이는 K-12 기간 전체에 걸쳐 타당성을 가지며, 특히 새로운 환경에 직면하는 전환 시점에서 특별한 중요성을 갖는 기술이므로, 교사가 학생들이 이 기술을 개발하고 참여하도록 돕는 것을 지원하는 전문상담교사들의 역할은 성인기까지 영향을 미치게 될 것이다. 이러한 요점들은 지도형 실습 활동 10.1에 설명되어 있다.

지도형 실습 활동 10.1

전환 활동의 주요 영역

표 10.1은 중등 전환계획을 수립할 때 고려해야 하는 주요 영역을 보여준다. 영역별로, 해당 영역에 포함될 수 있는 기술을 최소 세 가지 이상 나열하라. 그리고 각 영역과 관련하여 학생의 기술 수준을 측정할 수 있는 사정평가 유형을 제시하라. 마지막으로, 전문상담교사로서 이 일곱 개 영역 중 하나 이상의 영역에서 사정평가를 실시하고, 교수계획을 수립하며, 그리고 교수 및 중재를 제공하는 과정에서 자신이 맡을 수 있는 역할을 정의하라.

모든 학생을 위한 전환과 관련된 학교 상담 과제

ASCA와 CACREP

두 개의 핵심 조직이 학교 전문상담교사의 준비와 지속적인 전문성 개발에 정보를 제공해왔다. 미국 전문상담교사협회(ASCA)는 학생들이 학교에서 성공을 거두고 사회의 책임 있는 구성원으로서 충실한 삶을 이끌 준비가 되도록 학업적, 개인-사회적, 그리고 진로 개발에 초점을 맞추도록 돕는 학교 전문상담교사의 노력을 지원한다. ASCA는 전 세계 전문상담교사들에게 전문성 개발, 출판물 및 기타 자원, 연구, 그리고 옹호를 제공한다. 전환과 관련하여 학교 전문상담교사의 역할에 대한 구체적인 입장 성명은 "적절한 경우 IEP에서 학생을 위한 학업 및 전환 계획을 개발하는 데 도움을 제공"하는 것이다(ASCA,

2013, p. 49). 상담 및 관련 교육프로그램 인증 위원회(CACREP, n.d.)는 미국 및 전 세계의 대학에서 제공하는 상담 및 그 전문 분야의 석사 및 박사 학위 프로그램을 인증한다. ASCA와 CACREP 모두 성공적인 학생 전환을 촉진하는 실천과 원활하게 일치할 수 있는 학교 전문상담교사를 위한 구성 요소를 제공한다. 전환 문제와 학교 전문상담교사 역량에 연결된 기대에 구체적인 것은 CACREP 2009 표준에서 발견되는 다음과 같은 진술이다: "학교-직장, 중등교육 단계 이후 계획, 그리고 대학 입학 상담을 포함한 전환 프로그램을 설계, 실행, 관리 및 평가하는 방법을 안다"(CACREP, n.d., p. 40). 이러한 일치점들은 아래에 설명되어 있다.

ASCA

학교 전문상담교사는 학생 입학 및 수평적, 수직적 전환 모두에서 핵심적인 역할을 할 수 있는 전문성을 가지고 있거나 획득해야 한다(Augst & Akos, 2009). 그들의 유리한 위치는 개별 학생의 성공과 실패 경험, 어떤 과정이 성공에 가장 최적인지, 어떤 정책이 학생들을 제한하는지, 그리고 어떤 지원이 도움이 되는지에 대한 통찰력을 제공한다(Education Trust, 2011). 이러한 시너지를 지원하기 위해, 미국 전문상담교사협회는 ASCA 국가모형을 개발했다; 그 모형 내에서, 학생 전환을 다루기 위한 특정 프로그램 구성요소는 기초, 전달 시스템, 관리 시스템, 그리고 책임 시스템이라는 네 가지 구성 요소 내에 포함되어 있다(Dimmitt & Carey, 2007).

유아교육부터 중학교 2학년까지의 시기 전환

ASCA 모형은 비공식적 의사소통과 교사의 행동과 일치하는 공식적인 교육과정 단위를 통해 소속감을 조성하는 방법으로 새로 입학하는 학생과 가족을 안내하는 데 중점을 둔다; 이 의사소통의 목적은 안전과 학습을 촉진하고 사회정서적 요구를 충족시키는 것이다. 학생들이 초등학교와 중학교 시기를 거치면서 발전하는 학업 및 행동 기대에 대한 정보가 의사소통에 기여한다. 또한, 전문상담교사와 관리자 간의 데이터 기반 서면 합의와 자문 위원회 사용을 통한 상담 자원의 관리는 실무자의 명확성과 일관성을 보장하도록 설계되었다(ASCA, 2004).

중등 전환

ASCA 모형은 중학교 시기 동안 중등 이후 전환을 위한 단계를 설정하여, 진로 대안, 목적 설정, 그리고 의사결정에 대한 조기 정보를 제공한다. 또한 중등 환경에서 학업적 성공을 촉진하기 위해 중학교 시기의 올바른 과목 선택을 강화한다. 중등 수준에서의 상담 초점은 학생들의 학업적 초점과 실제로 성적, 진로 지식, 그리고 사회정서적 기능을 촉진할 수 있는 상담 활동 사이의 균형을 성공적으로 맞추는 것이다. 또한, 효과적인 자료 유지는 학생 성적, 과목 선택 패턴, 중등교육 단계 이후 선택, 성취 격차 패턴, 그리고 보충교육 효능성에 대한 면밀한 조사를 가능하게 한다(Dimmitt & Carey, 2007).

CACREP

ASCA 국가모형에서 발견되는 학교 전문상담교사를 위한 전문 조직 지침 외에도, 전문가를 준비하는 많은 상담교육 프로그램은 상담 및 관련 교육프로그램 인증 위원회(CACREP)의 인증을 받는다. CACREP의 인증 표준을 준수하는 상담교육 준비 프로그램은 현재 2009년 표준에 따라 모든 연령대의 학생들을 위한 중등 전환을 지원하는 여러 영역에서 학교 전문상담교사를 훈련해야 한다. 여기에는 생애 전반에 걸친 개인 및 가족 발달과 전환 이론을 이해하는 것과 함께, (a) 학생의 학업적, 진로적, 개인-사회적 발전을 향상시키기 위한 프로그램을 설계, 실행, 관리 및 평가하는 방법, 그리고 (b) 학교-직장 프로그램, 중등교육 단계 이후 계획, 그리고 대학 입학 상담을 포함한 전환 프로그램을 설계, 실행, 관리 및 평가하는 방법을 아는 것이 포함된다; 이는 학생의 학업적, 진로적, 개인-사회적 발전을 촉진하기 위한 개별 및 그룹 상담과 교실 지도를 통해 달성되어야 한다.

특히 진로 개발 영역에서, CACREP 인증 프로그램은 (a) 진로 개발 이론과 의사결정 모형; (b) 진로, 취미, 교육, 직업 및 노동 시장 정보 자원, 그리고 진로 정보 시스템; (c) 진로 개발 프로그램 계획, 조직, 실행, 관리, 그리고 평가; (d) 일, 가족, 그리고 다른 삶의 역할과 요인들 사이의 상호관계, 진로 개발에서 다문화적 이슈의 역할을 포함; (e) 진로 및 교육계획, 배치, 후속 조치, 그리고 평가; (f) 진로 계획 및 의사결정과 관련된 사정평가 도구 및 기법; 그리고 (g) 글로벌 경제에서 특정 인구에 적용 가능한 것을 포함한 진로상담 과정, 기법, 그리고 자원에서 내용 요구사항을 충족한다(CACREP, n.d.).

ASCA와 CACREP가 운영되는 훈련 및 전문적 개발 구성의 범위와 이 장 앞부분에서 설명한 IDEA의 의무적 언어를 검토할 때, 이러한 구성과 IDEA의 원칙이 전환 요구와 관련하여 어디에서 수렴하는지 쉽게 알 수 있어야 한다. 장 전체에서 언급된 전환적 우려를 다루기 위한 상담 기술 배치 외에도, 다음 절에서는 특수교육, 가족, 그리고 관련 인력과 협력하여 장애 학생들을 위한 더 원활한 전환을 촉진하는 데 학교 전문상담교사가 수행할 수 있는 다른 중요한 역할을 설명한다.

장애학생을 위한 추가 또는 수정된 역할

팀 구조

모든 학생이 직면하는 전환 문제를 지원하는 것 외에도, 전문상담교사는 이 장 앞부분에서 설명한 바와 같이 사정평가 실행, 적격성 결정, IEP 계획, 협력자 관계 구축, 그리고 자기결정 지원에 적극적인 참여자가 되도록 노력해야 한다.

중요한 중등교육 단계 문서

위에서 언급한 실행과 이 장 앞부분에서 언급한 실행 외에도, 학교 전문상담교사는 학생이 K-12 시스템을 떠난 후에도 장애학생을 따라야 하는 중요한 문서화에 필수적인 역할을 할 수 있다. 이 두 세트의 문서, 즉 수행 요약과 IEP 평가 보고서는 학교 졸업 후 서비스와 지원으로의 더 원활한 전환을 보장하는 데 도움이 될 것이다. 이러한 문서에 관한 구체적인 사항은 아래에 설명되어 있다.

수행 요약. 2004년 장애인교육법(IDEA)은 "공공 기관이 정규 고등학교 졸업장으로 졸업하거나 주법에 따른 FAPE 연령 적격성을 초과하여 적격성이 종료되는 학생을 위해 중등교육 단계 이후 목적을 충족하는 데 도움이 되는 권장 사항을 포함한 학업 및 기능적 수행의 요약을 제공할 것"을 요구한다(§300.305[e][3]).

IEP의 공식적인 부분은 아니지만, 수행 요약(Summary of Performance, SOP)의 정보는 자기결정을 강화하고 학교 졸업 후 환경에서 교육적 조정을 확보하는 데 중요한 도구가 될 수 있다. IDEA가 SOP에 포함되어야 할 구체적인 내용을 명시하지는 않지만, SOP는 청년들이 고등학교를 졸업하거나 나이가 들어 떠난 후의 고유한 요구와 목적에 기반해야 한다. 학생의 SOP에 포함되어야 할 구체적인 정보는 주마다 다르기 때문에, 학부모(및 실무자)는 자신의 주 요구 사항에 익숙해져야 한다(Wrightslaw, n.d.).

IEP 평가 보고서. 특수교육 적격 학생이 수직적 또는 수평적 이동이든 K-12 시스템의 한 지점에서 다른 지점으로 전환할 때, 적격성 문서와 서비스 제공의 효과적인 이전이 중요하다. 따라서, 유치원에서 초등학교로, 초등학교에서 중학교로, 중학교에서 고등학교로, 학년에서 학년으로, 그리고 교사에서 교사로의 전환이 이루어지는 동안, 현재 검증 문서도 함께 이전되는 것이 필수적이다. IEP 팀의 일부로서, 학교 전문상담교사는 학생의 전환 스트레스를 다루는 데 있어 자신의 역할을 정의하고 IEP의 관련 서비스 섹션에 기록되게 할 수 있다.

동일한 학생들이 학교 졸업 후 환경, 특히 중등교육 단계 이후 교육으로 전환할 때, 그들은 자신의 장애 증거에 기반하여 교육적 조정을 구하게 될 것이다. 현재 IEP와 평가 보고서(IEP는 매년 완료되고 평가 보고서는 3년마다 완료됨) 없이는 지속적인 서비스나 지원 요구의 검증이 존재하지 않는다. 따라서, 청년들은 장애와 지원 요구를 스스로 공개하더라도 필요한 지원과 교육적 조정을 얻기 어려울 수 있다. 이는 개인이 IDEA 보호 속에 그러한 지원을 받을 것이라는 의미는 아니다; 그러나, 장애 문서화와 지속적인 서비스 제공 기록은 다음 환경에서 개인의 교육적 조정 요청을 검증하는 데 도움이 된다. 학교 졸업 후 역할과 환경으로 나가기 위한 준비에서 이 개인에게 서비스를 제공하는 팀의 일부로서, 학교 전문상담교사는 모든 적격성 문서가 최신 상태이고 따라서 다음 환경으로 이전 가능하도록 보장하는 적극적인 옹호자가 되어야 한다.

요약

학교 전문상담교사는 K-12 기간 동안 장애 학생을 지원하는 모든 팀의 필수적인 구성원이 되어야 한다. 리더십을 발휘할 준비가 된 이러한 전문상담교사들은 국가의 학교들이 모든 학생들을 생산적인 미래를 위해 준비시키는 데 있어 핵심적인 역할을 수행할 수 있다(Education Trust, 2011). 전문상담교사는 옹호자로서 IEP 팀 회의에서 적극적인 목소리가 되어야 하며, 사정평가와 관련 배경 정보를 제공하고, 장애가 있는 학생을 포함한 모든 학생의 삶을 지원하고 향상시키기 위한 자신의 책무에 따라 행동해야 한다(Owens, Thomas, & Strong, 2011).

핵심사항

- 전문상담교사 프로그램 표준은 ASCA 모형의 네 가지 영역—기초(foundation), 전달체계(delivery system), 관리체계(management system), 책무성 체계(accountability system)—내에서 전환 요소(transition components)를 명시하고 있다.
- 전문상담교사는 개인 및 가족 발달 이론과 생애 전 주기에 걸친 전환에 대한 이해를 갖추어야 한다. 또한 다음과 같은 역량을 갖추어야 한다:
  (a) 학생들의 학업, 진로, 개인-사회성 발달을 증진하기 위한 프로그램을 설계, 실행, 관리, 평가할 수 있어야 하며,
  (b) 학교에서 직업 세계로의 전환 프로그램, 고등교육 계획, 대학 입학 상담을 포함하는 전환 프로그램을 설계, 실행, 관리, 평가할 수 있어야 한다.
- 전문상담교사는 다음에 대한 이해가 필요하다:
  (a) 진로발달 이론(career development theories) 및 의사결정 모형(decision-making models);
  (b) 진로, 직업, 교육, 직업시장 정보 자원과 진로정보시스템(career information systems);
  (c) 진로발달 프로그램의 기획, 조직, 실행, 관리, 평가;
  (d) 일(work), 가족(family), 기타 인생 역할(life roles) 간 상호관계 및 진로발달에 있어서 다문화 이슈(multicultural issues)의 역할;
  (e) 진로 및 교육 계획, 배치, 추수지도(follow-up) 및 평가;
  (f) 진로계획과 의사결정에 관련된 사정평가 도구 및 기법;
  (g) 특정 집단에 적용 가능한 진로상담 과정, 기법 및 자원(글로벌 경제 상황을 포함하여).
- 전문상담교사는 중학교 시기부터 진로 대안, 목적 설정, 의사결정에 관한 초기 정보를 제공하고, 중등교육 단계에서 학업적 성공을 촉진할 수 있도록 적절한 과목 선택

을 강화함으로써, 고등교육 전환의 기반을 마련할 수 있다.

- 전문상담교사는 K-12 체계를 졸업한 후에도 장애학생을 따라가는 문서화 과정에서 필수적 역할을 수행한다. 이 문서에는 수행 요약(Summary of Performance, SOP) 및 IEP 평가보고서(IEP Evaluation Report)가 포함되며, 졸업 이후의 서비스 및 지원 체계로 원활하게 전환하는 데 도움을 준다.

추가 자료

인쇄물

National Collaborative on Workforce and Disability for Youth. (2005). *The 411 on disability disclosure workbook*. Institute for Educational Leadership.

National Secondary Transition Technical Assistance Center. (2013). *Age appropriate transition assessment toolkit*(3rd ed.). University of North Carolina at Charlotte.

Sitlington, P. L., Neubert, D. A., Begun, W., Lombard, R. C., & Leconte, P. J. (2007). *Assess for success: Handbook for transition assessment*(2nd ed.). Council for Exceptional Children.

West, L. (2010). *Integrating transition planning into the IEP process*. Council for Exceptional Children.

웹 기반 자료

- Center for Parent Information and Resources(부모 정보 및 자원 센터)
  웹사이트: www.parentcenterhub.org
- Parent Educational Advocacy Training Center(PEATC) (부모 교육 옹호 연수 센터)
  웹사이트: www.peatc.org
- American School Counselor Association(ASCA) 입장문
  웹사이트: http://www.schoolcounselor.org/asca/media/asca/PositionStatements/PositionStatements.pdf
- Council on Accreditation of Counseling and Related Educational Programs (CACREP) 2009년 표준
  웹사이트: http://www.cacrep.org/wp-content/uploads/2013/12/2009-Standards. pdf
- Career Development and Transition Division(DCDT) (특수교육협회(CEC) 내 진로개발 및 전환 분과)

웹사이트: www.dcdt.org

- National Secondary Transition Technical Assistance Center(NSTTAC)
  웹사이트: www.nsttac.org
- Secondary Transition Assessment
  - Casey Life Skills: www.caseylifeskills.org
  - Zarrow Center for Learning Enrichment: www.ou.edu/zarrow
- Self-Determination Resources
  - ChoiceMaker 자기결정 사정 및 교육과정: www.ou.edu/zarrow
  - 자기결정 학습모형(Self-Determined Learning Model of Instruction, SDLMI): www.thebeachcenter.org
- 주 법률(State Laws) 관련 자료
  - 미국 교육부 특수교육국(OSEP) 검색: http://findit.ed.gov/search?utf8=%E2%9C%93&affiliate=ed.gov&query=stae+laws+and+special+education
  - Wrightslaw(특수교육 관련 법률 자료): State Laws: http://www.google.com/cse?cx=partner-pub-4630897488592702%3A0441753484&ie=UTF-8&q=state+laws&sa=Search&siteurl=wrightslaw.com%2F&ref=search.iminent.com%2FSearchTheWeb
- 수행 요약(Summary of Performance, SOP) 자료
  웹사이트: http://www.nsttac.org/content/summary-performance-resources

참고문헌

Academic achievement; Comment. (2006). *Vol. 71 Fed. Reg. No. 156 (August 14, 2006) at p. 46661*. https://www.federalregister.gov/articles/

Allensworth, E. M., & Easton, J. Q. (2005). *The on-track indicator as a predictor of high school graduation*. Consortium on Chicago School Research.

American School Counselor Association. (2004). *ASCA National Standards for Students*. Author.

American School Counselor Association. (2013). *The professional school counselor and students with disabilities*. https://www.schoolcounselor.org/asca/media/asca/PositionStatements/PS_Disabilities.pdf

Arnett, J. J. (1999). Adolescent storm and stress, revisited. *American Psychologist, 54*(5), 317-326.

Augst, K., & Akos, P. (2009). Primary transitions: How elementary school counselors promote optimal transitions. *Journal of School Counseling, 7*(3). http://www.jsc.montana.edu/articles/v7n3.pdf

Barber, B. K., & Olsen, J. A. (2004). Assessing the transitions to middle and high school. *Journal of Adolescent Research, 19*(1), 3-30.

Black, S. (2008, October). Switching classes. *American School Board Journal, 195*, 47-49.

Bridgeland, J. M., Dilulio, J. J., & Morison, K. B. (2006, March). *The silent epidemic: Perspectives of high school dropouts*. Civic Enterprises in association with Peter D. Hart Research for the Bill & Melinda Gates Foundation.

Bronfenbrenner, U. (1979). *The ecology of human development: Experiments by nature and design*. Harvard University Press.

Bruce, M., & Bridgeland, J. M. (2012). *2012 National Survey of School Counselors: True north: Charting the course to college and career readiness*. National Office for School Counselor Advocacy.

Clark, G. W., & Patton, J. R. (2006). *Transition Planning Inventory—Updated version*. ProEd.

Council for Accreditation of Counseling and Related Educational Programs. (n.d.). *2009 Standards*. http://www.cacrep.com/doc/2009%20Standards%20with%20 cover.pdf

Department of Health and Human Services. (2012). *Information on poverty and income statistics: A summary of 2012 current population survey data*. U.S. Government Printing Office.

Dimmitt, C., & Carey, J. (2007). Using the ASCA national model to facilitate school transitions. *Professional School Counseling, 10*(3), 227-232.

Education Trust. (2011). *Poised to lead: How school counselors can drive college and career readiness*. The Education Trust.

Ellerbrock, C. R., & Kiefer, S. M. (2013, February/March). The interplay between adolescent needs and secondary school structures: Fostering developmentally responsive middle and high school environments across the transition. *The High School Journal, 96*(3), 170-194.

Field, S., Martin, J., Miller, R., Ward, M., & Wehmeyer, M. (1998). *A practical guide for teaching self-determination*. Council for Exceptional Children.

Glidden, L. M., & Jobe, B. M. (2007). Measuring parental daily rewards and worries in the transition to adulthood. *American Journal of Mental Retardation, 112*(4), 275-288.

Hall, G. S. (1904). *Adolescence: Its psychology and its relation to physiology, anthropology, sociology, sex, crime, religion, and education*. Prentice-Hall.

Individuals with Disabilities Education Improvement Act, 20 U.S.C. § 1400 (2004). http://www.copyright.gov/legislation/pl108-446.html

Jerald, C. D. (2006). *Identifying potential dropouts: Key lessons for building early warning systems*. Achieve.

Kohler, P. D., & Field, S. (2003). Transition-focused education: Foundation for the future. *Journal of Special Education, 37*(3), 174-183.

Madaus, J. W. (2008). Employment self-disclosure rates and rationales of university graduates with learning disabilities. *Journal of Learning Disabilities,*

41(4), 291-299.

McIntyre, L., Eckert, T., Fiese, B., Reed, F., & Wildenger, K. (2010). Family concerns surrounding kindergarten transition: A comparison of students in special and general education. *Early Childhood Education Journal, 38*(4), 259-263.

Montana Office of Public Instruction. (2013). *Children transitioning from IDEA Part C to IDEA Part B*. http://opi.mt.gov

Newman, L., Wagner, M., Cameto, R., Knokey, A.-M., & Shaver, D. (2010). *Comparisons across time of the outcomes of youth with disabilities up to 4 years after high school: A report of findings from the National Longitudinal Transition Study (NLTS) and the National Longitudinal Transition Study-2 (NLTS2) (NCSER Report 2010-3008)*. SRI International.

North Carolina Department of Public Instruction. (2007). *Transition planning for 21st century schools*. State Board of Education. www.ncpublicschools.org

Owens, D., Thomas, D., & Strong, L. A. (2011). School counselors assisting students with disabilities. *Education, 132*(2), 235-240.

PACER. (2012). *Preparing for transition from early intervention to an Individualized Education Program (ACTion Sheet: PHP-c158)*. PACER Center.

Parent Driven Schools. (n.d.). *Individual Learning Plans*. http://www.parentdrivenschools.com/ilp.htm

Pianta, R. C., & Kraft-Sayre, M. (2003). *Successful kindergarten transition: Your guide to connecting children, families, and schools*. Paul H. Brookes.

Praisner, C. L. (2003). Attitudes of elementary school principals toward the inclusion of students with disabilities. *Exceptional Children, 69*(2), 135-145.

Shade, R., & Stewart, R. (2001). General education and education pre-service teachers' attitudes toward inclusion. *Preventing School Failure, 46*(1), 37-41.

Sitlington, P. L., Clark, G. M., & Kolstoe, O. P. (2000). *Transition education and services for adolescents with disabilities*. Allyn & Bacon.

Sitlington, P. L., Neubert, D. A., Begun, W. H., Lombard, R. C., & Lecconte, P. J. (2007). *Assess for success: A practitioner's handbook on transition assessment*(2nd ed.). Corwin.

Storms, J., O'Leary, E., & Williams, J. (2000). *The Individuals with Disabilities Education Act of 1997 transition requirements: A guide for states, districts, schools, universities and families*. University of Minnesota, The College of Education & Human Development, U.S. Department of Education, Office of Special Education Programs.

Thurlow, M. L. (2001). *Use of accommodations in state assessments—What data bases tell us about differential levels of use and how to document the use of accommodations*(Technical Report 30). University of Minnesota, National Center on Educational Outcomes.

Thurlow, M. L., Thompson, S. J., Walz, L., & Shin, H. (2001). *Student perspectives on using accommodations during statewide testing*. University of Minnesota, National Center on Educational Outcomes. (ERIC Document Reproduction Service No. ED474766)

Tilleczek, K. (2008). Building bridges: Transitions from elementary to secondary school. *Education Canada, 48*(1), 71.

Transition. (n.d.). *In Merriam-Webster's online dictionary*. http://www.merriamwebster.com/dictionary/transition

Turner, S. L. (2007). Introduction to special issue: Transitional issues for K-16 students. *Professional School Counseling, 10*(3), 224-226.

U.S. Department of Labor, Bureau of Labor Statistics. (2013). *Labor force statistics from the current population survey*. http://bls.gove/data/

von Schrader, S., Malzer, V., & Bruyere, S. (2013). Perspectives on disability disclosure: The importance of employer practices and workplace climate. http://link.springer.com/article/10.1007%2Fs10672-013-9227-9

Wehmeyer, M. L., & Patton, J. R. (2012). Transition to postsecondary education, employment, and adult living. In D. Zagar, M. L. Wehmeyer, & R. Simpson (Eds.), *Educating students with autism spectrum disorders: Research-based principles and practices*(pp. 247-261). Taylor & Francis.

Wehmeyer, M. L., & Webb, K. W. (Eds.). (2012). *Handbook of adolescent transition and disability*. Taylor & Francis.

Wilkins, J., & Huckabee, S. (2014). *A literature map of dropout prevention interventions for students with disabilities*. National Dropout Prevention Center for Students with Disabilities, Clemson University.

Wrightslaw. (n.d.). *Transition: Summary of performance*. http://www.wrightslaw.com/info/trans.sop.htm

Young, A. (2007). Horizontal transitions: A commonly overlooked opportunity for student empowerment. *Principal Leadership, 7*(7), 31-33.

Zhang, D., Ivester, J., Chen, L. J., & Katsiyannis, A. (2005). Perspectives on transition practices. *Career Development for Exceptional Individuals, 28*(1), 15-25.

제IV부

문화 및 심리사회적 쟁점

11장

문화감응 상담 및 협력

York Williams

펜실베이니아주 웨스트체스터 대학교(West Chester University of Pennsylvania)

> "우리의 다름은 곧 우리의 힘이 되고, 우리의 만남은 곧 우리의 쉼터가 된다."
>
> — Ani DiFranco, 싱어송라이터, 시인

특수교육은 교육 환경 전반에 걸쳐 다양한 분야를 포함하며 상호교차하는 의무와 과제를 가진 많은 전문가들이 관여한다. 다수의 팀 구성원과 관련 서비스 제공자들이 장애 학생들의 요구를 판별하고 충족시키기 위해 의사소통하고 협력할 수 있다. 많은 개별화교육계획(IEP) 팀 구성원들이 특수교육이 필요한 학생의 교육적 삶에서 다중 역할을 수행하지만, 이 장의 목적은 여러 역할 중에서도 주된 의무가 판별된 학생들을 위해 학교 환경 전반에 걸쳐 문화감응적이고 통합적인 협력자가 되는 것인 전문상담교사의 역할을 명확히 하는 것이다.

이 장을 읽은 후, 독자는 다음과 같은 목표를 달성할 수 있을 것이다:

1. 특별한 요구를 가진 문화적·언어적 다양성(CLD) 학생들의 특성을 정의한다.
2. 문화적 역량을 갖춘 전문상담교사의 역할을 정의한다.

3. 특수교육이 필요한 CLD 학생들과 그들의 가족을 교육적 의사결정 과정에 포함시키는 전략을 판별한다.

Rogoff(2003)는 문화가 복잡하고 역동적이며, 휴일, 음식, 관습과 같은 형식적 표현들보다 훨씬 더 많은 의미를 담고 있다고 주장했다. 문화는 우리의 신념, 학습 방식, 가치관, 그리고 타인과의 상호작용 방식을 반영하는 것이다. 또한 문화는 정적이거나 단일한 구성체가 아니다. 간단히 말해서, 학생들은 하나의 문화만을 가지는 것이 아니라 다중의 문화를 가진다. 불행히도 문화에 대한 일부 관점들은 개인을 고정관념화하고 범주적 정체성(예: 빈곤층 학생, 흑인 학생, 이민자 학생, 장애 학생, 라티노 학생, 저성취 학생)으로 틀에 가두는 경향이 있다. 문화에 대한 포괄적 정의는 인종, 민족성, 언어, 성적 지향, 연령, 사회경제적 지위(SES), 장애, 능력에 걸친 변인들을 포함해야 한다.

Gay(2000)는 문화감응교수법(Culturally Responsive Reaching, CRT)을 다양한 학생들의 문화적 지식, 사전 경험, 그리고 수행 양식을 활용하여 그들에게 더 적절하고 효과적인 학습을 제공하고, 교수법과 실제를 학생들의 강점과 요구에 연결시켜 다양한 학생들의 필요를 충족시키는 것으로 정의했다. Gay(2000)는 또한 문화감응교수법이 다음과 같은 특성을 갖는다고 설명했다:

• 언어, 성향, 습관, 태도, 생활방식에 걸친 다양한 문화들의 정당성을 인정한다.
• 학생의 가정, 학교, 지역사회 간의 협력적 파트너십을 구축한다.
• 학습 양식과 차이를 포함한다.
• 관용을 넘어서서 자신과 타인의 다양성을 포용한다.
• 의미 있는 대화를 유도하기 위해 논의되는 문화와 관련된 다문화 문학, 매체, 유물, 종교, 주제, 기타 가치들을 통합한다.

학교 전문상담교사에게 CRT는 앞서 언급한 것 외에도 특수교육, 영어 학습자(ELL) 서비스, 그리고/또는 영재 교육 대상인 학생들의 삶에서 학습상의 어려움과 능력이 미치는 독특한 영향을 이해하는 것을 요구한다(Ford, 2013; Williams, 2008). 영어 학습자(English Language Learners, ELL)는 일반적으로 영어로 유창하게 의사소통하거나 효과적으로 학습할 수 없고, 비영어권 가정과 배경에서 오는 경우가 많으며, 영어 언어와 학업 과정에서 특수화되거나 수정된 교육이 필요한 학생들이다. 영재 학생들은 일반적으로 지적, 창의적, 예술적, 또는 리더십 능력 분야나 특정 학업 분야에서 높은 수행 능력의 증거를 보이며, 심화, 속진, 또는 압축된 교육과정에 대한 접근이 필요한 학생들로 특징지어진다. 이 장은 전문상담교사가 장애를 넘어 특수교육을 받는 학생들의 독특한 학업적, 사회정서적 요구를 충족시키기 위해 CRT 교수법과 실천을 채택함으로써 문화적으로 감응함에 있어서 역량을 갖춰야 할 필요성에 초점을 맞춘다.

특수교육에서 전문상담교사의 역할 개요

전국 전문상담교사 및 관리자 설문조사(College Board Advocacy and Policy Center, 2012) 자료에 따르면, 전문상담교사들은 일반적으로 학생 사례 수의 증가와 중등도에서 심각한 정신건강 문제를 가진 학생들뿐만 아니라, 개별화교육계획(IEP)과 504 계획을 가진 더 많은 학생들에게 서비스를 제공하고 있다. 특수한 요구를 가진 학생들의 사례 수 증가와 함께, 전문상담교사들은 이제 2001년 낙오학생방지법(NCLB)(미국교육부, 2004)과 2010년 초중등교육법(ESEA) 재승인(미국교육부, 2010)에 의해 규정된 것과 같은 학생들의 학업 표준과 수행과 관련된 증가하는 책임을 가지고 있다. 이 증가하는 학교 학생 집단은 또한 더 다양하며, 이는 더 복잡한 교육적 요구 조합을 포함한다(Hughes, Valle-Riestra, & Arguelles, 2002; Lo, 2010; Salas, 2004). 학교 전문상담교사를 위한 주요 전문 조직인 미국전문상담교사협회(ASCA)와 주요 상담 교육자 인증기관인 상담 및 관련 교육 프로그램 인증 위원회(CACREP) 모두 문화적, 언어적으로 다양한(CLD) 배경에서 특수교육을 받는 학생들과 일하는 학교 전문상담교사에 대한 기대와 지침에 대해 더 많이 말한다. ASCA는 전문상담교사들이 학교 환경 전반에 걸쳐 이러한 학생들의 전반적인 요구를 지원하기 위해 따라야 할 지침을 채택했다. 다음은 특수한 요구를 가진 학생들과 관련하여 ASCA의 입장 성명에서 가져온 것이다:

> 미국전문상담교사협회(ASCA) 입장 성명
>
> 전문상담교사는 종합적인 학교 상담 프로그램을 통해 모든 학생들의 학업적, 진로적, 개인적/사회적 발달을 장려하고 지원한다. 전문상담교사는 장애 및 기타 특수

요구로 인한 도전에 관계없이 모든 학생들이 자신의 잠재력을 실현하고 학업 표준을 충족하거나 초과하도록 돕는 데 헌신한다. (ASCA, 2013, p. 52)

따라서, 학교 전문상담교사는

- 학생 다양성에 대한 이해를 명확히 표현하고 시연할 수 있어야 한다;
- CLD 및 학습 다양성을 가진 학생과 가족의 요구를 충족시키는 최선의 실천을 보여주는 측정 가능한 목표를 달성할 수 있어야 한다;
- 모든 학생이 잠재력을 가지고 있으며 배울 수 있고 생산적인 삶을 이끌 수 있다고 믿어야 한다;
- 모든 학생이 무상적절공교육(FAPE)을 부여하는 종합 프로그램에 접근할 자격이 있다는 태도와 신념을 보여주어야 한다.

장애학생

학교 전문상담교사는 항상 특수한 요구를 가진 학생들과 일하는 데 중요한 역할을 해왔다. 주 및 연방법은 특수한 요구를 가진 학생들을 포함한 모든 학생들에게 공평한 교육을 제공하도록 학교에 요구한다. 이러한 법의 구성 요소는 전문상담교사가 특수교육 과정의 협력자가 될 수 있는 많은 기회를 제공한다. 절차적 적법 과정, IEP, 최소제한환경(LRE), 그리고 교육적 조정과 수정이 있는 학생들을 위한 다른 계획과 전략은 판별된 특수한 요구를 가진 학생들에게 혜택을 주기 위해 학교 전문상담교사의 기술을 사용할 기회를 제공한다. 학교 전문상담교사는 특수학급 환경과 일반학급 모두에서 특수한 요구를 가진 학생들과 일한다. 그들은 교육적 조정을 돕고 연방 규정에 대한 인식을 제공하는 팀의 핵심 전문가이며, 그들은 중등교육 단계 이후 대안으로의 전환을 돕는 핵심 구성 요소이다. 이러한 절차에서 전문상담교사의 역할이 명확하게 정의되고 법률과 지역 정책을 준수할 뿐만 아니라, 전문상담교사가 장애나 다른 건강 요구를 넘어 학생들을 알고 있는 것이 특히 중요하다. 알게 되는 부분은 문화감응적실천(Culturally Responsive Practice), 학교 협력, 가정-학교 협력적 관계를 통해 이루어진다(Darling-Hammond & Garcia-Lopez, 2002; Han & Thomas, 2010; Sánchez & Thorp, 2008). 장애를 가진 학생이 되는 경험의 일부는 지도형 실습 활동 11.1에 반영되어 있다.

지도형 실습 활동 11.1

학교에서의 다양성과 장애

앞으로 며칠에 걸쳐 유치원부터 12학년까지 어느 학년에서든 학생으로서의 경험을 되돌아보라. 이제 학생으로서 당신의 강점과 지원 없이도 성취할 수 있었던 것들을 생각해보라. 다음으로, 쓰기, 말하기, 듣기, 읽기와 같은 당신에게 필요한 영역들을 고려하고, 이러한 영역들 중 일부 또는 전부에서 교사나 학교 직원에게 어떻게 도움을 요청할 수 있었는지 생각해보라. 마지막으로, 당신이 이러한 추가적인 지원과 도움이 필요했을 때 교사, 학교 직원, 또래들이 당신과 어떻게 관계를 맺었는지 되돌아보라. 이제 아래의 질문들에 대해 개방적이고 솔직하게 성찰하고, 이 장에 대한 후속 논의 과정에서 공유할 수 있도록 몇 가지 요점을 적어보라.

- 많은 또래와 다른 사람들이 당신의 강점을 함께 축하했을 때 어떤 느낌이었나?
- 소수집단이나 다른 다양한 집단의 구성원이기도 한 장애학생들이 그들의 성취를 축하할 또래가 거의 없거나 전혀 없을 때 어떤 느낌일 것이라고 생각하는가?
- 어떤 학업 영역에서 도움을 요청하고 그 결과로 뛰어난 성과를 거두었을 때 어떤 느낌이었나? 이제 장애가 있어서 학업적으로 우수한 성취를 이룬 경험이 전혀 없거나, 최소한의 능력 수준으로라도 내용을 이해했다고 느낀 적이 없는 상황을 상상할 수 있는가?
- 학교에서, 위에 나열된 질문들과 관련된 사회적, 정서적 어려움을 겪을 때 누구에게 도움을 요청했는가? 위에서 언급한 복잡한 문제들을 헤쳐나가는 과정에서 학교나 가정에서 당신을 지원해줄 사람이 아무도 없다면, 그 기분이 어떨지 생각해볼 수 있는가?

이제, 문화적·언어적 다양성(CLD) 배경을 가지고 있으며 학습장애를 지닌 학생들에게 보내는 짧은 두 단락 분량의 이메일을 작성하시오. 이 이메일은 위에 제시된 성찰적 질문을 바탕으로 학생들에게 제기될 수 있는 우려 영역들을 다루어야 한다. 이 이메일 서신은 학생들로 하여금 자신들이 이와 같은 논의된 영역에서 도움을 받고자 할 때 전문상담교사인 당신에게 다가올 수 있다고 느끼게 하는 데 복적이 있다. 그러나 여기서의 진정한 과제는, 이 짧은 이메일 서신을 통해 당신이 이 장에서 설명된 바와 같이 학생들의 요구, 경험, 강점을 진정으로 이해하고 있음을 보여주는 것이다. 만약 그 이해가 충분하지 않다면, 학생들의 다양성과 장애와 관련된 학교 기반 경험에 대한 이해를 이끌어낼 수 있도록 질문을 던지는 방식도 가능하다. (이 이메일 서신은 본 장을 읽기 전과 후에 각각 작성하여, 여기에서 탐구한 주제에 대한 당신의 논조 변화를 비교하고, 이 내용에 대한 이해, 더 나아가 학생들의 요구에 대한 이해의 성장을 측정하는 데 활용할 수 있다.)

CLD 배경을 가진 특수교육 대상 학생들과 일할 때, 학교 전문상담교사의 책임에 대한 추가적인 설명은 다음 절에서 다루어진다.

다양한 학습 요구를 지원하는 전문상담교사의 역할

학교 전문상담교사의 주요 과업 중 하나는, 학생의 IEP(개별화교육계획)에서 연계 서비스로 상담이 명시된 경우, 상담 서비스를 제공하는 것이다. 전문상담교사는 종합적인 학교상담 프로그램과 관련된 IEP 일부를 설계하는 과정에 참여할 책임이 있다. 또한, 전문상담교사는 IEP 팀의 일원으로서 학생에게 FAPE(모든 아동을 위한 무료 적절한 공교육)를 제공하는 데 있어서 학교를 지원하는 역할을 수행할 수 있다. 전문상담교사는 일반적으로 다음과 같은 일을 수행한다:

- 504 계획 회의를 조정하고,
- 아동 연구팀의 일원으로 활동하며,
- 504 계획의 실행을 감독한다.

전문상담교사는 다음과 같은 역할은 수행하지 않는다:

- 학생의 특수교육 배치에 관한 단독 결정을 내리는 것,
- 지역교육청(LEA) 대표로 활동하거나, IDEA 2004(장애인교육향상법) 서비스 실행과 관련하여 감독적 역할을 수행하는 것,
- 특수교육 또는 연계 서비스를 조정하는 것.

위에서 언급한 바에 따르면, 학교에 단 한 명의 전문상담교사만 배치되어 있는 경우, 이 전문상담교사는 학교 행정 및 교육구의 사명 선언문과 철학을 충족시켜야 할 뿐만 아니라, 장애로 분류된 학생들 및 IEP에 연계 서비스로 상담이 명시된 학생들과 관련하여 주 및 연방 정부의 요구사항도 충족해야 한다. 이 책무는 전문상담교사로 하여금 학생을 단지 IEP와 504 계획의 문서 수준에서만 아는 것이 아니라, 교사, 학교, 가정과 협력하는 팀 구성원으로서 학생을 포괄적으로 이해하고 지원할 것을 요구한다(Brotherson,

Summers, Bruns, & Sharp, 2008).

앞서 언급된 장애 범주와 관련된 과업 외에도, 전문상담교사가 장애를 가진 동시에 문화적·언어적 다양성을 지닌 학생들과 함께 일할 때 고려해야 할 추가 논의가 필요하다. 특수교육 및 기타 지원이 필요한 문화적·언어적 다양성(CLD) 배경을 가진 학생들의 수가 증가하고 있다. 저소득 가정, 한부모 가정, 위탁 가정, 제2언어를 사용하는 가정의 학생들이 그 예이다. 이들은 IDEA 2004에 따라 지원받는 CLD 학생들이다. 다양성은 학생들의 학습 방식뿐만 아니라, 교사 및 다른 교직원들이 학생들의 요구를 지원하는 방식에도 영향을 미친다. 학생들이 학습 또는 행동상의 문제를 겪을 때, 많은 경우 학교에서 교사와 학생 간의 첫 번째 접촉점은 전문상담교사이다.

이 역할은 학생의 요구, 욕구, 성향, 가정환경을 이해해야 한다는 필요성과 함께 보완된다. 언어, 인종, 계층, 성별, 정체성에 관한 문제는 종종 전문상담교사에 의해 가장 먼저 판별된다. 또한, 전문상담교사는 학습양식에 영향을 줄 수 있는 또 다른 혼란 변인(환경적, 정서적, 사회적, 생리적, 심리적 자극)을 판별하는 데 있어서도 중요한 자산이 될 수 있다(Dunn, 2000). 이와 유사하게, 다중지능(Multiple Intelligence, MI) 이론(Gardner, 2011)에서 제시한 다양한 영역(음악적, 시각적, 언어적, 논리적, 신체적, 대인적, 개인내적, 자연탐구적, 실존적)에서 학생들의 능력과 한계를 고려하는 것도 유익할 수 있다.

이러한 지식을 바탕으로, 전문상담교사는 IEP 팀이 학생들을 보다 입체적으로 이해하고, 판별된 학생들의 요구를 맥락 속에서 이해하고 반영할 수 있도록 지원할 수 있다. 이를 구체적으로 설명하기 위해 아래에 티나에 관한 사례 제시 11.1을 제시한다.

사례 제시 11.1

티나(Tina)

티나는 12세의 6학년 학생이다. 티나는 집에서 어머니와 할머니와 함께 살고 있으며, 둘 다 집에서 여러 언어를 사용한다. 그러나, 티나는 집에서 유일한 아이이자 영어를 사용하는 유일한 사람이지만, 학교에서 읽기와 영어 언어 예술(English Language Arts, ELA) 과정에서 의사소통하는 데 어려움을 겪고 있다. ELA 교사인 왓슨 선생님은 티나의 어머니에게 연락을 시도했지만, 최근 전화 대화에서 그녀를 이해하는 데 어려움을 겪었다. 현재, 티나는 두 과정 모두에서 실패하고 있으며 교사가 무엇이 잘못되었는지 알아내기 위해 그녀에게 다가가려고 할 때 점점 더 거리감을 두는 것 같다. 또한, 6학년 팀의 다른 누구도 티나의 학업적 또는 사회적 진전에 대한 우려를 표현하지 않았거나, 학년도의 첫 두 성적 기간 동안 그녀를 실패시키지 않았다. 지금은 4월이며, 관련 팀은 비특수교육 학생들을 여름 학교에 추천할 계획을 세우고 있다. 그러나, 티나의 어머니나 다른 보호자와의 의사소통은 여전히 제한적이다.

- 문화적 역량을 갖춘 전문상담교사의 역할은 무엇일 수 있는가?
- 학년별 교사들이 전문상담교사와 함께 개입 방안을 논의하기 위해 회의를 가져야 하는가?
- 학년별 교사들이 전문성을 갖추지 못한 영역에서, 전문상담교사가 현재 취해야 할 고유한 다음 단계는 무엇이라고 생각하는가?
- 전문상담교사, 가족, 티나, 그리고 학년별 교사팀이 각각 취해야 할 다음 단계로 무엇을 제안하는가?

사례 요약: 티나

티나에 관해서는, 전문상담교사가 그녀의 요구, 강점, 그리고 가정의 요구를 인식해야 한다. 이 두 가지를 함께 고려하면 학교 전문상담교사의 문화감응적 시각(culturally responsive lens)을 발달시켜 티나를 위한 지원 체계를 구성하는 데 도움이 될 수 있다. 이 체계는 다음을 시도하는 개요가 될 것이다:

- 학교 환경 내에서의 교수-학습 관련 문제를 이해하고,
- 가정의 가족 구성원들과 학교 교사들 간에 역량 있고 존중 기반의 대화를 형성하며,
- 티나를 아동사정팀(Child Study Team, CST)에 추천하여 사전 연계(pre-referral)를 받도록 한다—이는 평가 과정의 핵심적인 첫 단계이다.
- 티나의 학습양식과 요구를 판별하고, 중재반응모형(RtII) 및/또는 상담(counseling)을 통해, 동기, 자기인식(self-awareness), 그리고 가족과의 대화 및 연계 과정에서 나타날 수 있는 기타 요구를 다룰 수 있도록 권고할 수 있다.

요약하자면, 학교 전문상담교사는 ELL과 같은 언어, 특수교육, 다양한 학습 스타일, 그리고 다른 요구에 걸쳐 학생들을 지원하는 것을 포함하여 문화적으로 감응적인 학교를 증진하는 데 있어 자신의 역할에 대한 관점을 개발할 필요가 있다. 이러한 정책은 진정한 문화적 다양성의 도전을 만나고 기회를 잡는 데 주요한 영향이 될 수 있다(Baca & de Valenzuela, 1994; Echevarría & Graves, 2006). CLD 배경에서 온 장애학생들의 요구와 문

제는 이 절에서 다루어졌다. 학생들은 주변 환경과 단절된 상태로 존재하는 것이 아니다. 따라서 다음 절에서는 문화적·언어적 다양성(CLD) 배경을 지닌 가족들을 고려하는 내용을 검토한다.

가족

CLD(문화적·언어적 다양성) 배경을 지닌 아동들은 일반적으로 가정과 지역사회에서 길러진 일련의 행동 양식과 기대를 학교로 가져온다. 대부분의 가족은 문화적 배경과 무관하게 교육을 매우 중요하게 여기며, 교육을 사회경제적지위(SES)를 향상시키는 주요 요인으로 간주한다. 그러나 역설적으로, 많은 CLD 배경의 학생들과 그들의 가족 및 지역사회가 가진 기대는 학교와 교육과정의 현실과 종종 충돌한다(Darling-Hammond & Garcia-Lopez, 2002; Han & Thomas, 2010; Lee, 1995; Sánchez & Thorp, 2008). 예를 들어, 저녁에 일하며 가족 전체를 부양하는 한부모는 학교가 자녀의 학업성취 상황이나 갑작스러운 행동 문제를 즉시 알려줄 것이라고 기대할 수 있다. 반면, 학교 측은 학부모가 자녀에게 직접 물어보거나, 이메일 확인, 학교로의 전화, 또는 교육구에서 제공하는 온라인 성적 시스템을 통해 이러한 변화를 파악해야 한다고 생각할 수 있다. 두 집단 모두 학생을 위한 최선의 결과를 원하지만, 그러한 목표에 도달하기 위해서는 협력과 문화적 역량을 갖춘 소통을 통한 수렴(convergence)이 필요할 수 있다.

또한, 문화적 민감성 결여에 대한 고려도 중요하다. Lee(2005)는 교육체계 안에 이러한 민감성 결여가 내재되어 있으며, 문화적으로 다양한 가정과 가족생활의 경험을 정당하게 인정하지 않는 경향이 있다고 주장하였다. 더 나아가, CLD 가족 출신의 학생들은 자녀 교육과정에서 진지한 고려의 대상에서 종종 배제된다. Ford(2005, 2013)는 이러한 사고방식이 가족에 대한 결핍적 사고에서 비롯된다고 하였는데, 이는 실직 상태의 부모, 자녀의 학교생활 지원에 무관심한 부모, 학교 행사에 참여하지 않는 이유로 학교와의 협력에 저항한다고 간주되는 부모 등 다양한 고정관념을 포함한다. 이러한 상황은 특수한 요구를 가진 아동을 포함하여 여러 명의 자녀를 양육하는 한부모 또는 위탁부모와도 관련될 수 있다. 따라서 학교와 많은 지역사회 간의 관계가 심각하게 악화되는 경우가 드물지 않다(Lee, 1995; Williams, 2007; Williams, 2008). 전문상담교사의 협력은 학생의 이해관계자들(즉, 교사와 가정) 양측에 존재하는 인식을 다루고, 확인된 장애를 넘어 학생 전체를 지원하는 문화적 감응성을 촉진하기 위해 필수적이다. 종종 학교 전문상담교사는 특수교육의 틀 안에서 아동 옹호자 역할을 맡게 되며, 무의식적으로 학부모가 자녀의 적절한 무상 공교육(FAPE)과 관련하여 학교를 상대로 적법절차를 신청하는 상황을 완화하는 중요한 자원이 되기도 한다.

무엇보다도, 전문상담교사는 문화적, 언어적으로 다양한(CLD) 학생의 가정과 학교생활 사이의 연계를 구축하는 방안을 제공한다. 이러한 연계가 효과적으로 이루어지기 위해서는, 전문상담교사가 CLD 배경의 학부모 및 가족들과 특수교육팀 사이에 실질적인 협력관계를 형성하는 것이 필수적이다. 전문상담교사의 중요한 역할 중 하나는 학부모의 밤, 언어의 밤, 조부모와 위탁 부모 모임, 영재 및 ELL 행사 등과 같이 교육과정에서 다양한 가족 및 지역사회자원을 개발하고 통합하는 것을 촉진하는 것이다(Cartledge & Lo, 2006). 학생들과 관련해서는 부정적인 문제나 나쁜 소식뿐만 아니라, 긍정적인 사건과 결과에 대해서도 가족과 소통하는 것이 필수적이다. 가정과 학교 간의 문화적으로 유능한 의사소통에 주의를 기울이는 것이 중요하며, 여기서 보여주듯이, 전문상담교사는 이러한 대화를 촉진할 수 있다. 이러한 개념들은 사례 제시 11.2에 설명되어 있다.

사례 제시 11.2

자톨라(Jatolla)

자톨라는 14세의 중학교 1학년 학생으로, 어머니와 어머니의 동거인과 함께 살고 있다. 친부는 수감된 것으로 알려져 있으며, 만나지 못하고 있다. 자톨라는 ADHD를 동반한 기타 건강장애로 분류되어 개별화교육프로그램(IEP)을 가지고 있다. 최근 자톨라는 위축된 모습을 보이며 불안장애 및 우울증과 관련된 증상을 보이는 듯하다. 가족 복지사인 하트 씨는 자톨라가 적절한 무상 공교육(FAPE)을 받고 일반교육과정에서 진전을 보일 수 있도록 학교와 적극적으로 협력해 왔다. 하트 씨는 또한 약물 중독 문제와 이와 관련된 혐의로 어려움을 겪고 있는 어머니를 지원하기 위해 노력하고 있다. 하트 씨는 자톨라의 성적 하락과 그가 관찰한 다른 행동들에 대해 학교에 연락하여 메시지를 남겼다. 하지만 그는 자톨라의 교사들로부터 행동의 갑작스러운 변화에 대한 소식을 듣지 못해 우려하고 있다. 하트 씨는 또한 자톨라가 현재 가정에서 벌어지고 있는 심각하고 복잡한 가족 문제로 인해 학업을 중단하고 싶어 할 수도 있다고 걱정하고 있다. 하트 씨는 전문상담교사인 귀하에게 지침을 구하고 있다.

- 자톨라에 대해 하트 씨 그리고 어머니와 어떤 논의를 할 것인가?
- 가정 내에서 심화되고 있는 문제에 대한 정보를 자톨라의 교사들과 공유하는 것이 적절한가?
- 이 상황이 전문상담교사가 아닌 행정 부서나 IEP 팀이 추구해야 할 문제로 전환되는 시점은 언제인가?
- 교육환경에서 자톨라를 돕기 위해 취할 수 있는 다른 조치가 있는가?

사례 요약: 자톨라

자톨라의 경우, 전문상담교사는 교사들이 뚜렷한 차이를 관찰하지 못했더라도 자톨라의 사회적, 정서적, 학업적 요구와 학교 및 가정에서 겪고 있는 문제들을 IEP 팀에 알려 IEP 팀을 지원해야 한다. 비밀유지를 준수하면서 전문상담교사와 지역 사회복지사 간의 협력적인 역할은 자톨라가 학교 환경 내에서 더욱 성공할 수 있도록 지원할 것이다. 하트 씨는 자톨라의 여러 과목에서 성적 하락과 그가 관찰한 사회적, 기능적 행동에 대해 타당한 우려를 가지고 있었다. 전문상담교사의 기관 간 협력 노력과 가정-학교 협력을 통해 학교 교사와 IEP 팀 구성원은 팀이 자톨라에게 추가적인 지원을 제공하는 데 도움이 될 수 있는 중요한 정보에 접근할 수 있게 될 것이다. 이러한 협력적 노력은 가정 외부에 있으면서 모든 학교 학생들과 자톨라와 유사한 요구를 가진 학생들의 복지에 관심과 이해관계를 지닌 이들과 협력하는 것의 중요성을 부각시킨다.

더불어, 전문상담교사는 다음 사항을 지원하는 데 중요한 역할을 할 것이다.

- 학교 환경 내에서의 교수-학습 관련 문제를 이해하고,
- 가정의 가족 구성원들과 학교 교사들 간에 역량 있고 존중 기반의 대화를 형성하며, 티나를 학생지원팀에 추천하여 사전 연계를 받도록 한다—이는 평가 과정의 핵심적인 첫 단계이다.
- 티나의 학습양식과 요구를 판별하고, 중재반응모형(RtII) 및/또는 상담을 통해, 동기, 자기인식, 그리고 가족과의 대화 및 연계 과정에서 나타날 수 있는 기타 요구를 다룰 수 있도록 권고할 수 있다.

요약하면, 전문상담교사는 모든 학생을 지원하는 통합적이고 문화적으로 감응적인 학교를 촉진하는 자신의 역할에 대해 새로운 관점을 개발할 필요가 있을 수 있다. 여기에는 상담, 사회적·정서적 행동 지원이 필요한 자톨라와 같은 학생들도 포함된다. 이러한 유형의 전문적 지원은 2004년 장애인교육법(IDEA)에 따라 학생에게 판별된 특수교육적 요구사항에 추가되는 것이다.

교수-학습 향상을 위한 상담

학생들과 의미 있는 접촉을 가지는 모든 교육자는 중재(interventions), 수정(modifications), 조정(accommodations)에 대한 책임을 지닌다. 이러한 전문가들 간에는 긴밀한 협력이 필요하다. 그러나 미국전문상담교사협회(ASCA)가 정의한 전문상담교사의 역할은 특수교육 요구를 가진 학생들을 지원하는 데 필요한 지원 수준이나 상호작용 정도에 대한 구체적인 설명을 포함하고 있지 않다(Trolley, Haas, & Campese Patti, 2009). 그럼에도 불구하고 대부분의 전문가들은 한 가지 기본 원칙에는 동의한다: 이러한 중재와 수정은 스스로 다양성을 지녀야 하며, 단순히 부정적 행동, 결석, 지각 등의 문제에 대한 일시적 처방에 그쳐서는 안 된다는 것이다. 전문상담교사와 교육자는 학생의 장애에만 국한되지 않고, 학생의 전인적(holistic) 요구에 주목하여 지원해야 한다. 이러한 초점은 교수-학습을 통한 학생의 경험에 영향을 미치는 가정(assumption), 요구, 욕구, 그리고 가정 환경을 판별하는 데 중점을 둔다. 앞서 언급한 내용들은 아래에 제시된 사례 제시 11.3을 통해 구체적으로 설명된다.

사례 제시 11.3

대미어(Damere)

대미어는 아홉 살의 남학생으로 현재 초등학교 4학년에 재학 중이며 아버지와 함께 살고 있다. 대미어는 생물학적 어머니를 적어도 한 달에 한 번은 만나지만, 매번 방문 이후에는 가정과 학교 모두에서 심각한 행동 문제를 보인다. 대미어는 올해 처음으로 이 학교에 입학하였다. 그는 기타 건강장애(Other Health Impaired, OHI)로 분류되어 있으며, 심리학자로부터 정서·행동장애(Emotional Behavior Disorder, EBD) 진단도 받았다. 현재 대미어의 아버지는 그의 행동 문제를 해결하기 위해 학교 외부에서 치료적 지원을 받으려 시도하고 있다. 학교에서는 대미어가 빠르게 뒤처지고 있다. 최근 일반학급 교사들은 상담교사, 특수교사, 심지어 다른 학부모들에게까지 대미어가 수업 시간 동안 다른 학생들을 방해하고, 하루 종일 다른 학생들에게 신체적 접촉을 시도한다고 불평하였다. 대미어는 한 달 동안 세 차례 교내 정학 조치를 받았다. 당신은 전문상담교사이며, 현재 일반학급 교사들과 대미어의 아버지로부터 이 상황에 대한 지원 요청을 받은 상태이다.

- 대미어와 관련하여 부모와 어떤 논의를 진행해야 할까?
- 이 상황에서 문화적으로 적절한 대응은 무엇인가?
- 이 상황이 언제 전문상담교사나 특수교사를 넘어 행정팀이 다루어야 할 사안이 되는가?
- 대미어를 교육 환경에서 지원하기 위해 어떤 조치를 취할 수 있는가?

사례 요약: 대미어

앞서 언급한 바와 같이, 이 사례에서 전문상담교사의 역할은 멘토이자 중재자의 역할을 수행하는 것이다. 대미어의 부모가 가지는 인식과 행동 문제의 강도를 고려할 때, 대미어의 교육에 이해관계를 가진 주요 당사자들의 요구를 조율할 수 있는 문화적 역량을 갖춘 중재자, 즉 전문상담교사의 개입이 필요하다. 이러한 전문상담교사는 자신의 목소리를 내기 어려운 대미어와 같이, 학교나 팀이 지원할 수 있도록 중요한 정보를 추가 제공하지 못하는 부모를 둔 학생들의 강점과 요구를 판별할 수 있어야 한다. 대미어의 사례에서 전문상담교사는 학교 리더십 팀과 협력하여 부당한 징계나 정학, 혹은 퇴학으로 이어질 수 있는 상황을 방지하는 역할을 수행한다. 전문상담교사는 학생이 제시하는 문제를 보다 깊이 탐색하고 분석할 수 있는 지식과 역량을 갖추고 있으며, 이는 전통적 교사보다 더 큰 자유도를 가진다. 전문상담교사의 문화적으로 감응적인 시각은 대미어를 스스로로부터 보호하는 중재의 일환이 된다. 전문상담교사는 IEP 팀을 지원하여 대미어의 강점과 요구를 인식하도록 해야 한다. 물론, 학년별 교사들 또한 전문상담교사, 부모, 보조교사 등과 협력하여 대미어를 위한 지원 체계를 구축해야 한다. 이러한 이중적 접근은 전문상담교사의 문화적으로 감응적인 시각뿐 아니라, 대미어를 담당하는 특수교사의 시각 또한 강화시킬 수 있다. 이 지원 체계는 다음과 같은 요구를 충족시키는 것을 목표로 한다:

- 학교 환경 내에서 대미어의 교수-학습 관련 문제를 판별한다.
- 대미어의 가정환경에서 발생하는 민감한 사안들과 관련하여 가정과 학교 교사 간에 전문적이고 존중에 기반한 대화 체계를 구축한다.
- 대미어를 학생지원팀에 추천하여 추가 사정평가를 통해 학습, 사회성, 정서적 요구 및 기타 필요를 재판별하고 추가적인 보조 수단 및 서비스를 제공할 수 있도록 한다.
- 대미어를 위해 통합적 지원 및 치료적 행동 지원, 상담 등을 판별하고 마련한다. 또한, 중재반응모형(Response to Instruction and Intervention, RtII) 체계와 기능적 행동 사정평가(Functional Behavioral Assessment, FBA)를 기반으로 한 긍정적 행동지원계획(Positive Behavior Support Plan, PBSP) 수립을 강력히 권장한다.

요약하면, 전문상담교사는 행동 및 사회적 기능 영역에서 다양한 요구를 지닌 대미어와 같은 학생들을 포함하여, 모든 학생을 지원하는 통합적이고 문화적으로 감응적인 인식을 촉진하는 학교를 조성하는 데 있어 자신의 역할에 대한 새로운 관점을 확립할 필요가 있다. 이러한 전문적 지원은 전문상담교사가 주도해야 하며, 이는 특수교육 요구로 판별된 학생들을 위한 프로그램이나, 1975년 제정된 장애아동교육법(Education for All Handicapped Children Act, EAHCA)을 기반으로 1990년에 명칭이 변경된 장애인교육법(Individuals with Disabilities Education Act, IDEA) 및 2004년 장애인교육향상법(Individuals with Disabilities Education Improvement Act, IDEIA)의 적용 대상이 되는 기타 지원과 별도로 추가적으로 고려되어야 한다.

학교

학교상담 서비스가 가장 효과적이려면, 전문상담교사와 다른 팀 구성원은 학생, 가족 및 더 넓은 지역사회 구성원을 참여시키는 방법을 찾아야 하며, 이러한 참여에 대한 어려움과 해결책을 파악해야 한다. 이러한 협력관계와 협력을 통해 학교 관리자와 전문상담교사는 부모와 다른 사람들이 학교와 특수교육 과정을 보다 긍정적으로 바라보고 다양한 가족과의 신뢰 구축을 강화할 수 있는 방법을 모색할 수 있을 것이다. 또한, 학교가 주의를 기울여야 할 중요한 영역 중 하나는 언어와 문화적 관습의 다양성이다. 이러한 차이점으로 인해 부모는 학교로부터 소외감을 느끼거나 위축될 수 있다. 이러한 고립감과 불신감을 해소하기 위해 전문상담교사는 상황과 세계관 측면에서 부모가 처한 입장을 기꺼이 이해하려는 의지를 보여주는 성실한 노력을 기울여야 한다. 이러한 태도는 문화적으로 역량 있는 협력의 실천으로 이어져, 많은 저소득층 및 문화적·언어적으로 다양한 배경(CLD)의 부모가 학교와의 상호작용에서 경험하는 두려움이나 소외감을 해소하는 데 도움이 될 수 있다. 가정 방문, 자원을 제공하는 전화 통화, 그리고 친절하고 전문적인 안부 확인은 부모를 만나고 문화적으로 역량 있는 협력을 통해 협력관계의 기반을 강화하는 몇 가지 예이다. 종종 부모가 오해하고 불신하면 학교에 대한 자기 방어적 태도와 분노로 쉽게 변할 수 있다(Williams, 2007). 이러한 상황이 발생하면 자녀에 대한 특수교육 과정이 방해받고 잠재적인 성공이 저해된다.

따라서 전문상담교사는 장애를 넘어 문화적 통합 모형으로 나아가기 위해 학교와 협력하는 것이 중요하다. 단일 문화 사회라는 개념은 CLD 배경 출신 학생들을 포용하고 다양한 학습 요구와 지원을 제공하는 학교에서는 공존할 수 없다. 21세기가 시작되면서 다양성과 다원주의가 사회의 특징으로 받아들여지는 새로운 미국 문화가 등장했다. 다양한 학습 스타일을 가진 CLD 배경 출신 학생들은 다원주의와 유사하게 일반 학생 인구의 특징인 다양한 세계관을 가지고 있다. 이러한 학생들은 이 새로운 국가의 미래 지도자들이며, 이 학생들이 성장하면서 문화적으로 민감하고 역량 있는 전문상담교사로부터 발달 과정에 대한 지도를 받아야 할 것이다. 이러한 통합적인 체계에서는 전문상담교사가 전문성을 개발하고 문화, 학습 스타일, 인종, 계층, 성별, 장애 및 능력과 같은 다양성 변수에 능숙하게 대응할 수 있어야 한다. 본질적으로, 그들은 문화적 현실의 맥락 내에서 장애학생들에게 가장 효과적인 서비스를 제공하기 위한 지식, 기술 및 성향을 개발해야 한다. 앞서 언급한 모든 사항을 고려할 때, 문화적으로 민감한 실무자인 전문상담교사는 장애를 넘어 모든 학생에게 접근성, 공정성 및 교육적 정의를 증진하는 데 앞장설 수 있는 잠재력을 가지고 있다.

우리는 전통적 학교뿐만 아니라, 새로운 형태의 학교 모형과 교육 서비스 제공 방식이 지속적으로 진화하는 시대에 살고 있다. 여기에는 전통적 공립학교와 최근 등장한 차터스쿨(charter school, 공립학교이지만 독립적으로 운영되며 혁신적 교육 방식을 시도하는 학교), 도시형 학교(urban schools), 교외형 학교(suburban schools), 농촌형 학교(rural schools), 사립학교(private schools), 그리고 사이버 학교(cyber schools) 등이 포함된다. 특수교육 및 기타 지원이 필요한 학생들에게 형평성(equity), 동등성(parity), 그리고 접근성(access)을 제공하기 위한 가장 핵심적인 요소는, 문화적으로 감응적이고 통합적인 틀을 갖춘 학교를 구축하는 데 있다. 특히, 문화적·언어적 다양성(CLD) 배경을 가진 학생들에게 교육 기회에 대한 동등한 접근성을 제공하는 것이 학교의 필수 과제가 되었다. 더욱이, 장애인 교육법(IDEA) 및 2004년 IDEA에 따라 이러한 학교는 다양한 접근방식을 통해 장애학생들의 다양한 학습 스타일과 요구를 지원하는 것이 중요하다. Lee(2001)는 문화적으로 민감한 학교의 중요한 측면으로 다음 사항을 확인했다.

- 교육의 “용광로(melting pot)” 철학이 아닌 “샐러드 볼(salad bowl)” 철학을 채택한다.
- 문화적 다양성으로부터 공동체 의식을 형성한다.
- 문화적 다양성을 활용하고 학업 표준을 유지한다.

- 모든 학생에게 동일한 높은 학업 기대치를 가진 표준을 사용한다.
- 유럽 중심적, 아프리카 중심적 또는 아시아 중심적이지 않은 교육과정을 사용한다.
- 공정하고 정확하게 "중심"을 둔 교육과정을 사용한다.
- 많은 문화의 기여를 반영한다.
- "흑인 역사의 달"을 넘어선다(즉, 고정관념 없이 교육과정과 학년 전체에 다문화주의와 다양성을 주입한다).
- 학생들에게 교실 밖에서 다양한 문화적 배경을 가진 동료들과 소통하고 배울 수 있는 포럼을 제공한다.
- 인종 및 문화적 긴장을 처리하기 위한 메커니즘을 마련한다.
- 필요할 때 위험을 감수하거나 즉흥적으로 대처하는 것을 두려워하지 않고 지속적인 직원 연수에 참여하는 헌신적인 교육자들을 고용한다.
- 다양한 교직원을 채용한다.
- 학부모와의 상호작용에서 언어와 문화적 관습을 고려하는 교육자를 통해 높은 수준의 학부모 참여를 유도한다.
- 장애인, 다양한 성적 지향을 가진 사람, 다양한 종교적 전통을 가진 사람, 노인을 포함하도록 문화적 다양성을 정의한다(p. 258).

어떤 학교도 이러한 모든 특징을 갖추지는 않겠지만, 학교가 가능한 한 많은 특징을 통합하기 위해 노력하는 것이 중요하다. 학교는 복잡하고 학교에 다니는 학생들도 복잡하다. 따라서 다양성과 학습장애로 점철된 이러한 복잡성으로 인해 학교는 누구도 뒤처지지 않도록 최대한 통합적이고 문화적으로도 민감해져야 한다. 전문상담교사는 영어 학습자(ELL), 특수교육을 받는 학생 및 다양한 학습 스타일을 가진 학생, 그리고 다른 요구가 있는 학생과 같이 언어적 요구가 있는 학생들을 포함하여 문화적으로 민감한 학교를 증진하는 데 있어 자신의 역할에 대한 새로운 관점을 개발해야 할 수 있다. 이러한 정책은 진정한 문화적 다양성의 과제를 해결하고 기회를 포착하는 데 큰 영향을 미칠 수 있다(Baca & de Valenzuela, 1994; Echevarría & Graves, 2006).

공동체

지역사회 협력 노력은 여러 중요한 방식으로 구체화될 수 있다. 예를 들어, 다양한 지역사회로부터 선발된 인력들이 학생들의 관련 서비스(related services)를 지원할 수 있도록 특수교육 지원인력(paraprofessional) 개발 프로그램을 조정하여 운영하는 것이 중요할 수 있다. 이러한 인력들은 언어 및 문화적 장벽을 해소하는 데 있어 중요한 역할을 수행할 수 있으며, 궁극적으로 이는 판별된 학생들과 그 가족에게 긍정적인 학업, 진로, 개인-사회적 성공을 가져올 수 있는 중재로 이어질 수 있다. 추가적으로, 이러한 협력은 학생들의 행동 건강 지원, 정신건강 제공자, 관련 서비스 제공자는 물론, IEP 팀이 통상적으로 접근하기 어려운 확장된 가족 구성원까지 포함할 수 있으며, 특히 학생들의 FAPE(적절한 무료 공교육)와 관련하여 혼란이나 우려가 발생하는 시기에 더욱 중요할 수 있다.

더욱이, 문화적으로 감응적인 공동체 협력에 대한 더 혁신적인 접근방식은 문화적으로 감응적인 학교 관련 상담 서비스가 어떻게, 어디에서 제공될 수 있는지에 대한 틀을 벗어난 사고를 포함할 수 있으며, 가치 있는 태도와 행동을 추구하는 데 있어 문화적 차이에 대한 근본적인 인식과 존중을 개발하는 것을 포함할 수 있다. 이것의 예로는 학생 상담을 제공하고 부모 또는 보호자의 참여를 장려하는 방과 후 학교 서비스를 제공하는 방식으로 학교상담 일정을 재구성하는 것이 있다. 특수교육 및 상담 담당 직원의 일부 구성원에 대한 상담 일정을 변경하면 가족 및 지역사회 구성원이 이러한 관련 서비스에 더 쉽게 접근할 수 있다. 이는 특히 집에 있는 부모나 방과 후 보호자가 없는 노동 계층 가족에게 중요하다. 이러한 가족에서 부모는 일반적으로 자녀에게 기본적인 필수품을 제공하기 위해 두 개 이상의 직업을 가지고 일한다(Baker, Gersten, & Keating, 2000; Invernizzi, Juel, & Rosemary, 1997). 일반적으로 낮에 예정된 회의는 참석을 어렵게 하거나, 재정적 또는 직업적 위험을 초래할 수 있다. 혁신적이고 문화적으로 감응적인 지역사회 협력의 또 다른 예는 가정 방문을 포함할 수 있다. 전문상담교사는 신중하게 그리고 교육구의 지원을 받아 상담 세션을 통해 해결할 수 있는 특수교육 요구사항이 있는 학생들과 협력하기 위해 오후 및 저녁 시간에 가정 방문을 수행할 수 있다. 가정 외에도 방과 후 상담 세션은 가정뿐만 아니라, 지역사회 내의 다른 장소에서도 개최될 수 있다. 예를 들어, 가족 지원센터, 지역사회 도서관, 교회 또는 부모가 편안함을 느끼는 장소에서 수행할 수 있다. 이러한 접근 방식을 활용하면 학생과 가족은 가치 있게 여겨지며 아동 전체 교육팀의 구성원으로 간주된다. 이 접근방식은 "아이를 키우려면 마을 전체가 필요하다"라는 아프리카 속담을 강조한다. 실제로 적절한 무상 공교육(FAPE)을 제공하는 데는 특수교육팀 이상이 필요하다.

마찬가지로 학교상담 활동은 종교 기관이나 청소년 클럽과 같은 지역사회 센터에서 오후 시간에 수행될 수 있다. 이곳은 사람들이 모여 안전감과 문화적 검증을 모두 경험할 수 있는 장소이다. 이러한 센터에서의 상담 정책은 지역사회의 언어 및 문화적 관습에 더 익숙한 지역사회 이해관계자 및 지원인력이 공동으로 진행할 수 있다. IDEA에 따라 마을은 학생의 IEP 팀 이상이 되며, 학생 학습 및 참여를 촉진하기 위한 혁신적인 학업과정의 모범 사례를 포함할 수 있다.

문화적으로 감응적인 학교 프로그램

학교에서의 문화적으로 감응적인 지침 관행의 통합적인 체계는 학생 전체의 요구에 초점을 맞추어야 한다. 또한 "색맹 규칙 같은 것은 없다(즉, 모든 학생은 같다)."와 같은 신화는 불식되어야 한다. 문화적으로 감응적인 상담 및 지도의 근본적인 주제는 학생의 문화적 경험과 이러한 경험이 학생의 학업적, 직업적, 개인-사회적 발달과 어떻게 교차하는지에 대한 공유된 이해가 있어야 한다는 가정에 기초한다.

개별 및 집단 상담, 심리교육 수업 및 개입의 대규모 그룹 지침과 같은 관련 서비스를 통해 문화적으로 감응적인 전문상담교사는 다양한 문화적 배경을 가진 다양한 장애학생이 건강한 자기개념(self-concept)을 개발하도록 도울 수 있어야 한다. 그들은 또한 이러한 학생들이 교육적, 직업적, 개인-사회적 목적의 맥락 내에서 자신의 문화적 다양성을 소유하고 존중하도록 가르쳐야 한다. 앞서 언급한 내용은 전문상담교사가 효과적인 학생 발달 촉진자가 될 것을 요구할 것이다. 효과적인 학생 발달 촉진자로서 문화적으로 감응적인 전문상담교사를 위한 5가지 고유한 기능이 나타나며 이는 그림 11.1에 제시되어 있다(Lee, 2001, 2005).

그림 11.1 문화적으로 감응적인 전문상담교사의 5가지 기능

1. 장애학생들 사이에서 긍정적인 자기정체성(Self-identities) 발달 촉진
2. 장애학생과 CLD 배경 출신 학생 간의 긍정적인 대인관계 발달 촉진
3. IDEA 및 제504조에 따라 보호되는 판별된 학생과 성취 격차에 내재된 문제를 겪고 위기에 처한 학생의 학업성취 장려
4. 특별 및 기타 요구사항이 있는 학생을 위한 문화적으로 포괄적인 체계에 기반한 학교 성공을 위한 태도 및 기술 홍보
5. IDEA에 따라 16세 이하의 학생에게 요구되는 중등 전환을 지원하기 위해 젊은이들 사이에서 직업 탐색 및 선택 과정 촉진

출처: Lee, C. C. (2001) Culturally responsive school counselors and programs: Addressing the needs of all students. Professional School Counseling, 4, 257-260. Lee, C. C. (2005). Urban school counseling context, characteristics, and competencies. Professional School Counseling, 8, 184-188에서 각색.

전문상담교사는 장애학생들 사이에서 긍정적인 자기정체성 개발을 촉진하는 것부터 시작할 수 있다. 이 첫 번째 기능은 문화적 유산과 학습양식을 인정하고 검증함으로써 자기존중(self-appreciation)을 강조하는 자기인식(self-awareness) 집단을 운영함으로써 달성할 수 있다. 상담자는 자기 긍지를 함양하기 위해 문화적으로 특화된 교육과정 자료를 활용하는 방안을 고려할 수 있다. 추가적으로, 자폐스펙트럼 인식(autism awareness)과 다양한 학습양식에 대한 교육은 학생, 교사, 학교 관리자, 그리고 가족 모두에게 유익할 수 있다.

그림 11.2에 제시된 것과 같은 다양한 행사 및 활동들을 조직할 수도 있다.

그림 11.2 다양성의 예시 – 장애를 통해

날짜	인식/기념일 (한글 번역)
1월 4일	세계 점자 기념일 (World Braille Day)
2월 28일	희귀질환 인식의 날 (Rare Disease Awareness Day)
3월 (한 달)	뇌손상 인식의 달 (Brain Injury Awareness Month)
4월 2일	자폐스펙트럼 인식의 날 (Autism Awareness Day)
5월 (한 달)	낭포성 섬유증 인식의 달 (Cystic Fibrosis Awareness Month)

날짜	인식/기념일 (한글 번역)
6월 27일	국가 외상 후 스트레스 장애(PTSD) 인식의 날 (National PTSD Awareness Day)
8월 (한 달)	척수성 근위축증 인식 (Spinal Muscular Atrophy Awareness)
9월 9일	태아알코올증후군 인식의 날 (Fetal Alcohol Syndrome Awareness Day)
10월 (한 달)	주의력결핍 과잉행동장애(ADHD) 인식의 달 (ADHD Awareness Month)
11월 (한 달)	당뇨병 인식의 달 (Diabetes Awareness Month)
12월 2일	특수교육의 날 (Special Education Day)

출처: 『특수 요구 인식 달력(Special Needs Awareness Calendar)』, FriendshipCircle.org에서 수정·재구성함.

이러한 학생들의 긍정적 자기정체성(self-identity) 개발에 더하여, 두 번째 기능은 장애를 가진 학생들과 문화적·언어적 다양성(CLD) 배경을 지닌 학생들 간의 긍정적인 대인관계 개발의 중요성을 강조한다. 이 목적을 달성하기 위해 다양한 배경을 가진 학생들이 서로 긍정적 대인관계의 본질과 중요성에 대해 탐색할 수 있도록 성장 집단(growth groups)을 활용할 수 있다. 다양한 문화권에서 공동체 개념에 대한 변이를 그룹 상호작용에 통합함으로써, 다양한 배경을 가진 청소년들 간의 상호 존중과 이해를 증진시키는 방법이 될 수 있다(Carter & Vuong, 1997; Hayes, 1996; Lee, 2001). 이러한 대화를 촉진하기 위해 교사들은 다양한 교육과정 영역에서 흥미 및 학습양식 검사를 활용할 수 있다. 전문상담교사는 또한 학생들과 함께 특수교육 및 중등 전환 실천과 연계된 확장된 가족, 친족 관계, 집단 정체성, 가족 정체성 등의 영역을 탐색하는 데 기여할 수 있다.

전문상담교사는 이러한 대화를 촉진하기 위해 간단한 가족도(genogram) 및 가족 트리(family tree)와 같은 도구를 사용할 수 있다. 추가적으로 활용할 수 있는 자료로는 그림 지도(picture maps), 소셜 미디어(social media), 문학 작품(literature) 등이 있다.

학생들에게 지식의 이해 및 표현뿐만 아니라, 그들이 가장 효과적으로 학습하는 방식(즉, 학습양식)에 대해서도 가르치는 것이 중요할 수 있으며, 이는 이들의 성공에 핵심적인 역할을 할 수 있다. 이러한 학습양식과 활동의 사례들은 그림 11.3에 제시되어 있다.

그림 11.3 학습 양식

학습 양식	특성	최적 학습 방법
시각 학습자 (Visual Learners) (입력)	• 관찰을 통해 학습함 • 본 것을 기억함 • 글이나 그림으로 된 지시사항을 따를 수 있음 • 읽기를 좋아함 • 필기 노트를 활용함 • 시각화하거나 TV/비디오/영화를 보며 학습함	• 차트, 그래프, 다이어그램, 순서도 • 시각 단어(Sight words) • 플래시카드 • 시각적 유사점 및 차이점 • 그림과 그래픽 자료 • 지도 • 묵독 • 서면 지시사항 • 컴퓨터 보조 학습
청각 학습자 (Auditory Learners) (입력) 언어-언어지능 (Verbal-Linguistic Intelligence)	• 듣고 필기하는 것을 선호함 • 패턴을 듣고 파악함 • 세부사항을 확인하기 위해 동료와 상의함 • 들은 내용을 기억함 • 구두 지시사항을 따름 • 암기를 위해 소리 내어 반복함 • 구두 언어를 효과적으로 사용함	• 토론, 대화, 토의 • 암기 활동 • 음운학(Phonics) 학습 • 소리 내어 읽기 • 이야기나 일화를 듣기 • 테이프나 CD 듣기 • 협동 학습 그룹 활동
운동 감각 학습자 (Kinesthetic Learners) (입력)	• 신체 활동을 통해 학습함 • 경험을 통한 학습을 선호함 • 시범을 통해 학습함 • 가르치면서 학습함	• 게임하기 • 역할극(Role playing) • 몸짓과 제스처 읽기 • 마임(Mime) • 드라마 활동 • 움직이며 학습/암기(걷기, 고정식 자전거, 손가락 또는 전신 게임)
촉각 학습자 (Tactile Learners) (입력)	• 만지고 조작하면서 학습함 • 귀납적 학습을 선호함 • 심리운동적 사고를 선호함 • 주제와 개인적 연결을 선호함 • 자신이 작성하거나 연습한 지시사항을 따름 • 시범을 통해 학습함	• 실행하면서 학습하기 • 실습 중심 학습(Hands-on activities) • 지도 만들기 • 모형 제작 • 예술 프로젝트 • 교구 활용 • 그림 그리기, 설계하기 • 글쓰기 및 따라 그리기

학습 양식	특성	최적 학습 방법
활동적 학습자 (Active Learners)	• 충동적일 수 있음 • 위험 감수 성향이 있음 • 강의보다는 활동, 토론, 설명을 선호함 • 그룹 작업을 선호함 • 대인관계 능력이 뛰어남 • 과도한 필기를 선호하지 않음	• 듣기와 보기보다는 행하기, 토론하기, 설명하기 같은 직접 참여를 선호함 • 적극적 실험을 선호함 • 연기 및 역할극을 좋아함 • 팀 경쟁을 좋아함
반성적 학습자 (Reflective Learners)	• 조용히 개념을 사고한 후 행동함 • 사고를 통해 학습함 • 글쓰기를 좋아함 • 자기성찰적이고 내성적임	• 연역적 사고를 선호함 • 반성적 관찰을 선호함 • 개인적 사고 능력을 중시함 • 저널 작성 • 학습 일지 작성(Learning logs)
전체적 이해 지향 학습자 (Global Understanding Learners)	• 직관에 따라 의사결정함 • 자발적이고 창의적 • 위험 감수 성향이 있음 • 빠르게 결론에 도달함 • 세부보다는 전체를 먼저 파악함 • 비선형적 사고를 함 • '숲을 보고 나무를 본다'	• 대인관계 연결을 중시함 • 이야기 및 일화 듣기 • 전체적 맥락을 강조한 학습 • 흥미로운 프로젝트 및 자료 • 기능성 게임 및 활동 • Think-Pair-Share 활동; Praise-Question-Polish 기법 • 교사 피드백 및 일대일 소통
분석적 이해 지향 학습자 (Analytical Understanding Learners)	• 순차적, 선형적 학습 선호 • 정보를 소규모 단계별로 선호함 • 수학 공식 규칙 적용 가능 • 논리적 순서를 선호함 • '나무를 보고 숲을 본다'	• 자기성찰적 사고 능력 중시 (Intrapersonal skills valued) • 저널 작성 • 학습 일지 작성 • 순차적으로 정리된 자료(타임라인, 다이어그램 등) 활용 • 부분에서 전체로 통합하는 학습 • 퍼즐 및 논리 게임 사용

출처: Baltimore County 공립학교(Baltimore County Public Schools.org) (n.d.): http://www.bcps.org/offices/lis/models/tips/styles.html

세 번째 기능은 장애인교육법(IDEA) 및 제504조(Section 504)에 의해 보호받는 학생들뿐만 아니라, 학업성취 격차 내 문제를 경험하고 있는 위험군(at risk) 학생들의 학업성취를 포함한다. 전문상담교사는 모든 교직원들과 협력하여 학생 성과의 불균형 문제를 해결하고, 학업성취에 대한 보다 폭넓은 이해를 지원할 수 있는 기회를 모색하는 것이 중요하다. 일부 학생들에게는 이러한 성취가 IEP상의 특정 목적이나, 제504조 계획 또는 ELL(영어 학습자) 계획상의 조정에 초점을 맞출 수 있다. 다른 학생들의 경우, 전문상담교사는 가정에서도 공통핵심기준(Common Core State Standards, CCSS)에 연계하여 읽기, 쓰기, 수학을 지원할 수 있도록 학교 교직원에게 조언할 수 있다.

공통핵심기준(CCSS) 아래에서, 각 주는 핵심 학문 영역 전반에 걸친 학생 성과를 측정하고자 교육과정을 엄격한 표준에 맞추어 정렬해야 한다(ESEA of 2010, 미국교육부, 2010). 또한 전문상담교사는 학교 기반의 학업 및 행동 중재를 지원하는 데 중요한 역할을 하게 되며, 이는 중재반응모형(Response to Intervention and Instruction, RtII) 체계의 일부가 될 수 있다.

RtII와 같은 중재반응모형에 기반하여, 학교는 학교 전체 차원의 교육과정중심사정평가(curriculum-based assessments)를 통해 확인된 주요 학문 영역의 필요에 따라 보충적 및 발달적 지도를 제공한다. 학생들이 Tier 1에서 판별된 이후, Tier 2로 이동하는 학생들은 보다 집중적인 지도를 받게 된다. Tier 3로 이동하는 학생들은 일반적으로 더욱 구체적으로 설계된 수업전략이 필요하며, IDEA 또는 제504조에 따른 특수교육 서비스 대상자로 간주될 수 있다. 전문상담교사는 IEP 팀 및/또는 학교의 학생지원팀과 함께 학생들의 진전과 요구를 점검하는 데 있어서 교직원을 지원할 수 있다(Fuchs, Mock, Morgan, & Young, 2003). 또한 전문상담교사는 그림 11.4에 제시된 것처럼, 학생들의 성취도에 영향을 미치고 교수-학습을 저해할 수 있는 기타 관련 요인들도 고려할 수 있다.

그림 11.4 교수·학습에 영향을 미치는 요인들

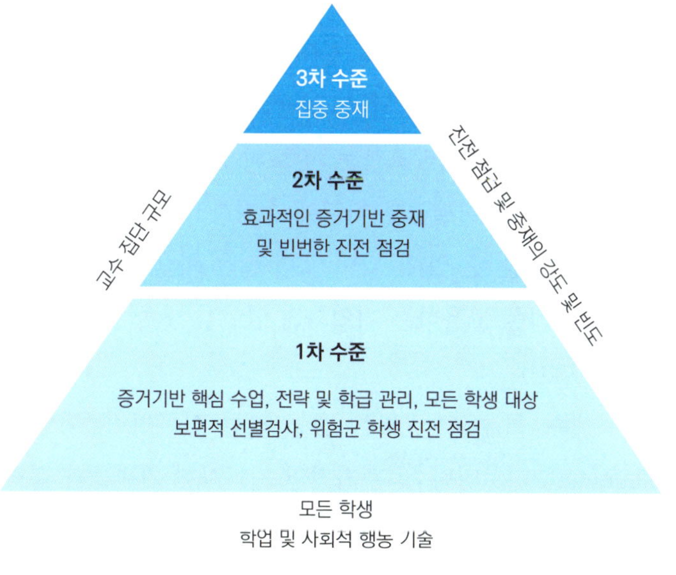

네 번째 기능은 특수한 요구를 지닌 학생들을 위해 문화적으로 통합적인 체계에 기반하여 학교 성공을 위한 태도와 기술을 촉진하는 것이다. 여기에는 모든 학생들의 학업성취에 대한 긍정적 태도를 증진하고, 인종, 계층, 성별, 장애 또는 예외성(exceptionality)을 넘어서는 학업 기술 및 역량 개발을 지원하는 것이 포함된다. 이러한 관점과 관련하여, 전문상담교사는 모든 학생이 동등한 잠재력을 지니고 있다고 인식하기 위해 노력해야 한다. 이를 달성하기 위해 전문상담교사는 다양한 배경을 가진 영향력 있는 인물들의 교육적 경험을 통합하여, 고유한 문화적 잠재력을 강조하는 지도 활동을 개발하는 것을 고려해야 한다. 또한, 학업 계획, 학습 기술, 시험 응시 전략, 시간 관리, 그리고 보충적 중재(remediation intervention)와 같은 영역에서의 상담 지도 활동 또한 계획되어야 한다. 이러한 워크숍은 학습양식에서 나타나는 문화적 차이를 고려할 때, 모든 학생이 성공을 위한 기술을 개발할 기회를 가지도록 보장하는 데 필수적이다(Lee, 2001). 따라서, 장애를 가진 학생들도 일반 학생 집단의 일부이며, 이들의 학습에 대한 독특한 차이를 존중하고 이해할 때 비로소 이들이 일반 학생 집단에 기여하는 중요성을 진정으로 인식할 수 있다.

다섯 번째, 마지막 기능은 청소년들의 진로 탐색 및 선택 과정을 지원하여 중등 전환을 촉진하는 것이다. 다양한 문화적 배경을 지닌 청소년들에게 진로 관심과 선택 문제는 인종차별(racism), 사회경제적 불이익(socioeconomic disadvantage), 역할(role) 모형 필요성, 부모의 기대와 현실에 대한 이해 부족 등 여러 이유로 인해 복합적이고 도전적인 발달 영역이 된다(Herring, 1998). 이에 따라, 문화적·언어적 다양성(CLD) 배경을 지닌 학생들에게는 직업 세계에 대한 적절한 지도를 제공하는 것이 중요하다(Murrow-Taylor, Foltz, McDonald, Ellis, & Culbertson, 1999). 예를 들어, 종합적인 지도 프로그램에는 장애를 가진 전문가들의 시각을 포함하여 고정관념(stereotype)을 깨는 직업과 진로에 대한 정보 포럼이 포함되어야 한다. 또한 전문상담교사는 "진로의 날" 행사를 주최하여 다양한 문화적 배경을 지닌 장애인 직업 역할 모델들을 학교에 초청하고, 이들이 직업 세계에서 경험한 바를 학생들과 공유하도록 할 수 있다. 나이가 더 많은 학생들을 위해서는, 장애인과 다양한 문화적 배경의 전문가를 고용하는 기업과의 인턴십 및 협동 경험을 개발할 수 있다(Skinner & Lindstrom, 2003).

전문상담교사는 가족, 특수교사, 또는 중등 전환 전문인력, 직업재활청(Office of Vocation Rehabilitation, OVR) 인력 및 추가적인 지역사회 기관들과 협력하여, 문화적으로 다양한 멘토를 포함하는 프로그램을 개발할 수 있다. 전체 틀은 문화적으로 통합적인 중등교육 기회, 관련성 있고 현실적인 고용 기회, 그리고 적절할 경우, 독립적 생활 기회를 포함해야 하며, 장애를 어떻게 수용하고 지원할 수 있는지를 보여주어야 한다(Hughes et al., 2002; Lo, 2010; Salas, 2004). 이러한 지원의 연속체는 12학년(고등학교 졸업)에서 끝나지 않는다.

이처럼, 전문상담교사의 역할은 학생 발달을 지원하는 촉진자이자 협력자로서, 문화적으로 감응적이고 통합적인 틀을 통해 이루어지며, 이는 전통적인 학교 상담 실천을 넘어 학생들의 장애를 초월한 잠재력을 인정하는 역할이다. 학생들의 장애 및 문화적 배경에 관계없이 모든 학생들의 인식을 높이고, 기술을 확장하며, 선택지를 극대화하기 위한 구체적인 지도 제공이 필요하다(Lee, 2001, 2005). 이는 학교, 가정, 지역사회 협력을 통해 이루어진다. 고등학교에서 중등 전환 시점에 문화적·언어적 다양성(CLD) 배경을 지닌 학생과 가족의 요구와 욕구를 아는 것의 중요성은 그림 11.5에 제시되어 있다.

그림 11.5 학생과 가족의 요구(needs)와 욕구(wants) 파악하기

'오하나 회의('Ohana Conferencing)는 가족, 확대 가족과 하나이 가족(hanai family), 아동복지서비스(CWS), 서비스 제공자, 그리고 아동의 지원 체계를 하나로 모으는 협력적 노력이다. 가족들은 스스로의 강점(strengths), 문제, 그리고 자원을 가장 잘 알고 있으며, 이 과정은 가족들에게 자신의 목소리를 낼 기회를 제공한다.

'오하나 회의에서는 가족들이 아동복지서비스(CWS)와 함께 협력하여, 자기가 알고 있는 것을 바탕으로 자녀의 안전을 최우선으로 고려하고 가족 강화를 위한 계획을 수립한다. '오하나 회의는 자발적이며, 긍정적이고 해결 중심인 과정을 지향한다. '오하나 회의는 아동의 안전, 가족 관계의 보존, 그리고 아동의 적시적이고 영구적인 배치를 핵심 목적과 기치로 삼고 있다. EPIC 'Ohana는 하와이주에서 '오하나 회의를 통해 가족 참여 서비스(family engagement services)를 제공하는 유일한 기관이다.

출처: EPICOhana.info, n.d., "'Ohana Conferencing": http://www.epicohana.info/oc.aspx

옹호자(Advocates)

앞서 논의된 다섯 가지 기능 외에도, 전문상담교사는 종종 학생 옹호자의 역할을 수행하게 된다. 전문상담교사는 학생을 지원해야 하는 다양한 교사들과 협력해야 하며, 이 과정에서 프로그램 구성 및 운영과 관련하여 고유한 딜레마에 직면하는 경우가 많다. 예를 들어, 보다 심각한 장애를 지닌 학생이면서 동시에 영어학습자(ELL)인 경우, 전통적인 교실 내 특수교사의 역할을 초월하는 전문화된 중등 전환 서비스가 필요할 수 있다. 전문상담교사는 가정 통역사, 직업재활청(OVR) 직원, 중등 수준 영어학습자(ELL) 지원 인력, 작업치료 및 물리치료 관련 서비스 제공자 등 다양한 전문가들과 협력해야 할 수도 있다. 특수교육 대상 학생과 관련하여, 교실 교사나 기타 학교 전문인력 및 행정가의 범위를 넘어서는 적응 문제, 행동 문제, 기타 다양한 문제들이 존재할 수 있다. 따라서 전문상담교사는 학생이 학교 체제에 적응하도록 돕거나, 경우에 따라 학교 체제 자체를 학생에게 맞게 조정하는 역할을 맡게 될 수 있다.

이러한 딜레마는 종종 교육자들이 학생들을 '정형화된 틀'에 끼워 맞추려는 노력과 관련이 있다. 특히 다양한 학습 요구 및 과제를 지닌 학생들에게 그러하다. 또한 장애와 문화적 다양성에 대한 체계적인 둔감성(systematic insensitivity)이 존재할 수 있다. 이 문제의 해답은 학생 전체를 지원하는 문화적으로 감응적이고 통합적인 학교상담 접근에 있다. Lee와 Waltz(1998)는 이러한 사고방식의 전환이 전문상담교사의 역할을 재정의하는 것을 포함한다고 설명한다. 즉, 문제는 항상 학생에게만 있는 것이 아니라, 종종 교육 체제인 학교 자체에 존재할 수 있다는 점을 인식해야 한다는 것이다. 따라서 전문상담교사의 중요한 과제 중 하나는 학생을 옹호하고, 때로는 학교 문화를 변화시키는 것이다.

전문상담교사는 장애인교육법(IDEA) 아래에서 지원받는 학생들의 옹호자가 되어야 하는 책무를 지닌다. 이러한 옹호자 역할은 전통적으로 훈련받아온 전문상담교사들의 장애, 무상적절공교육(FAPE), 보편적 학습설계(UDL)를 다루는 방식에 변화를 가져온다. 문화적으로 감응적인 전문상담교사는 학생을 대신하여 교육 체제 내 제도적 장벽 및 문화적 둔감성을 제거하는 방향으로 개입할 수 있다. 또한, 학생 옹호자로서 전문상담교사는 부적절한 정학, 학교폭력, 부적절한 배치, 그리고 무상적절공교육(FAPE) 관련 문제를 해결하는 데 학교를 지원하는 핵심 자원이 된다.

학생 옹호자 역할의 기반을 이루는 두 가지 핵심 구성 요소가 있다.

첫 번째는, 장애인교육법(IDEA)에 따라 지원받는 학생들이 무상적절공교육(FAPE)에 접근하는 데 있어서 체제적 장벽을 교육자들에게 인식시키는 것이다. 전문상담교사는 학생의 진전을 저해할 수 있는 요인을 판별할 수 있다.

두 번째는, 교육자와 학교행정가를 대상으로 문화적으로 감응적인 교육 접근에 대한 전문성 개발을 촉진하는 것이다.

첫 번째 요소를 충실히 이행하기 위해, 학생 옹호자로서의 전문상담교사는 교사, 관리자 및 기타 학교 인력들과 개인 및 집단 협의를 실시하여, 교육적 태도, 행동, 정책 내에 잠재적으로 존재할 수 있는 문화 소외 요인 또는 둔감성을 판별해야 한다. 특히 교육자와 관리자는 자신의 문화적 편견(cultural bias) 및 장애 편견(disability bias)을 자각하고, 이러한 편견이 특수교육 요구를 지닌 문화적·언어적 다양성(CLD) 배경 학생들의 발달에 어떠한 영향을 미칠 수 있는지를 성찰할 필요가 있다.

두 번째 요소는, 학교 학생지원팀 또는 학교상담팀이 주관하여 교사 및 교육자들을 대상으로 문화적 다양성과 장애 감수성을 통합하는 방법에 대한 전문성 개발 그룹 및 워크숍을 조직함으로써 실행될 수 있다. 이러한 워크숍에는 행정 승인을 받은 상담 프로그램 개시, 교육과정 검토, 주요 운영 계획 점검이 포함될 수 있으며, 이는 학업, 진로, 개인·사회성 발달 영역 모두에서 문화적 다양성과 장애 감수성을 반영하도록 해야 한다. 전문상담교사는 또한 최소제한환경(LRE)과 보다 제한적인 환경(MRE), 통합교육 실천, 그리고 학생의 FAPE에 필수적인 관련 서비스에 대한 논의에 적극적으로 참여해야 한다. 또한 전문상담교사는 잠재적 갈등을 최소화하고, 학교를 상대로 한 비용 부담이 큰 법적 소송을 예방하는 데 기여할 수 있다. 이러한 갈등은 종종 IEP 팀 구성원들이 학생의 요구와 프로그램을 전체적으로 이해하는 데 필요한 문화적으로 감응적이고 통합적인 교수 접근이 부족한 데서 비롯된다. 마지막으로, 전문상담교사는 학부모와 소통하고, 학부모의 질문, 걱정, 감정을 다루며, 학교 측과의 갈등을 조율하여 학생의 최선 이익을 위해 양측이 협력할 수 있도록 하는 데 핵심적 역할을 할 수 있다.

요약

해마다 미국 인구는 점점 더 다양해지고 있다. 2050년경에는 유색인종이 전체 인구의 약 50%를 차지할 것으로 예상된다(U.S. Census Bureau, 2005). 국가의 인구의 다양성, 그리고 장애를 가진 사람들의 증가와 함께, 모든 학생들을 돌보고 지원하는 다양한 문화적 방식을 이해하고 존중하며 긍정하는 방식으로 일하는 것의 중요성이 점차 강조되고 있다. Holcomb-McCoy(2003)는, 전문상담교사에게 있어 문화적으로 유능한(culturally competent) 방식으로 실천한다는 것은 학생과 학생 문제를 개념화하는 방식을 근본적으로 전환하는 것을 요구한다고 주장하였다. 이러한 전환은, 학생들의 학업 및 사회적 기능에 영향을 미치는 다양한 요인들을 이해할 필요성을 요구한다. 이러한 고려사항들은 아래에 제시된다.

핵심사항

전문상담교사의 문화적 다양성과 포괄성을 지향하는 협력자 역할

- 전문상담교사는 특수 및 기타 요구가 있는 학생을 지원하기 위해, 교사, 지원인력, 법적 보호자와 팀을 이루어 무상적절공교육(FAPE)을 지원해야 한다.
- 전문상담교사는 학생들의 요구에 효과적으로 접근하고 이를 충족시키기 위해 통합적 협력자의 입장을 채택해야 한다.
- 전문상담교사는 학습장애 판별 초기부터 지원 서비스 적격성 결정에 이르기까지, 연계과정의 결과에 관계없이 최상의 실천과 문화적으로 감응적이고 통합적인 협력을 모범적으로 보여야 한다.

다양한 학습 요구를 아우르는 전문상담교사의 관련 역할

- 전문상담교사는 특수교육 및 제504조(Section 504) 적격성 체계 안에서 관련 서비스 제공자, 직접 개입자(direct workers), 평가자(evaluators), 그리고 선별자(screeners) 역할을 동시에 수행해야 한다.
- 전문상담교사는 학생의 장애를 넘어, 학생 전체와 그 요구를 이해해야 한다.
- 전문상담교사는 학습장애의 역할과 기능 및 학생들의 학습양식, 요구, 강점에 존재하는 다양성에 대해 심층적인 이해를 발전시켜야 한다.

교수 및 학습 향상을 위한 문화적 유능성에 기반한 상담

- 전문상담교사는 학생의 학습장애와는 직접적 관련이 없는 저성과 및 학교 실패 문제

를 해결하기 위해, 학생의 학교 외 삶에 대해서도 심층적으로 탐색할 필요가 있다.

- 전문상담교사는 학생지원팀, 행동지원인력, 작업치료 및 언어치료 인력과 협력하여 학생과 가족에 필요한 지원을 제공해야 한다.
- 학생 관련 문제, 학교 교직원 내 다양성 부족, 문화적으로 감응적이고 포괄적인 관점 부재 등의 상황에서도, 전문상담교사는 갈등과 긴장을 감수하며 협력하는 자세를 가져야 한다.

문화적으로 감응적인 상담사와 다양한 가족 및 지역사회

- 전문상담교사는 학생의 장애를 넘어, 다양한 문화적 배경과 가족에 대한 심층적인 이해를 발전시켜야 하며, 이는 현대 사회의 인구학적 변화에도 영향을 받는다.
- 전문상담교사는 다양한 접근방식을 통해 가족 및 학생과 협력하고, 학교 및 교직원에게 그들의 요구와 욕구를 효과적으로 전달할 수 있어야 한다.
- 전문상담교사는 문화적·언어적 다양성(CLD) 배경을 지닌 가족들을 옹호하여 자녀들의 학교생활을 긍정적인 경험으로 만들고, 학부모와 지속 가능한 협력관계를 구축하는 데 힘써야 한다.

문화적으로 감응적인 지역사회 협력

- 전문상담교사는 다양한 학교 공동체 구성원과 협력하기 위해, 우선 학생과 가족의 삶에서 지역사회가 가지는 관계를 이해해야 한다.
- 전문상담교사는 학교와 지역사회 간의 강한 유대 강화를 위해, 문화적으로 감응적이고 통합적인 협력 개혁을 지지할 수 있는 이해관계자를 찾아야 한다.
- 전문상담교사는 고정관념을 넘어 사고하고, 정서 및 사회적 발달(ESD) 상담, 가족 다양성 및 통합성의 밤 행사(family diversity and inclusion nights), 영어학습자(ELL) 축제와 같은 지역사회 및 학교 기반 활동을 실행해야 한다.

문화적으로 감응적인 학교의 효과적 구성 요소

- 모든 학생과 학교가 이들 구성 요소를 모두 갖춘 것은 아니지만, 대부분의 구성 요소는 오늘날의 CLD 학생들을 교육하는 학교에서 일반적인 실천이 되어야 한다.

- 전문상담교사는 학교 리더십 팀 및 교사들과의 협력을 통해 학교가 문화적으로 감응적인 학교로 나아가도록 안내할 수 있다. 이 협력은 학생들의 기대, 가치, 요구를 이해하는 것을 기반으로 해야 한다.
- 전문상담교사는 다양한 문화적 배경을 지닌 강연자 초청, 다양성 워크숍 개최, CLD 학생들의 연극, 공연, 집회 지원을 통해 학교가 포괄적이고 문화적으로 감응적인 틀을 구축하도록 지원할 수 있다.

문화적으로 감응적인 학생 자기가치감(self-worth) 개발

- 전문상담교사는 학습장애 학생들의 긍정적 자기정체성(self-identity) 개발을 촉진하고, 장애 및 CLD 배경 학생들 간의 긍정적 대인관계 개발을 공동 촉진할 수 있다.
- 전문상담교사는 장애인교육법(IDEA) 및 제504조에 따라 보호받는 학생들과 성취 격차(achievement gap) 문제를 겪고 있는 위험군 학생들의 학업성취를 지원할 수 있다.
- 전문상담교사는 특수 및 기타 요구를 가진 학생들을 위해 문화적으로 통합적인 틀에 기반하여 학교 성공을 위한 태도와 기술을 촉진하고, 다양한 학생들의 진로 선택과 진로 희망을 지원할 수 있다.

학생 옹호자로서의 문화적으로 감응적인 전문상담교사

- 전문상담교사는 종종 무의식적으로 장애 및 기타 학습 요구를 지닌 학생들의 옹호자가 되는데, 이는 학생의 요구, 가정환경, 기타 관련 사안을 탐색할 수 있는 최적의 위치에 있기 때문이다.
- 전문상담교사의 옹호 활동은 장애를 넘어, 모든 학생들의 서비스, 제공 체계, 그리고 적절한무상공교육(FAPE)을 향상시키는 데 기여한다.
- 전문상담교사는 모든 교직원을 대상으로 최상의 실천을 모범적으로 보이며, 문화적으로 감응적이고 통합적인 학교 비전을 지원함으로써 학생 옹호자로서의 역할을 수행할 수 있다.

추가 자료

인쇄물

Aronson, J., & Steele, C. M. (2005). Stereotypes and the fragility of human competence, motivation, and self-concept. In C. Dweck & E. Elliot (Eds.), *Handbook of competence & motivation*(pp. 436-455). Guilford.

Ford, D. Y. (2013). *Recruiting and retaining culturally different students in gifted education.* Prufrock Press.

Ford, D. Y., & Milner, H. R. (2006). Counseling high achieving African Americans. In C. C. Lee (Ed.), *Multicultural issues in counseling: New approaches to diversity*(pp. 63-78). American Counseling Association.

Tatum, B. D. (2007). *Can we talk about race? And other conversations in an era of school resegregation*. Beacon Press.

웹 기반 자료

Diversity Web Wide: http://www.diversityweb.org/

고등교육을 위한 자료로, 교사 양성과정 및 전문직 종사자들을 위한 협력과 조직 간 연결 구축을 위해 월드와이드웹과 기존 인쇄 매체를 통한 경로를 개발하는 이니셔티브의 일환으로 제공되는 자원.

Educating Teachers and Other Professionals for Diversity: http:/www.ncrel.org/sdrs/areas/issues/educatrs/presrvce/pe300.htm

미래 교사들이 인종, 성별, 민족적 유산 또는 문화적 배경에 관계없이 모든 학생을 위한 "의미 있고 몰입적인 학습"을 촉진할 수 있도록 준비시키는 중요한 문제를 다루는 기사.

Multiculturalism: Beyond Ethnicity Towards Diversity: http://www.library.csustan.edu/lboyer/multicultural/main.htm

다문화 교육과 다양성에 관한 다양한 웹 자료를 제공하는 사이트로, 배경 기사, K-12 교사를 위한 웹사이트, 참고문헌 목록, 인물 전기, 민족 요리, 종교 등에 대한 자료를 포함하고 있다.

참고문헌

American School Counselor Association. (2013). *ASCA position statements.* https://www.schoolcounselor.org/asca/media/asca/PositionStatements/PositionStatements.pdf

Baca, L., & de Valenzuela, J. S. (1994). *Reconstructing the bilingual special education interface*(NCBE Program Information Guide Series No. 20). http://www.ncela.gwu.edu/ncbepubs/pigs/pig20.htm

Baker, S., Gersten, R., & Keating, T. (2000). When less may be more: A 2-year longitudinal evaluation of a volunteer tutoring program requiring minimal training. *Reading Research Quarterly, 35*(4), 494-519.

Brotherson, M. J., Summers, J. A., Bruns, D., & Sharp, L. (2008). Family-centered practices: Working in partnership with families. In P. Winton, J. McCollum, & C. Catlett (Eds.), *Practical approaches to early childhood professional development*(pp. 53-80). ZERO TO THREE.

Carter, R. B., & Vuong, T. K. (1997). Unity through diversity: Fostering cultural awareness. *Professional School Counseling, 1*(1), 47-49.

Cartledge, G., & Lo, Y. (2006). *Teaching urban learners: Culturally responsive strategies for developing academic and behavioral competence*. Research Press.

College Board Advocacy and Policy Center. (2012). *The College Board national survey of school counselors and administrators.* http://media.collegeboard.com/digitalServices/pdf/nosca/Barriers-Supports_TechReport_Final.pdf

Darling-Hammond, L., & Garcia-Lopez, S. P. (2002). What is diversity? In L. Darling-Hammond, J. French, & S. P. Garcia-Lopez (Eds.), *Learning to teach for social justice*(pp. 9-38). Teachers College Press.

Dunn, R. (2000). Learning styles: Theory, research, and practice. *National Forum of Applied Educational Research Journal, 13*(1), 3-22.

Echevarria, J., & Graves, A. (2006). *Sheltered content instruction: Teaching English language learners with diverse abilities*(3rd ed.). Allyn and Bacon.

Ford, D. Y. (2005). Ten strategies for increasing diversity in gifted education. *Gifted Education Press Quarterly, 19*(4), 2-4.

Ford, D. Y. (2013). *Recruiting and retaining culturally different students in gifted education*. Prufrock Press.

Fuchs, D., Mock, D., Morgan, P. L., & Young, C. L. (2003). Responsiveness-to-intervention for the learning disabilities construct. *Learning Disabilities Research & Practice, 18*(3), 157-171.

Gardner, H. (2011). *Frames of mind: The theory of multiple intelligences*. Persus Books.

Gay, G. (2000). *Culturally responsive teaching*. Teachers College Press.

Han, H. S., & Thomas, M. S. (2010). No child misunderstood: Enhancing early childhood teachers' multicultural responsiveness to the social competence of diverse children. *Early Childhood Education Journal, 37*(6), 469-476.

Hayes, S. A. (1996). Cross-cultural learning in elementary guidance activities. *Elementary School Guidance and Counseling, 30*, 264-274.

Herring, R. D. (1998). *Career counseling in schools: Multicultural and developmental perspectives*. American Counseling Association.

Holcomb-McCoy, C. C. (2003). Multicultural competence in school settings. In D. B. Pope-Davis, H. L. K. Coleman, W. M. Ling, & R. L. Torporek (Eds.), *Handbook of multicultural competencies in counseling and psychology*(pp. 406-419). Sage.

Hughes, M. T., Valle-Riestra, D. M., & Arguelles, M. E. (2002). Experiences of Latino families with their child's special education program. *Multicultural Perspectives, 4*(1), 11-17.

Individuals with Disabilities Education Improvement Act (IDEIA) of 2004, 20 U.S.C. § 1400 et seq. (2004).

Invernizzi, M., Juel, C., & Rosemary, C. A. (1997). A community tutorial that works. *The Reading Teacher, 50*, 304-311.

Lee, C. C. (Ed.). (1995). *Counseling for diversity: A guide for school counselors and related professionals*. Allyn & Bacon.

Lee, C. C. (2001, April). Culturally responsive school counselors and programs: Addressing the needs of all students. *Professional School Counseling, 4*, 257.

Lee, C. C. (2005). Urban school counseling context, characteristics, and competencies. *Professional School Counseling, 8*(3), 184-188.

Lee, C. C., & Walz, G. (1998). *Social action: A mandate for counselors*. American Counseling Association, ERIC Counseling, and Student Services Clearinghouse.

Lo, L. (2010). Perceived benefits experienced in support groups for Chinese families of children with disabilities. *Early Child Development and Care, 180*(3), 405-415.

Murrow-Taylor, C., Foltz, B. M., McDonald, A. B., Ellis, M. R., & Culbertson, K. (1999). A multicultural career fair for elementary school students. *Professional School Counseling, 2*(3), 241-243.

Pransky, K., & Bailey, F. (2002). To meet your students where they are, first you have to find them: Working with culturally and linguistically diverse at-risk students. *Reading Teacher, 56*(4), 370-383.

Rogoff, B. (2003). *The cultural nature of human development*. Oxford University Press.

Salas, L. (2004). Individualized Educational Plan (IEP) meetings and Mexican American parents: Let's talk about it. *Journal of Latinos and Education, 3*(3), 181-192.

Sanchez, S. Y., & Thorp, E. K. (2008). Teaching to transform: Infusing cultural and linguistic diversity. In P. J. Winton, J. A. McCollum, & C. Catlett (Eds.), *Practical approaches to early childhood professional development: Evidence, strategies, and resources*(pp. 81-97). ZERO TO THREE.

Skinner, M. L., & Lindstrom, B. D. (2003). Bridging the gap between high school and college: Strategies for successful transition of students with learning disabilities. *Preventing School Failure, 47*(3), 132-137.

Trolley, B., Haas, H., & Campese Patti, D. (2009). *The school counselor's guide to special education*. Corwin.

U.S. Census Bureau. (2005). *Detailed poverty tables: 2003*. Author.

U.S. Department of Education. (2004). *No Child Left Behind Act*. http://www.ed.gov/index.jhtm

U.S. Department of Education. (2010). *Reauthorization of the Elementary and Secondary Education Act (ESEA)*. http://www.ed.gov/blog/topic/esea-reauthorization/

Williams, E. R. (2007). Unnecessary and unjustified: African American parental perceptions of special education. *Educational Forum, 71*(3), 250-261.

Williams, Y. (2008). Deconstructing gifted and special education, policy and practice: A paradigm of ethical leadership in residentially segregated schools and communities. In V. Ikpa & K. McGuire (Eds.), *Advances in educational leadership and policy: K-16 issues impacting student achievement in urban communities*. Information Age.

12장

심리사회적 및 위험군 고려사항

Barbara C. Trolley

세인트 보나벤처 대학교(St. Bonaventure University)

> "만약 내가 비관주의자의 관점에서 삶을 바라본다면, 나는 좌절할 것이다. 내 눈에 보이지 않는 빛, 내 귀에 들리지 않는 음악을 헛되이 찾을 것이다. 밤낮으로 구걸하며 결코 만족하지 못할 것이다. 끔찍한 고독 속에 홀로 앉아 공포와 절망에 사로잡힐 것이다. 그러나 나는 스스로와 타인을 행복하게 하는 것이 의무라고 생각하기에, 어떤 신체적 결핍보다 더 심각한 비참함에서 벗어날 수 있다."
>
> — 헬렌 켈러(Helen Keller), 미국의 작가, 사회운동가, 강연가

전문상담교사는 학교폭력, 약물남용, 사회적 고립 및 낙인, 슬픔, 성 정체성 및 관련 문제, 소셜 네트워크 갈등, 자해 행동과 같은 문제에 익숙하다. 하지만 상담실에 들어오는 학생이 장애를 가지고 있다고 상상해 보라. 이러한 어려움 중 일부는 모든 학생들이 겪는 문제이지만, 특수교육 대상 학생에게는 더욱 심화되거나 복합적으로 나타날 수 있다. 반면, 정서장애에서 흔히 보이는 충동성과 분노 폭발, 자폐성 장애 및 맹농아와 관련된 사회적 신호의 부족, 특정학습장애로 인한 집중력 저하, 기타 건강 장애학생들의 만성 피로 및 결석과 같이 13가지 특수교육 분류와 밀접하게 관련된 어려움도 있다. 본 장에서는 이러

한 문제에 대한 개요를 제시하고, 전문상담교사가 이러한 학생들의 성공, 특히 미국 전문상담교사협회(ASCA)의 국가모형(http://ascanationalmodel.org/foundation)의 개인-사회 영역에서 성공을 극대화할 수 있도록 실질적인 도구를 제공하고자 한다. 특수교육 대상 학생과 관련하여 전문상담교사의 정확한 역할은 다양할 수 있으며, 이러한 전문가의 참여 정도에 대한 찬반론이 존재하지만, 실제로 전문상담교사의 상담 대상 학생 중에는 개별화 교육프로그램(IEP)을 가진 학생이 많다. Owens, Thomas, Strong(2011)은 2007년 미국 교육부의 통계를 인용하여 지난 10년 동안 미국에서만 장애학생 수가 백만 명 증가했다고 밝혔다. 장애학생의 약 96%가 일반교육 학교에 다니고 있으며, 이 중 4분의 3은 하루의 대부분을 일반교육 교실에서 보낸다는 사실을 고려할 때(Myers, 2005), 전문상담교사는 이러한 학생들의 요구와 효과적인 개입에 익숙해져야 할 것이다.

이 장을 읽고 나면, 다음과 같은 목표를 달성할 수 있다:

1. 특수교육 대상 학생의 장애와 관련된 주요 심리사회적 관심사 세 가지를 판별할 수 있다.
2. 특수교육 대상 학생들에게 심리사회적 관심사를 초래하는 핵심 위험요인 세 가지를 정의할 수 있다.
3. 전문상담교사가 이 집단을 보다 효과적으로 지원하기 위해 수행할 수 있는 일반적 과업 세 가지와 구체적 과업 세 가지를 판별할 수 있다.
4. 특수교육 대상 학생의 심리사회적 문제를 다루는 프로그램 및 자료에 대한 종합적인 목록에 접근할 수 있다.

장애에 대한 심리사회적 반응

개요

장애를 지닌 학생들과 관련하여 수많은 심리사회적 문제가 존재한다. 장애는 선천적(출생 시부터 존재하며, 발달적 또는 유전적 기원을 가짐)일 수도 있고, 후천적(출생 이후 외상이나 질병으로 인해 발생)일 수도 있다. 이러한 유형의 장애 중 어느 것이든, 그 중심에는 '상실에 대한 애도(grieving)'와 '적응(adaptation)'의 과정이 자리하고 있다. 다시 말해, 교실 문을 열고 들어온 그 학생은 감각적, 인지적, 정서적 기능의 손실과 같은 장애에 수반되는 상실을 어떻게 받아들이고, 그 현실을 직면하며, 그리고 다시 삶을 이어나갈 수 있을까? 자신이 초등학교에서 중학교로 진학했던 시기를 떠올려 보자. 대부분의 학생들처럼, 당신 역시 제시간에 교실을 찾을 수 있을지, 길을 잃지는 않을지, 사물함 자물쇠를 제대로 열 수 있을지, 점심을 먹을 시간이 충분할지를 걱정했을 것이다. 이러한 걱정거리 외에도, 형제자매로부터 상급생들이 신입생에게 겁을 주는 통과의례와 같은 행위를 한다거나, 중학교에는 사회적 집단화와 배제, 놀림, 또래 집단에 '어울려야 한다'는 압력과 같은 다양한 사회적 긴장(social drama)이 존재한다는 이야기를 들었을지도 모른다. 이러한 상황에 대비하여 자물쇠를 열어보는 연습을 하고, 시간표를 외우고, 첫날 입을 최신 유행 옷을 고르는 등 나름대로 준비를 하며 중학교라는 새로운 환경의 리듬을 익히고 또래에게 수용되기를 기대했을 것이다. 이러한 사회적 적응 문제와 그에 동반되는 심리적 불편감은 발달적으로 보편적이고 정상적인 경험이다. 그러나 이제 상상해 보자! 당신이 이 새로운 사회 환경(다소 비판적이며 평가 중심적인 환경)에 진입하는데, 자신이 겉모습, 행동 양식, 학습 방식 면에서 '전형적인' 학생들과 명백히 다르다는 사실을 이미 인지하고 있다면 어떨까? 사물함 자물쇠를 푸는 데 어려움을 겪고, 교사의 설명을 이해하는 데 시간이 더 걸리며, 걸음걸이에 미세한 차이가 있거나 체육 수업에 참여할 수 없는 경우도 있을 수 있다. 더 나아가 일반 교실을 떠나 특수학급으로 이동해야 할 수도 있다. 장애를 지닌 학생들은 학교 환경에 적응하는 과정에서 독특하고 복합적인 장애물에 직면한다. 이들은 또래와 같이 발달상 정규적인 과제들을 수행해야 할 뿐 아니라, 장애로 인해 추가적인 어려움을 함께 겪는다. 이러한 어려움은 건축적 장벽(architectural barriers)과 태도적 장벽(attitudinal barriers)이라는 형태로 나타나는 사회적 장애(social handicaps)를 포함하며, 이는 이들의 심리사회적 적응을 더욱 어렵게 만든다.

애도 반응과 발달 단계

이 영역에 관한 문헌의 상당수는 일반적으로 장애를 지닌 사람들을 대상으로 하며, 학생 집단에 특화된 것은 아니다. 그러나 논의되는 많은 주제들은 일반적이며 대부분의 집단에 적용 가능한 것들이다. Falvo(2010)는 장애에 대한 정서적 반응으로 다음과 같은 것들이 나타날 수 있다고 지적하였다: 애도(grief)는 분노와 우울을 수반할 수 있으며, 궁극적으로는 수용(acceptance)에 이를 수 있다. 그 외에도 두려움과 불안, 죄책감도 나타날 수 있다. Olsson, Bond, Johnson, Forer, 그리고 Boyce(2003)는 만성 질환을 가진 청소년 집단을 대상으로 다섯 가지 주요 주제를 확인하였다: 통제(control), 정서 반응(emotional reactions), 수용(acceptance), 대처 전략(coping strategies), 그리고 의미 추구(search for meaning)이다. 유사하게, Livneh와 Antonak(2005)은 장애를 지닌 사람들과 관련하여 다음과 같은 핵심 개념들을 다루었다: 스트레스(stress), 위기(crisis), 상실과 애도(loss and grief), 신체 이미지(body image), 자기개념(self-concept), 삶의 질(quality of life) 문제, 불확실성과 예측 불가능성(uncertainty and unpredictability), 그리고 사회적 낙인(stigma). 전문상담교사는 특수한 요구를 지닌 학생들과의 상담 과정에서 슬픔, 좌절, 스트레스, 감정 기복 등의 문제에 자주 직면하게 된다. 이러한 정서적 반응의 원인을 구분하여 이해하는 것이 중요하다. 예를 들어, 어떤 학생이 분노를 표출하고, 문제행동을 보이며, 우울해 보이는 경우, 이러한 행동은 다양한 원인에 의해 나타날 수 있다.

- 장애의 특성(예: 그 학생이 정서장애로 판별됨)
- 장애를 가지는 것에 대한 상실 반응(예: 학생이 학습장애가 있다는 것을 막 알게 됨)
- 학생의 발달 단계(예: 13세 청소년이 교사들에게 반항적으로 되고 있음)

학생의 발달 단계에 따라 이러한 반응들이 다르게 나타날 수도 있다. 어린아이들은 이러한 감정을 반항적 행동으로 표현할 수 있는 반면, 좀 더 나이가 많은 아이들은 이러한 반응을 언어로 더 잘 표현하거나 이 장의 뒷부분에서 논의될 물질 남용과 같은 건강하지 않은 대처 수단을 찾을 수 있다. 전문상담교사가 선의적이지만 과잉보호적인 부모와 또래에 의해 조장될 수 있는 학습된 무력감의 정도와 장애가 학생들의 학업 수행에 미치는 영향을 평가하는 것도 중요할 것이다. 특수교육을 받고 있으며 우울하여 전문상담교사에게 연계된 학생은 새롭게 진단된 장애에 대한 적응, 지속적인 상태에 대한 만성적 반응, 진단된 정신건강 장애, 장애에 '대처'하기 위한 자가 약물 치료의 영향, 그리고/또는 장애의 특성으로 인한 지속적인 학업 실패 또는 사회적 배척의 심화, 그리고/또는 산발적인 출석을 다루고 있을 수 있다. 전문상담교사가 우울증의 기원과 강화에 기초하여 개입을 선택하는 것이 도움이 된다.

스트레스와 사회적 낙인

Falvo(2010)는 더 나아가 장애인의 스트레스 영역이 장애가 삶의 질에 미치는 영향에 대한 우려, 부정적인 자기개념과 신체 이미지, 불확실성, 그리고 사회적 낙인일 수 있다고 언급했다. 일시적으로 목발을 사용하는 학생이 독립성을 유지하고 비장애 학생들과 어울리기 위해 학교 엘리베이터 사용을 꺼리거나 도움을 거절하는 것은 드물지 않다. 마찬가지로, 많은 비장애학생들도 때때로 체육 수업을 빠질 수 있는 '자유 이용권(free pass)'을 반길 수는 있겠지만, 체육 활동 참여가 완전히 중단되는 것은 장애학생에게 소외감과 배제감을 초래할 수 있다. 이동성 문제, 사지 절단, 언어장애, 신체 외형의 변형 등 가시적인 신체장애가 있는 학생들은 혼자 남게 되거나, 사회적으로 위축되고, 어색한 관계를 형성하며, 왕따나 괴롭힘의 대상이 될 가능성도 있다. Hahn(1988)은 장애인과 관련된 심미적 불안과 실존적 불안에 대한 통찰력을 제시하였다. 사회적으로 신체적 매력을 갖추어야 한다는 압박이 존재하며, 이는 다양한 매체를 통해 끊임없이 강조된다. 이러한 압박은 성 정체성, 이성 교제, 학교 댄스파티 및 졸업 파티와 같은 사교 행사 등이 활발해지는 청소년기 초기에 더욱 커질 수 있다. 전문상담교사는 특수교육 대상 학생의 인식뿐만 아니라, 또래 학생들의 반응도 사정평가해야 한다. 사례 제시 12.1에 제시된 간단한 사례가 이 점을 명확히 하는 데 도움이 될 것이다.

이 사례에서 부모가 이러한 비공개 정책(non-disclosure policy)을 고수한 이유에 대해 의문을 가질 수 있으며, 그 요청 뒤에는 다양한 형태의 부모 동기가 존재할 수 있다. 그러나 그 결과로 장애학생에 대한 낙인과 고정관념(stigma and stereotyping)이 전면에 드러날 수 있다는 점은 주목할 만하다.

사례 제시 12.1

새 학교에서 친구 사귀기

알렉스(Alex)는 아스퍼거 증후군으로 진단받은 13세 소년으로 새 학교로 전학했다. 그는 새 친구를 사귀려고 노력하고 있지만, 그의 반복적이고 단조로운 말투와 사회적 신호/단서 및 개념에 대한 인식 부족이 이 과정에서 어려움을 만들고 있다. 알렉스는 친구를 사귀지 못할 뿐만 아니라, '이상하다'는 이유로 그의 급우들로부터 놀림과 괴롭힘을 당하기 시작했다. 부모는 교사나 다른 학교 직원이 자녀의 장애의 특성을 누설하지 않기를 원한다. 초기에는 난처함을 느꼈지만, 전문상담교사는 세 가지 접근 전략을 수립하였다. 첫째, 자폐스펙트럼을 포함한 다양한 장애와 이에 적절히 반응하는 방법에 대한 일반적인 심리교육적(psycho-educational) 수업을 교실에서 실시하였다. 이 수업은 학생들과 교사 모두에게 장애에 대한 이해를 높이고 감수성을 증진하는 데 도움이 되었다. 둘째, 전문상담교사는 알렉스와 함께 사회적 기술 훈련을 실시하였고, 이를 통해 사회적 단서와 자기패배적 행동(self-defeating behaviors)을 인식하도록 도왔다. 셋째, 전문상담교사는 알렉스를 또래 멘토와 짝지어 그가 일상적인 사회적 상호작용을 수행하고, 사회적으로 수용 가능한 반응을 모델링할 수 있도록 지원하였다.

Florian 외(2006)는 장애아동 분류에 대한 다문화적 관점을 조사하고 불필요한 낙인 효과를 줄여야 할 필요성을 논의했다. 장애학생 분류는 문제의 본질을 이해하고 효과적인 개입을 위한 안내를 제공하는 데 필수적이지만, 이러한 분류에 대한 이해 부족과 고정관념이 결합되면 파괴적이고 낙인찍힐 수 있다. 심지어 "특별함(special)"이라는 용어조차도 소중함, 뛰어남, 우월함, 특이함, 다름 또는 분리됨 등 다양한 의미로 해석될 수 있다. 특별함은 사랑스러운 특성으로 여겨질 수도 있지만, 조롱조로 해석되어 품위를 떨어뜨리는 의미로 사용될 수도 있다. 흥미롭게도, 한 논문 전체가 이러한 "특별함"이라는 개념에 초점을 맞추고 있다(Hausstatter & Connolley, 2012). 특수교육 대상 학생을 지도하는 사람들은 용어의 의미에 얽매여서는 안 되지만, 전문상담교사가 인식해야 할 근본적인 개념은 이 학생 집단과 관련된 용어 사용이 미치는 영향이다. 교육 외에도, 인칭 존중 표현을 사용하고 흔히 사용되는 속어(예: 바보, 정신 지체아)를 없애려는 노력은 전문상담교사가 특수교육 대상 학생을 옹호할 수 있는 방법이다.

가족 반응

특수교육 대상 학생의 가족 구성원들 또한 이러한 상실감에서 드는 애도에 대한 정서적 반응에 자유롭지 않으며, 부모의 반응은 전문상담교사가 해결해야 할 문제로 자주 제시된다. 이 점은 지도형 실습 활동 12.1에 설명되어 있다.

지도형 실습 활동 12.1

부모 기대의 전환(Transition in Parental Expectations)

당신이 중학교 2학년 자녀를 둔 부모라고 상상해 보라. 자녀의 고등학교 진학을 앞두고 기대에 부풀어 있으며, 오랫동안 대학 진학이라는 미래를 계획해 왔다. 자녀를 위해 대학 진학 기금을 마련해 두었고, 이미 다양한 진학 가능성도 탐색해 보았다. 당신은 자녀에게 자신이 성장 과정에서 누리지 못했던 기회를 제공하고자 한다. 자녀의 읽기 어려움에 대해서는 때때로 마음속에서 밀어두며, 그것이 인쇄 매체보다는 전자 텍스트 사용이 늘어난 탓이라고 생각해 왔다. 중학교 2학년 자녀와 초등학생인 둘째가 같은 읽기 수준에 있다는 사실에 대해서도, 아이마다 발달 이정표를 달성하는 시점이 다르다는 이유로 설명해 왔다. 그러던 봄, 학교에서 전화가 온다. 자녀의 전환(transition)을 준비하기 위한 일반적인 상담 절차라고 생각하며 별다른 걱정 없이 학교를 방문하지만, 상담의 실제 초점은 전혀 예상치 못한 것이었다. 전문상담교사는 최대한 부드럽고 신중한 방식으로, 자녀에게 학습장애가 있을 가능성에 대한 우려를 공유하고, 추가적인 검사를 위한 동의를 요청한다.

- 이 상황에서 부모가 보일 수 있는 초기 반응과 생각은 무엇일까?
- 전문상담교사는 부모와의 협력적 관계 형성과 지지를 촉진하는 방식으로 이 우려를 어떻게 전달할 수 있을까?
- 전문상담교사가 해당 학생과 가족에게 질 높은 서비스를 제공하기 위해 반드시 갖추어야 할 지식은 무엇인가?
- 이 학생과 가족을 돕기 위해 전문상담교사가 팀의 일원으로서 수행할 수 있는 과업은 무엇인가?

따라서 이러한 전문가들이 장애가 가족에게 미치는 영향에 대해 어느 정도 이해를 갖는 것은 필수적이다. 왜냐하면 이는 결국 학생에게도 파급효과를 미치기 때문이다. 가족 역동성(family dynamics)에 대한 이해는 전문상담교사가 학생이 직면한 문제를 파악하는 데 도움을 줄 뿐만 아니라, 해당 학생에게 어떤 지원 체계가 마련되어 있는지를 확인하는 데에도 도움이 될 수 있다. Anderegg, Vergason, 그리고 Smith(1992)의 고전적 논문에서는 장애아동의 부모가 겪는 애도의 세 가지 단계를 다음과 같이 제시하였다: 직면(confronting), 조절(adjusting), 그리고 적응(adapting). 만약 학생이 선천적 장애를 지닌 경우, 가족은 이 단계들을 이미 초기부터 경험하였을 수 있으며, 후천적 장애의 경우처럼 장애 발생 이전의 가족 기능 수준과 적응 수준을 파악하기는 어렵다. 그러나 부부 및 형제자매 간 상호작용, 가족 구성원의 정신건강, 가족 지원의 접근성 및 질, 그리고 장애의 심각도, 예후, 외형적 가시성 등과 같은 장애 특성과 같은 복합적인 변수들이 가족이 이러한 애도 단계들을 어떻게 경험하고 성공적으로 전환하는지에 영향을 미칠 수 있다.

발달 단계는 추가적인 상실 문제를 악화시킬 수 있다. 예를 들어, Podvey, Hinojosa 및 Koenig(2013)는 장애아동이 조기 중재에서 유아교육 프로그램으로 전환할 때 가족 중재의 필요성에 대해 논의했다. 각 학교 단계에서 학생의 역량 강화와 독립성 증진에 대한 초점은 부모 역할의 변화와 관련이 있으며, 이는 상실감과 소외감을 유발할 수 있다. 가족은 또한 장애아동의 "정상성" 상실을 경험하고 "만성적 슬픔" 단계를 거칠 수 있다(Gordon, 2009; Hobdell 외, 2007; Kurtzer-White & Luterman, 2003). 부모는 데이트, 운전, 대학 졸업, 정규직 취업, 결혼 및 손주와 같은 일반적인 발달 단계를 달성하지 못할 것이라며 걱정하고, 실제 그렇게 믿는다. 전문상담교사는 특히 특수교사, 학교심리사 및 사회복지사와 협력하여 부모가 장애의 본질, 학교 위원회, 평가 과정 및 특수교육 용어를 이해하도록 도울 수 있다. 이는 개인적으로뿐만 아니라, 그룹 부모 회의를 통해서도 수행할 수 있다. 학교 직원과 부모 모두가 알아야 할 가장 일반적으로 사용되는 약어 중 일부는 다음에 설명되어 있다. 포괄적인 약어 목록은 Trolley, Haas 및 Patti(2009)를 참조하기 바란다. 가장 일반적으로 사용되는 약어의 샘플이 표 12.1에 제시되어 있다.

이러한 전문가들은 가족에게 지지의 자원이 되어줄 수 있으며, 부모와 학교 간의 비편향적 중재자로서의 역할을 수행할 수 있다. 또한, 자녀와 가족이 보다 집중적인 상담 개입이나 의학적 평가를 받을 수 있도록 연계하는 데에 있어서도 훌륭한 자원이 될 수 있다.

표 12.1 약어(Acronyms)

약어	영문 명칭	공식 번역 / 해설
BIP	Behavior Intervention Plan	행동중재계획
CCS	Common Core Standards	공통핵심기준 (미국의 전국 공통 학업성취 기준)
CSE	Committee on Special Education	특수교육위원회 (특수교육 적격성 및 서비스 계획을 결정하는 위원회)
FAPE	Free Appropriate Public Education	무상의 적절한 공교육 (미국 IDEA 법에 보장된 장애학생 권리)
FBA	Functional Behavioral Assessments	기능적 행동 사정평가
FERPA	Family Educational Rights and Privacy Act(aka the Buckley Amendment)	가족 교육권 및 프라이버시법 (버클리 수정법이라 고도 함; 학생의 교육기록에 대한 보호 법령)
IDEA	Individuals with Disabilities Education Act	장애인교육법
IDEIA	Individuals with Disabilities Education Improvement Act	장애인교육향상법 (2004년 개정판; IDEA의 확장 및 명확화)
IEP	Individualized Education Program	개별화교육프로그램
IST*	Instructional Support Team	수업 지원 팀 (교사·전문가들이 협력하여 중재 전략을 설계하는 팀)
NCLB	No Child Left Behind (Act and Law)	낙오학생방지법 (2001년 미국 교육법; 2015년 ESSA로 대체됨)
RTI	Response to Intervention	중재반응모형 (다층적 중재 체계로 학습 및 행동 문제를 조기에 지원하는 접근)

출처: 부모정보및자료센터(Center for Parent Information and Resources)에서 제공함 (2015년 3월 12일 검색). 「장애 및 특수교육 관련 약어집(Disability and Special Education Acronyms)」, 뉴어크, 뉴저지.

*주: Instructional Support Team(수업지원팀)이라는 개념을 지칭하는 용어에는 주(State) 내 및 주 간에 걸쳐 다양한 표현이 존재함.

친구 관계

특수교육 대상 학생들에게 주요하게 부각되는 영역이자 전문상담교사들이 가장 빈번하게 접하는 문제 중 하나는 바로 또래 관계, 특히 친구관계에 관한 것이다. 이러한 개념은 사례 제시 12.2에서 구체적으로 제시된다.

사례 제시 12.2

현장학습(Field Trip)

아스퍼거 증후군(Asperger's) 진단을 받았고, 같은 반 또래보다 한두 살 많은 당신은 한 명의 매우 친한 친구를 사귀었다고 상상해보라. 그러나 그 친구는 다른 팀과 교실에 속해 있다는 점이 문제다. 당신은 지역 박물관으로 떠나는 현장학습에 참여하게 되어 있다. 일정과 일상의 구조가 바뀐다는 사실만으로도 불안이 유발되고, 또 다른 학생들이 각자의 소그룹(폐쇄적 또래 집단)을 형성하며 걷게 될 때, 혼자 걷게 될 상황과 또래의 시선도 걱정이 된다. 교사들은 당신과 친구를 각각 다른 버스에 배정했으며, 그 이유는 학생들을 자기 반 중심으로 관리해야 한다는 방침 때문이다. 교사들은 이 배정을 조정하길 주저한다. 이에 따라 사전 현장학습 협의가 열리고, 교사들, 전문상담교사, 그리고 부모가 참석한다. 교사들의 안전 우려는 존중되었으나, 이어서 당신의 장애 특성에 대한 정보가 제공된다. 친구와 같은 버스를 타게 하는 것이 예방적 차원에서 효과적인 조치가 될 수 있으며, 이는 구조의 변화에 따른 당신의 반응을 다루는 데 소요될 시간을 줄여줄 것이라는 점이 강조된다. 두 대의 버스가 결국 같은 목적지로 가며, 학부모 인솔자들이 맡은 학생 명단을 갖고 있다는 사실도 함께 제시된다. 20분간의 협의 끝에, 당신과 친구가 같은 버스를 타는 것에 모두가 동의하게 된다. 당신의 예기불안(anticipatory anxiety)은 현저히 감소하고, 결국 즐겁고 의미 있는 시간을 보내게 된다.

특수교육 대상 학생들은 다양한 어려움으로 인해 견고하고 지속적인 친구관계를 형성하는 데 어려움을 겪을 수 있다. 청각장애, 언어장애, 외상성 뇌 손상 등 여러 장애는 잠재적인 의사소통 결함을 동반할 수 있다. 특히 자폐스펙트럼 장애학생들의 의사소통 및 사회적 어려움은 최근 연구에서 집중적으로 조명되고 있으며, 앞서 제시된 사례에서도 일부를 확인할 수 있다(Carter, Brock, & Trainor, 2014; Griffin, Taylor, Urbano, & Hodapp, 2014). 의사소통 문제의 원인과 양상은 다양하지만, 결과적으로 이러한 학생들은 자신의 생각과 감정을 또래에게 표현하는 데 어려움을 느끼며, 또래가 전달하는 바를 이해하는 데 또한 어려움을 겪는다. 비언어적 단서가 도움이 될 수 있지만, 오해의 소지가 있으며 문화적 영향을 받을 수 있고, 시각장애학생의 경우에는 활용이 불가능할 수도 있다. 예를 들어, 한 5학년 학생이 친구들을 생일 파티에 초대하려고 초대장을 나눠주기 시작했지만,

설명을 시작하면서 말을 더듬자 아이들이 웃고 놀리며 가버리는 상황을 생각해 볼 수 있다.

또한, 정서장애 및 자폐스펙트럼장애와 관련된 공격성이나 고립과 같은 행동은 일반 학생들에게 두려움이나 반감을 일으킬 수 있다. 기타 건강장애 분류에 속하는 만성적인 질병을 앓고 있는 학생들은 잦은 결석으로 인해 학업적 관계와 대인관계 모두에 부정적인 영향을 받기도 한다. 운동능력에 제한이 있는 학생들은 체육 시간이나 쉬는 시간 활동에 제약을 받을 수 있다. 화창한 날씨에 친구들이 모두 밖에서 공놀이를 하는 동안 혼자 교실에 앉아 있는 상황, 천식이 심해져 뛸 수 없는 상황을 상상해 보라. 설상가상으로 선생님이 옆에 있고, 마지막으로 나간 아이가 뒤돌아보며 "선생님 애완동물!"이라고 소리치는 상황은 외로움, 당혹감, 그리고 좌절감을 안겨줄 것이다.

더 나아가, 학습장애와 주의력결핍장애와 같은 동반 장애는 단일 장애보다 사회성 기술에 더욱 부정적인 영향을 미친다는 연구 결과도 있다(Smith & Wallace, 2011). 우려의 원인이 무엇이든, 특수교육 대상 학생들은 의사소통 및 사회성 기술 부족, 잦은 결석, 통합교육 기회 부족 등으로 인해 또래 관계 형성에 어려움을 겪는다는 공통적인 결과를 초래할 수 있다. 미국학교심리사협회(National Association of School Psychologists)에서 발표한 보고서에 따르면, 사회성 기술은 생존 기술, 대인관계 기술, 문제 해결 기술, 갈등 해결 기술의 네 가지 주요 영역으로 분류된다(http://www.nasponline.org/resources/factsheets/socialskills_fs.aspx). 일반 학생들도 종종 이러한 영역에서 어려움을 겪는데, 사회성 기술의 정상적인 발달이 장애로 인해 더욱 저해된다면, 이러한 학생들은 고립감과 외로움을 느끼거나, 문제행동을 보이거나, 잠재적으로 징계를 받거나, 놀림의 대상이 될 수 있다(이 주제는 위험 요인 절에서 더 자세히 논의된다). Uusitalo-Malmivaara et al. (2012)의 연구에 따르면, 특수교육 대상 학생들은 일반 학생들보다 행복감이 낮았으며, 이들이 가장 자주 언급한 희망 사항은 더 많은 친구를 사귀는 것이었다.

통합교육

관련된 또 하나의 혼란스러운 변수는 통합교육이다. 많은 이들은, 전형적으로 발달한 또래와의 접촉 및 적절한 사회적 행동의 역할 모델링이 장애학생에게 매우 유익하다고 주장한다. 반면, 이에 반대하는 이들은 다양한 반론을 제기한다. 예컨대, 장애학생은 또래들과 학업적 혹은 사회적으로 보조를 맞추지 못할 수 있으며, 교사는 학생 개개인의 다양한 요구를 다룰 시간이나 훈련이 부족하다는 것이다. 또한 전형적으로 발달한 또래들이 장애학생을 소외시키거나, 두려워하거나, 조롱할 수 있고, 혹은 장애학생으로부터 부적절한 행동을 학습할 수도 있다는 주장도 있다. 통합교육 프로그램의 성공과 가장 밀접하게 관련된 핵심 요소 중 하나는 교사의 태도이다(Mastin, 2010). 이러한 태도에 영향을 미치는 요소로는 교사가 받는 요구 수준과 지원 체계가 있다. Hsien, Brown, 그리고 Bortoli(2009)는, 교사들의 통합교육에 대한 인식과 교사 교육 및 연수 경험 사이의 연관성을 추가적으로 탐색하였으며, 전문성이 높은 교사일수록 보다 긍정적인 태도를 보였다고 보고하였다. 전문상담교사는 학급 규모나 교육 표준 요건을 직접적으로 바꿀 수는 없지만, 교사에게 정서적 지지를 제공하는 자원이 될 수 있으며, 자료와 도구 제공 측면에서의 자원, 장애 분류 및 개입 전략에 대한 교육적 통로, 그리고 변화를 위한 옹호활동의 자원으로 기능할 수 있다.

당신이 학창 시절을 보냈던 시기를 떠올려 보라. 그 시절은 지금보다 훨씬 단순했고 요구도 적었다. 이제 다시 현재로 돌아오자. 당신은 지금 교사다. 수많은 교육 표준 요구사항을 감당하고 있으며, 학생들이 충분한 성취를 이루도록 압박을 받고 있고, 한 반에 다섯 개의 서로 다른 문화적 배경을 지닌 학생들이 있다. 그런 상황에서, 당신은 8월에 추가로 특수교육 대상 학생 3명이 당신의 교실에 배치될 예정이라는 통보를 받는다. 당신은 일반교육 교사이고, 특수교육에 대한 훈련은 제한적이다. 이 사실을 알게 된 전문상담교사가 당신을 상담실로 초대해 커피 한 잔을 권하며 이야기를 나눈다. 당신의 걱정은 공감적으로 경청되고, 학생들이 가진 장애에 관한 자료와 정보가 제공되며, 특수교사, 학교심리사, 지원인력과의 협의회의가 마련된다. 처음에는 압도당한 듯한 감정이 들었지만, 이제는 지지를 받고 있다는 느낌, 그리고 혼자가 아니라는 안정감을 갖게 된다.

요약하자면, 위에서 제시된 많은 반응들은 특수교육 대상 학생, 그 가족, 그리고 일반학생 전체 집단에 걸쳐 전문상담교사가 반드시 다루어야 할 구체적인 문제제시 행동을 만들어낼 수 있다. 또한, 특수교육 대상 학생들은 추가적으로 다양한 심리사회적 문제가 발생할 위험요인에 더 많이 노출되어 있을 수 있으며, 이에 대해서는 다음 절에서 다룰 것이다.

특정 심리사회적 문제 발생 위험

개요

Wasburn-Moses(2011)는 Fulkerson, Harrison, Hedger(1999)의 연구를 인용하여 대안학교에 배치된 장애학생들이 성적 학대, 약물남용, 자살, 폭력, 그리고 심리적 문제와 같은 다양한 위험에 노출될 수 있다는 점을 논의했다. 이는 장애학생들이 노출될 수 있는 특정 유형의 심리사회적 위험 문제의 일부 예시에 불과하다. 전문상담교사는 이러한 다양한 심리적, 사회적 고통 및 장애 영역에 대한 이 집단의 취약성을 인지하고 있어야 한다.

학대 및 방임(Abuse and Neglect)

장애아동의 신체적, 성적 학대 및 방임에 대한 수많은 문헌이 존재한다. 그러나 아동 학대 등록부에 장애 여부를 판별하도록 요구되지 않고, 주마다 보고 절차, 심지어 학대 및 방임의 정의가 다르기 때문에, 학대받은 장애아동의 정확한 수를 파악하기는 어렵다 (미국 보건복지부, 2011). 또한 장애 증상이 학대의 증상과 혼동되는 경우도 있다(Hibbard & Desch, 2007). 신뢰하는 사람에게 성적 또는 신체적으로 학대를 당하는 것은 비극적인 일이다. 아동 생존자인 당신이 언어장애나 낮은 기능의 자폐증을 가지고 있다면, 학대를 경험하고 누구에게도 말할 수 없는 공포는 상상조차 하기 어렵다. 밤마다 강간이나 구타를 당하면서 말로 표현할 수 없는 어둠 속에 갇히는 것이다.

앞서 언급한 제한 사항에도 불구하고, 이 문제를 조사하려는 시도가 있었다. 미국 보건복지부(2011)는 2009년 아동 학대 자료에 근거하여 아동 학대 피해자의 11%가 장애를 가지고 있다고 보고했다. 이 정보는 아동 학대 사례에서 장애 정보를 보고한 49개 주를 기반으로 했다. 아동 학대 피해자의 11%가 장애(지적장애, 학습장애, 청각 또는 시각장애, 정서장애, 행동 문제 또는 신체적 또는 의학적 문제)를 가지고 있다는 통계는 2011년 보건복지부가 발표한 아동 학대 보고서에서 뒷받침되었다. 이 보고서에서 모든 학대 피해 아동이 진단 분류를 받는 것은 아니기 때문에 이 통계가 실제보다 낮을 수 있다고 언급되었다.

장애학생 집단이 다양한 형태의 학대에 더 크게 노출될 위험성과 관련된 요인은 매우 다양하다. 여기에는 장애인의 가치 절하, 이들과 함께 일하는 데 필요한 적절한 훈련을 받지 못한 전문가들이 사정평가를 수행하는 경우, 장애아동에 대한 신뢰도 저하의 인식), 그리고 이 아동들의 양육자에 대한 긍정적 편향(positive biases) 등이 포함된다. Manders와 Stoneman(2009)은 아동보호전문가를 대상으로 한 연구에서, 이들이 장애아동의 일부 행동을 학대의 원인이 되는 요인으로 귀인하는 경향이 있으며, 학대한 부모에게 공감을 느낄 가능성이 높다는 사실을 밝혀냈다. 또한 Cederborg, Danielsson, La Rooy, Lamb(2009)은 지적장애를 가진 아동이 성학대를 경험했을 때, 평가 오염(evaluation contamination) 유형의 질문이 반복되면 그 진술의 신뢰성에 영향을 줄 수 있다는 점을 연구하였다. 실제로 조사에 참여한 아동 중 40%가 자신의 진술을 변경하였으며, 이에 따라 법정 증언의 신뢰도가 낮아질 수 있다는 결론이 도출되었다. 비슷하게, 장애가 있는 아동은 장애가 없는 또래보다 성학대를 경험할 가능성이 더 높음에도 불구하고, 그들은 학대 사실을 드러내는 빈도가 더 낮았고, 드러내는 데 시간이 지체되는 경향도 보였다(Hershkowitz, Lamb, & Horowitz, 2007). 이러한 결과에는 중재 요인이 다수 작용할 수 있으며, 장애아동에 대한 학대 의혹에 대한 시스템의 반응 역시 반드시 면밀히 검토되어야 한다.

Stalker와 McArthur(2012)는 1996년부터 2009년까지의 방대한 문헌을 검토한 결과, 장애를 지닌 학생들이 비장애 또래보다 더 많은 학대를 경험하고 있으며, 현장 전문가들이 이들의 요구와 높은 취약성을 충분히 고려하지 않는 경우가 많고, 장애아동에 대한 학대 보고 자체를 고려한 연구도 매우 적다는 사실을 밝혀냈다. 전문상담교사는 아동학대에 대한 의무신고자로서의 역할과 함께 관련 교육도 받고 있지만, 동시에 장애학생과 관련된 다음과 같은 특수 고려사항에 대한 실친적 지식도 갖추어야 한다: 위험요인(risk factors), 학대의 징후(indicators), 개입 전략(interventions)에 대한 인식이다. 학생들이 학교에서 보내는 시간이 많고, 전문상담교사가 청소년과의 정서적 연결을 구축하는 중심적 역할을 수행한다는 점을 고려할 때, 이들이 학대 가능성을 가장 먼저 인지하게 되는 전문가일 수 있다. 따라서, 신고를 위한 명확한 정책과 연계를 위한 자원이 모든 학교 직원, 특히 심리·교육적 지원(psycho-educational services)을 제공하는 인력에게 잘 알려지고 쉽게 접근 가능하도록 하는 것이 필수적이다.

약물남용(Substance Abuse)

특수교육 대상 학생들은 아동 학대를 경험할 위험이 더 높을 뿐만 아니라, 약물남용 문제에도 취약한 것으로 알려져 있다(Fowler & Tisdale, 1992; Kress & Elias, 1993). 미국 국립 약물남용 연구소(National Institute on Drug Abuse)에 따르면 품행장애, 학습장애, 주의력결핍장애와 같은 정신질환을 앓고 있는 청소년은 약물남용의 위험이 더 높으며, 초기 약물남용은 후기 정신질환의 위험을 증가시키거나 진행 속도를 속진시키는 상호작용 효과가 있다(http://www.drugabuse.gov/news-events/nida-notes/2007/02/addiction-co-occurring-mental-disorders). 이러한 상호작용의 정확한 기전은 아직 명확히 밝혀지지 않았지만, 특수교육 대상 학생들은 약물남용에 더욱 취약하며, 이는 추가적인 심리사회적 문제를 야기하거나 악화시킬 수 있다. 일반 학생들과 마찬가지로 또래 압력과 미디어의 영향을 받지만, 장애학생들은 더 많은 처방 약물에 접근할 수 있고, 또래 압력과 고립감이 증가하며, 더 많은 의학적 문제를 겪고, 대처 기술이 부족하며, 행동 문제가 더 심각할 수 있다(McCombs & Moore, 2002). 학교에 새로 전학 온 당신은 ADHD(주의력결핍 과잉행동장애) 진단을 받았고 학교에서 집중력을 높이는 데 도움이 되는 각성제 약물을 처방받았다. 당신의 "친구"들은 그 사실을 알고 당신에게 알약 한 개당 5달러를 제안한다. 다른 친구들은 학교에 당신을 기분 좋게 만들어 주는 다른 약을 가진 사람들이 있다고 말한다. 당신은 처음으로 또래 압력을 받고, 친구도 거의 없고, 짜증이 나고 불안하다. 이러한 상황을 고려할 때, 당신이 다른 약물을 시도하고 어차피 도움이 되지 않는다고 생각하는 처방 약을 팔아 약간의 돈을 벌기 시작하는 것은 놀라운 일이 아니다.

많은 학군에서 약물남용 예방 프로그램이 운영되고 있지만, 그 효과성, 특히 특수교육 대상 학생들에게 적합한지 여부에 대한 우려가 제기되고 있다. 미국 보건복지부(U.S. Department of Health and Human Services)의 장애 및 약물남용 관련 보고서에서는 이러한 프로그램이 미국 내 5백만 명이 넘는 특수교육 대상 학생들의 학습 요구에 부합하지 않을 수 있다는 우려를 표명하고 있다(http://www.hhs.gov/od/about/fact_sheets/substanceabusech26.html). 전문상담교사는 교직원, 학부모 및 학생들에게 약물남용 위험이 높은 학생 집단에 대한 교육을 제공하고, 이러한 학생들의 특정 요구에 더 적합한 예방 프로그램 개발에 참여하는 학교 팀의 일원으로서 적극적인 역할을 수행할 수 있다. 특히, 이 학생 집단에게 자주 처방되는 약물의 심리적, 신체적 중독 가능성에 대한 특별한 주의가 필요하다.

사이버폭력(Cyberbullying)

오늘날 모든 학생은 사이버폭력의 피해자 또는 가해자가 될 위험에 노출되어 있다. 특히, 사회적 지지와 사회적 지위가 낮고, 학업적·가정적 어려움이 동반된 상황은(Calvete, Orue, Estévez, Villardón, & Padilla, 2010; Katzer, Fetchenhauer, & Belschak, 2009) 특수교육 대상 학생 집단에서 흔히 관찰되는 요소이며, 이러한 요인들이 사이버폭력과 관련되어 있다. 이러한 문제들은 모든 청소년이 직면하는 것이지만, 장애를 지닌 학생들의 경우 이러한 문제제시 행동의 발생률과 유병률이 더 높게 나타난다. 중요한 점은, 사이버폭력 문제가 적절히 개입되지 않을 경우, 피해자가 가해자로 전환되는 악순환이 발생할 수 있다는 것이다. Wright와 Li(2013)는 주의력결핍 과잉행동장애(ADHD) 진단을 받은 아동 중 사이버폭력의 피해를 경험했거나 또래로부터 거절당한 경우, 6개월 이내에 더 공격적인 행동을 보였다는 사실을 발견했다. 위 장애를 가진 청소년에게서 고립감, 사회적 지지 결핍, 우울감은 사이버폭력 피해에 대한 취약성을 증가시키는 핵심 요인으로 작용하였다. 따라서, 이와 같은 악순환의 지속을 막기 위해서는 적시적 개입과 예방 노력이 필수적이다. 전문상담교사는 학교 내 중심 인력(key players)으로서, 사이버폭력이 발생했을 때, 징계조치를 보완하거나 대체할 수 있는 치료적·교육적 프로그램을 개발하고 실행하는 데 중요한 역할을 한다. 다음은 이분척추증(spina bifida)을 가진 한 여학생이 페이스북에서 발견한 사이버폭력 사례이다:

> "오늘 급식실에서 Denise[이분척추증 있는 그 애]가 Joe한테 말 걸려는 거 본 사람 있어? 노틀담의 꼽추가 진짜 무도회에 초대받을 거라고 생각하는 거야? 그래, 만약 그런 일이 생긴다면 드레스에 벨크로랑 천을 한 마쯤 더 붙여야 할 걸, 걔 등 위의 그 산 좀 가리려면 말이야! 어쨌든 우리 무도회 끝나고 Maggie 집에 다 모일 건데, Denise한텐 말하지 마. 걘 보기만 해도 눈이 아프고, 무도회에 오는 것만으로도 이미 민폐다."

비만(Obesity)

장애를 지닌 학생들에게 있어 또 하나의 주요한 우려는 비만 문제이다. 미국 질병통제예방센터(Centers for Disease Control, 2010)는 미국 내 아동의 3분의 1 이상이 과체중(overweight) 또는 비만이라고 보고하였다(http://www.cdc.gov/HealthyYouth/obesity/

facts.htm 참조). 여기에 Reinehr, Dobe, Winkel, Schaefer, Hoffmann(2010)의 최근 연구 결과, 장애를 지닌 아동은 비장애 또래보다 과체중 또는 비만이 될 가능성이 최소 2배 이상이라는 사실까지 고려한다면, 이 문제는 이 집단에게 역동적 수준의 심각한 문제라 할 수 있다. 이 문제는 국제적으로도 공통된 우려로 확인된다. 예를 들어, Slevin, Truesdale-Kennedy, McConkey, Livingstone, Fleming(2012)은 북아일랜드의 지적 장애아동을 대상으로 한 연구에서, 이들이 비장애아동보다 비만의 유병률이 더 높고, 식단의 최소 4분의 1 이상이 고지방·고당류 음식으로 구성되어 있으며, TV 시청이나 비디오 게임과 같은 좌식 활동(sedentary activities)에 많이 관여하고, 신체활동 참여율은 낮다는 점을 보고하였다. 이와 같은 상황은 악순환이 될 수 있다. 예를 들어, 당신이 아스퍼거 증후군(고기능 자폐증)을 지닌 청소년이라고 상상해 보자. 컴퓨터 사용에 능숙하고 친구가 적어 혼자 보내는 시간을 즐기며, 종종 인터넷을 통해 과제를 수행해야 한다. 그러나 과제는 종종 좌절감을 유발하며, 결국 게임을 하거나 간식을 먹게 되는 패턴이 반복된다.

Reinehr 외(2010)는 추가적으로, 신경근육계 또는 신경학적 장애를 가진 아동의 경우 삼킴 장애로 인해 실제로 섭식장애(eating disorders)를 동반하거나 저체중 또는 영양실조 상태에 이를 수 있음을 보고하였다. 또한, 공식적으로 진단된 섭식장애가 있는 경우에는 건강 체중에서의 편차가 필연적으로 나타난다. 많은 학교에서는 학생의 체중 상태를 평가하기 위해 체질량지수(Body Mass Index, BMI)를 활용하고 있지만, 이 지표의 효과성, 그리고 이를 학생에게 어떻게 전달하고 사후 관리하는가에 대해서는 논란이 있다. 문제는 다음과 같은 다양한 요인에서 비롯된다: 움직임의 제한, 식사 선택권 또는 자가 섭취 능력의 부족, 체육활동 제한(신체적·감각적·인지적 결함, 균형 및 협응력 문제 등), 신체적 또는 정서적 어려움, 그리고 호르몬 불균형 등이다. 사춘기 이전과 청소년기에 해당하는 시기에는 이러한 요인들이 더욱 복합적으로 작용하며, 대부분의 독자들은 "뚱뚱하다(fat)"거나 "통통하다(chubby)"는 이유로 타인을 놀리거나 조롱하거나, 혹은 스스로 그런 경험을 하며 부정적인 자기개념(self-concept)을 형성한 기억을 가지고 있을 것이다.

오늘날 건강한 식습관에 대한 국가적 관심이 모든 청소년에게 집중되고 있는 가운데, 장애를 지닌 학생들에게 있어서 이러한 심리사회적 문제에 특히 주의를 기울이는 것이 매우 중요하다. 조식 및 중식 프로그램을 점검하고, 교실 내에서 건강한 간식 제공, 그리고 학생과 학부모 대상의 심리·교육적 워크숍을 통한 건강한 식습관 교육은 모두 전문상담교사가 담당할 수 있는 주요 과업이다. 가족 및 학교 구성원 교육도 필요할 수 있다. 다양한 장애에 따라 식이 특성이 달라질 수 있기 때문이다. 예를 들어, 자폐스펙트럼장애가 있는 아동은 고열량 음식에 더 끌리는 경향이 있으며, 감각적 민감성 때문에 음식의 질감이나 맛에 예민하게 반응하고, 편식 경향이 심한 경우가 많다(Martins, Young, & Robson, 2008; Volkert & Vaz, 2010; Williams, Dalrymple, & Neal, 2000). 또한, 이분척추증(spina bifida), 프래더-윌리 증후군(Prader-Willi syndrome), 다운증후군(Down syndrome)이 있는 아동의 경우 뇌기능 이상(cerebral dysfunction)으로 인해 과식을 하기도 한다(Reinehr et al., 2010). 우울하거나, 지루하거나, 고립감을 느끼는 청소년들은 성인들과 마찬가지로 음식을 심리적 위안의 수단으로 활용할 수 있다.

추가적으로, 장애학생들의 좌식 환경을 제한하고 활동성을 유도하는 창의적인 방식을 모색하거나, YMCA, YWCA, 미국 소년소녀클럽(Boys & Girls Clubs of America) 등과 같은 청소년 건강 관련 기관과의 협력 프로그램을 개발하는 것도 전문상담교사에게 있어 효과적인 개입 도구이자 예방 전략이 될 수 있다. 또한, 장애학생을 위한 접근 가능한 여가 활동 기회를 전문인력이 지도하는 환경에서 보장받을 수 있도록 옹호하는 것도 전문상담교사의 역할이다. 마지막으로, 장애아동의 부모 중 과보호적이거나 신체활동을 기피하는 경우, 전문상담교사는 이들의 두려움을 완화시키고, 자녀에게 적절하고 안전한 신체활동 옵션을 제시하며 건강한 생활 방식을 도입할 수 있도록 지원해야 한다.

자살(Suicide)

이 집단이 겪는 다양한 문제제시 행동의 위험성과, 장애와 관련된 증상 및 사회적 낙인을 고려할 때, 장애를 지닌 학생들이 자살 위험에 더 크게 노출되어 있을 수 있음은 놀라운 일이 아니다. Carter와 Spencer(2006)는 외현적 또는 비외현적 장애를 가진 학생들이 더 많이 괴롭힘을 당하고, 또래 사이에서 인기도가 낮으며, 친구 수가 적고, 고립감을 더 많이 경험한다고 보고하였다. 특히, 학습장애가 있는 학생들은 자살 위험군으로 더 자주 판별되고 있다(Bender, Rosenkrans, & Crane, 1999; Daniel et al., 2006; Huntington & Bender, 1993). 이는 부분적으로, 우울과 같은 정서적 문제뿐 아니라, 해당 장애에 수반되는 충동성 및 사회적 기술 결핍과 같은 특성 때문으로 설명된다. 장애 그 자체와 관련된 문제들을 감당하는 것만으로도 벅찬 상황에서, 괴롭힘과 배제를 경험하고, 사회적 지지가 거의 전무한 상태는 매우 파괴적일 수 있다. Wachter와 Bouck(2008)은 고빈도 장애(high-incidence disabilities)를 가진 학생들을 대상으로, 특수교사들이 자살 위험 가능성과 관련하여 판별해야 할 변수와 중재 도구에 대해 논의하였다. 모든 학교 교직원들이 이러한 이슈에 대해 인지하고, 정기적으로 소통하며, 학생의 건강을 증진하기 위해 팀으로 협력하는 것이 중요하다. 이 과정에서 전문상담교사는 중심적인 촉진자(facilitator)이자 교육자로서 역할을 할 수 있다. 특수교육 대상 학생을 대상으로 상담을 수행할 때, 약물남용이나 우울증과 같은 공존 위험요소를 함께 점검하는 것이 중요하다. 문화적 배경 및 특수교육 대상 학생 집단 내 자살 가능성의 발생률과 같은 인구통계학적 요인도 탐색할 가치가 높은 주제이다(Medina & Luna, 2006). 비록 명확한 자살 고위험 프로필은 존재하지 않지만, 일반 청소년 집단 내 자살률은 여전히 높다. 미국 질병통제예방센터(CDC)는 10세에서 24세 사이 연령대에서 자살이 세 번째 주요 사망 원인이라고 보고하고 있다(http://www.cdc.gov/violenceprevention/pub/youth_suicide.html).

특수교육 대상 학생들이 직면한 복합적인 문제들—예컨대 사회적 지지의 결핍, 또래로부터의 놀림, 잠재적 약물남용, 우울, 약물 접근 가능성 등—을 고려할 때, 이 집단의 높은 자살 위험 가능성을 반드시 인식해야 한다. Medina와 Luna(2006)는 멕시코계 미국인 특수교육 대상 학생을 대상으로 한 연구에서, 우울, 사회적·대인관계 갈등, 학업 실패, 가족의 스트레스, 약물남용과 같은 요인이 자살 사고 또는 자살 시도와 밀접하게 관련되어 있음을 발견하였다. 이는 약물남용 예방 프로그램과 유사하게, 학교 내 자살 예방 프로그램 또한 특수교육 대상 학생의 요구와 능력 수준에 맞춰 설계되어야 하며, 그 효과성에 대해 평가되어야 함을 의미한다. 이 과정에서 전문상담교사는 자살 위험과 관련된 예방 및 개입의 1차 담당자로서 중심적 역할을 수행할 수 있다. 이러한 전문가는 다음과 같은 과업을 수행할 수 있다:

- 학교 직원과의 지속적인 협력 및 소통,
- 자살 치명도(lethality) 사전 사정평가 실시,
- 적절한 서비스 연계,
- 가족과 교직원을 대상으로 한 심리교육적 설명회(psychoeducational presentations),
- 지역사회 기관과의 협력체계 구축,
- 증거기반 자살 예방 프로그램의 도입을 위한 옹호활동.

사례 제시 12.3에서는 이러한 위험요소들이 학생에게 미치는 영향과 그에 대한 대응을 구체적으로 보여준다.

이 절에서는, 특수교육 대상 학생들에게 더 높은 위험을 유발하는 여러 심리사회적 영역을 일부 다루었다. 이어지는 논의에서는 이러한 문제들을 요약하고, 전문상담교사가 특수교육 대상 학생들과 일할 때 고려할 사항들에 대한 제언을 제시한다.

사례 제시 12.3

어디서부터 시작해야 하는가: 복합적 문제를 가진 학생의 개입 계획 수립하기

멜리사(Melissa)는 10세부터 특수교육을 받아온 16세 고등학교 학생이다. 그녀는 학습장애로 분류되었다. 교실에서 많은 좌절을 경험하고, 교사 질문에 즉시 대답하지 못하며, 서면 과제에 어려움을 겪고, 정보처리속도 지연을 경험하면서, 그녀는 점점 더 우울하고 불안해지고 있다. 그녀는 자신이 실패자처럼 느껴져 학교를 포기할 지경이다. 멜리사는 이러한 도전에 과식으로, 그리고 최근에는 마리화나를 피움으로써 대응해 왔다. 그녀의 불규칙한 학교 출석과 부적절한 사회적 기술은 친구를 사귀는 능력에 부정적인 영향을 미쳤다. 그녀의 최근 체중 증가는 그녀를 또래 놀림의 대상으로 만들었고, 여학생들은 소셜 네트워크 사이트에 그녀를 "뚱뚱한 게으름뱅이"와 "패배자"라고 부르는 악의적인 텍스트를 게시했다. 그녀의 사회 교과 교사는 멜리사가 점점 더 위축되고 과제를 덜 제출하고 있다는 것을 알게 되었고, 전문상담교사에게 연락했다. 전문상담교사는 멜리사를 3년 동안 알고 있었으며 그녀와 상당히 좋은 관계를 발전시켰다. 이 긍정적인 상호작용은 멜리사와의 정기적인 확인, 심리교육적 발표 중 멜리사의 교실에서의 가시성, 복도와 구내식당에서의 비공식적 접촉, 그리고 더 공식화된 학부모-교사 및 특수교육위원회(CSE) 회의를 통해 이루어졌다. 회의 시작 시, 전문상담교사는 멜리사의 정서적 둔마/감정표현의 결여(flat affect), 단정치 못한 외모, 그리고 정서적 취약성이 드러나는 눈물 어린 반응에 충격을 받는다. 전문상담교사가 수행하는 첫 번째 과제는 초기 치명성 사정평가(initial lethality assessment)이다. 그녀는 멜리사에게 그녀에 대해 걱정하고 있다고 알리고, 비밀보장(confidentiality)의 한계를 상기시키며, 정신과 연계로 그녀의 부모에게 연락할 것임을 표시한다. 그녀는 또한 이 연계가 그녀의 우울증에 대한 추가적인 사정평가와 처방 약물의 필요성 평가를 위한 것이라고 설명한다. 마리화나 사용에 대해 알게 된 후, 그녀는 멜리사에게 의사에게 이에 대해 완전히 개방적이어야 한다고 알리고, 연계가 이루어지고 동의서가 얻어지면 그녀도 의사와 대화할 것임을 표시한다. 전문상담교사는 또한 멜리사가 완전한 신체검사와 체중 증가에 대한 관심을 위해 일반 의사에게 진찰을 받고, 기분 문제와 사회적 우려에 대한 외부 상담 서비스 약속을 잡을 것을 권장한다. 전문상담교사는 멜리사의 전환계획이 마련되어 있으며, 학업 성공을 위한 추가적인 지원과 함께 검토될 수 있다고 표시했다. 마지막으로, 전문상담교사는 학교 관리자와 사이버폭력 문제를 다룰 것이며, 학교와 모든 학생을 위한 존엄성법(Dignity for All Students Act, DASA) 정책이 준수되고 있는지 확인할 것이라고 말한다.

심리사회적 문제 다루기

앞서 논의한 내용을 통해, 특수교육 대상 학생들이 많은 심리사회적 문제에 직면해 있다는 점은 분명하다. 이러한 문제들은 대체로 다음의 두 가지 범주로 구분할 수 있다:

- 상실/정서적 반응(예: 우울, 불안, 분노; 실패감, 학습된 무기력감)
- 사회화 관련 문제(예: 사회적 낙인, 또래 관계의 부족, 분리 및 고립)

이러한 학생들이 자기 자신에 대해 더 긍정적으로 느끼고, 친구를 사귀며, 학교 문화에 더 잘 통합되고, 학업성취를 높일 수 있도록 돕기 위한 요청이 있을 때, 전문상담교사는 종종 교사, 관리자, 가족의 1차 연계 자원이 된다. 이 전문가는 모든 문제를 다룰 수 있는 충분한 시간이나 전문성을 갖추고 있지 않을 수도 있지만, 적어도 경청자이자 자원 제공자로 기능할 수 있다.

인식, 지식, 그리고 활동

전문상담교사가 처음으로 고려해야 할 사항은 다음과 같다:

- 특수교육 대상 학생과 일할 때 적용되는 학교 정책 및 역할에 대한 인식
- 자신의 전문성 영역과 한계에 대한 인식
- 특수교육 관련 지속적인 전문성 개발 기회에의 참여

- 장애에 기인한 문제와 발달적 특성에 기인한 문제를 구분하는 능력
- 학교 안팎에서 이 학생들을 위한 옹호활동(advocacy)
- 학생과 가족을 지원하기 위한 지역사회 협력체계 개발
- IDEA(장애인교육법), 공통핵심기준(Common Core Standards), 각 주의 교육법 및 정책, 그리고 전문기구의 표준과 기대에 대한 이해
- 특수교육 대상 학생과 일하기 위한 증거기반 프로그램(Evidence-based programs)에 대한 지식과 활용(예: 사회기술훈련은 흔히 사용되지만, 응용행동분석(Applied Behavioral Analysis, ABA)이 더 효과적임; Burns & Ysseldyke, 2009)

또한, 특수교육 대상 학생들의 성공 가능성을 더욱 높일 수 있는 다양한 과제를 수행할 수 있다. Trolley 외(2009)는 전문상담교사가 학년 내내 장애학생과 관련하여 수행할 수 있는 광범위한 활동을 구체적으로 제시했다. 활동의 예는 다음과 같지만 이에 국한되지는 않는다.

- 교실, 교직원 및 학부모 대상 심리·교육적 수업(psycho-educational lessons) 실시
- 수업지원팀(IST) 및 504 계획 회의 등 학교 위원회 참여
- 특수교육위원회(CSE) 회의 참석
- 연계용 자료집(resource handbook) 개발
- 개별화교육계획(IEP)에 명시된 상담서비스의 개별화 제공
- 특수교육지원실(resource rooms) 및 특수학급(self-contained classrooms) 방문
- 특수교사, 일반교사, 학교심리사, 사회복지사, 지역사회 전문가 및 기관과의 지속적인 협업

전문상담교사는 징계 조치 또는 배치 및 유급 결정이 필요한 행동 문제와 같이 행정부의 판단 및 개입이 필요한 영역을 인지하는 것도 중요하다. 그들의 의견이 확인될 수는 있지만, 이러한 경우에 있어 주요 의사 결정자가 되어서는 안 된다. 특수교육 대상 학생과 관련된 전문상담교사의 업무를 보다 원활하게 수행할 수 있도록, 이러한 전문가들은 이용 가능한 증거 기반 자료에 대해 인지하는 것이 중요하다. 이러한 도구들은 다음 절에서 더 자세히 논의된다. 장애에 대한 대처 및 적응은 이해와 지원이 필요한 장기적인 과정이다.

전문상담교사는 다음에 나열된 자료를 사용하여 특수교육 대상 학생들이 장애에 대처하고 적응하기 위한 지식과 기술을 개발하도록 도울 수 있다.

자원

특수교육 대상 학생의 심리사회적 문제를 다루기 위한 다양한 프로그램들이 개발되어 왔다. 이들 중 다수는 사회기술 향상에 중점을 두고 있다. 앞서 언급된 전국학교심리사협회(National Association of School Psychologists)의 보고서에서는, 특수교육 대상 학생뿐만 아니라 일반 학생과의 상담 및 지원에 있어 전문상담교사와 학교 구성원이 활용할 수 있는 여러 사회기술 프로그램을 소개하고 있다. 대표적인 프로그램으로는 다음과 같다:

- "Stop and Think" 사회기술 프로그램
- Primary Mental Health Project
- The EQUIP Program
- The PREPARE Curriculum
- The ACCEPTS Program

(출처: http://www.nasponline.org/resources/factsheets/socialskills_fs.aspx)

이 외에도, 자폐스펙트럼장애(autism spectrum), 학습장애(learning disability), 지적장애(intellectual disability, 과거 용어: 정신지체) 등 다양한 장애 유형을 대상으로 한 수많은 사회기술 프로그램이 개발되어 왔다(Aljadeff-Abergel, Ayvazo, & Eldar, 2012; Carlson et al., 2009; Cifci Tekinarslan, Sazak Pinar, & Sucuoglu, 2012; Jamison, Forston, & Stanton-Chapman, 2012; Xin & Stutman, 2011). 앞서 언급했듯, 모든 프로그램은 반드시 증거기반(evidence-based)이어야 하며, Myers(2013)의 『장애아동을 위한 사회기술 전략(Social Skills Strategies for Children with Disabilities)』은 그러한 실제를 집약한 훌륭한 자료이다. 그중 하나로 Skillstreaming은 연구 기반 사회기술 프로그램이다. 모델링, 역할극, 수행 피드백, 일반화 등의 원리에 기반하여, 여러 발달 단계에서의 사회기술을 가르치는 데 사용된다(McGinnis, 2011a, 2011b, 2011c).

앞서 언급된 바와 같이, 응용행동분석(Applied Behavioral Analysis, ABA)은 개별화된 교수 전략을 활용하는 경험적 증거기반중재로, 장애 청소년의 사회기술 발달에 효과적이다(Cooper, Heron, & Heward, 2008). 학습이론에 기반한 ABA는 다양한 적용 사례를 가지고 있다. 예를 들어, 자폐스펙트럼아동에게 행동관리기술을 교육하거나, 언어지체가 있는 아동에게 언어 표현 능력을 증진시키는 데 사용되며, 발달장애 유아에게 자기점검 행동(self-monitoring behaviors)을 발달시키는 데 활용되기도 한다(Greer & Ross, 2007; Hernandez & Ikkanda, 2011; Plavnick, Ferreri, & Mauvin, 2010). 단, 이러한 ABA 개입을 시행하기 위해서는 전문 훈련 및 자격이 필요하다는 점은 반드시 유념해야 한다.

앞서 언급된 바와 같이, 심리사회적 문제는 특수교육 대상 학생에게만 영향을 미치는 것이 아니라 그 가족 전체에도 영향을 미친다. 따라서 전문상담교사는 단지 장애학생 본인뿐 아니라, 형제자매들(siblings)까지도 심리적·사회적 문제로 상담실을 찾는 경우를 마주할 수 있다. 예컨대, 신체적 장애가 있는 형제자매로 인해 함께 활동할 수 없게 된 상황에서 상실감을 경험하거나, 부모의 관심이 형제에게 더 집중된다고 느끼며 분노, 원망, 그리고 죄책감을 느낄 수 있다. 또한, 사회적 활동 시간이 제한되었다는 불만도 있을 수 있다. 형제자매를 위한 자원은 비교적 제한적이지만, 대표적인 종합교육 프로그램으로는 Sibshop이 있다(http://www.siblingsupport.org/sibshops 참조). 이 커리큘럼은 장애학생의 형제자매라는 특정 집단을 대상으로 설계된 소수의 프로그램 중 하나이다. 장애학생에 대한 인식을 일반 학생과 지역사회로 확산시키는 데 효과적인 또 다른 프로그램으로는 Circle of Friends가 있다(http://www.circleoffriends.org). 이 통합교육 프로그램은 다음과 같은 활동을 포함하고 있다:

- 비장애 또래가 장애 또래의 사회기술 학습을 돕는 활동
- 장애학생에게 전화로 연락하며 전화 대화 기술을 연습하도록 하는 주간 활동
- 학교 및 지역사회 안에서 장애에 대한 교육 활동
- 장애학생의 학부모와 연 2회 정기적 회동 실시

또한, 부모가 자녀에게 친사회적 기술을 가르칠 때 사용할 수 있는 전략들을 간결하게 정리한 체크리스트로, 『Research into Action: 친사회성 발달을 촉진하기 위한 일상적 전략 체크리스트』(Hyson & Taylor, 2011)가 있다. 이 전략들 중 다수는 대부분의 부모가 일반 아동을 대상으로 활용하는 단순한 적용 방식이지만, 자녀의 특정한 장애 특성에 따라 일부 전략은 조정이 필요할 수 있다.

위에서 제시된 내용은, 전문상담교사가 특수교육 대상 학생의 심리사회적 문제를 다룰 때 접근할 수 있는 자원들의 일부 사례일 뿐이다. 이 교재와 연계된 온라인 자원 섹션에는 추가적인 도구들이 제시되어 있다. 자원 선정에 있어 지침이 되는 원칙은, 효과가 입증되었고, 접근 가능하며, 그리고 전문상담교사의 훈련 범위 내에서 수행 가능한 자원을 찾는 것이다. Huberman, Navo, 그리고 Parrish(2012)는 고성과(high performing) 학군에서 특수교육 프로그램에 사용된 효과적인 전략들에 대한 우수한 개관을 제공하였다. 전문상담교사는 자신이 활용하고 동료 전문가 및 가족과 공유하기 위해, 특수교육과 관련된 자원들을 문서 또는 전자 파일 형태로 정리해 둘 것을 강력히 권장한다.

요약

장애학생이 경험할 수 있는 광범위한 심리사회적 문제들, 추가적인 우려 요인들에 대한 그들의 높은 취약성, 다양한 발달 단계와 관련된 "정상적인" 심리사회적 우려들, 그리고 공통적으로 분류되는 집단에 속해 있음에도 불구하고 각 학생이 가진 개별성까지 고려한다면, 전문상담교사가 어떤 문제들에 직면하게 될지 또는 특수교육 학생들을 지원하는 데 필요한 모든 도구들이 무엇인지 예측하는 것은 거의 불가능에 가깝다. 이러한 과정을 더욱 복잡하게 만드는 것은 발달과 장애 간의 상호작용 효과이다. 예를 들어, 학교에서 이성 교제 단계에 접어드는 특수교육 학생들은 잠재적인 연인과 대화할 때 느끼는 정상적인 불안감에 더해 장애에 대한 낙인으로 인해 그 불안감이 더욱 증폭될 수 있다. 이 장의 목적은 이 집단이 직면할 수 있는 공통적인 우려 사항들에 대한 개관을 제공하고, 공존장애에 대한 높은 가능성을 인식시키며, 이러한 논의 전반에 걸쳐 전문상담교사가 이들 학생과 함께 일할 때 수행할 수 있는 역할들을 제시하는 것이었다.

앞서 살펴본 바와 같이, 이 장의 주요 논의 초점은 특수교육 대상 학생들이 직면하는 다양한 심리사회적 문제에 있으며, 이러한 문제들은 모든 학생이 겪는 전형적인 발달 관련 고민을 더욱 복잡하게 만들 수 있다. 장애에 대한 자기 자신의 애도 반응(grieving reactions), 그리고 이에 대한 대처와 적응의 필요성 외에도, 이들 학생은 다음과 같은 추가적 위험 요인에 노출될 가능성이 높다: 낙인, 괴롭힘 또는 학대, 비만 및 약물남용 문제, 우울증 등. 따라서 이들 학생은 학업적 지원뿐 아니라, 장애 관련 문제와 위험 영역 문제를 다룰 수 있는 지원과 기회 역시 필요하다. 전문상담교사는 이러한 학생들이 심리사회적 문제를 극복할 수 있도록 상담, 교육, 옹호, 그리고 예방을 통해 지원할 수 있는 핵심적인 역할자이다.

특수교육 대상 학생들과 전문상담교사가 무엇을, 혹은 어떤 방식으로 해야 하는가에 대한 논의, 그리고 "특수(special)"라는 단어가 지니는 긍정적 또는 부정적 의미에 대한 논쟁은 앞으로도 한동안 지속될 가능성이 크다. 그러나 그와는 별개로, 지금 이 순간에도 수많은 아동과 청소년들이 학업적, 개인·사회적, 진로적 성공과 성취를 이루기 위해 노력하고 있다는 사실은 변함이 없다. 인간은 공통점과 차이점을 통해 서로 연결되어 있으며, 누구나 언젠가는 가족이나 자신이 장애와 마주하게 되는 순간을 경험하게 될 것이다. 그러므로 지금, 한 아이씩 돕는 일부터 시작하며 '선행을 이어가기(pay it forward)'를 실천해보는 것은 어떨까.

핵심사항

이 장의 마지막은 전문상담교사를 위한 핵심적 유념사항으로 마무리하는 것이 적절할 것이다:

- 특수교육 대상 학생과의 상담이라는 특정 영역에 있어서, 상담교사는 자신의 태도와 편견을 점검하는 것이 중요하다. 대부분의 심리사회적 논의는 장애의 부정적 측면에 집중하지만, 긍정적 편향(positive bias) 또한 학생에게는 부정적 영향을 미칠 수 있다.
- 전문상담교사는 자신이 근무하는 교육구 및 학교 차원에서 특수교육 관련 직무와 역할이 어떻게 정의되어 있는지, 자신의 정확한 직위와 업무, 기대 역할, 그리고 국가 및 주(state) 차원의 법률과 지침에 대해 인식하고 있어야 한다.
- 장애 간 공통점과 표준화된 사정평가도 존재하지만, 모든 아동은 개별적으로 그들의 요구를 사정평가받아야 한다는 점을 항상 기억해야 한다.
- 전문상담교사 역시 모든 전문가와 마찬가지로, 자신이 수행할 수 있는 영역과 역량의 한계를 인식해야 한다. 후자의 경우, 외부 서비스로의 연계와 적절한 자원에 대한 지식을 포함한다.

추가 자료

인쇄물

Hughes, L., Banks, P., & Terras, M. (2013). Secondary school transition for children with special educational needs: A literature review. *Support for Learning, 21*(1), 24-34.

Humphrey, N., Lendrum, A., Barlow, A., Wigelsworth, M., & Squires, G. (2013). Achievement for all: Improving psychosocial outcomes for students with special educational needs and disabilities. *Research in Developmental Disabilities*, 34, 1210-1225.

Jones, M. (2002). Deafness as culture: A psychosocial perspective. *Disability Studies Quarterly, 22*(2), 51-60.

Murray, C., & Greenberg, M. (2006). Examining the importance of social relationships and social contexts in the lives of children with high-incidence disabilities. *Journal of Special Education, 39*(4), 220-233.

Tresco, K., Lefler, E., & Power, T. (2010). Psychosocial interventions to improve the school performance of students with attention-deficit/hyperactivity disorder. *Mind and Brain: The Journal of Psychiatry*, 1(20), 69-74.

웹 기반 자료

일반 정보

미국특수교육교사협회(NASET): http://www.naset.org/
장애아동 정보 보급 센터(NICHCY): http://nichcy.org/
특수교육 자원 모음: http://www.specialednet.com/resources.htm

학술지

포괄적 목록

조지 메이슨 대학교 특수교육 저널 목록: http://specialed.gmu.edu/?page_id=3

대표 저널 예시

American Annals of the Deaf: http://gupress.gallaudet.edu/annals/
American Journal of Speech-Language Pathology: http://ajslp.asha.org/
Disability and Health Journal: http://www.aahd.us/page.php?pname=health/initiatives/journal
Disability Studies Quarterly: http://www.dsq-sds.org/
Journal of Developmental Disabilities: http://www.oadd.org/publications/journal/jddfront.htm
Journal of Disability Policy Studies: http://dps.sagepub.com/
Journal of Intellectual Disabilities: http://www.sagepub.com/journalsProdDesc.nav?prodId=Journal201355
Journal of Learning Disabilities: http://ldx.sagepub.com/
Journal of Special Education: http://www.sagepub.com/journals/Journal201881
The International Journal of Special Education: http://www.internationaljournalofspecialeducation.com/
The Review of Disability Studies: An International Journal: http://www.rds.hawaii.edu/

출판 목록

Bright Hub: (개인 컴퓨터 링크이므로 생략)

장애 관련 핸드아웃 및 다수의 출판물 제공

장애아동 학대 관련 자료

전국 아동옹호센터(National Children's Advocacy Center): http://www.nationalcac.org/

『장애아동 학대 관련 출판물 모음집(Disabilitiesbibliography4.pdf)』: National Children's Advocacy Center 발간

ERIC 특수교육 자료 목록: (개인 컴퓨터 링크이므로 생략)

미국 교육부 특수교육 및 재활서비스국(OSERS): http://www2.ed.gov/about/pubs/intro/index.html?src=ln

사회기술 프로그램

Circle of Friends: http://www.circleofriends.org/

본 통합 프로그램은 장애가 없는 또래 학생들이 장애학생들에게 사회성 기술을 가르치는 활동, 특수한 요구를 가진 학생들의 전화 사회성 기술 연습을 위해 매주 학생들의 전화 통화 지원, 학교 및 지역사회 내 장애 관련 발표, 장애아동 학부모와의 연 2회 정기 모임 등의 특징을 포함한다.

Primary Mental Health Project: http://www.sharingsuccess.org/code/eptw/profiles/48.html

본 프로그램은 유치원부터 초등학교 3학년 학생들을 대상으로 하며, 효과적인 학습을 저해하는 사회적 및 정서적 문제를 다룬다. 학습 능력 및 사회성 기술 향상, 공격성, 수줍음, 불안 행동 감소, 그리고 좌절감에 대한 내성 증진 효과가 입증되었다.

Sibshop: http://www.siblingsupport.org/sibshops

특수한 요구를 가진 학생의 형제자매를 위한 포괄적인 교육 과정이다. Sibshop은 특수한 요구를 가진 학생의 형제자매로 살아가는 것이 어떤 이에게는 좋은 경험, 어떤 이에게는 그렇지 않은 경험, 그리고 많은 이에게는 그 중간 어디쯤의 경험임을 인지한다. 형제자매들이 서로에게 많은 것을 제공할 수 있다는 믿음을 반영하며, 기회가 주어진다면 가능하다는 전제를 둔다. Sibshop은 참신한 게임 (독특하고 색다르며 다양한 능력 범위에 어필하도록 설계됨), 새로운 친구, 토론 활동 등이 활기차게 혼합된 형태이다.

Sibshop 교육 과정은 미국, 캐나다, 영국, 아일랜드, 아이슬란드, 일본, 뉴질랜드, 과테말라, 터키, 아르헨티나 등에서 활용되고 있다.

Skillstream Training: http://www.skillstreaming.com/

Arnold P. Goldstein 박사와 Ellen McGinnis 박사가 개발한 Skillstreaming은 Research Press에서 출판된 연구 기반의 사회성 기술 훈련 프로그램 총서로 널리 인정받고 있다. Skillstreaming은 모방, 역할극, 수행 피드백, 일반화라는 4단계 훈련 접근방식을 사용하여 아동 및 청소년에게 필수적인 친사회적 기술을 가르친다. 각 책은

Skillstreaming 프로그램에 대한 완전한 설명과 다양한 친사회적 기술을 가르치는 방법에 대한 지침, 복사 가능한 양식 및 유인물이 포함된 CD를 제공한다.

"Stop and Think" Social Skills Program (Knoff): http://www.projectachieve.info

Project ACHIEVE (Knoff and Batsche)의 일부이다. 본 프로젝트는 학생 징계 건수가 교장실에 회부되는 횟수, 정학 및 퇴학 처분 감소, 긍정적인 학교 분위기 조성 및 친사회적 상호 작용 촉진, 학생들의 과제 집중 행동 증가, 그리고 학업성취도 향상에 성공적인 결과를 보여주었다.

The ACCEPTS Program: http://www.proedinc.com/customer/productView.aspx?ID=625&SearchWord=ACCEPTS%20PROGRAM

중학교 및 고등학교 학생들에게 효과적인 사회성 기술을 가르치는 완전한 교육 과정을 제공한다. 본 프로그램은 또래 관계 기술, 성인과의 관계 기술, 그리고 자기 관리 기술을 가르친다.

The EQUIP Program: http://www.researchpress.com/scripts/product.asp?item=4848#5134

반사회적이거나 행동 장애를 가진 청소년을 대상으로 하는 3단계 개입 방법을 제공한다. 본 접근 방식은 도덕적 판단력 훈련, 분노 관리/사고 오류 수정, 그리고 친사회적 기술 훈련을 포함한다.

The PREPARE Curriculum: http://www.researchpress.com/scripts/product.asp?item=5063

공격성 감소, 스트레스 감소, 그리고 편견 감소라는 세 가지 영역으로 그룹화된 10개의 코스 길이의 개입 총서를 제시한다. 중학교 및 고등학교 학생들을 대상으로 설계되었지만, 더 어린 학생들에게도 적용할 수 있다.

National Children's Advocacy Center - **온라인 훈련**: http://www.nationalcac.org/online-training/children-with-disabilities-harold-johnson.html

학대를 경험한 장애아동을 다루는 접근에 대한 교육 프레젠테이션. 중·고등학생 대상이지만 저연령 학생에도 적용 가능.

참고문헌

Aljadeff-Abergel, E., Ayvazo, S., & Eldar, E. (2012). Social skills training in natural play settings: Educating through the physical theory to practice. *Intervention in School and Clinic, 48*(2), 76-86.

Anderegg, M., Vergason, G., & Smith, M. (1992). A visual representation of the grief cycle for use by teachers with families of children with disabilities. *Remedial and Special Education, 13*(2), 17-23.

Bender, W., Rosenkrans, C., & Crane, M. (1999). Stress, depression, and suicide among students with learning disabilities: Assessing the risk. *Learning Disability Quarterly, 22*(2), 143-156.

Burns, M., & Ysseldyke, J. (2009). Reported prevalence of evidence-based instructional practices in special education. *Journal of Special Education, 43*(1), 3-11.

Calvete, E., Orue, I., Estévez, A., Villardón, L., & Padilla, P. (2010). Cyberbullying in adolescents: Modalities and aggressors' profile. *Computers in Human Behavior, 26*(5), 1128-1135.

Carlson, E., Daley, T., Bitterman, A., Heinzen, H., Keller, B., Markowitz, J., & Riley, J. (2009). *Early school transitions and the social behavior of children with disabilities: Selected findings from the pre-elementary education longitudinal study. Wave 3 overview report from the pre-elementary education longitudinal study (PEELS)*(NCSER Report 2009-3016). Washington, DC: National Center for Special Education Research, U.S. Department of Education.

Carter, B., & Spencer, V. (2006). The fear factor: Bullying and students with disabilities. *International Journal of Special Education, 21*(1), 11-23.

Carter, E., Borck, M., & Trainor, A. (2014). Transition assessment and planning for youth with severe intellectual and developmental disabilities. *Journal of Special Education, 47*(4), 245-255.

Cederborg, A. C., Danielsson, H., La Rooy, D., & Lamb, M. E. (2009). Repetition of contaminating question types when children and youths with intellectual disabilities are interviewed. *Journal of Intellectual Disability Research, 53*(5), 440-449.

Cifci Tekinarslan, I., Sazak Pinar, E., & Sucuoglu, B. (2012). Teachers' and mothers' assessment of social skills of students with mental retardation. *Educational Sciences: Theory and Practice, 12*(4), 2783-2788.

Cooper, J., Heron, T., & Heward, W. (2008). *Applied behavior analysis*(2nd ed.). Upper Saddle River, NJ: Pearson/Prentice Hall.

Daniel, S., Walsh, A., Goldstone, D., Arnold, E., Reboussin, B., & Wood, F. (2006). Suicidality, school dropout, and reading problems among adolescents. *Journal of Learning Disabilities, 39*(6), 507-514.

Falvo, D. (2010). *Medical and psychosocial aspects of chronic illness and disability*. Sudbury, MA: Jones and Bartlett.

Florian, L., Hollenweger, J., Simeonsson, R., Wedell, K., Riddell, S., Terzi, L., & Holland, A. (2006). Cross-cultural perspectives on the classification of children with disabilities: Part I. Issues in the classification of children. *Journal of Special Education, 40*(1), 36-45.

Fowler, R. E., & Tisdale, P. C. (1992). Special education students as a high-risk group for substance abuse: Teachers' perceptions. *School Counselor, 40*(2), 103-108.

Gordon, J. (2009). An evidence-based approach for supporting parents experiencing chronic sorrow. *Pediatric Nursing, 35*(2), 115-119.

Greer, R. D., & Ross, D. E. (2007). *Verbal behavior analysis: Inducing and expanding new verbal capabilities in children with language delays*. New York, NY: Pearson.

Griffin, M., Taylor, J., Urbano, R., & Hodapp, R. (2014). Involvement in transition planning meetings among high school students with autism spectrum disorders. *Journal of Special Education, 47*(4), 256-264.

Hahn, H. (1988). The politics of physical differentness: Disability and discrimination. *Journal of Social Issues, 44*(1), 39-47.

Hausstatter, R., & Connolley, S. (2012). Towards a framework for understanding the process of educating the "special" in special education. *International Journal of Special Education, 27*(2), 181-188.

Hernandez, P., & Ikkanda, Z. (2011). Behavior management of children with autism spectrum disorders in dental environments. *The Journal of the American Dental Association, 142*(3), 281-287.

Hershkowitz, I., Lamb, M., & Horowitz, D. (2007). Victimization of children with disabilities. *American Journal of Orthopsychiatry, 77*(4), 629-635.

Hibbard, R., & Desch, L. (2007). Clinical report: Maltreatment of children with disabilities. *Pediatrics Update, 119*(5), 1018-1025.

Hobdell, E., Grant, M., Valencia, I., Mare, J., Kothare, S., Legido, A., & Khurana, D. (2007). Chronic sorrow and coping in families of children with epilepsy. *Journal of Neuroscience Nursing, 39*(2), 76-82.

Hsien, M., Brown, P. M., & Bortoli, A. (2009). Teacher qualifications and attitudes toward inclusion. *Australasian Journal of Special Education, 33*(1), 26-41.

Huberman, M., Navo, M., & Parrish, T. (2012). Effective practices in high performing districts serving students in special education. *Journal of Special Education Leadership, 25*(2), 59-71.

Huntington, D., & Bender, W. (1993). Adolescents with learning disabilities at risk? Emotional well-being, depression, suicide. *Journal of Learning Disabilities, 26*(3), 159-166.

Hyson, M., & Taylor, J. (2011). Caring about caring: What adults can do to promote young children's prosocial skills. *Young Children*, 74-83.

Jamison, K., Forston, L., & Stanton-Chapman, T. (2012). Encouraging social skill development through play in early childhood special education classes. *Young Exceptional Children, 15*(2), 3-19. https://doi.org/10.1177/1096250611435364

Katzer, C., Fetchenhauer, D., & Belschak, F. (2009). Cyberbullying: Who are the victims? A comparison of victimization in Internet chatrooms and victimization in school. *Journal of Media Psychology, 21*(1), 25-36. https://

doi.org/10.1027/1864-1105.21.1.25

Kress, J., & Elias, M. (1993). Substance abuse prevention in special education populations: Review and recommendations. *Journal of Special Education, 27*(1), 35-51. https://doi.org/10.1177/002246699302700104

Kurtzer-White, E., & Luterman, D. (2003). Families and children with hearing loss: Grief and coping. *Developmental Disabilities Research Reviews, 9*(4), 232-235. https://doi.org/10.1002/ddrr.52

Livneh, H., & Antonak, R. (2005). Psychosocial adaptation to chronic illness and disability: A primer for counselors. *Journal of Counseling & Development, 83*(1), 12-20. https://doi.org/10.1002/j.1556-6678.2005.tb00575.x

Manders, J., & Stoneman, Z. (2009). Children with disabilities in the child protective services system: An analog study of investigation and case management. *Child Abuse & Neglect, 33*(4), 229-237. https://doi.org/10.1016/j.chiabu.2008.06.008

Martins, Y., Young, R., & Robson, D. (2008). Feeding and eating behaviors in children with autism and typically developing children. *Journal of Autism and Developmental Disorders, 38*(10), 1878-1887. https://doi.org/10.1007/s10803-008-0585-9

Mastin, D. (2010). *General and special education teachers' attitudes toward inclusion of Down syndrome students*(Doctoral dissertation, Walden University). ProQuest Dissertations and Theses. (ERIC No. ED514449)

McCombs, K., & Moore, D. (2002). *Substance abuse prevention and intervention for students with disabilities: A call to educators*. ERIC Clearinghouse on Disabilities and Gifted Education. (ERIC No. ED469441)

McGinnis, E. (2011a). *Skillstreaming in early childhood: A guide for teaching prosocial skills*(3rd ed.). Champaign, IL: Research Press.

McGinnis, E. (2011b). *Skillstreaming the adolescent: A guide for teaching prosocial skills*(3rd ed.). Champaign, IL: Research Press.

McGinnis, E. (2011c). *Skillstreaming the elementary school child: A guide for teaching prosocial skills*(3rd ed.). Champaign, IL: Research Press.

Medina, C., & Luna, G. (2006). Suicide attempts among adolescent Mexican American students enrolled in special education classes. *Adolescence, 41*(162), 299-312.

Myers, H. N. F. (2005). How elementary school counselors can meet the needs of students with disabilities. *Professional School Counseling, 8*(5), 442-450.

Myers, H. N. F. (Ed.). (2013). *Social skills deficits in students with disabilities: Successful strategies from the disability field*. Lanham, MD: Littlefield.

Olsson, C., Bond, L., Johnson, M., Forer, D., & Boyce, M. (2003). Adolescent chronic illness: A qualitative study of psychosocial adjustment. *Annals of the Academy of Medicine, Singapore, 32*(1), 43-50.

Owens, D., Thomas, D., & Strong, L. (2011). School counselors assisting students with disabilities. *Education, 132*(2), 235-241.

Plavnick, J., & Ferreri, S. (2011). Establishing verbal repertoires in children with autism using function-based video modeling. *Journal of Applied Behavior Analysis, 44*(4), 747-766.

Plavnick, J., Ferreri, S., & Maupin, A. (2010). The effects of self-monitoring on the procedural integrity of a behavioral intervention for young children with developmental disabilities. *Journal of Applied Behavior Analysis, 43*(2), 315-320.

Podvey, M., Hinojosa, J., & Koenig, K. (2013). Reconsidering insider status for families during the transition from early intervention to preschool special education. *Journal of Special Education, 46*(4), 211-222.

Reinehr, T., Dobe, M., Winkel, K., Schaefer, A., & Hoffmann, D. (2010). Obesity in disabled children and adolescents: An overlooked group of patients. *Deutsches Ärzteblatt International, 107*(15), 268-275.

Slevin, E., Truesdale-Kennedy, M., McConkey, R., Livingstone, B., & Fleming, P. (2012). Obesity and overweight in intellectual and non-intellectually disabled children. *Journal of Intellectual Disability Research.https://doi.org/10.1111/j.1365-2788.2012.01615.x*

Smith, T., & Wallace, S. (2011). Social skills of children in the U.S. with comorbid learning disabilities and AD/HD. *International Journal of Special Education, 26*(3), 238-247.

Stalker, K., & McArthur, K. (2012). Child abuse, child protection and disabled children: A review of recent research. *Child Abuse Review, 21*(1), 24-40.

Trolley, B., Haas, H., & Patti, D. (2009). *The school counselor's guide to special education*. Thousand Oaks, CA: Corwin.

U.S. Department of Health and Human Services. (2011). *Child maltreatment 2011*. Administration on Children, Youth and Families, Children's Bureau. https://www.acf.hhs.gov/sites/default/files/cb/cm11.pdf#page=59

Uusitalo-Malmivaara, L., Kankaanpää, P., Mäkinen, T., Raeluoto, T., Rauttu, K., Tarhala, V., & Lehto, J. (2012). Are special education students happy? *Scandinavian Journal of Educational Research, 56*(4), 419-437.

Volkert, V., & Vaz, P. (2010). Recent studies on feeding problems in children with autism. *Journal of Applied Behavior Analysis, 43*(1), 155-159.

Wachter, C., & Bouck, E. (2008). Suicide and students with high-incidence disabilities: What special educators need to know. *Teaching Exceptional Children, 41*(1), 66-72.

Wasburn-Moses, L. (2011). An investigation of alternative schools in one state: Implications for students with disabilities. *Journal of Special Education, 44*(4), 247-255.

Williams, P., Dalrymple, N., & Neal, J. (2000). Eating habits of children with autism. *Pediatric Nursing, 26*(3), 259-264.

Wright, M. F., & Li, Y. (2013). The association between cyber victimization and subsequent cyber aggression: The moderating effect of peer rejection. *Journal of Youth and Adolescence, 42*, 662-674.

Xin, J., & Sutman, F. (2011). Using the SMART board in teaching social stories to students with autism. *Teaching Exceptional Children, 43*(4), 18-24.

에필로그

편집자의 시선에서

교재 집필은 부분적으로는 연구이고, 부분적으로는 경험이지만, 대부분은 실제와 전문직에 대한 저자의 고유한 관점을 명확히 표현하는 것이다. 각 저자는 책을 어떻게 구성할 것인지, 그리고 이용 가능한 방대한 정보 중에서 무엇을 포함시킬 것인지에 대해 개인적인 결정을 내린다. 이러한 결정은 저자의 편향—개인적 관심사—가치관과 전문적 정체성을 반영한다. 우리는 시리즈 편집자로서 각 저자에게 다음 질문에 응답하도록 요청했는데, 이는 독자에게 단지 저자의 저작물뿐 아니라, 저자 개인에 대한 통찰을 제공하는 방법이다. 이 편집된 저서의 경우, 우리는 편집자들에게 이 작업을 만들어 내는 경험에 대한 성찰로서 응답해 주기를 요청하고 있다.

이러한 간략한 성찰들이 우리 전문직에 대한 우리의 관점과 전문가로서의 우리 자신에 대한 더 많은 통찰을 제공하기를 바란다.

질문: 이 교재 안에는 분명히 통찰력 있는 요점들이 풍부하게 담겨 있습니다. 하지만 만약 제시된 모든 내용 중에서 독자에게 두드러지게 남기를 바라는 단일 요점이나 주제를 하나 선택하라면, 그 요점이나 주제는 무엇이 될까요?

BT: 많은 탁월한 요점들 중에서 단 하나의 주제나 초점으로 핵심사항을 좁히는 것은 도전적인 일입니다. 그럼에도 불구하고, 한 가지 핵심 요점은 전문상담교사가 특수교육을 받는 학생들에게 다음과 같은 많은 기여를 할 수 있다는 것입니다: (a) 다양한 치료적, 심리교육적 기술의 보유, (b) 팀 내에서 일하고 리더십 역할을 맡을 수 있는 능력, (c) 명확한 지침과 표준을 갖추고 모든 학생이 학업, 진로, 개인-사회적 영역에서 성공하도록 돕는 것을 사명으로 하는 강력한 국가 전문 기관과의 연계, 그리고 (d) 더 많은 특별한 요구를 가진 학생들이 포함되어 있는 일반 교육의 학생들과의 지속적인 접촉. 두 번째 주제는 개별성, 인격, 그리고 가치에 관한 것입니다; 장애는 각기 다르게 경험되고, 학생은 장애로 정의되지 않으며, 모든 아이는 잠재력과 강점을 가지고 있습니다. 마지막으로, 한 아이를 키우기 위해서는 온 마을이 필요합니다.

VM: 대답하기 어려운 질문이지만, 제시되고 두드러지는 단일 주제는 전문상담교사가 자신이 담당하는 장애아동을 위해 수행하는 중요한 업무라고 생각합니다. 해야 할 일이 많지만, 전문상담교사가 기꺼이 수행할 준비가 되어 있는 흥미로운 일입니다. 본문은 이 중요한 업무에 대한 많은 지원을 제공하며, 전문상담교사는 혼자가 아니며, 아동에 대해 알고 관심을 갖는 팀과 협력할 것이라는 점을 강조합니다.

질문: 교재에는 많은 연구와 이론이 인용되어 있습니다. 교재에 제시된 정보가 실제로 어떻게 보이는지, 또는 실무에서 어떤 형태를 취하는지에 대해 자신의 경험에서 나눠주실 수 있을까요?

BT: 특수교육 대상 학생들을 위한 중재의 핵심은 행동 이론입니다. 이 이론은 실제 적용에서 기능적 행동 사정평가(FBA), 행동중재계획(BIP), 긍정적행동중재및지원(PBIS), 응용행동분석(ABA) 및 행동중재전문가(BIS)와 같은 영역에 존재합니다. 실제에서의 공통적인 주제는 특수교육이 필요한 각 아동의 개별성을 반영하는 명확하고 구체적이며, 연령에 적합한(연대기적 연령이 아닌 발달 수준에 적합한), 측정할 수 있는 목적을 설정하는 것입니다. IEP는 아동마다 동일하게 작성되어서는 안 되며, 아동의 장애에 대한 고유한 표현과 그 요구사항을 반영해야 합니다. 추가적인 실제 고려 사항으로는 개인 및 시간에 따른 중재 실행의 일관성, 전략 및 평가 방법 측면에서 최상의 사례 활용 등이 있습니다. 전문상담교사와 특수교육이 필요한 아동 간의 신뢰 관계에 대한 근본적인 요구는 모든 이론에 통합되어 있습니다. 행동 개념을 통합하는 단기해결중심치료(solution-focused brief therapy)가 학교 현장에서 자주 활용되는 것을 고려해 보십시오. 이제 학생이 "만약 내일 아침에 깨어났을 때 문제가 사라졌다면, 무슨 일이 일어났고, 기분이 어떻고, 무엇을 관찰했고, 그리고 상황이 어떻게 더 나아졌을까?"라는 기적 질문을 받는다고 상상해 보십시오. 대부분의 사람들에게는 문제가 존재한다는 사실을 언급하는 것조차 어렵고, 욕망, 감정 및 변화에 대해 이야기하는 것은 더욱 어렵습니다. 전문상담교사와 학생 간의 유대감은 이러한 작업이 수행될 수 있는 기반을 마련합니다.

VM: 우리가 알고 있듯이 이론과 연구는 중재를 주도합니다. 우선, 이론이 연구를 주도하고 그 후에 연구가 최상의 사례를 따릅니다. 본문에 나오는 현재와 과거의 중요한 연구는 전문상담교사를 위한 최상의 사례를 형성합니다. 실제에 있어서 저는 가장 적절한 교육과정, 도구, 전략 등을 찾기 위해 연구 자료에 의존해 왔습니다. 현재 법률은 우리가 그렇게 하도록 지시합니다. 이제는 법적으로도 이러한 근거 기반 접근이 요구되고 있습니다. 본문은 당신의 업무를 지원하기 위해 이론과 연구를 더 깊이 파고들 수 있는 기회를 제공합니다.

질문: 본문의 편집자로서 이 책은 당신의 전문적 정체성에 대해 무엇을 드러낼 수 있습니까?

BT: 이 책의 공동 편집 과정을 통해, 나는 아동과 함께하는 일에 대한 나의 열정과 재활의 핵심 원칙들을 다시금 확신하게 되었습니다. 그 원칙들이란, 병리(pathology)를 인식하는 데 그치지 않고 강점을 인정하고, 팀 기반 접근을 실천하며, 장애에 대해 타인을 교육하고 옹호하며, 장애를 지닌 이들의 역량을 강화하고 그들을 믿으며, 장애와 사회적 정의의 문제에 민감해지는 것을 포함합니다. 이러한 기본 개념들은 모두 특수한 요구를 지닌 아동들과 효과적으로 일하기 위해 필수적입니다. 이는 아동들이 자신의 잠재력을 최대한 발휘하며 학업에 임할 수 있도록 돕고, 현실적이고 만족스러운 진로 목적을 설정하며, 의미 있는 대인관계를 형성할 수 있는 사회기술을 개발하도록 지원하는 일 전반에 적용됩니다.

VM: 본문에서 다루는 제 전문적 정체성의 가장 큰 영역은 학제 간 협력, 즉 팀 기반 실천과 협력의 중요성이라고 생각합니다. 올바르게 수행된다면 우리 모두에게 이익이 되며, 가장 중요한 것은 아동에게 이익이 됩니다. 나는 다른 분야로부터 배우는 것을 좋아하며, 이 본문은 그러한 협력적인 정신으로 작성되었습니다.

질문: 전문상담사로 성장해가는 여정 속에서, 이 책의 독자들에게 마지막으로 전하고 싶은 조언이나 실천적 방향이 있다면 무엇인가요?

BT:

- 지금까지 배운 지식을 잘 소화하고, 실제 상황에서 유연하게 적용하세요.
- 자신의 내면적 판단 기준을 믿으세요.
- 항상 소통하고, 협의하며, 협력하고, 그 과정을 기록으로 남기세요.
- 배움은 끝이 없는 여정입니다. 지속적으로 전문성을 개발하세요.
- 실수는 피할 수 없는 과정입니다. 회피하지 말고, 배움의 기회로 삼으세요.
- 당신은 학생에게도, 교사와 보호자에게도 모범이 되는 존재임을 잊지 마세요.
- 당신은 방향을 제시하는 안내자일 뿐이며, 학생이야말로 자신의 삶이라는 항해의 선장입니다. 이 점을 항상 존중하세요.
- 모든 아이, 부모나 보호자, 교사, 그리고 관리자 한 사람 한 사람을 존중하는 태도를 가지세요. 이는 그들의 모든 말에 동의하거나 부적절한 행동까지 받아들이라는 뜻은 아닙니다. 오히려, 누구나 고유한 존엄성과 가치를 지닌 존재이며, 모든 사람은 특별하며 저마다의 욕구를 지니고 있다는 점을 인식하라는 의미입니다.

VM: 지금 이 말이 다소 상투적으로 들릴 수도 있겠지만, 배움을 멈추지 마세요. 매일 매일 자신이 할 수 있는 최선을 다하려는 자세를 잊지 마세요. 만나는 모든 사람들과 진심 어린 소통을 나누고, 무엇보다도 자신을 돌보는 일을 소홀히 하지 마세요. 그래야 당신이 돕고자 하는 사람들을 진심으로 돌볼 수 있으니까요.

저자 소개

비키 A. 맥긴리 (Vicki A. McGinley)

펜실베이니아주 웨스트 체스터 대학교(University of West Chester)의 특수교육학과 교수로 재직 중이다. 학부 및 대학원 수준에서 기초 교육, 의사소통 및 행동장애, 실행기반 연구, 가족체계 이론, 법적 쟁점 등을 강의해 왔다. 두 개 주에서 적법절차 청문 담당관(due process hearing officer)으로 활동한 바 있으며, 현재는 대학 내 사실조사위원 및 조정자로도 활동하고 있다. 그녀의 최근 교수 및 봉사 활동은 다양성 이슈, 특히 도시 환경에서의 교수와 국제 교육에 중점을 두고 있다. 그녀는 최근 동유럽에서 연구와 교육 활동을 수행하기 위해 풀브라이트(Fulbright) 장학금을 수상하였다. 그녀의 출판물은 도시교육, 법적 이슈, 효과적인 교수법, 통합교육 실천, 가족과의 협력에 관한 주제를 반영하고 있다.

바버라 C. 트롤리 (Barbara C. Trolley)

상담 분야에서 30년 넘게 활동해 온 전문가이다. 현재 세인트 보나벤처 대학교(St. Bonaventure University)에서 상담교육 교수로 재직하며, 전문상담교사 및 정신건강상담 전문가 양성 과정을 운영하고 있다. 대학 내 장애 관련 위원회 위원장 및 자폐 훈련 프로그램 코디네이터로서, 그녀는 다양성과 청소년 관련 이슈에 깊은 관심을 두고 활동하고 있다. 학교상담 및 사이버폭력 관련 주요 저서의 주저자이며, 재활상담과 애도상담 분야의 다수 전문 논문을 발표하였다. 또한, 『뉴욕주 학교상담 저널(New York State School Counseling Journal)』의 창립자이자 편집인이다. 그녀는 『사이버 키즈, 사이버폭력, 사이버 균형(Cyber Kids, Cyberbullying, Cyber Balance)』의 공동 저자들과 함께 지난 4년간 지역 및 주, 국가 수준에서 사이버폭력에 관한 수많은 워크숍과 미디어 발표를 진행해 왔다. 학계에 들어오기 전에는 거의 10년 동안 치료사 및 행정가로서 아동학대와 애도 문제 등 아동과 가족 이슈에 집중하여 활동한 바 있다.

역자 소개

심성용은 서울대학교에서 특수교육 전공으로 박사학위를 취득하고, 동 대학교 BK21PLUS 미래교육디자인 연구사업단에서 박사후과정을 수료하였다.

특수교육을 전공하기 이전에는 음악치료 전문가로 활동하며 국내외에서 다양한 장애 유형의 특수교육 대상 아동 및 청소년을 대상으로 풍부한 임상 경험을 쌓았다. 특히 음악심리치료(Music psychotherapy)를 전문영역으로 하여 학부 및 대학원 과정에서 체계적인 훈련을 받았으며, 이러한 배경은 현재 치료교육 전문가로서의 전문성을 확립하는 토대가 되었다.

2012년 1학기부터 현재까지 국내 20여 개 대학의 학부 및 대학원에서 특수교육학개론을 강의하고 있으며, 교육대학원에서는 10년 이상 예비 전문상담교사 및 현역 전문상담교사(1·2급)를 대상으로 특수아상담을 가르치고 있다. 서울대학교, 고려대학교, 연세대학교에서 강사로 재직하였으며, 현재는 서강대학교 대우교수와 성균관대학교 초빙교수를 겸임하고 있다. 이와 함께 경희대학교, 동국대학교, 한양대학교 등에서 특수교육, 학교폭력예방, 상담 관련 과목들을 담당하고 있다.

역자 약력

심성용

서울대학교 특수교육 박사, PhD
Wilfrid Laurier University 음악치료 석사, MMT
Wilfrid Laurier University 음악치료 우등학사, BMT (Honours)

현) 서강대학교 대우교수
현) 성균관대학교 초빙교수
현) 경희대학교/동국대학교/한양대학교 강사
전) 서울대학교/고려대학교/연세대학교/이화여자대학교 강사 & 중앙대학교 객원교수
전) 서울대학교 BK21PLUS 미래교육디자인 연구사업단 박사후연구원(Post-doc)
전) JB Music Therapy Inc. 선임음악치료사(Senior Music Therapist), Calgary, Canada

한국공인음악중재전문가 (KCMT)
미국공인음악치료사 (MT-BC)
캐나다공인음악치료사 (MTA)
대한적십자사 심리사회적지지 강사 (PSSI)

전문상담교사를 위한 장애학생 이해와 상담 실천

초판발행 2025년 8월 29일

지은이 Vicki A. McGinley · Barbara C. Trolley
옮긴이 심성용
펴낸이 노 현

편 집 김다혜
기획/마케팅 이선경
표지디자인 BEN STORY
제 작 고철민 · 김원표

펴낸곳 ㈜ 피와이메이트
서울특별시 금천구 가산디지털2로 53, 210호(가산동, 한라시그마밸리)
등록 2014. 2. 12. 제2018-000080호
전 화 02)733-6771
f a x 02)736-4818
e-mail pys@pybook.co.kr
homepage www.pybook.co.kr
ISBN 979-11-7279-152-0 93370

* 파본은 구입하신 곳에서 교환해 드립니다. 본서의 무단복제행위를 금합니다.

정 가 29,000원

박영스토리는 박영사와 함께하는 브랜드입니다.